코기토 총서

세계사상의 고전

판사와 의욕 있는 학자들이 주도하여 기존의 영어, 프랑스어, 독
에 근거한 서양 고전 번역서를 희랍어나 라틴어 원전에 근거하여
하고 있는 사실은 실로 고무적인 일이며, 중국이나 일본처럼 장기
목에서 정부 차원의 지원이 절실하다고 본다. 몇 년 전부터 중국
적극적 지원과 주도로 한·중·일 한문 고전의 데이터베이스화
하고 있지만, 일본에서는 1960년대부터 고전 번역을 적극 지원한
알려져 있다. 이처럼 본래의 원전에 근거해야 하는 것은 당연하지
0년대까지만 해도 우리나라에서 간행된 동서양 고전 번역의 대부
본어 초역(初譯)에 근거한 것이다. 이것은 광복 이후 우리 학계의
감안하면 부득이한 점이 있었다.

고전에 국한된 것이긴 하지만 최근에는 현대 중국어로 번역된 판
국어로 바꾼 판본이 많아지고 있는 추세다. 그래도 일본어는 한국
순이 같을 뿐 아니라 그 번역이 대체로 꼼꼼하고 나름대로의 체계
된 반면, 요즘의 일부 고전 번역은 대강 내용만 전달이 될 뿐 원문
해 보면 억지스러운 것도 눈에 띈다. 현대 중국어가 고문보다 쉽
된다는 것은 인정할 수 있지만 고전과 관련된 현대 중국어의 절반
고문에 근거하기 때문에 현대 중국어의 이해만으로는 고전의 내
대로 전달하기 어렵다. 중국인이 보기에도 고전과 관련된 중국어
이해되기 어려운 아주 고아한 분위기를 지니고 있다. 하물며 시
하는 외국인은 어떠랴.

명(百家爭鳴)이란 말이 있듯이, 선진(先秦)의 제자백가(諸子百家)
회적 제반 문제 해결을 둘러싸고 상대를 비판하면서 자신의 대
한 것이 주류이다. 『묵자』(墨子)를 제대로 해독하기 위해서는 최
와 공자에 대한 이해가 병행되어야 한다. 전기 묵가뿐 아니라
經)을 통해 보면 유가(儒家), 도가(道家), 명가(名家)에 대한 비판

코기토 총서 025
세계사상의 고전

묵자 II

묵적 지음 | 윤무학 옮김

도서출판 길

옮긴이 윤무학(尹武學)은 1958년 충남 청양에서 태어나 성균관대 철학과에서 서양철학을 전공하고, 같은 대학교 대학원 동양철학과에서 고(故) 이운구 교수의 지도 아래 「묵가의 논리학」으로 철학박사 학위를 받았다. 1991년부터 10여 년간 사단법인 퇴계학연구원에서 상임연구원으로 재직했으며, 2000~07년 성균관대 유학동양학부 및 동아시아학술원에서 연구교수로 있었다. 2008년부터 동방문화대학원대학 교수로 있다.
논문으로 「조선조에서의 선진 제자학 수용양상」, 「명실론을 통해 본 중국 고대의 사유구조」, 「한국사상사에서의 묵가 비판」, 「중국 병서의 유입과 지식인들의 이해 양상」, 「순자의 지도자론」, 「조선 초기의 병서 편찬과 병학사상」, 「墨家의 陰陽五行論: 諸家와의 비교를 중심으로」, 「조선 후기의 병서 편찬과 병학사상」 등이 있으며, 저서로 『묵가철학연구』(공저, 성균관대 대동문화연구원, 1995), 『중국철학방법론』(한울, 1999), 『순자: 통일제국을 위한 비판철학자』(성균관대학교출판부, 2004), 『순자: 하나, 둘, 셋의 비밀』(살림, 2013) 등이 있다. 역서로는 『중국 고대의 논리』(공역, 동녘, 1993), 『중국논리학사』(법인문화사, 1994), 『명심보감』 등이 있다.

코기토 총서 025
세계사상의 고전

묵자 II

2015년 10월 10일 제1판 제1쇄 인쇄
2015년 10월 20일 제1판 제1쇄 발행

지은이 | 묵적
옮긴이 | 윤무학
펴낸이 | 박우정

기획 | 이승우
편집 | 이현숙
전산 | 최원석

펴낸곳 | 도서출판 길
주소 | 135-891 서울 강남구 신사동 564-12 우리빌딩 201호
전화 | 02)595-3153 팩스 | 02)595-3165
등록 | 1997년 6월 17일 제113호

ISBN 978-89-6445-120-5 93150

| 옮긴이 해제 |

국내의 고전 번역

이 책의 해제를 정리하기에 앞서 몇 가
번역 작업은 매우 힘든 일이며, 수많은 -
여 선현들의 뜻을 전달하는 과정이기에 오
문(古文)을 현대어로 정확히 표현하기가
인 경우에는 개념이나 문맥의 본래 분위기
기에 번역은 반역이란 말도 있는 모양이다
수 없다고 해도 분명한 오역(誤譯)까지 현
지 수많은 고민을 해보지만 무엇이 최선
점을 고백하지 않을 수 없다. 최근 들어
역되고, 한글로 처음 번역되는 고전도 る
이를 고려하지 않더라도 번역의 효용성이
번역의 종류가 다양해지는 것은 환영할
고전 번역에서 가장 우선해야 할 것은

명제가 상당수에 달한다. 따라서 '묵경'의 명제를 단지 암호와 같은 문자로써만 이해하기는 실로 불가능하다. 특정 고전에 제한된 번역보다는 시대적 상황과 당대 지식인들과의 상호 관계에 주목할 필요가 있다.

　고전의 내용은 문 · 사 · 철(文 · 史 · 哲)이 응축된 것이기에 오늘날의 어학이나 문학 등 특정 분야의 소양만으로 좋은 번역을 기대하기 어렵다. 번역자 자신도 이해하지 못하는 내용을 독자에게 전달하려는 것은 무모한 짓이다. 더욱 심각한 문제는 좋지 않은 번역서의 내용을 원용하여 확대 재생산하는 경우이다. 아무리 초역이 의미가 있다 하더라도 나의 경험상 예컨대 민속학 관련 분야를 비롯한 학술 논문에서 고전 해석을 원용한 부분은 공감하기 어려운 경우가 많았다. 따라서 일괄적으로 말하긴 어렵지만 동양 고전 번역에서는 분명한 주석이나 근거가 제시되지 않는 한 부차적 설명이 추가되는 의역보다는 원래 글자의 뜻과 분위기를 최대한 살리는 것이 좋은 번역이라고 생각한다. 무리하게 의역하기보다는 차라리 독자의 몫으로 남기는 것이 나을 듯하다.

　번역 체재와 관련하여 보면 가독성을 높이기 위해서 고전의 원문을 배제하거나 중요한 주석을 누락하는 경우도 있고, 반면에 내용이 중첩됨에도 불구하고 여러 가지 주석을 나열하는 경우도 있다. 일반 독자의 눈높이에서 보면, 일단 개략적 내용이 중요하므로 고전의 특성에 따라서 달라질 수 있을 것이다. 전문 학자의 입장에서도 특히 초역의 고전 번역서는 중요한 도움을 주는 것이 사실이지만, 재가공하는 경우 원전을 찾아보게 되므로 장황하게 주석을 나열하는 것은 별다른 의미가 없다. '묵경'은 「대취」(大取)와 「소취」(小取) 두 편을 제외하면 6천 글자를 넘지 않으며 『노자』(老子)보다 약간 많다. 다른 고전에 비해 학자들의 관심이 시대적으로 늦고 미미했지만, 청대(淸代) 이후 지금까지 다양한 관점에서의 주석본은 그야말로 한우충동(汗牛充棟)이라고 할 만하다. 이 책의 독자는 일반인보다는 전문 학자가 많을 것으로 생각되기에 여러 주석을 나열하기보다는 번역에 직접 근거가 되는 주석을 선별하여 간략하게 제시하는 데 그치고 최근의 연구 성과가 반영된 주석본을 소개하였다.

선진 시대 이전의 고전은 지금까지 출토된 『주역』(周易)이나 『노자』처럼 본래 죽간본(竹簡本)이나 백서본(帛書本)에 근거하여 한대(漢代) 이후 새롭게 정리된 것이다. 특히 종이가 없었기에 전승 과정에서 상호 형태나 음이 유사한 글자가 혼용되기도 하고, 누락되거나 잘못된 글자가 있게 된다. 오늘날 우리가 읽는 판본들은 대부분 훈고학자나 고증학자의 노력으로 정리된 것이다. 『묵자』도 예외가 아니다. 그래도 유가의 사서(四書)와 오경(五經)처럼 고래로 학자와 일반인의 지속적 관심을 받아온 경우에는 사정이 좀 나은 편이다. 제자백가 가운데 유가와 도가를 제외하고 묵가(墨家)를 비롯한 제가는 현존하는 판본 또한 다양하지 않다.

묵가는 진시황(秦始皇)에 의한 전국(戰國) 통일 이후 청말 서세동점(西勢東漸)의 충격으로 인한 제자학(諸子學)의 부흥기에 이르기까지 장구한 세월 동안 학자들의 주목을 받지 못하였다. 따라서 『묵자』는 고전 판본이 공통적으로 지니고 있는 착간(錯簡), 오자·탈자 등의 문제가 더욱 심각하고, 후반부는 거의 암호와 같은 문장이 많아서 주석에 의거하여 글자를 교감하지 않는 한 의미가 전달되지 않을 때가 많다. 또한 고래 제가의 주석을 참조하더라도 여전히 미상(未詳)으로 남겨둘 수밖에 없는 부분도 있다. 이상의 문제 제기와 마찬가지로 이 책에도 분명 적지 않은 문제가 있을 것이므로 독자 제현의 질정을 바라 마지않으며 차후 더 좋은 번역서를 기대한다.

『묵자』의 내용

　『한서』(漢書) 「예문지」(藝文志)에 따르면 『묵자』는 원래 71편이었으나, 후에 점점 망실(亡失)되어 현존본은 총 53편뿐이다. 양계초(梁啓超)는 『묵자학안』(墨子學案)에서 53편을 다섯 가지로 분류했다. 그에 따르면, 첫째는 「친사」(親士), 「수신」(修身), 「소염」(所染), 「법의」(法儀), 「칠환」(七患), 「사과」(辭過), 「삼변」(三辯) 총 7편인데, 앞의 3편은 후인(後人)의 위탁(僞託)이며, 나머지 4편은 묵학(墨學)의 강령이 된다. 둘째는 「상현」(尚賢) 상·중·하, 「상동」(尚同) 상·중·하, 「겸애」(兼愛) 상·중·하, 「비공」(非攻) 상·중·하, 「절용」(節用) 상·중, 「절장」(節葬) 하, 「천지」(天志) 상·중·하, 「명귀」(明鬼) 하, 「비악」(非樂) 상, 「비명」(非命) 상·중·하 총 23편인데, 이른바 '묵가의 10대 주장'으로서 제자들이 정리한 것이다. 「비유」(非儒) 하편도 여기에 포함된다. 양계초는 이 편에만 "자묵자왈"(子墨子曰)이란 문구가 없다고 하여 제외했지만, 「비공」 상편에도 이러한 문구가 없으므로 반드시 제외할 필요는 없을 듯하다. 이상이 『묵자 I』에 포함된 내용이다.

　『묵자 II』의 내용은 양계초가 제시한 셋째부터 다섯째까지의 분류에 속하며, 『묵자』 권 10부터 권 15까지의 후반부를 내용에 따라 제1부 '묵경', 제2부 '묵자의 어록(語錄)', 제3부 '군사학 자료집'으로 분류하여 우리말로 옮긴 것이다. 첫째, '묵경'은 흔히 '묵변'(墨辯)이라고도 칭하며 「경」(經) 상·하편, 「경설」(經說) 상·하편, 「대취」(大取), 「소취」(小取)의 6편을 가리킨다. 대체로 후기 묵가의 작품으로 보지만, '경'이라는 명칭을 통해서 보면 일부 학자의 주장대로 묵자의 자저일 가능성도 있다. 특히 전기 묵가에서 다른 학파를 비판하거나 자신들의 주장을 펼 때 종횡무진으로 활용되는 삼표(三表) 혹은 삼법(三法), 고(故), 이(理), 유(類) 등의 논리학적 범주가 묵경에서 명확한 개념으로 규정되기 때문에 적어도 일부는 묵자 본인의 학설이 반영된 것으로 보인다. 내용은 주로 과학 기술 관련 기록이 대부분이다. 둘째, 묵자의 어록은 「경주」(耕柱), 「귀의」(貴義), 「공맹」(公孟), 「노문」(魯問), 「공수」(公輸) 등 5편이다. 묵자의 직속 제자 및 후학이 묵자의 언행을 기록한 것인데 『논어』(論語)와 체재가 비슷하고 대화체로 구성되어 있으며, 묵자의 사적을 이해하는 데 일차 자료가 된다. 셋째, 군사학 자료집은 「비성문」(備城門)에서 「잡수」(雜守)에 이르는 20편인데, 이 가운데 이미 9편의 편명과 내용이 실전(失傳)되었다. 현존하는 내용은 주로 성(城)을 지키는 방법과 제도 및 방어 무기와 설비 등을 기록한 것이다. 묵가의 방어집단적 성격을 확인할 수 있는 자료이다.

『묵자』의 후반부는 특히 문자가 간략하면서 심오하고 착간이 많은 데다가 진시황의 분서갱유(焚書坑儒)와 한무제(漢武帝)의 파출백가(罷黜百家)로 인하여 이후 거의 2천 년간 묵가의 사상은 침체하였다. '묵경'이라는 명칭은 『장자』(莊子)에 처음 보이고, 동진(東晉)의 노승(魯勝)은 '변경'(辯經) 혹은 '묵변'이라고 하였다. 그는 천문학자로서 『묵변주』(墨辯注)를 저술한 것으로 알려졌지만 이미 실전되었고, 현재는 그의 약전(略傳)과 함께 서문만이 『진서』(晉書) 「은일전」(隱逸傳)에 전할 뿐이다.

묵자와 묵가의 특성

묵가는 기원전 5세기 후반부터 약 2세기간의 번영을 거쳐서 기원전 221년 진나라에 의한 천하 통일로 급속히 침체되었다. 묵가의 개조(開祖)인 묵적(墨翟) 및 그 학파와 학설에 대해 『사기』(史記)에서의 서술은 다른 사상가나 학파에 비해 자세하지 않으며, 다만 "대개 묵적은 송(宋)나라 대부(大夫)였다. 방어전에 능하였으며, 절용(節用)을 일삼았다. 혹은 공자(孔子)와 동시대라고 하기도 하고 혹은 그 후라고도 한다"고 되어 있을 뿐이다. 이것은 한초(漢初) 지식인들의 묵자와 묵가에 대한 이해와 비평을 개괄한 것이라고 볼 수 있다. 그런데 전국 시대 중기에 활동한 맹자(孟子)의 고백에 의하면, 묵가는 양주(楊朱) 학파와 더불어 천하의 여론을 양분하고 있었다. 또한 전국 시대 말기 한비(韓非)의 표현에 의하면, 묵가는 유가와 더불어 양대 현학(顯學)이었다. 사실 유가와 묵가의 학설이 근본적 차이는 있지만 서로 유사한 점도 있다. 예컨대 양가(兩家)는 정치 이론에서 '법선왕'(法先王)을 강조하고, 인간 상호 관계의 사랑을 중시한다는 점에서 도가의 무위자연(無爲自然)과는 전혀 다르다. 다만 양가의 중요한 차이점은 유가의 예악론(禮樂論)과 차별애(差別愛)를 묵가가 전면 부정하는 데 있다.

묵자는 공자보다 약간 늦게 활동하였는데, 일찍이 유학의 교육을 받았다고 전해지며 예악이 지나치게 번거로우며 재물을 낭비한다고 판단하고 포기하였다고 한다. 그가 공자에게 직접 배웠는지는 단언하기 힘들지만, 유가의 이념에 대해서는 비판하면서도 공자에 대해서는 때로 칭송하였다. 이것은 『묵자』에서 유가를 비판하는 비유(非儒)라는 별도의 편명이 설정된 점을 감안할 때 특이한 일이라고 하지 않을 수 없다. 여기에 보이는 유가 비판 내용을 정리한다면, 첫째로 유가의 예악에 대해 절용을, 둘째로 유가의 후장구상(厚葬久喪)에 대해 절장(節葬)을 주장하며, 셋째로 유가의 천명(天命) 관념에 대해 비명(非命)을 주장하고, 마지막으로 유가의 분업의식에 대해 직접 노동을 주장하는 것이다. 이 가운데 마지막의 노동의식은 묵가의 인간 본질 규정에 해당하므로 전편에 반영되어 있는 것이고, 나머지 세 가지는 모두 묵자서의 편명으로 제시되어 구체적으로 비판하고 있다. 특히 「절용」과 「절장」 편은 묵가 집단의 생활상을 엿볼 수 있는 가장 분명한 자료이다. 여기에는 음악을 비판하는 「비악」(非樂)이 포함된다. 묵가의 입장에서 보면, 당시의 이른바 '예악'은 기득권층이 민중의 재화를 착취하고 낭비하는 수단에 불과하기 때문이다. 유가의 차별애에 대해서는 「겸애」(兼愛) 편에서 집중적으로 비판하고 있다.

『묵자』를 일관하는 유가 비판은 예악론과 차별애로 귀결된다. 이에 대하여 유가의 입장에서 방관할 수 없었을 것이다. 이처럼 묵가의 이론과 실천이라는 두 측면에서 당대의 영향력을 고려하면 전국 시기 제자백가 가운데 가장 강력한 학파이자 독특한 집단이었다. 전기 묵가의 「비공」, 「비악」, 「비명」, 「비유」 편에서 볼 수 있듯이, 묵자는 당시 역사적 조건에 토대를 두고 현실의 불합리에 대해 예리하게 비판하였다. 동시에 「상동」, 「상현」, 「겸애」, 「절용」, 「절장」 편에서 볼 수 있듯이, 합리적이고 이상적인 사회를 건설하고자 하였다.

묵가는 별도의 법과 규율을 지닌 노동자, 농민, 수공업자가 주축이면서 한편으로 무기의 제조와 아울러 방어전에 능하였다. 묵자 또한 노동자 출신이었지만 독서를 통하여 위대한 사상가, 정치가, 군사가, 교육자, 과학자로서 평생 끊임없는 실천을 통하여 자신의 이론을 실현하고자 하였다. 묵가 학설이 다른 제자백가와 뚜렷한 차이를 보이는 점은 묵자 및 그의 후학 모두가 논리적이고 과학 기술을 중시하였다는 것이다. 이것은 특히 『묵자』의 후반부에 해당되는 '묵경'에 반영되어 있다. 구체적인 내용은 기하학, 수학, 인식론, 우주론(시간, 공간), 물리학(역학, 광학, 열학, 운동학), 윤리학, 경제학, 논리학 등 광범위한 방면에 걸쳐 있다.

묵가 사상의 전승

진나라의 분서갱유 이후인 기원전 191년에 한혜제(漢惠帝)가 협서율 (挾書律)을 해제함으로써 선진 시대의 문헌이 다시 유포되기 시작하였다. 현존하는 문헌 가운데 한나라 초기에 가장 먼저 묵가에 대해 평론한 것은 육가(陸賈)이다. 그는 "인자(仁者)가 자리에 있으면 인자가 오게 되고, 의 사(義士)가 조정에 있으면 의사가 이르게 된다. 따라서 묵자의 문하에는 용사가 많았고 공자의 문하에는 유덕자가 많았다"고 하면서 묵자와 공자 를 병렬하였다. 가의(賈誼) 또한 공자와 묵자를 현자로 병칭하였으며,『회 남자』(淮南子)에서는 공자와 묵자 혹은 유가와 묵가의 병칭이 보편화된다.

한대 초기 이러한 현상의 근본 원인은 우선 한비의 지적대로 전국 시 대 말기에 유가와 묵가와 현학의 분위기가 잔존하였기 때문일 것이다. 또 한 당시 황로학(黃老學)이 주류였으므로, 유가에서 묵가를 논적으로 간주 할 필요도 없었을 것으로 생각된다. 특히 동중서(董仲舒)가 천인감응론(天 人感應論)을 제창하고 아울러 한무제의 주도로 천하에 유포된 뒤에는 묵 가의 천지(天志) 관념에서 비롯된 겸애설과 유가의 혈연적 차별애 이론 의 차이가 줄어들었다. 따라서 황로학이 주류 이념이던 전한(前漢) 초기 나 유가가 주도하던 전한 후기와 후한(後漢) 시기를 막론하고 많은 학자 가 '유묵상통'(儒墨相通)을 주장하였다. 예컨대 후한 왕충(王充)의 『논형』 (論衡)에서도 유가와 묵가 혹은 공자와 묵자가 병칭되고 있다. 따라서 묵 가는 진한 이후에 완전 소멸된 것이 아니라 이러한 관념이 "묵학이 단절 되었다"는 가상(假相)을 만들어냈다고 보는 견해도 있다.

이 외에 묵가에 대해 독특한 관심을 가진 학자로는 『신선전』(神仙傳)의 저자로서 오행(五行)의 변화에 달통하였다고 전하는 진대(晉代)의 갈홍 (葛洪), 공자와 묵자의 상통점을 지적함으로써 묵자를 비호한 당대(唐代)

의 한유(韓愈)와 후당(後唐)의 장종(莊宗)에게 주살(誅殺)된 양천랑(楊千郎) 등이 있었다. 도변탁(渡邊卓)에 의하면, 갈홍이 묵자를 신선으로 파악하고 양천랑이 술수로 이해한 것은 오히려 그 사상적 본질을 왜곡한 것이고, 따라서 본래 백안시되던 묵자를 점점 세인과 멀어지게 한 결과를 낳은 것이라 한다. 청말(淸末) 민국(民國) 초에 이르러 서양의 학풍에 대한 반성을 계기로 제자학이 다시 부흥하면서 수많은 학자가 『묵자』에 대해 연구하면서 비로소 '묵경'에 대량의 과학 기술 내용이 실려 있음을 알게 되었다.

제자학의 개념과 분류

제자학은 문자 그대로 제자백가를 연구하는 학문, 줄여서 자학(子學)이라고도 한다. 이것은 본래 전국 시대의 학술과 사상 혹은 이것을 연구 대상으로 하는 학문 분야를 지칭하였다. 흔히 제자백가의 학문이라고도 칭하는데, 이 경우 '제자' 혹은 '백가'는 사상가와 그 학파 혹은 저술을 동시에 지칭한다. 또한 '제자학'은 전국 시대에 국한하지 않고 그 이후의 여러 사상가들의 사상과 학술 자체를 의미하는 경우도 있다. 한편 청대에 고증학적 학풍이 성행하면서 제자백가의 학문에 대한 연구라는 의미로 전용되기도 하였다.

춘추 말기부터 정치·경제·사회·문화 각 방면에 걸쳐 거대한 변동이 일어났으며, 이로부터 야기된 각종 부조리에 대한 대안 제시의 필요성에 따라 다양한 사상가가 출현하고, 상호 논쟁이 벌어지게 되었다. 이른바 백가쟁명의 상황이다. 여기에서 사상적 통일을 염두에 두고 제가를 비판함과 동시에 그들을 사상적 흐름에 따라 분류한 것은 순자(荀子)로부터 시작된다. 그는 공자와 자궁(子弓)을 높이면서, 자사(子思)와 맹자를 포함한 제자백가를 6개 학파로 분류하여 비판하였다.

전국 말기의 한비는 "세상의 현학은 유가와 묵가이다"라고 하고, 유가는 공자 사후 8파로, 묵가는 묵자 사후 3파로 분열하여 각파가 상호 정통성을 주장하지만 현명한 군주는 받아들일 수 없는 것이라고 지적하였다. 이러한 순자와 한비의 제자학 분류와 비판의 배경에는 공통적으로 다가오는 통일 국가를 대비하여 이질적 학설을 배제함으로써 통일적 사상을 추출하고자 하는 의도가 깔려 있다고 보아야 할 것이다. 또한 장자(莊子)의 후학이 편집한 것으로 여겨지는 「천하」(天下) 편에서는 고인(古人)의 도는 하나인데 백가(百家)에 의해서 도술(道術)이 분화되었다고 지적하고 있는데, 여기에서는 유가 · 묵가 · 도가를 비롯해 제자백가에 대한 비판이 실려 있다. 한편 『여씨춘추』(呂氏春秋)에서는 선진 제자백가의 사상적 특점을 요약하고, 그들이 잡다한 의론을 일삼음으로써 나라를 위태롭게 한다고 비판하였다.

한(漢) 초기에 편집된 『회남자』에도 제자백가의 출처(出處)와 학설에 대해 간략히 설명하고 있다. 『사기』에서는 선진 시대 이래 제자 사상을 6가(家)로 정리하여 특정한 명칭을 부여하고, "무릇 음양가 · 유가 · 묵가 · 명가 · 법가 · 도덕가는 다스림에 힘을 기울이는 사람들이지만 다만 말한 바가 길을 달리하고, 잘 살핀 것도 있고 살피지 못한 것도 있다"고 평하고 있다. 또한 후한 시기 반고(班固)의 『한서』「예문지」에서는 제자백가를 6가 이외에 종횡가 · 잡가 · 농가를 더하여 9가로 칭하는데, 이것이 오늘날 이른바 선진 제자학을 분류하는 근거이다.

제자학의 부흥과 '묵경'

　청대에 이르러 많은 학자가 제자학의 정리와 연구에 몰두한 것은 서양의 과학 기술과 논리학 분야가 준 충격에서 비롯된 것이다. 따라서 그들의 일차적 관심은 공손룡(公孫龍), 순자, 묵자 등이었다. 중국 고대에도 이와 관련된 분야의 성과가 있었음을 확인하고자 한 것이다. 『묵자』에 대하여 비록 현재 전하지 않지만 왕중(汪中)이 처음으로 『묵자표미』(墨子表微)를 저술한 것으로 알려지며, 이어서 노문초(盧文弨), 손성연(孫星衍)의 교감(校勘)과 정리 작업을 거쳐서 필원(畢沅)의 『묵자주』(墨子注)가 간행되었다. 또한 왕염손(王念孫)의 『독묵자잡지』(讀墨子雜志)와 유월(俞樾)의 『묵자평의』(墨子平議)는 찰기(札記)의 형식으로 주석한 것이다. 이러한 작업을 기초로 손이양(孫詒讓)이 30여 년에 걸친 작업 끝에 선행 제가의 설을 집대성하여 1897년에 『묵자간고』(墨子閒詁)를 완성하였다. 처음에 이 책은 착간을 바로잡아 취진판(聚珍版)으로 간행되었고, 그 후 '묵변'에 대해서는 장혜언(張惠言)의 『묵자경설해』(墨子經說解)와 양보이(楊葆彝)의 『묵자경설교주』(墨子經說校注)를 수정·보완하여 1907년에 정본(定本)을 완성하였으며, 다음 해에 손이양이 세상을 떠나고 1910년에 비로소 정본이 출판되었다. 여기에는 교주(校注) 15권 외에 목록 1권, 부록(附錄) 1권, 후어(後語) 2권이 함께 실려 있다.

　후기 묵가의 특성을 대표하는 것은 무엇보다 '묵경'이다. 지금까지 묵경의 이해와 관련하여 고전이라고 칭할 만한 저명한 저술을 소개하면 다음과 같다. 호적(胡適)은 최초로 묵경의 네 편으로 박사학위 논문을 작성하였는데, 이후 『중국철학사대강』(상권)으로 간행되었다. 이어서 양계초(梁啓超)가 『묵자지논리학』(墨子之論理學)과 『자묵자학안』(子墨子學案)을 쓰고 20여 년을 소비하여 『묵경교석』(墨經校釋)을 완성하면서 학계에 명성을 떨쳤다. 그 후 수많은 학자가 묵경 연구의 대열에 참여하였다. 대표적으로 장태염(章太炎)의 『국고논형』(國故論衡), 장지예(張之銳)의 『신고정묵경주』(新考正墨經注), 장기황(張其煌)의 『묵경통해』(墨經通解), 범경연(范耕研)의 『묵변소증』(墨辯疏證), 오비백(伍非百)의 『묵변해고』(墨辯解詁), 등고경(鄧高鏡)의 『묵경신석』(墨經新釋), 장순일(張純一)의 『묵자집해』(墨子集解), 심유정(沈有鼎)의 『묵경적라집학』(墨經的邏輯學), 호온옥(胡韞玉)의 『묵자경설천석』(墨子經說淺釋), 혁조보(奕調甫)의 『묵변토론』(墨辯討論), 양관(楊寬)의 『묵경철학』(墨經哲學), 오육강(吳毓江)의 『묵자교주』(墨子校注), 고형(高亨)의 『묵경교전』(墨經校詮), 담계보(譚戒甫)의 『묵변발미』(墨辯發微), 첨검봉(詹劍峰)의 『묵가적형식라집』(墨家的形式邏輯), 왕전기(王奠基)의 『중국라집사상사자료분석』(中國邏輯思想史資料分析), 이어숙(李漁叔)의 『묵변신주』(墨辯新注), 진계묘(陳癸淼)의 『묵변연구』(墨辯研究), 진맹린(陳孟麟)의 『묵변라집학신탐』(墨辯邏輯學新探) 등이다. 이 외에 상당수의 과학자들도 묵경 연구에 참여하였으며, 특히 영국의 조지프 니덤(Joseph Needham, 1900~95)은 중국 학자들과 함께 묵경을 연구하여 자신의 대표적 저술인 『중국의 과학과 문명』(Science and Civilisation in China)에 반영하여 국제적으로 명성이 알려졌다. 다만 이 책은 묵가와 명가를 함께 다루면서 논리학적 측면에 주목하였을 뿐, 묵경에 내재된 수많은 자연과학 성과를 소홀히 한 점이 한계로 지적된다.

주요 텍스트와 주석본

『묵자』의 기본 텍스트는 물론 손이양의 『묵자간고』이며, 역주에 보이는 필원, 왕염손, 왕인지(王引之), 유월(俞樾), 손성연, 소시학(蘇時學), 대망(戴望), 왕개운(王闓運) 등 제가의 설은 모두 이 책에 근거한 것이다. 중국에서 출판된 대부분의 주석본이 간자체(簡字體)이므로 원문 대조에는 필수적이기 때문이다. 또한 제가의 주석 가운데 상기 저술 이외의 것만 열거하면 장혜언의 『묵자경설해』, 노대동(魯大東)의 『묵변신주』(墨辯新注), 조요상(曹耀湘)의 『묵자전』(墨子箋), 오여륜(吳汝綸)의 『고정묵자경하편』(考定墨子經下篇) 등이며 주석자의 이름을 괄호 안에 표기하였다.

'묵경'에 대한 연구는 지금도 진행형이며 따라서 번역하는 데서 가능한 한 최근의 연구 성과를 반영하는 것이 중요하다. 『묵자』의 후반부를 번역하는 데는 이상의 수많은 선행 연구의 도움을 받았으며, 특히 당대 묵학 분야에서 최고 권위자인 진맹린, 손중원(孫中原), 강보창(姜寶昌)의 주석본에 힘입은 바 크다. 특히 손중원 선생과 강보창 선생은 묵학국제학술회의가 계기가 되어 여러 가지 의견을 교환한 바 있으며, 다행스럽게도 『묵자』에 대한 두 분의 개별 역주 및 타이완 학자들과 연대하여 최근 간행된 『묵경정독』(墨辯正讀)을 통해서 시야를 크게 넓히는 계기가 되었음을 밝혀둔다. 특히 제1부 '묵경' 부분은 『묵변라집학』에 의거하여 1차 번역을 마치고 『묵경정독』에 의해 보완하였다. 다만 번역의 통일성을 위하여 부득이한 경우를 제외하고는 본문 번역에 반영하지 않고 역주에서 '정독'으로 표시하였다. 제2부 '묵자의 어록'과 제3부 '군사학 자료집' 부분에서는 주석이 비교적 구체적이고 다양한 주재주(周才珠)와 제서단(齊瑞端)의 『묵자전역』(墨子全譯, 貴州人民出版社, 2009)을 주로 참고하였다.

진맹린의 『묵변라집학』(齊書書社, 1983)은 1979년에 간행된 초판본을 수정한 것이다. 논리학 전공자답게 책의 구성은 제1장 서론, 제2장 인식론, 제3장 명(개념), 제4장 사(판단), 제5장 설(추론), 제6장 사유규율, 제7장 결론으로 이루어져 있다. 부록으로 묵변 6편의 원문과 이에 대한 역주가 실려 있다. 이후 왕찬원(王讚源)의 교정을 거쳐 『묵변라집학신탐』(五

南圖書出版, 1996)으로 증보·간행되었다. 사실 최근 백여 년 동안 수많은 학자가 시간과 정력을 기울인 결과로 묵경에 관련된 수많은 주석본이 출간되었지만, 각자의 전문 영역의 한계로 인해서 미진한 바가 적지 않았다. 이러한 문제의식에 근거하여 중국과 타이완의 학자들이 공동으로 기획하고 출판한 것이 『묵경정독』(上海科學技術文獻出版社, 2011)이다.

『묵경정독』의 서문에 의하면, 1994년에 타이완 사범대학의 왕찬원 교수를 중심으로 '묵학국제학술대회'에서의 만남을 계기로 진맹린, 강보창, 손중원, 주재서 등의 학자들과 '묵경연구연대'(墨經研究連帶)를 구성하여 묵경의 주석을 통일하자는 의견을 나누었고, 2005년 3월의 산둥 대학교 모임에서 분담해서 작성한 『묵경정독』의 초고를 검토하기 시작하여 5년 후에 완성하였다고 한다. 공동 작업의 원칙은 세 가지로서 1) 경솔하게 원문을 고치지 말 것, 2) 훈고(訓詁)와 의리(義理)를 겸비하며, 3) 원의(原意)에 부합시키고 견강부회하지 않는다는 것이다. 체재는 먼저 원문과 주석을 제시하고, 이에 근거하여 교문(校文)을 정리하고 번역과 함께 여론(餘論)을 덧붙인 형식으로 되어 있다. 이 책의 가장 큰 장점은 가장 최근의 묵경에 대한 연구 결과로서 고래의 묵경 연구 성과를 검토하여 정리하고 현대적 시각에서 해독하였다는 점이다. 서문에 제시된 예에만 근거하더라도 새롭게 해독된 조문이 적지 않다. 다만 최근에도 묵경에 대한 독자적 저술을 간행한 당대 묵학 분야 대가들의 공동 성과이기에 전체 주석이 완전히 통일성을 지녔다고 보기에는 한계가 있다. 머지않은 시점에 또 다른 정본이 간행되기를 기대할 뿐이다. 『묵경정독』에 포함되지 않은 각자의 견해는 강보창의 『묵경훈석』(墨經訓釋, 齊魯書社, 2009)과 손중원·담가건(譚家健)의 『묵자금주금역』(墨子今注今譯, 商務印書館, 2012)에 반영되어 있다.

묵학 연구사 정리

최근 10여 년 동안에 중국의 철학계에서는 학술사를 총결하는 것이 유행이 되었다. 그러나 묵학 연구 방면에서는 유가와 도가 등의 기타 제자학과 달리 전문적 학술사가 없어서 중국 학술사상의 맹점의 하나로 지적되어왔다. 최근 산동 대학의 정걸문(鄭杰文) 교수가 주관해서 국가사회과학기금의 성과로서 『중국묵학통사』(中國墨學通史, 人民出版社, 2006)를 출판하였다. 내가 정걸문 교수를 처음 만난 것은 몇 년 전 중국 베이징에서 개최된 '묵학국제학술회의'에서이다. 당시 저자는 이 책의 집필 구상을 전하면서 한국에서의 묵학 연구 상황에 대해 도움을 구하였고, 이에 흔쾌히 응하겠다고 약속한 바 있다. 이후 여러 가지 사정으로 자료 정리를 미루다가 이 책이 간행된 것을 보고, 우선 상·하 두 권으로 서술된 범위의 방대함에 대해 놀라는 한편으로 부끄럽고 미안한 마음을 갖지 않을 수 없었다. 그것은 중국 고대로부터 현대에 이르는 중국 내에서의 묵학 연구는 물론이거니와 일본과 서구의 연구 목록까지 수록되었기 때문이다. 이에 이후 이 책이 보완·증보될 것을 기대하면서 간단한 서평과 아울러 「한국에서의 묵학 연구」와 논문 목록을 덧붙여 국내 학회지에 이 책에 대한 서평을 게재한 바 있다(『동양철학연구』 제49집, 2007).

이 책은 총 7장으로 구성되고 별도로 4개의 부록으로 나뉘는데, 주요 내용은 크게 세 부분으로 나눌 수 있다. 저자는 첫째, 전국 시대 제자 및 동시대 관련 저술 가운데 묵가에 대한 평론 및 묵자서에서 직접 인용된 것과 평설을 수집하고, 이에 의거하여 「묵학 형성사」(墨學形成史)를 서술하였다. 둘째, 진한(秦漢)부터 청말에 이르는 문헌 가운데 묵가에 대한 평론 및 묵자서에서 직접 인용된 것과 평설을 수집하고, 이에 의거해 「묵학 유전사」(墨學流轉史)를 서술하였다. 셋째, 근현대 저술을 수집하여 중국

역대의 묵학 서목 및 묵학 관련 논문 목록을 집록하고, 이로부터 100년 이래의 묵자서 정리와 「묵학 연구사」(墨學研究史)를 서술하였다.

이 책의 가장 큰 특징은 대략 3천여 종의 고적(일부는 전산 자료 활용)을 검토하고, 210종의 저작에서 수천 조목의 연구 자료에 기초하여 체계적으로 정리하고 연구한 것이다. 제1장 제3절의 「묵가와 상고(上古) 전적(典籍)」 부분으로 시서(詩書)와 『묵자』의 관계를 검토한 것이 그것이다. 또한 이 책은 그간의 연구 업적을 정리하는 데 그치지 않고 새로운 연구 성과를 보여주고 있다. 저자는 묵학의 창립 문제에 대해 역사의 발전 과정에서 고찰하고 기존의 연구 결과와 달리 묵가 학설은 비교적 장기간의 발전 과정이 있다고 본다. 『장자』에 의하면, 묵자는 당시 제자백가의 끊임없는 비판을 받았다. 따라서 묵가는 이러한 도전에 대응하기 위해서 부단히 자신의 이론 체계를 보완하고자 하였다는 것이다. 특히 후반부 「근 백 년래의 묵자서 정리와 묵학 연구」에서는 묵학과 서학(西學)의 관계 문제에 대해서 언급하고 있다. 저자는 서양 사상과 방법론의 전입은 20세기 묵학 연구를 촉진하고 부흥시키는 계기가 되었으며, 이것은 21세기 묵학 연구에도 중요한 요소가 되고 있다고 주장한다.

중국 학술 발전의 특징은 정치와 밀접한 관계가 있다. 따라서 저자는 20세기 사회·정치 상황의 발전에 근거해서 묵학 연구를 4기로 나누고, 분기에 따라서 묵학 연구와 시대·정치·사회의 주요 사조, 문인 사상의 심리 상태, 학술 계승과 발전의 연계를 분석하고, 또한 이에 의거하여 20세기 묵학 연구가 21세기 묵학 발전의 계시라고 지적하고 있다. 즉 학술, 정치, 경제의 세 가지 상보 관계를 처리하는 것이 21세기 묵학 연구의 과제라는 것이다. 그러나 저자는 결코 서양의 연구 방법론을 미신하는 것은 아니며 그러한 방법론의 폐단을 지적하고 있다. 끝으로 「중국 역대 묵학 서목 및 판본」, 「중국 묵학 논문 목록」, 「일본 묵학 저작 목록」, 「일본 묵학 논문 목록」 등 네 가지 부록을 덧붙였다. 이것은 묵학 연구자에게 풍부한 색인 자료가 될 것이다. 요컨대 이 책은 묵학의 발전사에 대한 상세한 정황을 고증하고, 아울러 근 백년 이래의 묵자서 정리와 묵학 연구를 집대성한 것으로 평가할 수 있다.

중국 철학사에서의 묵가 비판

맹자의 묵가 비판

유가의 개조인 공자의 사상이 반영된 『논어』를 통해 보면, "이단을 전공하는 것은 해롭다"고 언급할 뿐 타가(他家)에 대한 구체적 비판 내용은 찾아보기 어렵다. 다만 은자(隱者)에 대한 비판을 통해서 유가의 현실주의적, 인문주의적 특성이 강조될 뿐이다. 이것은 공자 당시까지만 하더라도 아직 이른바 제자백가의 학문적 특성이 두드러지게 표출되지 않았기 때문이다. 따라서 양가의 상호 비판은 묵자가 먼저 유가에 문제를 제기하고, 이에 대해 맹자와 순자가 묵가를 비판하는 과정으로 이해하는 것이 타당할 듯하다. 예컨대 묵가의 이지(夷之)가 서벽(徐辟)을 통해서 맹자를 만나려 하자, 맹자는 다음과 같이 간접적으로 묵가를 비판하였다.

내가 듣건대 이지는 묵가의 무리이다. 묵가의 장례 방식은 박장(薄葬)을 원칙으로 하고 이지는 그것으로 천하의 풍속을 바꾸고자 하니, 어찌 옳다고 하면서 귀하게 여기지 않을 수 있겠는가? 그런데 이지는 자기 어버이 장례를 후히 치렀으니, 이것은 천하게 여기는 것을 가지고 어버이를 섬긴 것이 된다. (『맹자孟子』, 「등문공藤文公」 상)

이상은 묵가의 절장(節葬) 방식이 유가의 후장(厚葬)에 어긋나며 아울러 그들 스스로도 그들의 도에 어긋나는 행동을 하고 있음을 비판한 것이다. 내용의 전개를 살펴보면 그 비판의 과정 자체는 지극히 논리적이다. 그러나 여기서는 이지의 언행에 근거한 비판에 그치고 있으며 유가의 후장과 묵가의 절장에 대하여 근본적으로 시시비비를 가리는 객관적 기준을 제시한 것은 아니다.

맹자를 비롯한 선진 유가의 묵가 비판의 귀결점은 겸애설이다. 맹자는 공도자(公都子)가 호변(好辯)의 이유를 물었을 때 '부득이한' 것이라고 답한다. 그렇다면 그가 말하는 부득이한 상황은 구체적으로 무엇인가?

성왕이 나오지 않고, 제후가 방자하며, 처사(處士)가 횡의(橫議)하고, 양주(楊朱)와 묵적의 말이 천하를 뒤덮었다. 천하의 말이 양주로 귀결되지 않으면, 묵적으로 귀결된다. 양씨의 위아(爲我)는 군주를 무시하는 것이고, 묵씨의 겸애는 부모를 무시하는 것이다. 부모를 무시하고 군주를 무시하는 것은 금수다. (『맹자』, 「등문공」 하)

요컨대 맹자가 변설을 좋아해서가 아니라 당시 활발하게 활동하던 양주와 묵적을 비롯한 변자들에 대항하기 위한 것이다. 맹자는 이러한 혼란을 안정시키는 일을 자신의 임무로 자처하고 이것은 예전에 혼란을 다스렸던 우(禹) 임금이나 주공(周公)이나 공자의 역할에 버금가는 일이라고 생각하였다. 그렇다면 이것은 논리적으로 옳고 그름을 가리는 변설이 아니라 정치·윤리적인 관점의 차이에서 비롯된 논쟁에 불과하다. 이렇게 서로 관점의 근거를 달리하는 논쟁은 본래부터 시비 판단을 내릴 수 없는 것이다. 왜냐하면 유가에서 인의(仁義)가 옳다고 볼 때의 근거가 있듯이, 양주와 묵자의 입장에서도 자신들의 이념에 대한 별도의 근거가 존재할 것이기 때문이다.

순자의 묵가 비판

중국 철학사에서 대표적 비판철학자로 평가되는 순자가 가장 집중적으로 비판한 대상이 묵가이다. 이것은 당시 묵가가 유가마저 압도할 정도의 영향력을 행사했기 때문인 듯하다. 특히 순자는 「정명」(正名) 편을 별도로 지어 제명의 3원칙을 제시하고 이에 어긋나는 것을 '3혹'(三惑)으로 제가의 명제를 분류하여 비판하였는데, 흔히 이 부분을 '순자의 논리학'이라고 칭할 정도로 정밀한 체계를 갖고 있다.

순자는 "묵자의 비악론은 천하를 혼란시키는 것이고, 묵자의 절용론은 천하를 가난하게 하는 것이다"라고 비판하였다. 물론 묵자의 본래 의도는 음악을 무조건 배척하는 것이 아니라 절용을 강조하기 위한 것이다. 다시 말해 사치스러운 음악이나 훌륭한 음식이 백성의 재물을 축내므로 반대하는 것이다. 그러나 순자는 묵자의 절용을 "실용에 가려 문화를 몰랐다"고 전제하고 다음과 같이 비판한다.

묵자의 말로는 수심에 잠긴 채 천하를 위해 물자가 부족함을 걱정한다고 하지만 대개 물자가 부족한 것은 천하의 공통된 근심거리가 아니다.

유독 묵자만이 지나치게 근심할 뿐이며 잘못된 것이다. (『순자』, 「부국富國」)

순자의 기본 입장은 인간과 자연의 구별을 분명히 함으로써 "인위로써 자연을 극복한다"는 '능참의식'(能參意識)이다. 인간이 자연계 속의 한 산물이면서도 유를 달리하는 타물을 취하여 이용함으로써 자연의 제약성을 극복할 수 있다는 것이다. 설령 묵자의 입장이 지배층의 경제적 착취와 수탈에 대한 저항의 표명이라고 할지라도 당시 새로운 사회경제적 토대에서 부상하는 신흥 계층의 이익을 대변하는 순자의 입장에서 볼 때 묵자의 견해는 일정한 한계를 지니는 것이었고, 순자가 묵자를 비판한 진정한 의도는 여기에 있었다고 본다. 이 점에서는 맹자의 묵가 비판과 마찬가지로 그 초점이 겸애론으로 귀결된다.

순자의 입장에서는 유묵(儒墨)의 도가 다르고 분별이 없는 겸애는 오히려 일을 번거롭게만 한다는 것이며, 이러한 의미에서 묵가는 "평등만 보고 차별은 보지 못했다"고 비판하였다. 이것은 통일 전야에 활동한 순자가 생각하던 통일 후의 치국 방안에 근거한 것으로 보인다. 예컨대 그가 논리적으로 공명과 별명을 구분함으로써 유개념과 종개념의 체계를 수립한 것은 점차 군현제로써 통일되어가던 현실을 반영한 것이다.

한유(韓愈)의 묵가 비판

현학(玄學)이 성행하던 위진(魏晉) 시기에 이르면 묵학은 주류에서 퇴출되기에 이르며, 당시 민간의 도교 문도들에게는 신성한 도술(道術)로 간주되기도 하였다. 따라서 묵학이 청대 중기 이후 고증학의 성행과 서구 학문의 유입으로 인한 제자학의 부흥과 함께 재조명되기까지 장구한 세월 동안 침체된 원인에는 이러한 배경도 작용한 것으로 보아야 할 것이다. 물론 이 기간에도 부분적으로 묵학을 중시하는 지식인들이 전혀 없었던 것은 아니다. 특히 한유의『독묵자』(讀墨子)는 후세에 유묵논쟁(儒墨論爭)을 야기한 것이므로 여기에서 전문을 인용하기로 한다.

> 유가는 상동 · 겸애 · 상현 · 명귀로써 묵가를 비판한다. 그런데 공자가 대인을 외경하고 그 나라에 있으면 그 대부를 비난하지 않고,『춘추』에서 전횡하는 신하를 비판한 것은 상동이 아닌가? 공자가 널리 인자를 가까이하고 박시제중(博施濟衆)함을 성인으로 여긴 것은 겸애가 아닌가? 공자가 현자를 현자로서 대하고 사과(四科)로써 제자들을 칭찬하며, 죽을 때까지 이름이 일컬어지지 않을까 염려한 것은 상현이 아닌가? 공자가 조상이 계신 듯 제사 지내고, "내가 제사에 참여하지 않으면 제사 지내지 않은 것과 같다"고 비판하고, "내가 제사 지내면 복을 받는다"고 말한 것은 명귀(明鬼)가 아닌가? 유가와 묵가는 똑같이 요순(堯舜)을 옳다고 하고 걸주(桀紂)를 비난하며, 똑같이 수신 · 정심(正心)하여 천하 국가를 다스리는데 무엇 때문에 이처럼 서로 좋아하지 않는 것인가? 내가 생각건대 변설은 말학(末學)에서 비롯하여 각각 자기 스승의 설을 행하기에 힘쓴 것이며, 두 스승의 도가 본래 그러한 것은 아니다. 공자는 반드시 묵자를 썼을 것이고, 묵자는 반드시 공자를 썼을 것이니, 서로 쓸 수 없다면 공자와 묵자가 될 수 없을 것이다. (『한창려문집韓昌黎文集』, 上海古籍出版社, 1986)

한유에 의하면, 묵가의 이상과 같은 주장은 공자의 관점과 어긋나는 것이 아니며, 유가와 묵가의 시비 다툼은 두 학파의 후학에서 비롯된 것으로, 본래는 서로 쓰일 수 있다는 것이다. 한유는 때로 우 임금과 공자를 성인으로 칭하는 동시에 묵자를 현인으로 높이기도 하였다. 그러나 한유의 묵가에 대한 관점은 이와는 전혀 다르게 표현된 것도 있다. 그는 자신이 불교를 신봉하지 않음을 밝히면서 다음과 같이 말하고 있다.

> 맹자가 이르기를, "지금 천하는 양주에게 가지 않으면 묵적에게 간다"고 하였으니, 양묵이 교란하면 성현의 도가 드러나지 못하고, 성현의 도가 드러나지 못하면 삼강이 매몰되고 구법(九法)이 무너지며 예악이 붕괴되고 이적(夷賊)이 횡행할 것이니, 어찌 금수가 되지 않을 수 있겠습니까? 그러므로 맹자는 "양묵을 막겠다고 말하는 사람은 성인의 무리이다"라고 한 것입니다. 양웅(揚雄)이 말하기를 "옛날에 양묵이 길을 막으매 맹자가 말로써 물리쳐서 환하게 터놓았다"고 하였습니다. 무릇 양묵이 행해지면 정도가 폐지되는 것입니다. ······ 내가 항상 맹자를 추존하여 공로가 우임금의 아래에 있지 않다고 여기는 것은 이 때문입니다. (한유, 앞의 책, 「여맹상서서與孟尙書書」)

이로부터 보면 한유는 자신의 유가적 입장을 표방하고 묵가를 부정하는 맹자의 입장에 동조한다. 그러나 한유는 나아가 "불교와 도교의 해로움이 양묵보다 심하다"고 하여 당시 현학에 대해 더욱 부정적인 태도를 취한다.

주희(朱熹)의 묵가 비판

한유의 '공묵상용설'(孔墨相用說)과 묵가에 대한 다소 애매한 태도는 이후 중국과 한국 사상사에서 쟁론의 시발점이 되었다. 북송(北宋)의 정이(程頤)와 주희는 한유의 『독묵자』에 대해 다음과 같이 비평하였다.

양주는 본래 의(義)를 배우고, 묵자는 본래 인(仁)을 배웠지만 배운 바가 조금 편벽되었다. 따라서 그 흐름이 마침내 무부(無父)·무군(無君)에 이르렀다. 맹자가 그 근본을 바로잡고자 하였기에 미루어 이에 이르렀다. 한유는 사람의 선한 마음을 즐겨 취하였으니 충서(忠恕)라고 이를 만하다. 그러나 가르침에 근엄할 줄 몰랐기에 잘못되었다. (『하남정씨유서河南程氏遺書』, 권 15)

양묵은 모두 사설(邪說)이지만, 묵자의 설은 더욱 꾸민 데서 나와서 인정에서 벗어나 행하기 어렵다. 공묵을 병칭하는 것은 한유의 잘못이다. (『주자전서朱子全書』, 권 23)

맹자는 본래 양주보다는 묵자에 대해서 더욱 비판적이었다. 그는 사람들이 묵자에서 벗어나면 일단 양주로 돌아갈 것이고 양주에서 벗어나면 자연히 유가로 돌아올 수 있다고 보고, 한편으로는 당시 양묵(楊墨)과 변설하는 자들이 마치 도망친 돼지를 우리에 잡아넣듯이 지나치게 몰아치는 것을 경계하였다. 이에 대한 주희의 설명에 따르면, 묵자는 외면적인 것에만 힘써서 실정에서 벗어나지만 양주는 비록 지나치게 소략할망정 실제에 가깝기 때문이라고 한다. 또한 정이에 따르면, 양주의 위아설은 유가의 의에 가깝고 묵자의 겸애는 유가의 인에 가까운 것이라 한다. 요컨대 심리적으로 볼 때 위아설은 가까운 곳에서부터 사랑을 베푼다는 유가의 차별애에 근사한 점이 있지만, 평등애를 주장하는 묵가의 겸애설은 유가의 그것과 완전히 배치되기 때문일 것이다. 주희는 나아가 양묵은 물론이고 불교와 도교 전체를 이단으로 간주하였다.

한국 철학사에서의 묵가 비판

우리나라에서의 제자학

우리나라에서는 삼국 시대 제자백가의 서적이 소개되고 독서삼품과(讀書三品科) 상품(上品)의 필수 과목의 하나로 제자백가가 채택되었지만, 여말선초(麗末鮮初)에 성리학이 수용되고 벽이단론(闢異端論)이 성행하면서 제자학 연구는 상대석으로 침체를 겪게 되었다. 여말부터 조선조 후기에 이르기까지 거의 모든 지식인은 벽이단론자라는 점에서 예외가 없었다. 자신의 기준에서 정립된 학문이 곧 정학(正學), 사도(斯道), 사학(斯學)이며, 이에 반하는 모든 경향성을 이단(異端), 좌도(左道), 좌학(左學)으로 규정하기 때문이다.

정통이란 전통적 권위를 확인하고 기존 질서를 고수함으로써 사회적 안정을 기하고자 하는 명분이나 정치 기반을 가리키며, 이단이란 그것과 정면으로 맞서고 나선 이익 집단 혹은 그러한 입장에 선 계층 및 사상을 가리킨다. 그러나 역사적으로 과거의 이단이 반드시 현재의 이단일 수는 없다. 이것은 이단에 대한 연구가 역사적으로 진행되어야 함을 뜻한다.

'이단'이라는 개념은 일찍이 『논어』에서 처음 사용되었으며, 우리나라 문헌에서는 삼국 시대 최치원(崔致遠)의 『계원필경집』(桂苑筆耕集)에서 처음 보인다. 그러나 하나의 주장으로서 정립하기 시작한 것은 성리학이 도입되면서부터이다. 그것은 벽이단론의 근거라고 할 수 있는 『맹자』가 성리학의 텍스트로서 정립되었기 때문이다. 이로부터 여말선초의 사상적 전환기에 본격적으로 벽이단론이 부각되기 시작하였다. 이로부터 제자백가 가운데 유가의 순자를 포함한 제자학은 물론 신유학(新儒學)의 하나인 양명학(陽明學)조차도 이단으로 배척되었다. 조선 후기에 이르면서 중국과 마찬가지로 실학적 경향이 일어나고 외래문화와 전통문화에 대한 인식의 전환이 이루어지기도 했지만, 장기간의 일제 강점기와 남북 분단이라는 비극적 상황을 거치면서 지금까지도 외래 사상을 능동적으로 수용하거나 그것을 전통적인 것과 융합하기 어려운 상황이다.

여말선초의 묵가 비판

우리나라에서 고려 이전의 문헌에서는 묵가나 묵자를 비롯한 제자백가를 명시적으로 배척한 사례가 보이지 않는다. 여말선초에 이르면 성리학의 수용과 더불어 『맹자』에 보이는 벽이단론의 관점이 부각되기 시작하였다. 그러나 당시 선진의 제자백가에 대한 비판은 상대적으로 심각하지 않았다. 여말선초의 사상적 전환기에는 불교와 도교에 대한 비판이 근본적 문제였기 때문이다.

고려 중기의 문호 이규보(李奎報, 1168~1241)의 『고한음』(苦寒吟)에서
는 "나는 공묵(孔墨)과 같은 현자가 아니니, 어찌 굴뚝이 검지 않거나 자
리가 따뜻하지 않을 수 있겠는가?"라고 하여 공자와 묵자를 병칭하고 있
다. 이와 같이 묵자와 공자를 함께 현자로서 병칭하는 것은 한대의 가의
와 당대(唐代)의 한유를 비롯하여 중국 사상사에서는 흔한 사례이지만,
우리나라에서도 당시 지식인들이 묵자를 이단으로 배척하지 않았음을 보
여주는 것이다. 이것은 그가 기본적으로 유자였지만, 불교와 도교에도 남
다른 소양을 지니고 있었으며, 제자백가에도 밝았던 학풍에서 비롯되었
다고 볼 수 있다.

　　또한 박문수(朴文秀)·이수(李需) 등과 「영백시」(詠白詩)를 차운한 시에
서는 "견개의묵변"(堅皆依墨辨)이라는 표현이 보인다. 여기에 보이는 '묵
변'은 후기 묵가의 작품을 일컫는 명칭으로 볼 수 있다. 그러나 문맥을 보
면 "'견'은 모두 묵자가 분별하였고……"로 해석하는 것이 옳은 듯하다.
당시 이규보는 그들과 견백론(堅白論)에 대해서 시로써 화답한 듯하다.
본래 견백론은 명가에 속하는 공손룡이 처음 제기한 것이지만, 현행본
『묵자』의 묵변에 속하는 「경상」에 그에 대한 비판이 실려 있으므로 "'견'
은 모두 '묵변'에 의지하였고……"라고 해석해도 무방할 듯하다. 아무튼
이것은 이규보의 제자백가에 대한 이해의 심도를 유추할 수 있는 자료라
고 생각된다. 우리나라 문헌에서 '양묵'이라는 용어가 처음 보이는 것은
고려 후기 강좌칠현(江左七賢)의 한 사람인 임춘(林椿)의 「소림사중수기」
(小林寺重修記)이다.

　　　성인의 도는 세상에 번갈아 가며 일어나 천하를 감화시켜놓는다. 그러므
　　로 공자는 주나라 말기에 인의로써 교육을 베풀었다. 다시 양묵·황제
　　(黃帝)·노자의 학술이 교대로 일어나서 기교한 말과 괴이한 술법이 여

러 갈래로 분열되어 나오게 되었는데, 진한에 이르러서는 그 폐해가 이르지 않는 데가 없어 차마 들을 수가 없을 정도였다. 이때에 불교가 중국에 들어와서 순수하고 심오한 진리를 사람들에게 보이며 자비의 행위를 가르치어 중생을 제도하였으니, 이것은 시기에 맞는 것이었다. 그러므로 유종원(柳宗元)은 말하기를, "불교의 학설은 공자의 도와 다르지 않다"하였다. (『서하집西河集』, 권 5)

임춘은 어려서부터 유교적 소양을 쌓아 상당한 명성이 있었지만, 20세 전후에 무신의 난(1170) 때 가문 전체가 화를 입고 겨우 피신하여 살다가 일찍 세상을 떠난 것으로 알려진다. 여기서 그는 양묵을 배척하면서도 불교와 유교를 겸용해야 한다고 보고, 결론적으로 유교와 불교는 본래의 목적이 다르지 않기 때문에 불법이 유교 경전과 병용되어야만 사람이 지향할 바를 알게 된다고 주장하고 있다.

고려 말 이제현(李齊賢)의 문인이었던 이곡(李穀, 1298~1351)의 시에는 "유명묵행"(儒名墨行: 명색은 유자이나 행동은 묵자)이라는 용어가 보인다. 이것은 본래 한유의 "묵명유행"(墨名儒行: 명색은 묵자이나 행동은 유자)과 대구로 사용된 말이다. 이곡의 평가에 의하면, 이 시에서 거론된 이승통(李僧統)은 '묵명유행'인 셈이다. 이러한 예는 권근(權近)에게서도 볼 수 있다. 비록 승려라 하더라도 효행이 뛰어나면 행실은 유자이므로 시문(詩文)을 교류하는 일은 당연하다는 것이다. 여기서 '묵명'(墨名)이라는 용어가 부정적 의미로 사용되었다는 점에서 묵가에 대한 간접적 비판이라고 할 수 있는데, 조선 후기 문인들의 시문에 이르기까지 두루 보인다. 그러나 그때까지 묵가에 대한 명시적인 비판은 보이지 않는다.

고려 말에 이르면, 지식인들이 맹자가 '양묵'을 배척한 것을 전제로 불교를 이단으로 배척하기 시작한다. 예컨대 1391년(공양왕 2년)에 성균관

생원 박초(朴礎, 1367~1454) 등은 다음과 같은 내용의 상소문을 올렸다.

> 맹자가 양묵을 배척하고 공자를 높인 이후로 한대의 동중서와 당대의 한유 및 송대의 정자와 주자가 모두 유학을 붙들고 이단을 배척하여 천하 만세의 군자가 되었고, 왕안석(王安石)과 장천각(張天覺) 등은 불교를 일으키고 풍속을 바꾸어 천하 만세의 소인이 되었습니다. …… 그러므로 신 등은 오로지 이단을 배척하는 것으로써 인심을 바로잡는 근본으로 삼습니다. (『고려사절요高麗史節要』, 공양왕 2년조)

이에 대해 당시 공양왕이 크게 노했으나, 박초 등이 상소하려 할 때 성균관 내부에서도 논란이 있게 되고 이로 인하여 대사성 김자수(金子粹)는 결국 사직하였다. 물론 여기에는 양묵에 대한 직접 비판의 근거는 보이지 않고, 다만 맹자의 벽이단론을 수용하는 입장일 뿐이다.

고려 말의 개혁파에 속하는 이색(李穡, 1328~96)의 입장도 이와 유사하다. 다만 묵자와 관련된 일화를 여러 시에서 긍정적으로 원용하고 있다. 예컨대 "조가(朝家)에 들어가지 않은 뜻은 더욱 깊다", "성중(城中)은 묵자가 지킨다"라는 묵수(墨守)와 관련된 표현이 그것이다. 『사기』 「열전」(列傳)에 의하면, 여기서 '조가'는 본래 읍 이름인데 "아침에 노래한다"라는 의미이므로 유악을 부정하는 묵자는 수레를 돌렸다는 데서 비롯된 것이다. 조선조 문인들은 명칭을 사용할 때 신중해야 한다는 의미에서 이 일화를 널리 사용하였으며, 조선 후기 이익(李瀷)은 이에 대해서 별도의 항목으로 고증하고 있다. 또한 묵수와 관련된 일화는 중국과 마찬가지로 우리나라에서도 묵가에 대한 비판과 관계없이 많은 지식인이 원용했음을 확인할 수 있으며, 이덕무(李德懋)는 이에 근거하여 「묵자에게 장군의 재능이 있었다」라는 글을 남기고 있다. 본격적으로 불교를 비판하면서 맹자의 벽이단론을 전면적으로 수용한 것은 정도전(鄭道傳, 1342~98)이다. 그는 다음과 같이 말한다.

> 맹자의 호변(好辯)은 양묵을 배척하기 위한 것이었다. 양묵의 도를 배척하지 않으면 성인의 도가 행해지지 않는다. 따라서 맹자는 양묵을 물리치는 것을 자기의 임무로 삼았다. 그의 말에 이르기를, "양묵을 막겠다고 말할 수 있는 사람은 성인의 무리이다"라고 하면서까지, 남들에게 도움을 기대하는 것이 지극하였다. 묵씨의 겸애는 인(仁)인가 의심되고, 양씨의 위아는 의(義)인가 의심되어 그 해로움이 무부·무군에 이르렀다. 이것이 맹자가 그들을 물리치는 힘이 되는 근거이다. 불씨(佛氏)의 경우는 그 말이 고상하고 미묘하여 성명(性命)·도덕 가운데를 넘나들면서 사람을 미혹함이 양묵보다 더 심하다. 주자가 말하기를, "불씨의 말이 더욱 이치에 가까워서 참됨을 크게 어지럽힌다"고 하였으니, 이것을 이른 것이다. (『삼봉집三峰集』, 권 5)

여기서 정도전은 양묵을 비판하는 맹자의 벽이단론을 전반적으로 소개하고, 정이천 및 주자의 입장을 계승하여 불교의 폐해가 이보다 더욱 심하다고 강조한다. 이처럼 당시까지 지식인들의 묵가에 대한 비판은 주로 선유의 설에 근거하며, 구체적 내용은 겸애설에 집중되어 있다. 이것은 비판의 궁극적 목적이 불교나 노자에 있었기 때문이다. 물론 묵가의 다른 이념에 대한 비판이 전혀 없었던 것은 아니다.

『병진정사록』(丙辰丁巳錄)에는 김수온(金守溫, 1410~81)과 김시습(金時習, 1435~93)이 주고받은 시와 이에 대한 비평이 실려 있다. 김시습은 본래 양묵으로부터 이설이 비롯되었으며, 공자가 이단을 비판하고 맹자가 양묵을 배척한 일을 긍정적으로 평가하였다. 그러나 김수온이 세조(世祖)의 찬위(簒位)에 반발하여 중이 된 김시습에게 보내는 시에서 "유가를 버리고 묵가로 귀의함은 무슨 마음인가?"라고 질책하자, 김시습은 다시 "갈림길은 비록 다르지만 마음을 기르는 것일 뿐이다"라고 차운하고 있다. 이에 대해 임보신(任輔臣, ?~1558)은 김시습이 중이 된 것은 자신의 뜻이 아니므로 탓할 필요가 없는 것이고, 김수온이 자신의 어머니를 화장하려는 것이 오히려 '유명묵행'(명색은 유가이나 행동은 묵가)이라고 비평하고 있다.

앞서 보았듯이, 한유가 이 용어를 사용할 때 '묵'(墨)의 의미는 주로 실제 '묵가'를 지칭하는 것이 아니라 '불교'나 '승려'를 의미하였다. 또한 여말선초 이색과 권근과 마찬가지로 김수온이 김시습을 질책할 때의 의미도 이에 의거한 것이다. 그런데 임보신이 김수온을 질책할 때는 실제로 '묵가'를 지칭하는 의미로 사용하고 있다. 물론 이것은 묵가의 절용론과 절장론에 관련된 것이지만, 그에 대한 구체적인 비판이기보다는 『맹자』에 보이는 묵가의 이지(夷之)에 대한 비판을 원용한 것으로 보인다.

성리학 전성기에 이르면 이와는 다른 상황이 도출된다. 퇴계(退溪)는 "맹자가 양묵을 배척하겠다고 말할 수 있는 사람은 성인의 무리라고 하였듯이, 나 또한 말하자면, 주자의 도를 높일 수 있는 사람은 또한 주자의 무리이다"라고 하고 "성인의 무리가 되지 않는다면 곧 양묵의 무리가 되는 것으로 중립적으로 두 가지를 아우르는 이치는 없다"고 하였다. 이와 같은 성리학에 대한 자신감은 한유의 유묵상통설에 대한 본격적 비판으로 이어진다. 예컨대 기대승(奇大升, 1527~72)은 "양묵·노장·불교의 학문을 따라서 성인의 도로 가는 것은 마치 끊어진 항구와 막힌 물을 항해하면서 바다에 이르기를 기대하는 것과 같다"는 한유의 말을 원용하면서도 "한유의 학문은 정밀하게 선택하지 못하고 상세하게 말하지 못하였다"고 지적하고, "성인의 도를 보려고 하면 반드시 네 선생으로부터 시작하여야 하고, 사서(四書)를 보려고 하는 자는 반드시 정주(程朱)로부터 시작하여야 한다"고 하였다. 여기에는 당시 성리학이 한유와는 다른 이론 근거에서 불교와 도교를 극복하였다는 입장이 반영되어 있다. 또한 율곡 (栗谷)은 주자의 양묵 비판을 원용하고 나아가 불교와 노자는 물론 육상 산(陸象山)의 학문을 이단으로 배척한다. 이처럼 조선 중기에 이르기까지 묵가 비판은 일단 한유의 관점에 만족하지 않고 적극적으로 주자학을 선 양하기 위한 전제로 활용되었다고 할 수 있다.

우리나라에 『천주실의』(天主實義)를 처음으로 소개한 것으로 알려진 이수광(李睟光, 1563~28)의 『지봉유설』(芝峯類說)에는 『노자』를 비롯한 도가류를 필두로 총 17종의 선진 제자서가 나열되어 있다. 여기에서 『묵 자』는 『순자』에 비해 앞서 배열되어 있다. 그뿐 아니라 그는 몇 차례 양주 와 아울러 묵자를 거론하지만 비판적인 내용은 보이지 않는다. 그런데 거 의 동시대인 허균(許筠, 1569~1618)에 이르면, 묵자서를 비롯한 거의 모 든 제자서에 대한 개괄적 이해를 엿볼 수 있다. 묵자에 대해서는 선유의 학설을 수용하는 포괄적 비판에서 벗어나는 경향을 보인다.

묵자의 학술은 그 도의 큰 테두리가 우 임금과 유사하다. 따라서 자주 우 임금의 도를 일컫는 것은 마치 허행(許行)이 농가를 전공하면서 스 스로 신농씨의 말을 칭한 것과 같다. 시초는 모두 성인에 근본을 둔 것 이지만 말류의 폐단이 마침내 여기까지 이르렀으니, 맹자가 극력 배척 한 이유이다. 그가 유가와 더불어 병칭된 이유는 다만 인의에 근본을 두 고 현자를 높이며 덕을 숭상하는 것이 서로 가까운 점이 있기 때문이다. 이것은 옳은 듯하면서 그른 것으로, 쉽게 사람을 미혹할 수 있다. 한유는 "공자는 반드시 묵자를 썼을 것이다"라고 한 것은 무슨 까닭인가? 그의 글은 비록 고아하지만 간혹 뒤섞여 조리가 없으니, 혹 후인이 억지로 끌 어 맞춘 것인가? (『성소부부고惺所覆瓿藁』, 권 13)

여기서 허균이 묵자서 전체를 통독하였는지 아니면 초록본을 보았는지는 확인할 길이 없다. 분명한 것은 그가 맹자의 벽이단론을 수용하고 '인의를 숭상한다'는 측면(겸애)과 '현자를 높이며 덕을 숭상한다'는 측면(상현)은 사이비(似而非)로서 유가와 다른 것이라고 지적한다는 점이다. 허균의 구체적 언급은 확인할 수 없지만, 겸애에 바탕을 둔 묵가의 「상현」과 친친(親親)을 전제로 하는 유가의 '존현'(尊賢)은 본질적으로 다른 것이다. 이와 같은 근거에서 허균이 한유의 공묵상용설(孔墨相用說)을 부정하고 아울러 묵자를 우 임금과 연계하는 것은 진일보한 것이라 평가할 수 있다. 묵가에서는 실제로 옛 선왕 가운데 치수 사업의 대명사라고 할 만한 우 임금을 가장 높이고 있다. 이러한 지적은 거의 동시대인 신흠(申欽, 1566~1628)과 이식(李植, 1584~1647)으로 이어진다.

> 우 임금의 거친 옷과 소박한 음식은 지극한 성품과 검약(儉約)에서 나온 것인데, 묵자(墨者)는 그것을 빌려서 당세(當世)를 그르쳤고, 탕무(湯武)의 혁명은 천명에 순응하고 인심을 따르는 데서 나온 것인데, 왕망(王莽)과 조조(曹操)는 그를 빌려 나라를 빼앗고 임금을 바꾸었다. 사람들이 그러한 것을 보고 탓하기를, "묵자는 우 임금이 그렇게 만들고, 왕망과 조조는 탕무가 그렇게 계도한 것이다"라고 한다면 또한 잘못된 것이 아니겠는가. (『상촌집象村集』, 권 37)

> 대개 우리나라의 송판은 모두가 좋은 재목이다. 오직 관의 두께가 너무 얇아서 사면이 2촌(寸) 반이요, 위와 아래가 겨우 3촌밖에 되지 않아서 묵자의 제도와 비슷하니 참으로 한심한 일이다. …… 오히려 묵자가 순전히 검소한 것보다 못하다. (『택당집澤堂集』, 별집, 권 16)

여기서 제기된 묵가의 이념은 노동자를 중심으로 하는 하층민 집단의 이익을 반영한 절용, 절장, 비악 사상과 연계되어 있다. 묵자에 의하면, 수의(壽衣)를 세 겹으로 하는 것은 시신이 잘 썩도록 하고, 관의 두께를 3촌으로 하는 것은 뼈가 잘 썩도록 하기 위한 것이다. 또한 무덤의 깊이는 냄새가 겉으로 새지 않고 수맥에 닿지 않을 정도에 그쳐야 하며, 장례가 끝나면 살아 있는 사람은 오랜 상례로 슬퍼해서는 안 된다고 본다. 이것은 물론 번거롭고 오랜 상례로 인한 노동력의 손실과 생산력의 저하를 우려하기 때문이다. 물론 후장구상(厚葬久喪)을 견지하는 유가의 입장에서는 수용할 수 없는 주장이다. 따라서 인용문의 전체적인 내용은 맹자의 묵가 비판에 근거한 듯하지만, 적어도 이식의 주장은 묵자에 대한 구체적인 인식을 전제로 한 것으로 보인다.

조선 중·후기의 묵가 비판

묵가에 대한 비판과 함께 묵자서의 내용이 직접 인용되는 것은 조선 중기의 허목(許穆, 1595~1682)에 이르러서이다. 그는 일단 자사와 맹자 이후로 성인의 도가 전해지지 않았다고 전제하고 양묵을 포함하여 도가, 법가, 병가(兵家), 음양가(陰陽家) 등 거의 모든 제자백가를 이단으로 배척하였는데, 묵가에 대해서는 다음과 같이 말하고 있다.

묵적은 말하기를, "부자(父子)가 서로 자애(慈愛)하지 않고 형제가 서로 헐뜯어서 대부가 서로 어지럽히고 제후가 서로 침략하게 되었다. 천하의 혼란은 서로 사랑하지 않는 데서 비롯한 것이다"라고 하고, 겸애로써 천하를 이끌어야 된다고 생각하였다. 묵적의 사후에는 상리씨(相里氏)의 묵가, 환분씨(桓芬氏)의 묵가, 등릉씨(鄧陵氏)의 묵가가 있었고, 또한 호비(胡非)에 묻힌 묵가가 있었다. 묵자는 귀신을 좋아하고 귀신의 화육함을 말하였다. (『기언記言』, 권 1)

묵적은 말하기를, "천하의 어지러움이 서로 사랑하지 않는 데서 일어났다"고 하여, 천하로 하여금 서로 사랑하게 하여, 사람들에게 남을 사랑할 것을 권하였다. 묵교(墨敎)를 종지로 삼는 자들은 귀신 섬기기를 좋아하니, 묵가는 불가와 비슷하지만, 불가가 더욱 심하다. (『기언』, 권 5)

이상과 같이 조선조 문헌에서 처음 인용된 내용은 「겸애」 편을 비롯하여 묵자서를 일관하는 묵가의 종지라고 할 수 있다. 또한 묵자 사후 묵가의 분열 상황이 서술되고 있다는 점은 주목할 만하다. 물론 묵가의 분파에 대한 설명은 『한비자』(韓非子)에 근거한 것으로 보인다. 한편 허목은 나아가 귀신의 존재를 증명한 묵자의 「명귀」(明鬼) 편을 비판하면서도 이점에서는 불교의 폐해가 더 크다고 지적하고 있다. 이를 통해서 보면, 허목은 묵자를 이단으로 배척하고 있지만 그것은 피상적인 것이 아니라 묵자의 사상에 대해서도 상당한 이해에 기반을 둔 것임을 알 수 있다.

그런데 거의 동시대인 윤휴(尹鑴, 1617~80)는 양주의 위아(爲我), 묵적의 겸애(兼愛), 노장의 청허(淸虛), 관중(管仲)의 공리(功利), 신불해(申不害)와 상앙(商鞅)의 형명(刑名), 서가이 저멸(寂滅) 등을 나열하여 배척하면서도, 당시 과거의 폐습이 이보다 더욱 심하다고 비판한다. 특히 한유에 대한 비판의 근거가 이전의 지식인들과는 사뭇 다른 양상을 보인다.

과거(科擧)의 폐습이 민생을 해치고 인심을 좀먹으며 사람의 행실을 그르치는 데서 양묵보다 심하다. …… 내가 일찍이 말하기를, "양묵의 해는 홍수보다 심하고 불교와 노자의 해는 양묵보다 심하며 속학(俗學)의 해는 불교와 노자보다 심하다"고 하였다. 한유는 불교와 노자를 배척하였

지만 이것을 알지 못했다. (『백호전서白湖全書』, 권 27)

　여기서 한유를 비판하는 이유는 유묵상통설이 아니라 오히려 그가 불교와 도교를 비판하는 수단이었던 과거 시험을 위한 문장학(文章學)이다. 윤휴의 이러한 입장은 홍수를 극복한 우 임금, 양묵을 배척한 맹자, 불교와 도교를 극복한 성리학과 마찬가지로 속학(俗學)에 대한 자신의 비판적 역할을 시사하고 있다. 이 점에서 이익(李瀷, 1681~1763)도 견해를 함께한다. 그는 양묵에 대한 비판과 연계하여 문장학의 폐단과 아울러 당시 부패한 관료를 "양묵의 죄인"으로까지 규정하고 있다.

　　기송(記誦)과 사장(詞章)이 사람의 마음을 해치는 것이 아주 심한데, 과
　　거의 해는 더욱 심하다. 옛날 양묵이 어찌 이에 이르기까지 했겠는가?
　　맹자가 말하기를, "양묵을 배척하겠다고 말하는 자는 성인의 무리이다"
　　라고 하였으니 지금 과거의 해로움을 배척하는 자 역시 맹자의 마음이
　　다. (『성호사설星湖僿說』, 권 18)

　　양묵의 이설은 이제 남아 있는 것이 없는데, 귀에 들리며 눈에 보이는
　　것이 대부분 양묵의 죄인이다. 참소와 탐욕으로써 권세의 문에 나아가
　　아부하는 태도는 양주의 무리가 보고서 눈을 가릴 것이요, 뇌물과 탐학
　　으로써 일신의 사복만을 채우는 추태는 묵적의 무리가 듣고서 귀를 막을
　　것이니, 위아와 겸애를 어느 겨를에 논하겠는가? (『성호사설』, 권 16)

　정약용(丁若鏞, 1762~1836)은 「오학론」(五學論)에서 당시의 학문을 성리학·훈고학·문장학·과거학·술수학의 다섯 부문으로 정리하여 비평하는데, 이 가운데 특히 문장학을 양묵과 관련지어 이단으로 배척하고 있다.

문장학은 사도(斯道)의 큰 해독이다. …… 그것이 장차 양묵이나 노불(老佛)보다 심한 것은 무엇 때문인가? 양묵이나 노불은 비록 주안점의 차이는 있지만, 요약하자면 모두 자신을 억제하여 사욕을 끊음으로써 선을 행하고 악을 제거하는 것이기 때문이다. (『다산시문집茶山詩文集』, 권 11)

여기서 정약용은 "선을 행하고 악을 제거한다"는 측면에서 양묵이나 노불이 상통한다고 하여 문장학보다는 상대적으로 폐해가 적다는 입장을 보인다. 이것은 성리학의 전성기를 거치면서 양묵이나 노불의 부정적 폐해가 극복되었음을 반영하는 것이다. 요컨대 당시 지식인들의 양묵 비판은 당시 학문의 범위에 그치지 않고 사회 전반의 부조리에 대한 비판과 연계된다. 이상에서 이단 비판의 대상과 폐해의 강도는 홍수(洪水) < 양묵(楊墨) < 불노(佛老) < 속학(俗學: 과거학·문장학)의 순서로 정리된다.

조선 후기의 벽이단론은 천주교와 연계되기도 하였다. 예컨대 안정복(安鼎福, 1712~91)은 당시 유행하던 양명학을 이단으로 규정하여 비판하였고 천주교에 대해서도 부정적이었다. 반면에 그는 "옛사람이 '불교와 노자의 해가 양묵보다 더 심하다'고 하였는데, 지금은 천학(天學)의 해가 불교와 노자보다 더 심하고, 속학(俗學)의 해가 천학보다 심하다"고 지적하여, 당시의 학문 경향이 오히려 천주교보다 해롭다고 비판하였다. 그런데 서학(西學)을 비판하는 점에서는 북학파(北學派)에 속하는 박지원(朴趾源, 1737~1805)도 의견을 같이한다.

하물며 지금 이른바 서양의 학술이란 양주도 아니요, 묵적도 아니요, 노자도 아니요, 부처도 아니요, 전혀 의리를 갖추지 못한 요사스러운 패설(悖說)에 불과한 것이다. 말류에 이르기를 기다릴 것도 없이 그 폐단이 화가 되는 것은 홍수나 맹수보다 더 심한 데 그치지 않는다. (『연암집燕巖集』, 권 2)

여기서 이단 비판의 대상과 강도는 양묵 < 노불 < 서학 < 속학의 순서가 된다. 안정복은 특히 묵자서「천지」(天志)의 원문을 대량으로 인용하고, 다음과 같이 천주교와 비교하고 있다.

> 묵자가 천(天)을 말한 것은 겸애 · 겸리(兼利)가 그 대의이다. 서사(西士)의 "원한을 잊고 원수를 사랑하라"는 말은 겸애와 다르지 않으며, 자신을 단속하여 고통을 견디는 것은 상검(尙儉)과 같다. 다만 다른 것은, 묵자는 현세로써 하느님을 말하였고 서사는 내세로써 하느님을 말한 것이니, 묵자에 비한다면 한층 더 황당하다. 대개 서학에서 내세를 말한 것은 전적으로 불교의 여론(餘論)이며, 겸애 · 상검은 묵가의 지류이다. 이것이 어찌 주공과 공자를 배운 자가 익힐 바이겠는가? (『순암집順菴集』, 권 17)

여기서 안정복이 묵자의 원문을 대량으로 인용하고 천주교와 대비한 것은 주목할 만하다. 조선조 문헌에서『묵자』「천지」편의 내용이 인용된 것은 처음이기 때문이다. 특히 현세와 내세를 기준으로 묵가와 천주교를 비교한 일은 지극히 타당하다고 할 수 있다. 묵가의 천〔上帝〕 개념은 어디까지나 집단의 규범의식의 근거와 실천성을 확보하기 위하여 현실적 인간을 전제로 설정된 것이기 때문이다. 여기서 묵가의 '상검'이란 이익이 지적한 '귀검'(貴儉: 검소함을 중시함)과 마찬가지로 절용 · 절장 · 비악 사상을 가리키며, 안정복은 이것을 천주교와 연계하여 배척하는 것이다. 그러나 겸애는 노동의 성과〔利〕를 공평하게 분배한다는 의미로서, 주로 경제적 평등을 의미하기 때문에 기독교의 박애(博愛)와는 본질적으로 다른 것이다. 그런데 조선 후기 북학파의 선구자인 홍대용(洪大容, 1731~83)은 양묵에 대하여 일부 긍정적인 평가를 내리고 있다.

> 양씨의 위아(爲我)는 소보(巢父) · 허유(許由) · 장저(長沮) · 걸익(桀溺)의

흐름이며, 청고(淸高)하여 세속을 끊은 것은 완악한 것을 청렴하게 할 만하였고, 묵씨의 겸애 · 근검 · 절용은 세상의 급박한 사정을 대비하여 위로는 시속을 구제하고 아래로는 사사로움을 잊을 수 있게 하였으니, 또한 보통 사람들보다 훨씬 현명하다. 장차 두 사람의 도를 지나치게 행한다면, 홀로 행하거나 몸을 힘들게 하여 사람들이 감당하기 어려워, 그것이 천하를 바꿀 걱정은 없을 것인데, 금수로 배척하는 것은 혹 너무 지나친 것이 아니겠는가? (『담헌서湛軒書』, 외집, 권 1)

여기서 홍대용은 묵가의 주요 이념이 현실적 유용성을 지닌다고 변호하면서 맹자의 벽이단론을 지나친 것으로 평가하고 있다. 그는 당시 청나라에 가서 독일 선교사를 만나면서 서양의 근대 과학 기술에 접할 기회가 있었으며, 이로부터 서양의 우수한 문물 제도를 수용할 것을 주장한바 있다. 명말 청초에 묵학을 비롯한 제자학이 발흥하게 되는 주요 원인은 서양 문물의 수용에서 촉발된 중국인의 주체의식이다. 따라서 홍대용이 묵가를 포용할 수 있었던 것은 우연이 아닌 것으로 보인다.

조선 후기 북학파와 두루 교류하면서 학문적 영향을 받은 이덕무(李德懋, 1741~93)는 바둑과 장기를 비판하면서 "바둑은 노장과 같은 것이며, 장기는 양묵과 같다"고 하여 맹자처럼 확실하게 배척해야 한다고 주장한다. 그러나 묵자 개인에 대해서는 평가를 달리하고 있다. 그에 의하면, "그가 겸애 때문에 유문(儒門)에 죄를 얻었지만, 그 사람됨은 쓸 만한 점이 있어서 장자 · 열자(列子)의 황당함이나 소진(蘇秦) · 장의(張儀)의 변설처럼 나라에 아무 쓸모가 없었던 것과는 같지 않았다"는 것이다. 이어서 『여씨춘추』(呂氏春秋)에 보이는 초나라 공수반(公輸般)이 만든 운제(雲梯)에 맞서 송나라를 방어하는 일화와 『한비자』, 『설원』(說苑) 등에 보이는 묵자의 일화를 예로 들면서 다음과 같이 평한다.

여러 설을 공평하게 상고하여 보건대, 묵적이 지닌 재지(才智)는 장수를 감당할 만하여 남의 사력(死力)을 얻을 수 있었다. 보통 사람보다 월등한 자질이 아니면 어떻게 이와 같을 수 있었겠는가? 그의 학설이 후장을 싫어한 것은 『주례』(周禮)에 어긋난 것이고, 귀신을 숭상한 것은 하나라의 도를 따른 것이다. 대체로 굽은 것을 바로잡다가 곧은 것에 지나쳐 흘러온 폐단이 문도들에게 극심했다. 그러므로 맹자의 배척은 부득이한 것이었다. (『청장관전서靑莊館全書』, 권 57)

여기서 "남의 사력을 얻을 수 있었다"는 것은 묵가의 엄밀한 조직과 철저한 규율의식에 바탕을 둔 묵가 집단의 행동 원칙을 가리키는 것으로 보인다. 예컨대 『여씨춘추』에는 거자(鉅子) 맹승(孟勝)이 초나라 양성군(陽城君)을 위한 방어전 과정에서 끝까지 싸우다가 전황이 불리해지자 신의를 지킨다는 명목으로 제자 180여 명과 함께 자살한 일화가 실려 있다. 인용문에서 이덕무는 묵가의 겸애 · 절장 · 명귀 등의 사상을 예로 들면서 맹자의 비판은 부득이하다고 보지만, 묵자의 재지와 리더십은 긍정한다. 앞서 보았듯이, 『묵자』의 「공수」(公輸) 편에 보이는 묵수와 관련된 일화에 대해서는 일찍이 고려 말 이색의 시문에서 처음 보인다. 그러나 조선조 문헌에서는 묵가 비판과 관계없이 『한국문집총간』에만 143차례 보일 정도로 일반화된 것이다. 특히 율곡과 함께 조선조 8대 문장가로 유명한 최립(崔岦)은 격문(檄文)에서 묵수와 관련된 일화를 인용하거나 장군으로서 묵자의 전략과 기상을 높이 평가한 바 있다.

한편 조선 후기의 지식인들은 공통적으로 『묵자』를 비롯한 제자서를 다량으로 원용해서 고증의 자료로 활용한다. 예컨대 이익은 고려 말 이색의 시문에 처음 보이는 '조가'에 대해서는 별도의 항목으로 설정하여 설명하고 있다.

추양(鄒陽)이 말하기를, "고을 이름이 '승모'(勝母: 어미를 이김)여서 증자(曾子)는 그 고을을 지나가지 않았고, 고을 이름이 '조가'(朝歌: 아침에 노래함)여서 묵자는 수레를 되돌렸다"고 하였다. '조가'란 뜻은 아침에 일어나자마자 음악을 한다는 뜻이다. 『회남자』에도 "유자로서 마을에서 걸터앉고, 묵자(墨者)로서 아침에 피리를 분다"는 말이 있으니, 대개 유도(儒道)는 공손함을 중시하지만 묵도(墨道)는 검소함을 중시한다. 음악을 하되 절제하지 않으면 사치와 음일(淫溢)에 흐르기 쉽기 때문에, 묵가의 도는 반드시 예를 우선하고 악(樂)을 뒤로한다. 지금 아침에 노래를 하고 아침에 피리를 분다 함은 음악을 우선함을 미워하는 것이다. (『성호사설』, 권 28)

추양의 이 말은 『사기』「열전」에 보인다. 그는 본래 양나라 효공(孝公)의 문객이었는데 간신의 모함으로 감옥에 수감되자 억울함을 호소하는 이러한 내용의 글을 올리게 되었다. 『회남자』에서 인용한 내용은 「설산훈」(說山訓) 편에 보이는데, 같은 편에서 "증자는 효행을 세워 승모의 마을을 지나가지 않았고, 묵자는 음악을 비판하여 조가라는 마을에 들어가지 않았다"고 하였다. 인용문의 전체 내용은 묵자의 「절용」과 「비악」 편의 사상과 관련이 있으며, 이익의 묵가에 대한 이해의 심도를 알 수 있게 한다. 다만 묵가의 비악에 대한 구체적 언급이 없으며, "묵가의 도는 예를 우선하고 악을 뒤로한다"고 지적한 것은 잘못이다. 묵가는 하층민의 입장에서 유가의 예악을 전면 부정하기 때문이다.

정조(正祖) 또한 당시 성행하던 벽이단론의 흐름과 궤를 함께한다. 예컨대 채제공(蔡濟恭, 1720~99)의 차자(箚子)에 대한 비답(批答)에서 "이단이라고 하는 것은 노자, 석가, 양주, 묵적, 순자, 장자, 신불해, 한비뿐 아니라 무릇 제자백가의 수많은 부류의 책들 중에 조금이라도 정경(正經)과 상도(常道)에 어긋나고 선왕의 법언(法言)이 아닌 것은 모두가 그것이다"

라고 하였다. 그러나 정조의 『경사강의』(經史講義)에 보이는 내용을 통해 보면, 묵자서를 비롯한 제자백가의 원문을 대량으로 원용하여 유교의 경전 내용을 고증하고 있다. 이것은 정조가 제자백가를 두루 탐독하였다는 사실과 사상적으로는 비록 이단으로 배척하더라도 사료(史料)로서는 긍정하고 있음을 반영한다. 정조는 특히 『논어』에 보이는 내용을 예로 들어 묵가와의 연관성에 문제를 제기한다.

> 『집주』에 "주(周)는 보편이다"라고 하였다. 보편이라는 것은 사랑하지 않는 바가 없다는 말이니, 앞 장의 "범애중"(汎愛衆)과 서로 비슷한데, 앞 장에서는 "범애중" 아래에 "이친인"(而親仁)이라는 한 구절이 있다. 이 장에서는 단지 "주이불비"(周而不比)라고만 일컬었으니, 묵자의 겸애에 가깝지 않을 수 있겠는가? (『홍재전서弘齋全書』, 권 71)

이에 대해 채제공의 문인인 이익운(李益運)이 대답하기를, "보편애는 원근(遠近)과 현우(賢愚)가 각기 그 분수를 얻게 하는 것이고, 묵자의 사랑은 친소(親疎)와 후박(厚薄)의 차등을 두지 않고 대하는 것이다"라고 대답하였다. 또한 정조가 『논어』「안연」(顏淵) 편에 보이는 "사해 안에 있는 사람이 모두 형제다"라는 내용이 겸애와 가까운 것이 아니냐고 의문을 제기하자 성종인(成種仁)이 대답하기를, 자하(子夏)의 그 말은 사마우(司馬牛)의 근심을 덜어주기 위한 것으로 약간의 병통이 있으므로 『집주』에서는 '형제' 앞에 '여'(如)를 붙였으며, "말로써 뜻을 해쳐서는 안 된다"고 말한 것도 본래의 뜻을 찾기 위한 것이라고 대답한다. 앞서 보았듯이, 한유는 『논어』에 보이는 '박시제중'(博施濟衆)과 겸애를 근거로 공묵상용설을 제기한 바 있다. 여기서 정조의 질문에 대한 두 학자의 대답은 오히려 한유에 대한 적절한 반박이라고 하여도 좋을 듯하다.

요컨대 조선조 지식인들의 묵가에 대한 이해와 비판 양상의 특징은 묵가의 이념 자체에 대한 비판보다는 다른 이념이나 부조리에 대한 비판의 도구로 활용되었다는 것이다. 내용 면에서 본다면, 묵가의 10대 주장 가운데 겸애와 절용(절장, 비악)에 대한 비판이 주를 이루며, 조선 중·후기에 이르면서 명귀(明鬼)와 천지(天志) 관념에 대한 비판이 포함된다. 주목할 만한 점은 중국 사상사에서와 마찬가지로 침략 전쟁을 반대하는 평화 이념이 반영된 비공(非攻)이나 운명론을 부정하는 비명(非命)에 대한 비판은 보이지 않는다는 것이다. 이것은 유가의 인문주의적이고 현실주의적 측면에서 볼 때, 적극적으로 비판할 여지가 없었던 데 연유하는 것으로 생각된다. 한편 묵가 이념과는 별도로 묵자 개인의 묵수와 관련된 행위에 대해서는 대체로 긍정적으로 평가한다. 또한 후기에 이르면서 묵자서는 이념서가 아니라 유교 경전 내용을 고증하기 위한 사료로서 활용되고 있음을 확인할 수 있다.

주지하는 것처럼 명말 청초에 고증학과 실학(實學)이 발흥하였고, 이러한 학풍이 일어나게 된 주요 원인은 서양의 학문과 문물 제도의 유입이다. 당시 진보적인 지식인들은 서양의 과학 기술에 대한 지식과 논리학의 이론을 수용하여 이와 관련된 선진 제자학을 중시하기 시작하였다. 이 가운데 특히 묵가의 '묵변'(묵경)에 반영된 자연과학적 성과와 순자의 논리학이 주목을 받게 되었다. 묵가 비판의 전개 양상에 근거한다면, 우리나라에서는 북학파를 중심으로 이러한 학문 경향을 수용한 것으로 보이며, 특히 고증학의 영향을 받은 대표적 학자로서는 정약용과 정조를 들 수 있다. 이 외에 본문에서 다루지 않았지만 성해응(成海應, 1760~1839), 신작(申綽, 1760~1828), 홍석주(洪奭周, 1774~1842), 김매순(金邁淳, 1776~1840) 등을 들 수 있을 것이다. 그러나 이들의 문헌 자료를 개괄적으로 검색해 보았을 때 적어도 묵자 및 묵가에 대한 이해 양상에서 선유(先儒)들과 견해를 달리하는 경우를 찾아보기 어려웠다. 이것은 조선조 지식인들이 중국과 달리 전·후기를 막론하고 기본적으로 성리학적 분위기에 익숙하여 맹자의 벽이단론을 벗어나지 못하였기 때문이라고 생각된다. 물론 묵자의 사상과 개인의 행동을 구분하고, 묵자서의 사료적 가치를 긍정하는 학자들이 적지 않았다. 아쉬운 점은 이러한 경향이 고대 자연과학적 성과의 보고라고 할 만한 묵변에 대한 관심으로 직접 이어지지 못한 것이다.

■ 차례

제1부 **묵경**(墨經)

제2부 묵자의 어록

제3부 군사학 자료집

제1부

묵경

(墨經)

40. 경상(經上), 경설상(經說上)

'묵경'은 넓은 의미에서는 '묵변'이라는 명칭과 혼용되어 「경」상·하, 「경설」상·하 및 「대취」, 「소취」 등 6편을 포괄한다. 진대의 노승은 『묵변주』의 서문에서 앞의 네 편을 '변경'(辯經)이라 칭하였는데 일부 학자는 이것을 보통 '묵경'으로 칭한다. 이것은 좁은 의미에서의 '묵경'이다. 이 책에서는 넓은 의미에서 '묵경'이라는 용어를 사용하였다.

손이양에 의하면, 묵경은 원래 「경」과 「경설」이 상하로 배열된 것인데 별도로 나누어 정리했기에 해독이 어려웠다고 밝히고 있다. 따라서 후세의 통례대로 이 책에서도 「경」과 「경설」을 동시에 배열하였다. 그러나 묵자의 원문이 방행본(旁行本)이었다는 데 대해 이설(異說)이 있다. 오비백(伍非百)의 『변정원본장구비방행고』(辯正原本章句非旁行考)와 혁조보(奕調甫)의 『방행석혹』(旁行釋惑)의 연구가 대표적이다. 그들에 의하면, 묵자의 원문은 본래 죽간본이었으므로 좁은 죽간 하나에 상하로 글을 배열하기는 어려웠을 것이며, 좌우로 배열되었던 것을 후세에 별도로 나누어 「경」과 「경설」이 분리되면서 문맥이 통하기 어렵게 되었다는 것이다. 아직 죽간본이 출토되지 않았기에 확인할 수 없지만 『노자』 등의 출토 자료를 통해 보면 설득력이 있는 주장이다.

「경상」은 총 100조이고, 「경하」는 총 82조이다. 경의 조목마다 상응하는 경설이 있지만 10여 조는 경설이 누락되어 있다.

1

〔경〕: 고(故)가 있게 된 뒤에 어떤 결과가 이루어진다.

〔설〕: 소고(小故)가 있으면 반드시 그러한 것은 아니며 그것이 없으면 반드시 그러하지 않는다. 그것은 부분이며 마치 선의 점과 같다. 대고(大故)가 있으면 반드시 그러하며 그것이 없으면 반드시 그러하지 않는다. 마치 눈으로 보아서 본 것을 알게 되는 것과 같다.

故,[1] 所得而後成也.

故: 小故[2]有之不必然, 無之必不然. 體[3]也, 若有端.[4] 大故有之必無然,[5] 若見之成見也.

- **1** 故: **추론의 이유, 원인, 논거.**
- **2** 小故: **필요조건.**
- **3** 體: **부분.**
- **4** 若有端: '若尺有端'으로 고쳐야 한다(오비백). 척(尺)은 기하학에서의 선이며, 단(端)은 기하학에서의 점이다.
- **5** 大故有之必無然: '大故. 有之必然, 無之必無然'으로 고쳐야 한다(손이양). 대고(大故)는 필요충분조건을 가리킨다.

2

〔경〕: 부분은 전체에서 나누어진 것이다.

〔설〕: 마치 둘에서의 하나, 선에서의 점과 같다.

體,[1] 分於兼[2]也.
體: 若二之一, 尺之端也.

- **1** 體: 부분.
- **2** 兼: 전체.

3

〔경〕: 지력은 (감각기관의) 기능이다.
〔설〕: 인식 능력이란 인식하는 방법이며, 반드시 인식할 수 있음은 마치 눈이 밝은 것과 같다.

知,[1] 材也.
知材: 知也者, 所以知也, 而必知, 若明.

- **1** 知: 인식 능력을 가리킨다. 『논어』에는 지(智)가 보이지 않고, 『맹자』에서는 지(智)와 지(知)가 혼용되며, 『순자』에서도 마찬가지다.

4

〔경〕: 사려는 찾는 것이다.
〔설〕: 사려란 자신의 인식 능력으로 찾는 것이지만 반드시 얻어지는 것은 아니다. 마치 흘겨보는 것과 같다.

慮,[1] 求也.

慮: 慮也者, 以其知有求也, 而不必得之. 若睨.[2]

- 1 慮: 『설문』에서는 "려(慮)는 모사(謀思)의 뜻이다"라 하였다.
- 2 睨: 흘겨봄. 『설문』에서는 "예(睨)는 사시(斜視)의 뜻이다"라 하였다. '어린애의 눈동자'의 뜻으로 볼 수도 있다(정독).

5

〔경〕: 감각은 (외물과) 접촉하는 것이다.

〔설〕: 감각이란 자신의 감각 능력으로 외물과의 접촉을 통해서 모양을 반영하는 것이다. 마치 눈으로 보는 것과 같다.

知,[1] 接也.

知: 知也者, 以其知過物而能貌之, 若見.

- 1 知: 여기서는 감각을 가리킨다(호적, 양계초).

6

〔경〕: 이성은 명확한 인식이다.

〔설〕: 이성이란 사람의 인식 능력으로 대상을 분별하여 아는 것을 드러내는 것이다. 마치 눈으로 분명하게 보는 것과 같다.

恕,[1] 明也.

恕: 恕也者, 以其知論[2]物, 而其知之也著, 若明.

- 1 恕: 판본에 따라 서(恕)로 되어 있는데 잘못이다. 지(恕)는 묵경 인식론의 용어로서 이성을 가리킨다. 제5조의 지(知; 감각)와 구별된다. 다만 지(知)는 묵경에서 때로 지(恕)로 쓰이도 하고, 혹은 지(智)로 쓰이도 한다.
- 2 論: 사(思)의 뜻. 『설문』 단옥재(段玉裁)의 주에 의하면, "론(論)은 륜(侖)을 따르며 회의문자이다. 륜(侖)은 사(思)의 뜻이다." 분별 혹은 설명의 뜻으로 보기도 한다(정독).

7

〔경〕: 인은 남의 처지에서 사랑하는 것이다.

〔설〕: 자기를 사랑함은 자기를 이용하기 위한 것이 아니므로, 말을 사랑하는 것과 다르다.

> 仁, 體愛也.[1]
> 仁: 愛己者非爲用己也, 不若愛馬. 著若明.[2]

- 1 體: 남의 처지(정독). 제2조에 보이는 체(體)와 다르다.
- 2 著若明: 연문(오비백).

* 만일 유가의 인에 대한 비판이라면 '인은 부분적(치우친) 사랑이다'로 번역할 수도 있을 것이다.

8

〔경〕: 의(義)는 이(利)다.

〔설〕: 천하를 자신의 직분으로 생각해야만 이롭게 할 수 있지만 반드시

등용되는 것은 아니다.

義, 利也.
義: 志以天下爲芬,[1] 而能[2]能利之, 不必用.[3]

- 1 芬: 분(分)의 번자체. 직분의 뜻(왕개운).
- 2 能: 내(乃)와 통합(정독).
- 3 用: 등용(정독).

9

〔경〕: 예는 존경하는 것이다.

〔설〕: 귀인을 공(公)이라 칭하고 천인은 이름을 부르는데 거기에는 모두 존경과 무시가 담겨 있다. 등급에 따라 다른 것은 이치상 당연하다.

禮, 敬也.
禮: 貴者公, 賤者名,[1] 而俱有敬侮焉. 等異, 論[2]也.

- 1 名: 대(台)로 고쳐야 하며 대(臺)로 읽는다. 여기서 대(臺)는 고대의 노예 가운데 최하위 계층이다(고형). 그런데 『통지』(通志)에 의하면, "천민은 이름은 있지만 씨(氏)는 없었다"고 하였다. 모씨(某氏) 성일 경우 모공(某公)이라 하고 그렇지 않으면 이름만을 불렀다(정독).
- 2 論: 륜(倫)으로 읽는다(장혜언). 륜(倫)에는 류(類)와 등(等)의 뜻이 있다. 리(理)의 뜻(정독).

10

〔경〕: 행은 덕행이다.

〔설〕: 행한 바가 명예를 위한 것이 아닌 것이 덕행이다. 행한 바가 명예를 위한 것이 교(巧)이다. 마치 도둑질과 같다.

行,¹ 爲也.

行: 所爲不善²名, 行也. 所爲善²名, 巧也. 若爲盜.

- 1 行: 덕행(오비백, 범경연), 품행(담계보).
- 2 善: 선(繕)의 약자로서 치(治)의 뜻. '명예를 좋아함'의 뜻(정독).

11

〔경〕: 실질은 영예로운 것이다.

〔설〕: 자신의 지기(志氣)를 보일 때에는 그것을 본래의 자신과 같도록 해야 한다. 금성(金聲)이나 옥복(玉服)과 다르다.

實, 榮也.¹

實: 其志氣之見也, 使人²如己. 不若金聲玉服.³

- 1 實: 실질. 유가에서는 문(文: 꾸밈)을 숭상하고 묵가에서는 질(質: 실질)을 숭상한다. 따라서 실질이 영예로운 것이다.
- 2 人: 지(之)로 고쳐야 한다(양계초).
- 3 金聲玉服: 『묵자』「사과」(辭過) 편의 "금을 녹여서 요대를 만들고 주옥으로

패물을 삼는다"(鑄金以爲鉤, 珠玉以爲珮)는 뜻, 곧 겉만 번지르르할 뿐 속으로 알맹이가 없다는 것이다(양계초).

12

〔경〕: 충(忠)은 이롭다고 여겨서 임금에게 강권하는 것이다.

〔설〕: 불리한 것은 어린애의 발이 장차 우물에 빠지려는 것과 같은 모습이다.

忠, 以爲利而强低^{1}也.
忠: 不利, 弱子亥足將入止容.^{2}

• 1 低: 군(君)으로 고쳐야 한다(손이양). 전서체에서 군(君)과 저(氐)는 모양이 비슷하다. 『순자』에 "재상이 임금에게 강권하여 바로잡으면, 임금은 비록 불안하지만 듣지 않을 수 없으며, 마침내 나라의 큰 우환을 해결할 수 있다"(相與强君撟君, 君雖不安, 不能不聽, 遂以解國之大患)고 하였다. 저(低)는 지(至)의 가차(이어숙).

• 2 弱子亥足將入止容: '弱孩足將入井之容'으로 고쳐야 한다(고형). 해(孩)는 자(子)와 해(亥) 두 글자로 잘못 쓰인 것이다. 이 구절의 정확한 뜻은 미상이다(정독).

* '충'의 덕목이 군신 관계에 전용되는 것은 한대 이후의 특성이므로 손이양의 설을 반드시 따를 필요는 없다. 선진 제자서에서 충은 일반적으로 최선, 혹은 진심의 뜻이기 때문이다.

13

〔경〕: 효는 어버이를 이롭게 하는 것이다.

〔설〕: 어버이를 이롭게 하는 것을 직분으로 삼는다. 능력이 어버이를 이롭게 할 수 있더라도 반드시 (부모의 환심을) 그렇게 되는 것은 아니다.

孝, 利親也.
孝: 以親爲芬.[1] 而能能利親. 不必得.[2]

- 1 　以親爲芬: '以利親爲芬'으로 고쳐야 한다. 분(芬)은 직분의 분(分)으로 읽어야 한다. 「경상」 제8조 참조.
- 2 　不必得: 반드시 어버이를 기쁘게 할 수는 없다는 뜻. 그럼에도 불구하고 이것을 효라고 하는 것은 효가 나에게 달려 있는 것이지 어버이에게 달려 있는 것이 아니기 때문이다.

14

〔경〕: 신(信)은 말이 뜻에 부합하는 것이다.
〔설〕: 그 말이 사실에 부합하기 때문이 아니다. (비유하면) 사람으로 하여금 성을 시찰하여 돈을 얻게 하려는 것과 같다.

信, 言合於意也.
信: 不以其言之當也, 使人視城得金.[1]

- 1 　使人視城得金: 예컨대 갑이 을을 속여서 성의 담벼락에서 돈을 주울 수 있다고 하고, 을이 달려가서 실제로 돈을 발견하는 경우가 있다고 해도 사실상 갑은 단지 사람을 선동한 것일 뿐이다. 이것은 그 말이 사실과 부합한 것(當)이라고 할 수 있지만, 신(信)이 될 수는 없다.

15

〔경〕: 도움은 스스로 하는 일이다.

〔설〕: 사람들과 함께하면 많은 사람들이 따른다.

佴,[1] 自作[2]也.

佴: 與人遇人, 衆循.[3]

- 1 佴: 『설문』에서 차(伙)의 뜻이라고 하였는데, 차(伙)는 위축됨의 뜻(고형). 여기서는 제가의 설을 따라 '남을 돕고 이롭게 한다'는 뜻으로 보았다(정독).
- 2 作: 작(怍)의 가차(고형). 여기서는 글자대로 해석하였다.
- 3 循: 둔(遁)의 가차(담계보). 순(循)과 같다(정독).

16

〔경〕: 고집은 부족하게 행하는 것이다.

〔설〕: 어떤 일이 남을 위태롭게 한다면 하지 않는다.

誽,[1] 作嗛也.[2]

誽: 爲是爲[3]是之台[4]彼也, 弗爲也.

- 1 誽: 견(獧)으로 고쳐야 한다. 손이양은 가차로 본다. 『논어』「자로」(子路) 편에서는 "광자(狂者)는 진취적이고, 견자(獧者)는 하지 않는 바가 있다"(狂者進取, 獧者有所不爲也)고 하였다.
- 2 作嗛也: 작(作)은 저(沮)로 고쳐야 한다(노대동). 『시경』 대아의 전(傳)에 "작(作)

은 저(沮)로 읽는다. 저주하고 비방한다는 뜻이다"라 하였다. 여기서는 글자대로 해석하였다. 겸(嗛)은 겸(兼)의 가차(고형). 겸은 곧 겸애의 뜻. 경문의 의미는 견이 겸애와 반대된다는 뜻. 여기서는 이어숙의 설을 따라 부족하게 행함(行嗛)의 뜻으로 해석하였다(정독).

• 3 爲是: 연문.
• 4 台: 『설문』에서는 "대(台)는 열(說)의 뜻이다"라 하였는데 기쁨의 뜻(담계보). 여기서는 제가의 설을 따라 태(殆)의 뜻으로 보았다(정독).

17

〔경〕: 청렴은 잘못된 일을 막는다.
〔설〕: 자기가 비록 그렇게 하였더라도 그것이 수치스러운 줄 안다.

廉, 作非也.[1]
廉: 己惟[2]爲之, 知其㒼[3]也.

• 1 作非也: 작(作)은 저(沮)와 통함. 이어숙은 비(非)를 비(菲)로 보고 작비(作菲)를 최소의 행위로 보았다(정독).
• 2 惟: 수(雖)로 읽어야 한다(손이양).
• 3 㒼: 치(恥)와 같다(고형).
* 경문에서 작(作)을 작(怍)으로 보아 '청렴은 잘못을 부끄러워하는 것이다'로 보아도 좋을 듯하다.

18

〔경〕: 영예는 부끄러운 일을 하지 않는 것이다.
〔설〕: 잘못된 일은 자신이 하지 않는다.

令,[1] 不爲所作[2]也.
所令非身弗行.[3]

- 1 令: 『이아』 「석고」(釋詁) 편에서는 "령(令)은 선(善)의 뜻이다"라고 하였다(고형). 여기서는 영덕(令德), 영예(令譽)의 뜻.
- 2 作: 작(怍)의 가차(고형).
- 3 所令非身弗行: '令: 所非, 身弗行'으로 고쳐서 표제자가 앞에 있어야 한다.

19

〔경〕: 임무는 선비가 자신을 희생하여 (천하에) 이로운 일을 하는 것이다.
〔설〕: 자신이 싫어하는 바를 행함으로써 남들의 시급한 일을 이룬다.

任, 士損己而益所爲[1]也.
任: 爲身之所惡, 以成人之所急.

- 1 益所爲: 천하에 유익한 바를 행한다는 뜻. 『맹자』 「진심상」(盡心上) 편에서는 "묵자가 겸애하여 이마가 닳아서 발꿈치에 이르더라도 천하에 이로운 일이라면 하였다"(墨子兼愛, 摩頂放踵利天下, 爲之)고 하였다.

20

〔경〕: 용기는 과감하게 하려는 의지다.

〔설〕: 이것에 과감하기 때문에 그렇게 명명한 것이다. 저것에 과감하지 못하다고 하여 (그렇게 명명하는 것에) 방해가 되지 않는다.

　勇, 志之所以敢也.

　勇: 以其敢於是也, 命之. 不以其不敢於彼也, 害之.[1]

• 1　不以其不敢於彼也, 害之: 경우에 따라서는 과감하게 어떤 일을 하지 않는 것도 용기일 수 있다는 것이다. 용기의 실질은 의지가 과감한 것이지 실제로 어떠한 일을 하는 데 달려 있는 것이 아니기 때문이다.

21

〔경〕: 힘은 물체가 운동하는 원인이다.

〔설〕: 중량이 가리키는 바는 하강과 상승이다. 중량은 운동이다.

　力, 刑之所以奮也.[1]

　力: 重之謂, 下與[2] 重, 奮也.

• 1　刑之所以奮也: 형(刑)은 형(形)과 통함. 여기서는 형체, 곧 물체를 가리킨다. 분(奮)은 동(動)의 뜻. 변화의 뜻으로 보는 견해도 있다(정독).
• 2　與: 거(擧)의 약자.
* 경설에서의 중(重)을 중력의 뜻으로 보는 견해도 있다(정독).

22

〔경〕: 생명은 형체와 지각을 지닌 것이다.

〔설〕: 형체와 지각을 아울러 지닌 생명은 늘 일정할 수는 없다.

生, 刑[1]與知處也.

生: 楹[2]之生, 商不可必也.[3]

• 1 刑: 형(形)의 가차이며 서로 통용됨. 여기서는 신체를 가리킨다.

• 2 楹: 영(盈)과 통함. 영(盈)은 막불유(莫不有:「경상」 제66조 참조)의 뜻으로 형체와 지각을 아울러 지님을 가리킨다.

• 3 商: 상(常)의 뜻. 범경연은 『광아』「석고」(釋詁)에 근거하여 묵가의 비명론이 "생명을 무상하다고 생각하는 것"이라고 하였다.

23

〔경〕: 수면은 지각이 무지의 상태이다.

臥, 知無知也.

臥: [1]

• 1 본 조목은 경설은 없고 표제자만 있다.

* 다음 조목을 고려한다면, 경문을 직역하여 '수면에는 지각이 있기도 하고 없기도 하다'고 할 수 있을 듯하다.

24

〔경〕: 꿈은 잠잘 때 그렇다고 생각하는 것이다.

夢, 臥而以爲然也.
夢: [1]

• 1 본 조목은 경설이 없고 표제자만 있다.

25

〔경〕: 평안은 지각에 좋아하고 싫어함이 없는 것이다.
〔설〕: 마음이 평안한 것이다.

平, 知無欲惡也.
平: 惔然.

26

〔경〕: 이로움은 얻으면 기쁘게 되는 것이다.
〔설〕: 얻음으로써 기쁘게 되는 것이 이로움이다. 해로움은 이와 같지
않다.

利, 所得而喜也.

利: 得是而喜, 則是利也. 其害也, 非是也.

27

〔경〕: 해로움은 얻으면 싫어하게 되는 것이다.

〔설〕: 얻음으로써 싫어하게 되는 것이 해로움이다. 이로움은 이와 같지
않다.

害, 所得而惡也.

害: 得是而惡, 則是害也. 其利也, 非是也.

28

〔경〕: 다스림은 구하여 얻는 것이다.

〔설〕: 내 일이 다스려지면, 남들의 다스림에도 향배를 알 수 있다.

治, 求得也.[1]

吾事治矣, 人有治南北.[2]

- 1 治, 求得也: 구하여 얻을 수 있어야만 다스려질 수 있다는 뜻. 반대로 구하여
얻지 못하면 일정한 물질적 생활 조건을 갖출 수 없으며 혼란의 원인이 된다. 이것
은 묵가의 겸애와 공리주의적 정치 사상과 부합한다.
- 2 人有治南北: '治, 人有向北로 고쳐야 한다. 남(南)은 향(向)으로 고쳐야 한다(고

형). 향배(向北)는 향배(向背)의 뜻. 남북을 의견의 불일치로 보아 "내가 이미 다스렸는데 남들이 다시 다스리려고 할 때 서로 쟁론이 있게 된다"고 해석하기도 한다 (정독).

29

〔경〕: 칭찬은 훌륭함을 밝히는 것이다.

〔설〕: 반드시 그 행위에 의거해야 한다. 그 말에 기뻐하게 하여 사람들을 독려한다.

譽, 明美也.
譽: 之必其行也.[1] 其言之忻,[2] 使人督[3]之.

- 1 之必其行也: 지(之)는 연문. 아래 조목 '誹: 必其行也'를 보면 알 수 있다. 필(必)은 동사로 견고(堅固)의 뜻으로 보기도 한다(정독).
- 2 忻: 흔(欣)과 같다.
- 3 督: 촉(促)의 뜻.

30

〔경〕: 비판은 잘못을 밝히는 것이다.

〔설〕: 반드시 그 행위에 의거해야 한다. 그 말에 부끄러움을 느끼게 한다.

誹, 明惡也.
誹: 必其行也. 其言之忻.[1]

31

〔경〕: 반영은 실제 사물을 추상하는 것이다.

〔설〕: 그 명(개념)으로 저 사물의 본질을 반영하는 것으로써 알려준다.

擧,¹ 擬²實也.

擧: 告以文名擧彼實也故.³

• 1 擧: 반영, 인식의 뜻.

• 2 擬: 추상의 뜻. 『주역』 「계사전」에서는 "성인이 천하의 뒤섞인 것을 보고, 그 형용됨을 추상한다"(聖人有以見天下之賾, 而擬諸其形容)고 하였다.

• 3 告以文名擧彼實也故: 문(文)은 지(之)로 고쳐야 한다(손이양). 야고(也故)는 고야(故也)로 고쳐야 한다(조요상). 여기서 실고(實故)는 사물이 그렇게 된 근거, 즉 사물의 본질 혹은 법칙이다.

32

〔경〕: 언어는 반영된 것(개념)을 드러내는 것이다.

〔설〕: 언어란 입의 능력으로 명(개념)을 드러내는 것이다. 명은 마치 호 랑이를 그리는 것과 같다. 언어는 가리키는 것이고, 언어는 명으로부터 이루어진다.

言, 出擧也.

言¹也者, 諸口能之出民²者也. 民若畫俿³也, 言也謂, 言猶石致也.⁴

- 1 言: 중첩되어야 한다. 하나는 표제자이다(양계초).
- 2 民: 명(名)으로 고쳐야 한다. 아래도 이와 같다(손이양).
- 3 俿: 호(虎)와 같다.
- 4 言猶石致也: 유(猶)는 유(由)와 통하며, 석(石)은 명(名)으로 고쳐야 한다(손이양).

33

〔경〕: 차(且)는 장차 그러함을 말하는 것이다.

〔설〕: 앞서서 말할 때 장차(且)라 하고, 지난 뒤에 말할 때 이미(已)라 하며, 아울러 그러할 때에도 또한(且)이라고 한다.

且, 且言然也.¹
且: 自前²曰且, 自後曰已. 方然亦且.³ 若石者也.⁴

- 1 且言然也: '言且然也'로 고쳐야 한다(정독).
- 2 自前: 현재로부터 미래를 보는 것으로 사물이 장차 발생함을 가리킨다.
- 3 方然亦且: 방(方)은 『설문』에 의하면 병(幷)의 뜻이 있다. 방연(方然)은 두 가지 사물이 동시에 발생함을 가리킨다. 두 가지 사물이 동시에 발생하는 것을 차(且)라고도 한다.
- 4 若石者也: 다음 조목의 '君以若名者也'와 관련된 연문(유월).

34

〔경〕: 군주는 신하와 백성이 함께 약속해서 세운 것이다.

〔설〕: 백성을 이롭게 하는 사람이다.

君, 臣萌^{1}通約^{2}也.
君: 以若名者也.^{3}

• 1　萌: 맹(氓)의 가차로서 민(民)의 뜻.
• 2　通約: 통괄 혹은 통치의 뜻으로 보기도 한다(정독).
• 3　以若名者也: 명(名)은 민(民)으로 고쳐야 한다(노대동). 약(若)은 선(善)의 뜻. 선민은 다음 조목의 이민(利民)과 같다.

35

〔경〕: 공(功)은 백성을 이롭게 하는 것이다.

〔설〕: 때를 기다리지 않는 것은 마치 (겨울이 오기 전에 준비하여) 모피를 입는 것과 같다.

功, 利民也.
功: 不待時, 若衣^{1}裘.

• 1　衣: 동사로서 '입다'의 뜻.

36

〔경〕: 상은 윗사람이 아랫사람들의 공에 보답하는 것이다.

〔설〕: 윗사람이 아랫사람들의 공에 보답한다.

賞, 上報下之功也.

賞: [1]

• 1　표제자 다음에 '上報下之功也'가 있어야 하는데 착간으로 다음 조목에 배치되었다.

37

〔경〕: 죄는 금기를 범한 것이다.

〔설〕: 금기 내에 있지 않다면 비록 해롭더라도 죄는 없다. 마치 길을 가다 서로 접촉하는 것과 같다.

罪, 犯禁也.

罪: 不在禁, 惟[1]害無罪. 殆姑.[2] 上報下之功也.[3]

• 1　惟: 수(雖)와 통함.

• 2　殆姑: 약태(若殆)로 고쳐야 한다(손이양, 담계보). 태(殆)는 체(逮)로 읽는다. 길을 가다 서로 접촉하는 일을 가리킨다.

• 3　上報下之功也:「경상」제36조의 착간으로 옮겨야 한다.

38

〔경〕: 벌은 윗사람이 아랫사람의 죄를 응징하는 것이다.

〔설〕: 윗사람이 아랫사람의 죄를 응징한다.

罰, 上報下之罪也.

罰: 上報下之罪也.

39

〔경〕: 같음〔同〕은 서로 다르면서도 같은 점이 있는 것이다.

〔설〕: 두 사람이 함께 기둥을 보는 것은 마치 한 임금을 섬기는 것과 같다.

同, 異而俱於之[1]一也.

侗:[2] 二人而俱見是楹也, 若事君.

• **1** 於之: 지어(之於)로 고쳐야 한다.

• **2** 侗: 동(同)과 통함(담계보).

40

〔경〕: 시간〔久〕은 서로 다른 시각을 포괄한다.

〔설〕: 과거, 현재, 아침, 저녁이다.

久,^{1} 彌^{2}異時也.
久: 古今旦莫.^{3}

- **1** 久: 시간.
- **2** 彌: 변(徧), 만(滿)의 뜻.
- **3** 莫: 모(暮)의 본자.

41

〔경〕: 공간(宇)은 서로 다른 장소를 포괄한다.

〔설〕: 동서남북을 포괄한다.

宇,^{1} 彌異所也.
宇: 東西家南北.^{2}

- **1** 宇: 공간.
- **2** 東西家南北: '家東西南北'으로 고쳐야 한다. 가(家)는 총(冢)으로 고쳐야 한다 (호적). 총(冢)은 몽(蒙)과 같다.

42

〔경〕: 다함(窮)은 구역의 앞에 하나의 선도 허용하지 않는다.

〔설〕: 구역 앞에 하나의 선도 허용되지 않으면 다함이 있다(有窮)고 하고, 하나의 선이 허용되지 않음이 없다면 다함이 없다(無窮)고 한다.

窮, 或¹有前不容尺也.

窮: 或不容尺有窮. 莫不容尺無窮也.

- 1 或: 역(域)의 본자. 아래도 이와 같다. 구역의 뜻.

43

〔경〕: 모두〔盡〕란 그러하지 않음이 없다는 것이다.

〔설〕: 다만 정지와 운동일 뿐이다.

盡, 莫不然也.
盡: 但¹止動.

- 1 但: 다만.

44

〔경〕: 시작은 일정한 때이다.

〔설〕: 시간은 선후(고금단모)가 있거나 혹은 선후가 없다. 시작은 선후가 있는 것에 해당된다.

始, 當時¹也.
始: 時或有久, 或無久.² 始當無久.³

- 1 當時: 일정한 때.

- 2 時或有久, 或無久: 유구(有久)는 「경상」 제40조의 이시(異時)를 가리키며, 고금
단모(古今旦暮)로서 유궁(有窮)한 것이다. 또한 무구(無久)는 미이시(彌異時)를 가리
키며, 고금단모를 합한 것으로서 무궁(無窮)한 것이다.
- 3 始當無久: 무(無)는 유(有)로 고쳐야 한다. 당무구(當無久)는 의미가 통하지 않
으며 경문의 함의와 모순된다.

45

〔경〕: 변화(化)는 바뀜을 상징한다.
〔설〕: 마치 두꺼비가 변하여 메추라기가 되는 것과 같다.

化, 徵[1]易也.
化: 若鼃爲鶉.[2]

- 1 徵: 상징. 『순자』 「정명」 편에서는 "상태가 변하여 실제가 구별이 안 되면서
다르게 된 것을 화(化)라고 한다"(狀變而實無別而爲異者, 謂之化)고 하였다. 생물학
에서의 돌연변이를 가리킨다(정독).
- 2 若鼃爲鶉: 『설문』에 "와(鼃)는 하마(虾蟆)의 종류다"라 하였는데, 여기서 두꺼비
가 변하여 메추라기가 된다는 것은 고대 전설을 인용한 것으로 과학적 사실은 아니다.

46

〔경〕: 감소는 한쪽이 제거된 것이다.
〔설〕: 한쪽이란 전체의 부분이다. 부분에는 제거된 것과 보존된 것이
있다. 보존된 것을 가리키면 감소가 있게 된다.

損, 偏去也.

損: 偏去也者,[1] 兼之體也. 其體或去或存, 謂其存者損.

• 1 去: 연문(고형).

47

〔경〕: 증가는 크게 되는 것이다.

大益[1]
[2]

• 1 大益: '익, 대야(益, 大也)로 고쳐야 한다(고형). 앞 조목의 손(損)과 대비된다. 손은 감소하는 것이고, 익은 증가하는 것이다.
• 2 이 조목에는 경설이 없다.

48

〔경〕: 둥근 바퀴의 각 부분은 모두 땅에 접한다.
〔설〕: 각 부분은 모두 땅에 접한다.

儇, 稹秪.[1]
儇: 昫民[2]也.

• 1 儇, 稹秪: '현, 구저'(環, 俱秪)로 고쳐야 한다(손이양). 저(秪)는 수레바퀴의 들

레가 땅에 접하는 부분. 이 조목은 혜시 일파의 "수레바퀴는 구르지 않는다"(輪不
輾)는 명제를 비판한 것이다.

• 2 昀民: 구저(俱柢)로 고쳐야 한다(손이양). 구(昀)와 구(俱)의 음이 비슷한 데서
비롯된 잘못이다. 민(民)은 저(氏)로 고쳐야 한다. 저(氏)는 저(柢)와 통함. 앞에 표제
자 현(儇)이 있어야 한다.

49

〔경〕: 고침(更)은 바뀌는 것이다.
〔설〕: 지도리의 구멍은 이와 같이 일정한 모양이다.

庫,¹ 易也.
庫: 區穴若斯貌常.²

• 1 庫: 경(庚)으로 고쳐야 한다(고형). 경(庚)은 경(更)과 통함.
• 2 區穴若斯貌常: 구(區)는 구(樞)로 읽어야 한다. 곧 지도리(戶樞)이다. 모상(貌常)은
상모(常貌)로 고쳐야 한다(고형). 여기서 구혈(區穴)을 구역의 뜻으로 보기도 한다(정독).
* 제가의 설이 일정하지 않으며 의미가 분명하지 않다.

50

〔경〕: 운동(動)은 위치의 이동이다.
〔설〕: 양변으로의 이동은 지도리가 열리고 닫히는 것과 같다.

動, 或從¹也.

動: 偏祭[2]從者, 戶樞免瑟.[3]

- **1** 或從: 혹(或)은 역(域)과 같다. 종(從)은 사(徙)로 고쳐야 한다. 아래도 이와 같다.
- **2** 偏祭: 편(偏)은 변(邊)의 뜻. 제(祭)는 제(際)와 통함.
- **3** 戶樞免瑟: 슬(瑟)은 폐(閉)의 뜻(담계보). 면슬(免瑟)은 슬토(瑟兔)로 고쳐야 하며 개폐(開閉)와 같다(고형). 호추(戶樞)는 지도리.

51

〔경〕: 정지는 지속성을 갖고 있다.

〔설〕: '무구'에 정지가 없다고 하는 것은 소는 말이 아니라고 하는 것에 해당하며, 마치 기둥으로 날아가는 화살과 같다. '유구'에 정지가 없다고 하는 것은 말은 말이 아니라고 하는 것에 해당하며, 마치 사람이 다리를 건널 때와 같다.

止, 以久[1]也.
止: 無久之不止,[2] 當牛非馬, 若矢過楹. 有久之不止,[3] 當馬非馬, 若人過梁.

- **1** 久: 시간적 지속성.
- **2** 無久之不止: 무구(無久)는 미이시(彌異時), 즉 고금단모(古今旦暮)를 포괄한다는 뜻. 그것은 한계가 없는 것으로, 시작도 없고 마침도 없기 때문에 정지가 있다고 말할 수 없다. 무구를 부지(不止)라고 말할 수 없는 것은 마치 "소는 말이 아니다"라고 말하는 것과 마찬가지로 아주 정확하다.
- **3** 有久之不止: 유구(有久)는 이시(異時), 즉 고금단모의 뜻. 그것은 한계가 있는

것으로 시작도 있고 마침도 있기 때문에 정지가 있다고 말할 수 있다. 유구를 부지(不止)라고 말하는 것은 마치 "말은 말이 아니다"라고 말하는 것과 마찬가지로 명확한 잘못이다.

52

〔경〕: 필연은 바뀌지 않는다.

〔설〕: 마치 형제 관계와 같다. 한편으로 그러하고 한편으로는 그러하지 않으면 필연이기도 하고 필연이 아니기도 하다. 이것은 필연이 아니다.

必,^{1} 不已^{2}也.
必: 謂臺執者也.^{3} 若弟兄. 一然者一不然者, 必不必也. 是非必也.

- **1** 必: 필연 판단. 묵경에서는 합(合)을 정(正), 의(宜), 필(必)로 나누고 있는데(「경상」 제84조), 이것은 논리학에서의 실연 판단, 개연 판단, 필연 판단에 해당된다.
- **2** 已: 기(己)로 고쳐야 한다(고형). 기(己)는 개(改)의 가차.
- **3** 謂臺執者也: 다음 조목의 착간이다.

53

〔경〕: 수평(平)은 같은 높이다.

〔설〕: 같은 수평선 상에 있는 것을 가리킨다.

平, 同高也.
1

• 1 앞 조목의 '謂臺執者也'가 본 조목의 경설이다. 표제자가 빠졌다. 대(臺)는 서로 대등하다는 뜻(왕염손). 집(執)은 세(勢)로 읽는다. 대세(臺勢)는 같은 수평선 상에 있는 것을 가리킨다.

54

〔경〕: 같은 길이는 두 가지가 똑같이 끝난다.
〔설〕: 빗장과 문테의 높이가 같은 것이다.

同長, 以正¹相盡也.
同: 捷²與狂³之同長也.

• 1 正: 정(正)과 같다.
• 2 捷: 건(楗)으로 고쳐야 한다(필원). 건(楗)은 빗장의 세로 나무이며, 가로 나무는 관(關)이라 한다.
• 3 狂: 광(框)으로 읽는다. 문테의 뜻.

55

〔경〕: 중심은 원주로부터 같은 길이다.
〔설〕: 중심에서 원주에 이르는 길이는 서로 같다.

中,¹ 同長也.
心中²自是往相若也.

- 1 中: 기하학에서의 원의 중심.
- 2 心中自是往相若也: 심중(心中)은 '중: 심'(中: 心)으로 고쳐야 한다. 중(中)은 표제자.
* '중심'(中心)을 선분의 중점으로 해석하기도 한다(정독).

56

〔경〕: 두께를 갖고 있는 것은 크다.
〔설〕: 두께가 없는 것은 크지 않다.

厚,[1] 有所大也.
厚: 惟無所大.[2]

- 1 厚: 기하학에서의 입체. 입체에 면이 있기 때문에 크다고 한다.
- 2 惟無所大: '有無厚無所大'로 고쳐야 한다(고형). 『장자』 「천하」 편에 "두께가 없는 것(無厚)은 높이가 없지만 그 크기가 천리이다"(無厚, 不可積也, 其大千里)라는 혜시 일파의 주장이 실려 있다. 묵경에서는 두께가 없는 것은 입체가 아니며, 입체가 아닌 것은 면이 없기 때문에 크다고 할 수 없다고 본 것이다.

57

〔경〕: 일중은 정남이다.

日中, 出南也.[1]
[2]

• 1 出南也: 출(出)은 정(正)으로 고쳐야 한다. 3월 21~22일이 춘분이고, 9월 23~ 24일 추분이 된다. 태양이 이 두 지점을 통과할 때 햇빛이 적도 정면에 비치게 되어 남반구와 북반구 주야의 길이가 같아진다. 말하자면 해가 왼쪽에서 나와서 오른쪽으로 들어가고, 동쪽에서 나와서 서쪽으로 들어간다. (……) 따라서 음양이 서로 반반이고 추위와 더위 또한 반반이다. 적도는 지구 상에서 남북 등거리의 중앙이고, 해가 동쪽에서 떠서 서쪽으로 지기 때문에 동중(東中)과 서중(西中)의 칭호가 있다. 만일 동서의 끝에 이르는 두 개의 선에서 그 중앙을 구하고, 남극과 북극의 가운데로 선을 이으면 곧 정남과 정북이 된다(담계보).

• 2 본 조목에는 경설이 없다.

58

〔경〕: 수직은 직립이다.

直, 參[1]也.
2

• 1 參: 직립. 『논어』 「위령공」(衛靈公) 편에서 "일어서면 앞에 그것이 직립해 있음을 본다"(立則見其參於前也)고 하였다.

• 2 본 조목에는 경설이 없다.

59

〔경〕: 원은 하나의 중심에서 같은 길이에 있는 것이다.

〔설〕: 컴퍼스를 돌려서 그린다.

圜, 一中同長也.

圜: 規寫攴也.[1]

• 1 規寫攴也: 규(規)는 컴퍼스. 원(圜)은 원(圓)과 같다. 복(攴)은 교(交)로 고쳐야
한다(손이양).

60

〔경〕: 사각형은 변과 각이 똑같이 네 개이다.

〔설〕: 곡척을 교차시킨 것이다.

方, 柱隅四讙[1]也.

方: 矩見攴[2]也.

• 1 柱隅四讙: 주(柱)는 기하학에서의 변. 우(隅)는 기하학에서의 각. 환(讙)은 권
(權)으로 읽는다. 정(正)과 같은 뜻.「소취」편에서 "권(權)은 정(正)의 뜻이다"라 하
였다.

• 2 見攴: 복(攴)은 교(交)로 고쳐야 한다. 견교(見交)는 상교(相交)의 뜻. 곡척으로
사각형을 그리면 네 선이 서로 교차하여 사각형이 이루어진다.

61

〔경〕: 배는 둘이 된다.

〔설〕: 2척과 1척은 다만 하나의 차이다.

倍, 爲二也.
倍: 二尺與尺, 但去¹一.

- 1 去: 차(差). 수학에서의 빼기로 보는 견해도 있다(고형).

62

〔경〕: 질점은 부분에서 더 나눌 수 없으면서 가장 기본적인 것이다.
〔설〕: 질점에는 틈이 없다.

端,¹ 體之無序而最前者也.²
端: 是無同³也.

- 1 端: 질점(質點). 단(端)은 단(耑)의 번자체. 『설문』에서는 "단(耑)은 사물이 처음 생길 때의 제(題)이다"(耑, 物初生之題也)라 하였다. 제(題)는 첫머리이며 최전자(最前者)로서, 가장 기본적인 것이다.
- 2 體之無序而最前者也: 체(體)는 부분. 서(序)는 서(緒)의 가차. 『집운』에서는 "서(緒)는 잔여(殘餘)다"라 하였다. 따라서 무서(無序)는 다시 나눌 수 없다는 뜻. 그러나 이상의 설명에 반대하고 단(端)을 점(點)과 같은 것으로 보는 견해도 있다(정독).
- 3 無同: 무간(無間)으로 고쳐야 한다. 모양이 비슷해서 잘못 쓰였다(양계초).

63

〔경〕: 사이가 있으면 중앙이 있다.
〔설〕: 끼울 수 있는 곳을 가리킨다.

有閒, 中也.
有閒:[1] 謂夾之者也.

• 1 閒: 간(間)과 같다.

64

〔경〕: 사이는 양쪽이 닿지 않는 것이다.

〔설〕: 끼인 것을 가리킨다. 선은 면 앞에 있고, 점 뒤에 있지만, 선은 점 · 면에 끼어 있는 것이 아니다. 선과 선이 평행하지 않으면 서로 만나게 된다.

閒, 不及旁也.
閒: 謂夾者也.[1] 尺前於區穴[2]而後於端, 不夾於端與區內.[3] 及及非齊之,[4] 及也.

• 1 謂夾者也: 두 기둥 사이에 공간이 있다면, 두 기둥은 협지자(夾之者: 끼게 하는 것)이고, 공간은 협자(夾者: 끼인 것)이다.

• 2 穴: 연문(양계초).

• 3 不夾於端與區內: 묵경에서는 기하학에서의 점을 단(端), 선을 척(尺), 면을 구(區)라고 한다. 보통 우리는 점, 선, 면이라 하고 선이 점과 면 사이에 끼어 있다고 하여, 선을 협자, 점과 면을 협지자로 본다. 그러나 사실은 다르다. 협지자를 떠나면 협자는 존재하지 않지만 점과 면을 떠나도 선은 여전히 선일 뿐이다.

• 4 及及非齊之: 두 개의 급(及)은 모두 척(尺)으로 고쳐야 한다. 비제(非齊)는 평행이 아니라는 뜻.

65

〔경〕: 틈은 중간의 빈 곳이다.

〔설〕: 중간에 빈 곳은 두 나무의 사이로서 나무가 없는 곳을 가리킨다.

纑,[1] 閒虛也.

纑: 閒虛也者, 兩木之閒, 謂其無木者也.

• 1   纑: 극(隙)의 가차(고형).

66

〔경〕: 영(盈)은 서로 포함되는 것이다.

〔설〕: 서로 포함되지 않는다면 어떠한 물체도 존재할 수 없다.

盈,[1] 莫不有也.[2]

盈: 無盈無厚.[3]

• 1   盈: 충만.

• 2   莫不有也: 없는 곳이 없다는 뜻. 여기서는 사물의 속성이 서로 포함됨을 가리킨다.

• 3   無盈無厚: 후(厚)는 입체. 이로부터 인신해서 물체를 가리킨다. 한 물체의 속성은 모두 서로 포함되며, 만일 포함되지 않는다면 물체가 있을 수 없다.

67

〔경〕: 견(堅: 굳음)과 백(白: 흼)은 서로 분리될 수 없다.

〔설〕: 돌에서는 어디에서나 얻을 수 있으며 두 가지를 동시에 얻게 된다. 다른 곳에 있어서 서로 포함되지 않고 서로 배척한다면 이것은 서로 분리된 것이다.

堅白, 不相外也.

於尺無所往而不得,[1] 得二.[2] 堅.[3] 異處不相盈, 相非,[4] 是相外也.

- 1 於尺無所往而不得: 앞에 표제자 견(堅)이 있어야 하는데 뒤에 나왔다. 척(尺)은 석(石)으로 고쳐야 한다(손이양).
- 2 得二: 견(堅)이 있으면 반드시 백(白)이 있고, 백이 있으면 반드시 견이 있다는 뜻.
- 3 堅: 표제자로서 앞으로 옮겨야 한다.
- 4 非: 비(誹)와 같으며, 서로 통용됨(양계초).

68

〔경〕: 접촉〔攖〕은 서로 수용되는 것이다.

〔설〕: 선과 선은 모두 수용되지는 않지만, 점과 점은 모두 수용된다. 선과 점은 수용될 수도 있고 수용되지 않을 수도 있다. 견과 백이 접촉하면 서로 수용되지만, 형체가 접촉하면 수용되지 않는다.

攖,[1] 相得也.[2]

櫻: 尺與尺俱不[3]盡, 端與端俱盡. 尺與[4]或盡或不盡. 堅白之櫻相盡, 體櫻不相盡. 端.[5]

- 1 櫻: 접촉, 만남의 뜻.
- 2 相得也: 서로 수용된다는 뜻.
- 3 俱不: 불구(不俱)로 고쳐야 한다.
- 4 尺與: 척여단(尺與端)으로 고쳐야 한다. 단(端)은 맨 뒤에 잘못 배치되었다.
- 5 端: 앞으로 옮겨야 한다.

69

〔경〕: 비교에는 서로 비교할 수 있는 경우와 서로 비교할 수 없는 경우가 있다.

〔설〕: 두 선에 정점이 있어야만 가능하다.

似,[1] 有以相櫻,[2] 有不相櫻也.
仳: 兩有端[3]而後可.

- 1 似: 비(仳)로 고쳐야 한다. 비(仳)는 비(比)의 번자체.
- 2 相櫻: 상교(相交), 서로 접촉됨의 뜻.
- 3 端: 점. 여기서는 정점(定點)을 가리킨다.

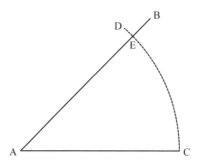

I. 두 선이 만나는 경우의 비교

AB와 AC 두 선은 각각 한 점이 A에서 만나고, A를 원심으로 하여 AC를 반지름으로 하여 호를 만들면, 얻어진 EB만큼 AB가 AC보다 길게 된다. 여기서 A는 AB와 AC 두 선의 단(端)이다.

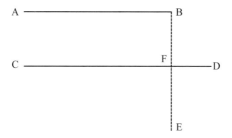

II. 두 선이 만나지 않을 경우의 비교

AB와 CD 두 선이 평행이고, 정점 AC가 상제하고, BE가 CD에 수직일 때, FD만큼 CD가 AB보다 길게 된다. 여기서 AC는 AB와 CD 두 선의 단(端)이다.

* 본 조목을 두 사물의 비교에는 기준점이 있어야 한다는 뜻으로 해석하는 경우도 있다(정독).

70

〔경〕: 접선은 간격이 없으면서도 서로 교차하지 않는 것이다.

〔설〕: 입체가 아닌 경우에 가능하다.

次,[1] 無間而不櫻櫻[2]也.

次: 無厚[3]而後可.

- 1 次: 기하학에서의 접선.
- 2 櫻櫻: 상영(相櫻)으로 고쳐야 한다(손이양). 서로 교차하지 않는다는 뜻.
- 3 厚: 입체를 가리킨다.

* 접선(접선): 기하학에서 곡선상의 두 점 P, Q를 통과하는 직선을 가정하고, 점 Q를 점 P에 한없이 접근시켰을 때, 두 점 P, Q를 통과하는 직선이 한없이 접근하는 직선을, 그 곡선의 점 P에서 일컫는 용어. 이때 생기는 점을 접점이라 한다. 다른 도형이 원이나 직선일 경우 두 가지 사이에는 하나의 접점만 있다. 삼각형일 때는 원과 삼각형의 각 변 사이에 단지 하나의 접점만 있다.

71

〔경〕: 법은 따르면 그렇게 될 수 있는 것이다.

〔설〕: 개념, 컴퍼스, 모식 세 가지는 모두 법이 될 수 있다.

法,[1] 所若[2]而然也.

法: 意, 規, 員[3]三也, 俱可以爲法.

- 1   法: 표준.
- 2   若: 따르다. 비교하다.『이아』석언(釋言) 참조.
- 3   意, 規, 員: 의(意)는 사상. 여기서는 원을 만드는 개념으로 일중동장(一中同長)
을 가리킨다. 규(規)는 컴퍼스. 원(員)은 원의 도형으로서 모식(模式)을 가리킨다.

72

〔경〕: 심복은 순종하는 것이다.
〔설〕: 순종은 백성이 법을 따르는 것이다.

佴,[1] 所然[2]也.
佴: 然也者, 民若[3]法也.

- 1   佴: 섭(儡)으로 고쳐야 하며 심복(心服)의 뜻(정독).
- 2   所然: 소(所)는 연문. 연(然)은 순종, 긍정의 뜻.『옥편』에서는 "연(然)은 허(許)
의 뜻"이라 하였다(정독).
- 3   若: 순(順)의 뜻.

73

〔경〕: 추론은 명확하게 하는 방법이다.

說,[1] 所以明也.[2]
3

- 1 　說:「소취」편의 '以說出故'의 설(說)과 같다. 추론의 사유 형식을 가리킨다.
- 2 　所以明也: 하나의 결론이 성립하는 원인이나 근거를 밝히는 것을 가리킨다.
- 3 　본 조목에는 경설이 없다.

74

〔경〕: 모순 명제는 동시에 참일 수 없고, 동시에 거짓일 수 없다.

〔설〕: '들소는 소이다'와 '추(貙)는 소가 아니다'는 두 가지 판단으로 서로 잘못이라고 할 수 없다.

攸,[1] 不可兩不可[2]也.
彼[3]: 凡[4]牛, 樞[5]非牛, 兩也, 無以非也.

- 1, 3 　攸와 彼는 반(攽)으로 고쳐야 한다. 반(攽)은 반(反)과 같으며, 묵경의 용어로서 서로 대립하는 모순 명제를 가리킨다.
- 2 　不可: '불양가'(不兩可)로 고쳐야 한다(심유정).
- 4 　凡: 시(兕)로 고쳐야 한다(고형).
- 5 　樞: 추(貙)로 고쳐야 한다(고형). 호랑이와 비슷한 맹수의 이름.

75

〔경〕: 변설은 모순 명제 간의 쟁론이다. 변설에 이기는 것은 합당하기 때문이다.

〔설〕: 한 사람이 소라고 하고, 다른 사람이 소가 아니라고 한다면, 이것은 모순 명제의 쟁론이다. 이것은 두 가지가 동시에 참일 수 없다. 두 가

지가 동시에 참일 수 없다면 반드시 어느 한쪽이 부당한 것이다. 그것이
부당함은 마치 개라고 말하는 것과 같다.

> 辯, 爭彼[1]也. 辯勝, 當也.
> 辯: 或謂之牛, 謂之非牛,[2] 是爭彼也. 是不俱當. 不俱當, 必或不
> 當, 不若當犬.[3]

- **1** 彼: 반(仮)으로 고쳐야 한다.
- **2** 謂之非牛: '或謂之非牛'로 고쳐야 한다.
- **3** 不若當犬: '不當若犬'으로 고쳐야 한다. 참고로 원문을 고치지 않고 '구(狗)는 견(犬)이다'와 '견(犬)은 구(狗)이다'의 두 가지가 동일 명제와는 다르다는 의미로 해석할 수도 있다(정독).

76

〔경〕: 잘못은 지식의 한계와 욕망에 이끌리기 때문이다.

〔설〕: 짐주를 마시고 싶을 때, 그것의 해로움을 모른다면 이것은 무지
의 잘못이다. 만일 조심해야 함을 알면서도 해로움을 꺼리지 않고 그것을
마시고 싶다면 마치 고기를 먹고 싶은 것과 같다. 부패한 물고기의 이로
움과 해로움을 모를 때 그것을 먹고 싶은 것은 의심이 욕망을 멈추게 하
지 못한 것이다. 담 밖의 이로움과 해로움을 모를 때 빨리 달려가면 돈을
얻을 수 있다고 하여도 가지 않는 것은 의심이 욕망을 멈추게 한 것이다.
"잘못은 지식의 한계와 욕망에 이끌리기 때문이다"의 이치에서 본다면,
고기를 먹는다고 해서 바보가 아니고 짐주를 마신다고 해서 어리석은 것
이 아니다. 하려는 것과 하지 않으려는 것이 서로 견주었기 때문이지 생

각이 없었던 것은 아니다.

爲,^{1} 窮知而懸^{2}於欲也.

爲: 欲蘸其指,^{3} 智不知其害, 是智之罪也. 若智之愼文^{4}也, 無遺於其害也, 而猶欲蘸之, 則離^{5}之是猶食脯也. 騒^{6}之利害, 未可知也, 欲而騒, 是不以所疑止所欲也. 廧^{7}外之利害, 未可知也, 趨之而得力,^{8} 則弗趨也, 是以所疑止所欲也. 觀爲, 窮知而懸於欲之理, 蘸脯而非恕也,^{9} 蘸指而非愚也. 所爲與不所與爲相疑也,^{10} 非謀也.

- 1 爲: 와(譌)의 가차(고형). 아래도 이와 같다.
- 2 懸: 현(縣)의 번자체. 이끌리다의 뜻 아래도 이와 같다.
- 3 欲蘸其指: 음(蘸)은 암(醂)으로 고쳐야 하며, 음(飮)의 뜻(고형). 아래도 이와 같다. 지(指)는 지(鴲)의 가차. 짐새(鴆)의 별명, 여기서는 독이 든 짐주(鴆酒)를 가리킨다(고형).
- 4 文: 지(之)로 고쳐야 한다.
- 5 離: 암(醂)으로 고쳐야 한다.
- 6 騒: 조(鰺)의 가차. 썩은 물고기.
- 7 廧: 장(墻)과 같다.
- 8 力: 도(刀)로 고쳐야 한다. 고대의 화폐.
- 9 蘸脯而非恕也: 蘸은 식(食)으로 고쳐야 한다. 치(恕)는 치(痴)의 본자(담계보).
- 10 所爲與不所與爲相疑也: '不所與爲'는 '所不與爲'로 고쳐야 한다. 의(疑)는 의(擬)와 통함.

77

〔경〕: 일단락(已)에는 완성하는 것과 없애는 것이 있다.

〔설〕: 옷을 만드는 것은 완성하는 것이고, 병을 치료하는 것은 없애는 것이다.

已,[1] 成, 亡.[2]

已: 爲衣, 成也. 治病, 亡也.

- 1 已: 일단락의 뜻. 「경상」제33조 참조.
- 2 亡: 무(無)와 같다.

78

〔경〕: 가언 판단(使)에는 위사(謂使)와 고사(故使)가 있다.

〔설〕: 가령은 위사이며 반드시 그렇게 이루어지는 것은 아니다. 땅이 습한 것은 고사이며 반드시 그렇게 되는 것에 근거해서 이루어진다.

使,[1] 謂, 故.

使: 令,[2] 謂謂也.[3] 不必成.[4] 濕, 故也. 必待所爲之成也.[5]

- 1 使: 가언 판단.
- 2 令: 가령, 가사(假使). 묵경에서는 위사(謂使)라고 칭한다.
- 3 謂謂也: 위야(謂也)로 고쳐야 한다.
- 4 不必成: 위사에서는 제시된 전건(이유)과 후건(귀결)이 반드시 실제로 존재하

지는 않는 것이라는 뜻. 묵경에 따르면, 가언 판단의 진위는 결코 전건과 후건 자체의 진위에 달려 있지 않다.

• 5   必待所爲之成也: 고사(故使)는 인과 관계를 반영한 가언 판단이다. '만일 비가 온다면 땅이 습해진다'는 것은 사실 가운데 이미 존재하는 인과 관계에 근거하여 단정한 것이다.

79

〔경〕: 명(개념)에는 달명(최상위 유개념), 유명(보편 개념), 사명(단독 개념)이 있다.

〔설〕: 물(物)은 달명이며 실재하는 것은 반드시 그 명에 포함된다. 말〔馬〕은 유명이다. 그 실재와 같은 것은 반드시 이 명을 사용한다. 장(臧)은 사명이다. 이 명은 이 실재에만 쓰인다. 소리는 입에서 나오며, 모두 명을 갖고 있다. 마치 (사람에게) 성명이 붙은 것과 같다.

> 名, 達, 類, 私.[1]
> 名: 物, 達也. 有實必待文多[2]也. 命之馬, 類也. 若實也者, 必以是
> 名也. 命之臧, 私也. 是名也止於是實也. 聲出口, 俱有名. 若姓字[3]
> 灑.[4]

• 1   名, 達, 類, 私: 명(名)은 개념. 달명은 범주로서 최상위 유개념. 유명은 보편 개념이고, 사명은 단독 개념이다.
• 2   文多: 지명(之名)으로 고쳐야 한다(손이양).
• 3   字: 자(字)로 고쳐야 한다.
• 4   灑: 려(儷)로 고쳐서 리(麗)로 읽어야 한다. 부착의 뜻.

80

〔경〕: 칭위(稱謂)에는 명명(命名), 거실(擧實), 가차(假借)가 있다.

〔설〕: 구(狗)와 견(犬)은 명명이다. '구는 견이다'라고 하는 것은 거실(실의 반영)이다. '개!'라고 꾸짖는 것이 가차이다.

謂,¹ 移,² 擧, 加.³
謂狗犬,⁴ 命也, 狗犬, 擧也, 叱狗, 加也.

- **1** 謂: 칭위(稱謂). 일컬음. 명(개념)의 운용.
- **2** 移: 명(命)으로 고쳐야 한다(양계초).
- **3** 加: 가(假)의 가차.
- **4** 謂狗犬: '謂, 謂狗犬'으로 고쳐야 한다. 표제자가 있어야 한다.
* 묵경에서는 이명거실(以名擧實)이라 하여 '명으로써 실을 반영한다'고 정의한다.

81

〔경〕: 앎(知)에는 문지(聞知), 설지(說知), 친지(親知), 명지(名知), 실지(實知), 합지(合知), 위지(爲知)가 있다.

〔설〕: 전해 받는 것이 문지이고, 함축된 것을 드러내는 것이 설지이며, 직접 보는 것이 친지이고, 일컫는 근거(개념)를 통하는 것이 명지이며, 일컬어진 것(구체적 지식)이 실지이고, 개념과 구체적 지식을 합한 것이 합지이며, 의지의 실천 과정에서 얻어지는 것이 위지이다.

知. 聞, 說, 親. 名, 實, 合, 爲.

知: 傳受之, 聞也. 方不廜,[1] 說也. 身觀焉, 親也. 所以謂,[2] 名也.
所謂,[3] 實也. 名實耦, 合也. 志行, 爲也.

- 1　方不廜: 방(方)에는 표(表), 즉 게시의 뜻이 있다. 『광아』 「석고」(釋詁) 편 참조. 장(廜)은 창(彰)의 가차. 전제에 포함된 결론을 추리 형식에 따라 게시하는 것이다.
- 2　所以謂: 정언 판단에서의 빈개념.
- 3　所謂: 정언 판단에서의 주개념.

82

〔경〕: 듣는 것〔聞〕에는 전해 듣는 것과 직접 듣는 것이 있다.

〔설〕: 남이 알려주는 것이 전문(傳聞)이고, 직접 보는 것이 친문(親聞)
이다.

聞, 傳, 親.
聞: 或告之, 傳也. 身觀焉, 親也.

83

〔경〕: 보는 것〔見〕에는 부분을 보는 것과 전체를 보는 것이 있다.

〔설〕: 하나는 부분이고 둘은 전체이다.

見, 體, 盡.
見: 時[1]者, 體也. 二者, 盡[2]也.

- 1 時: 특(特)으로 고쳐야 한다(손이양). 특(特)에는 하나라는 뜻이 있다.
- 2 盡: 막불연(莫不然, 「경상」 제43조)의 뜻으로, 전체를 가리킨다.

84

〔경〕: 판단(合)에는 실연, 개연, 필연이 있다.

〔설〕: 화살이 과녁에 맞아서 의지와 결과가 서로 부합하는 것이 실연 판단이고, 장(臧)의 행위는 개연 판단이며, 일정한 조건이 없다면 어떠한 사실이 반드시 일어나지 않는 것이 필연 판단이다. 성인의 의로움은 쓸 수는 있지만 반드시 쓸 수는 없으므로 필연적인 것은 아니다. 필연이라는 것은 의심할 수 없는 것이다.

合,[1] 丕,[2] 宜, 必.
古:[3] 兵立反中志工,[4] 正也. 臧之爲, 宜[5]也. 非彼必不有, 必也. 聖者用而勿必.[6] 必也者, 可無疑.

- 1 合: 명과 실이 결합된 판단. 「경상」 제81조 참조.
- 2 丕: 정(正)과 같다. 실연 판단. 「대취」 편에 관련 내용이 보인다.
- 3 古: 표제자 합(合)으로 고쳐야 한다.
- 4 兵立反中志工: '兵立反中'은 '矢至厥中'으로 고쳐야 한다. 화살이 과녁에 적중한다는 뜻. 지공(志工)은 지공(志功)과 같다. 이 구절 뒤에 합(合) 한 글자가 빠졌다. 의지와 결과가 서로 부합하는 사실을 가리킨다.
- 5 宜: 개연 판단.
- 6 聖者用而勿必: 성자(聖者)는 '聖者之義'를 가리킨다. '用而勿必'은 쓸 수 있지만 반드시 쓰지는 않는다는 뜻.

* 형식논리학에서 판단을 양상으로 분류하면, 'S는 P다'는 실연 판단, 'S는 P일 것이다'는 개연 판단, 'S는 반드시 P다'는 필연 판단이다.

85

〔경〕: 헤아림〔權〕에는 욕망이 정당하여 이로움을 헤아리는 것과 혐오가 정당하여 해로움을 헤아리는 것이 있다.

〔설〕: 헤아릴 때는 두 측면을 고려하여 치우치지 않아야 한다.

欲玉權利,[1] 且惡玉權害.[2]
仗[3]者兩而勿偏.

- **1** 欲玉權利: 맨 앞에 표제자로서 권(權)이 있어야 한다(장순일, 고형). 정(玉)은 정(正)과 같다. 이 구절을 '이로움 가운데 최대를 취한다'는 뜻으로 보기도 한다(정독).
- **2** 且惡玉權害: 차(且)는 연문(손이양). 이 구절을 '해로움 가운데 최소를 취한다'는 뜻으로 보기도 한다(정독).
- **3** 仗: 권(權)으로 고쳐야 한다(손이양).

86

〔경〕: 운동〔爲〕에는 존재, 사망, 교역, 유동, 교화, 변화가 있다.

〔설〕: 정자(亭子)는 존재이고, 병이 들면 사망하며, 매매는 교역이고, 소진은 유동(流動)이며, 연장자를 따르는 것은 교화이고, 두꺼비가 메추라기가 되는 것은 변화이다.

爲,¹ 存, 亡, 易, 蕩, 治, 化.
爲: 早²臺, 存也. 病, 亡也. 買鬻,³ 易也. 霄⁴盡, 蕩也. 順長,⁵
治也. 鼃買,⁶ 化也.

- **1** 爲: 사물의 운동 형태를 가리킨다.
- **2** 早: 정(亭)으로 고쳐야 한다(담계보).
- **3** 鬻: 팔다.
- **4** 霄: 소(消)의 가차. 물의 유동(流動)을 가리킨다.
- **5** 順長: 선배에 대한 공경. 즉 윤리 도덕 방면의 행위를 가리킨다.
- **6** 買: 순(鶉)의 가차(손이양). 묵경의 논의는 희랍의 아리스토텔레스가 제시한 운동의 여섯 가지 형태, 즉 탄생·소멸·변화·증가·감소·전이와 유사하다.

87

〔경〕: 같음〔同〕에는 중(重), 체(體), 합(合), 류(類)가 있다.

〔설〕: 두 개의 명이 한 개의 사물이면 중동(重同)이고, 전체를 벗어나지 않는 것(부분이 같은 것)이 체동(體同)이며, 소재하는 공간이 같은 것이 합동(合同)이고, 사물의 속성이 같은 것은 유동(類同)이다.

同, 重, 體, 合, 類.
同: 二名一實, 重同也. 不外於兼, 體同也. 俱處於室, 合同也. 有
以同, 類同也.

88

〔경〕: 다름〔異〕에는 둘〔二〕, 부분이 다른 것, 합치되지 않는 것, 유가 다른 것이 있다.

〔설〕: 두 개로서 반드시 다른 것이 둘〔二〕이고, 연속되지 않으면 부분이 다른 것이며, 같은 곳에 있지 않으면 합치되지 않는 것이고, 같은 속성을 지니지 않으면 유가 다른 것이다.

> 異, 二, 不體, 不合, 不類.
> 異: 二必異, 二也. 不連屬, 不體也. 不同所, 不合也. 不有同, 不
> 類也.

89

〔경〕: 같음과 다름이 의존하는 것은 유와 무라는 관점에서이다.

〔설〕: 부자에게 양지(良知)가 있을 수도 있고 없을 수도 있다. 비교할 때 많을 수도 있고 적을 수도 있다. 뱀이나 지렁이가 몸을 구부릴 때 물러날 수도 있고 나아갈 수도 있다. 새가 담장에 구멍을 뚫을 때 단단할 수도 있고 부드러울 수도 있다. 칼과 갑옷은 사람을 죽일 수도 있고 살릴 수도 있다. 어머니와 자식은 (다른 사람과 비교할 때) 나이가 많을 수도 있고 적을 수도 있다. 두 가지 색을 비교하면 흴 수도 있고 검을 수도 있다. 여러 사람이 길을 갈 때 가운데에 있을 수도 있고 좌우에 설 수도 있다. 행위와 학문의 실제를 따져보면 옳을 수도 있고 틀릴 수도 있다. 닭과 달걀은 성숙할 수도 있고 미숙할 수도 있다. 형제는 혈연일 수도 있고 아닐 수도 있

다. 몸과 마음은 같은 데 있을 수도 있고 다른 데 있을 수도 있다. 곽(霍)은 곽씨 성의 사람일 수도 있고 학(鶴)일 수도 있다. 물건의 가격은 비쌀 수도 있고 쌀 수도 있다. 길고 짧음, 앞과 뒤, 가벼움과 무거움은 모두 이러한 관계에 있다.

> 同異交得放[1]有無.
> 同異交得: 於福家良恕,[2] 有無也. 比度, 多少也. 免虳還園,[3] 去就也. 鳥折用桐,[4] 堅柔也. 劍尤早,[5] 死生也. 處室子子[6]母, 長少也. 兩絕[7]勝: 白黑也, 中央旁也. 論行行行學實,[8] 是非也. 難[9]宿, 成未也. 兄弟, 俱適也. 身處志往, 存亡也. 霍, 爲姓故也. 賈宜, 貴賤也.[10]

- 1 放: 어(於)로 고쳐야 한다. 방(放)을 의(依)의 뜻으로 보기도 한다(정독).
- 2 恕: 지(恕)로 고쳐야 한다(손이양).
- 3 免虳還園: '蛇虳旋園'으로 고쳐야 한다(손이양). 원(園)은 원(圓)과 같다.
- 4 鳥折用桐: 용(用)은 용(墉)의 가차. 동(桐)은 통(通)으로 읽는다(정독).
- 5 早: 갑(甲)으로 고쳐야 한다(손이양).
- 6 子子: 두 개 가운데 한 글자는 연문.
- 7 兩絕: 양색교(兩色交)로 고쳐야 한다(고형).
- 8 論行行行學實: 이 구절은 앞 구절과 함께 '行行, 中央旁也. 論行學實, 是非也'로 고쳐야 한다.
- 9 難: 계(鷄)로 고쳐야 한다.
- 10 貴賤也: 이 구절 뒤에 '長短, 先後, 輕重援'이 있어야 한다. 착간으로 「경상」 제94조에 실려 있다(담계보).

90

〔경〕: 듣는 것은 귀의 작용이다.

聞, 耳之聰也.
1

• 1　본 조목에는 경설이 없다.
* 다음 조목과 합쳐서 볼 수도 있다.

91

〔경〕: 들은 것에 따라서 남의 뜻을 이해할 수 있는 것은 마음으로 살피기 때문이다.

循所聞而得其意, 心之察也.
1

• 1　본 조목에는 경설이 없다.
* 앞의 조목 경문의 내용과 연계해서 경설로 볼 수도 있다.

92

〔경〕: 말하는 것은 입의 작용이다.

言, 口之利也.
1

• 1 본 조목에는 경설이 없다.
* 다음 조목과 합쳐 볼 수도 있다.

93

〔경〕: 말하는 것을 통해서 의견을 밝힐 수 있는 것은 마음이 분별하기 때문이다.

執所言而意得見, 心之辯也.
1

• 1 본 조목에는 경설이 없다.
* 앞의 조목 경문의 내용과 연계해서 경설로 볼 수도 있다.

94

〔경〕: 승낙〔諾〕은 한 가지로만 쓰이지 않는다.

〔설〕: 거짓으로 하는 것, 진심으로 하는 것, 보충하는 것, 부분 긍정하는 것이 있다. 또한 자기 의견을 버리고 남의 의견을 따르는 것, 상대방의 의견과 일치하는 것, 모르고 하는 것, 사실에 부합하여 옳다고 하는 것, 원칙에 어긋나지만 그럴 수도 있다고 하는 것 등 다섯 가지 정황이 있다. 다섯 가지 정황의 동의가 만일 정확하다면 그것은 사람들이 지식을 갖고

있고 논증할 수 있기 때문이다. 다섯 가지 정황의 동의가 부정확하다면 이것은 무지하고 논증할 수 없기 때문이다. 다섯 가지의 승낙은 자연스럽게 써야 한다.

諾,[1] 不一利用.
諾: 超, 城, 員, 止也.[2] 相從, 相去,[3] 先知,[4] 是, 可, 五色.[5] 長短, 前後, 輕重援.[6]

• 1　諾: 승낙. 말로 남에게 동의하는 것.
• 2　超, 城, 員, 止也: 초(超)는 이(詒)로 고쳐야 한다(고형). 거짓의 뜻. 성(城)은 성(誠)으로 고쳐야 한다. 원(員)은 익(益)의 뜻. 『시경』「소아」의 모전(毛傳)에서 "원(員)은 익(益)의 뜻이다"라 하였다. 상대방의 논점에 대해 찬성하면서 보충한다는 뜻. 지(止)는 묵경에서의 추론 형식의 하나로서, 부분 긍정의 뜻.
• 3　去: 합(合)으로 고쳐야 한다(고형).
• 4　先: 무(無)로 고쳐야 한다.
• 5　色: 야(也)로 고쳐야 한다.
• 6　長短, 前後, 輕重援: 「경상」제89조의 착간이다. 이를 대신하여 '正五諾, 皆人於知有說. 過五諾, 若負. 無直(知)無說. 用五諾, 若自然矣'의 구절이 있어야 한다. 착간되어 「경상」제100조에 실려 있다(손이양).

95

〔경〕: 설득〔服〕은 잘못된 말을 제지하고 이로움을 말하는 것이다.
〔설〕: 제지는 어려운 일이다. 참된 말은 이루어질 수 있도록 힘쓰고, 잘못된 말은 제지할 수 있도록 노력한다.

服, 執說,¹ 音利.²
執服難.³ 成言⁴務成之, 九⁵則求執之.

- 1 執說: 나(說)는 말이 부정확한 것, 즉 사언(邪言)을 가리킨다. 집(執)은 제지의
뜻(정독).
- 2 音利: 음(音)은 언(言)으로 고쳐야 한다. 묵경에서는 의(義)가 곧 이(利)라고 보
기 때문에 이로움을 말하는 것은 곧 의로움을 말하는 것이 된다.
- 3 執服難: '복: 집난(服: 執難)으로 고쳐야 한다. 복(服)은 표제자.
- 4 成言: 성(成)은 성(誠)과 같다. 성언은 올바른 말이라는 뜻으로 사언(邪言)의
모순 개념이다.
- 5 九: 귀(究)의 가차. 여기서는 사언(邪言)을 가리킨다.

96

〔경〕: 교묘하게 바꾸면 그 원인을 찾아야 한다.

巧轉則求其故.¹
²

- 1 巧轉則求其故: 교전(巧轉)은 개념이나 논제를 바꾸는 일. 「소취」 편에서의 전
이궤(轉而詭)의 뜻. 고(故)는 원인, 근거. 여기서는 원래의 개념이나 논제를 가리킨다
(정독).
- 2 본 조목에는 경설이 없다.
* 형식과 내용으로 보아 다음 조목의 경설일 가능성이 크다.

97

〔경〕: 표준〔法〕이 같으면 그 같은 점을 본다.

〔설〕: 표준에 따라서 같은 점을 취하고 바뀐 것을 살펴야 한다.

法[1]同則觀其同.

法: 法取同, 觀巧轉.

• 1 法: 표준.

* 경설은 앞 조목과 연계해서 보는 것이 좋다.

98

〔경〕: 표준이 다르면 합당함을 살핀다.

〔설〕: 이것을 취해서 저것과 비교할 때 그 원인을 따지고 합당함을 살핀다. 비유하자면 흑인과 흑인이 아닌 사람이 있을 때는 모든 사람이 흑인은 아니라고 추론하고, 남에게 사랑받는 사람이 있고 그렇지 않은 사람이 있을 때는 모든 사람이 사랑받는 것은 아니라고 추론해야 한다. 이것은 어느 쪽이 합당한가를 살피는 것이다.

法異則觀其宜.

法: 取此擇彼, 問故觀宜. 以人之有黑者有不黑者也, 止[1]黑人. 與以有愛於人有不愛於人, 心[2]愛人. 是孰宜.

• 1 止: 묵경의 추론 방식의 하나. 사람들이 '그렇지 않은 경우가 있다'는 것으로

'그렇지 않은 경우가 없다'는 것을 반박할 때, 그가 사용하는 방식은 특칭 부정과 전칭 긍정의 모순 관계의 추리인데, 이러한 추리 방식을 가리킨다.

• 2 心: 지(止)로 고쳐야 한다(장혜언).

99

〔경〕: 지(止)는 다른 예를 들어서 반박하는 것이다.

〔설〕: 상대편이 그러함을 거론할 때 일부가 그렇기 때문이라면 그렇지 않은 것을 들어서 반박하는 것이다. 마치 성인에게 잘못이 있더라도 다른 측면에서는 잘못이 아닌 경우와 같다.

止, 因以別道.
心:[1] 彼擧然者, 以爲此[2]其然也, 則擧不然者而同之. 若聖人有非而不非.

• 1 心: 지(止)로 고쳐야 한다(장혜언).
• 2 此: 한 유(類)의 사물을 가리킨다.

100

〔경〕: 정확한 것은 비판할 수 없다.

正,[1] 無非.[2]
正五諾, 皆人於知有說. 過五諾, 若負. 無直無說. 用五諾, 若自然矣.[3]

• 1   丟: 정(正)과 같다.

• 2   非: 비(誹)로 읽는다(고형).

• 3   경설 전체는 착간으로 「경상」 제94조로 옮겨야 한다(손이양). 따라서 본 조목
에는 경설이 없다.

41. 경하(經下), 경설하(經說下)

이 편의 체재는 「경상」, 「경설상」과 대동소이하며 총 82조목에 불과하다. 다만 경문의 끝에 '설재(說在)……'의 형식이 추가된 것이 특징이다. 내용은 주로 논리학과 과학의 명제를 나열한 것인데, 관련 범위는 논리학 · 기하학 · 물리학 · 윤리학 · 인식론 등의 분야에 걸쳐 있다. 특히 광학에서의 그림자 원리와 기계 역학 분야에 대한 설명은 당시 과학의 높은 수준을 엿볼 수 있는 귀중한 자료이다.

1

〔경〕: 지(止)는 유(類)로써 진행한다. 근거는 같다는 데 있다.

〔설〕: 그가 이것이 그러함을 가지고 그러하다고 한다면, 나는 이것이 그러하지 않음을 가지고 그렇지 않다고 함으로써 그것이 그러함을 반박하는 것이다.

止,[1] 類以行人.[2] 說在同.

止: 彼以此其然也, 說是其然也. 我以此其不然也, 疑[3]是其然也.

- **1** 止: 「경상」 제98조를 참조.
- **2** 人: 지(之)로 고쳐야 한다(손이양).
- **3** 疑: 질의, 반박의 뜻(정독).

2

〔경〕: 유추는 어렵다. 근거는 유(類)의 대소(大小)에 있다.

〔설〕: 네발동물을 짐승이라고 한다면, 소나 말은 해당되지만 다른 것은 포괄할 수 없으니, (유의) 대소가 있기 때문이다. 이것이 그렇다고 해서 반드시 그렇다고 하는 것은 잘못이다.

推類之難. 說在之大小.¹

謂四足獸, 與生鳥與, 物盡與, 大小也. 此然是必然, 則俱.²

- **1** 推類之難. 說在之大小: 이 구절은 '推之難. 說在類之大小'로 고쳐야 한다.
- **2** 경설의 전체 원문은 '推: 謂四足獸, 牛與, 馬與, 物不盡與, 大小也. 此然是必然, 則誤'로 고쳐야 한다(고형). 추(推)는 표제자. 우(牛)와 생(生), 마(馬)와 조(鳥)는 모두 모양이 비슷하여 잘못 쓰였다.

3

〔경〕: 사물의 같은 명칭은 잘 살펴야 한다. 예를 들면 둘과 싸움, 사랑, 음식과 제사, 흰색과 애꾸눈, 아름다움과 난폭함, 지아비와 신발이다.

〔설〕: 원숭이와 사슴이 함께 싸우더라도 둘이 아닐 수도 있다. 이것이 둘과 싸움의 관계이다. 포(包)·간(肝)·폐(肺)는 자녀의 애칭으로도 쓰인

다. 띠는 식용으로 쓰이기도 하고 제사에 쓰이기도 한다. 백마는 온몸이 희지만 애꾸눈은 두 눈이 안 보이는 것이 아니다. 이것이 흰색과 애꾸눈의 관계이다. 아름답게 행한다고 해서 반드시 아름답게 되는 것은 아니며 난폭하게 행한다고 해서 반드시 드러나는 것은 아니다. 이것이 아름다움과 난폭함의 관계이다. 남 때문에 나쁜 일을 하는 것은 나쁜 일을 하는 것이 아니다. 마치 지아비를 위한 용기가 지아비의 용기가 아니며, 풀로 신발을 만드는 것이 신발이 되지 않는 것과 같다. 이것이 지아비와 신발의 관계이다.

物盡^{1}同名, 二與鬪, 愛, 食與招, 白與視.^{2} 麗與,^{3} 夫與履.
爲麋同名俱鬪,^{4} 不俱二, 二與鬪也. 包肝肺,^{5} 子愛也. 橘茅,^{6} 食與
招也. 白馬多白, 視馬不多視,^{7} 白與視也. 爲麗不必麗, 不必麗與
暴也.^{8} 爲非以人, 是不爲非.^{9} 若爲夫勇, 不爲夫.^{10} 爲履以買衣爲
履,^{11} 夫與履也.

- 1 盡: 구(究)의 뜻(고형).
- 2 視: 묘(眇)로 고쳐야 한다. 애꾸눈의 뜻.
- 3 麗與: 려여폭(麗與暴)으로 고쳐야 한다.
- 4 爲麋同名俱鬪: '同名: 爲麋俱鬪'로 고쳐야 한다. 동명(同名)은 표제자. 위(爲)는 모후(母猴)의 뜻. 『설문』에서 "위(爲)는 모후(母猴)의 뜻이다"라 하였다.
- 5 包肝肺: 태아가 아직 형태를 갖추지 않은 것을 일러 포(包)라 하며, 포(胞)로 쓰기도 한다. 포·간·폐는 본래 인체의 부분이지만 자녀에 대한 애칭으로 쓰이기도 한다. 따라서 이러한 명칭은 경우에 따라서 다른 개념으로 쓰일 수 있다.
- 6 橘茅: 귤(橘)은 율(矞)의 가차. '파다, 캐다'의 뜻. 모(茅)는 제사에 쓰이는 띠이기도 하고 신을 부르는 데 쓰이기도 한다. 따라서 귤모(橘茅)는 이름은 같지만 쓰

임은 다르다(고형).

• 7 　視馬不多視: 두 개의 시(視)는 모두 묘(眇)로 고쳐야 한다.

• 8 　爲麗不必麗, 不必麗與暴也: 이 구절은 '爲暴不必暴, 麗與暴也'로 고쳐야 한다.

• 9 　爲非以人, 是不爲非: 남에게 나쁜 일을 하도록 강요받는 일은 의식적으로 나쁜 일을 하는 것과 다르다는 뜻.

• 10 　不爲夫: '不爲夫勇'으로 고쳐야 한다.

• 11 　爲屨以買衣爲屨: '爲屨以蕢不爲屨'로 고쳐야 한다. 괴(蕢)는 풀의 일종으로 모양이 신과 비슷하다. 고대에 가죽신을 리(履), 삼으로 만든 신을 구(屨)라고 하였다.
* 이 조목은 「경하」 편의 공통적 특징인 '설재……'(說在……)의 형식이 아니므로 착간이 있는 듯하다. 제가의 주석을 참고하더라도 의미상 분명하지 않은 부분이 많다.

4

〔경〕: 하나(돌)에서 어느 하나(굳음, 혹은 흼)를 버릴 수 없는 것은 본래가 그러하기 때문이다. 근거는 (두 가지 속성이) 인접한 데 있다.

〔설〕: 하나를 든다면 다른 하나는 없어지고, 둘을 들면 하나는 있게 된다. 어느 하나를 제거할 수 없다.

一偏棄之,[1] 謂而固是也, 說在因.[2]
二與一亡, 不與一在. 偏去未,[3] 有文實也, 而後謂之, 無文實也, 則無謂也. 不若敷與美, 謂是則是固美也, 謂也則是非美, 無謂則報也.[4]

• 1 　一偏棄之: '一, 不偏棄之'로 고쳐야 한다(고형). 여기서의 일(一)은 곧 공손룡의

견백론(堅白論)에서 "돌에서는 하나다"(於石, 一也)라고 할 때의 일(一)로서 돌을 가리킨다.

- 2 因: 영(攖)의 가차이며 서로 통용됨.「경하」제68조 참조.

- 3 二與一亡, 不與一在. 偏去未: '一, 一與(擧)一亡, 二與(擧)一在. 未偏'로 고쳐야 한다(양계초, 담계보).

- 4 有文實也: 이 구절 이하는「경하」제50조의 착간.

5

〔경〕: 어느 한쪽을 버리지 않고 둘이 된다. 근거는 보거나 보지 않는 것, 하나와 둘, 너비와 길이에 있다.

〔설〕: 보거나 보지 않는 것은 분리되지 않고 하나와 둘은 서로 이어져 있다. 휨과 굳음, 너비와 길이도 마찬가지다.

不可偏去而二. 說在見與俱,^{1} 一與二, 廣與脩.
見不見離, 一二不相盈,^{2} 廣脩堅白.

- 1 俱: 불견(不見)으로 고쳐야 한다.

- 2 見不見離, 一二不相盈: '不: 見不見不離, 一二相盈'으로 고쳐야 한다(고형). 이 조목은 공손룡의 "굳음(견)과 휨(백)이 분리된다"(離堅白)는 주장을 비판한 것이다.

6

〔경〕: (어떤 일에) 무능하다고 해서 (다른 일에) 방해되지 않는다. 근거는 방해되지 않는다는 데 있다.

〔설〕: 무거운 것을 들 수 있지만 바늘을 들지 못하는 것은 힘이 감당하지 못해서가 아니다. 계산을 잘하는 사람이 궤변을 못하는 것은 지혜가 감당하지 못해서가 아니다. 마치 귀와 눈의 관계와 같다.

不能而不害. 說在害.[1]
舉不[2]重不與箴, 非力之任也. 爲握者之頯倍,[3] 非智之任也. 若耳目.

- **1** 說在害: 셜재불해(說在不害)로 고쳐야 한다.
- **2** 擧不: 불거(不擧)로 고쳐야 한다. 불(不)은 표제자.
- **3** 握者之頯倍: 악자(握者)는 『한서』「율력지」(律曆志)에 보이는 계산가의 뜻(담계보). 기(頯)는 기(觭)로 고쳐야 한다(손이양). 기배(觭倍)는 『장자』「천하」(天下) 편에 보이는 "기우불오지사"(觭偶不仵之辭)의 궤변을 가리킨다. 지(之)는 불(不)로 고쳐야 한다(양계초).

7

〔경〕: 서로 다른 유(類)는 비교할 수 없다. 근거는 헤아리는 것(표준)에 있다.

〔설〕: 나무와 밤은 어느 것이 긴가? 지혜와 곡식은 어느 것이 많은가? 관작, 친분, 덕행, 물가 네 가지 가운데 어느 것이 귀한가? 사슴과 학은 어느 것이 더 높은가? 매미와 비파는 어느 것이 슬픈가?

異類不吡,[1] 說在量.
異: 木與夜孰長. 智與粟孰多. 爵親行賈,[2] 四者孰貴. 麋與霍[3]孰高. 麋與霍孰霍,[4] 蚏與瑟孰瑟.[5]

- 1 吡: 비(比)로 읽는다(오여륜).
- 2 賈: 가(價)와 같다. 여기서 물가를 가리킨다.
- 3 霍: 학(鶴)의 약자.
- 4 麋與霍孰霍: 연문(손이양).
- 5 蚓與瑟孰瑟: 인(蚓)은 조(蜩), 매미(고형). 뒤의 슬(瑟)은 비(悲)로 고쳐야 한다(고형).

〔경〕: 일부의 제거로 (본질을) 감소시킬 수 없다. 근거는 사물의 본질에 있다.

〔설〕: 하나로 갖추어져 변하지 않는다.

偏去¹莫加少.² 說在故.³

偏: 俱一無變.

- 1 偏去: 일부분을 제거하는 것. 개념이 사물에서 비본질적 속성을 제거함을 가리킨다.
- 2 加少: 감소의 뜻.
- 3 故: 사물의 원인, 규율, 혹은 본질을 가리킨다.

9

〔경〕: 거짓은 반드시 잘못된 것이다. 근거는 그러하지 않은 데 있다.

〔설〕: 거짓은 반드시 잘못된 것이며 따라서 거짓이라고 한다. 개를 거짓으로 학(鶴)이라 할 수 있지만 (명칭만) 성이 학씨인 사람과 같을 뿐이다.

假必悖, 說在不然.

假: 假必非也而後假. 狗, 假霍[1]也, 猶氏霍[2]也.

- 1 霍: 학(鶴)과 같다.
- 2 氏霍: 학(鶴)씨 성의 사람.

10

〔경〕: 사물의 근거(소이연)와 내가 그것을 알게 되는 방법과 남에게 그것을 알게 하는 방법이 반드시 같지는 않다. 근거는 병에 있다.

〔설〕: 혹은 다쳐서 그러한(병이 난) 경우에, 그것을 직접 보아서 알 수도 있고, 남에게 알려서 알게 할 수도 있다.

物之所以然, 與所以知之, 與所以使人知之, 不必同. 說在病.

物: 或傷之, 然也. 見之, 智也. 告之, 使智[1]也.

- 1 智: 지(知)와 같다.

11

〔경〕: 의심한다. 근거는 봉(逢), 순(循), 우(遇), 과(過)에 있다.

〔설〕: 어떤 일에 바쁜 사람을 만나면 그를 담당자로 의심하고, 외양간이 지어진 것을 보면 여름에 서늘할 것이라고 의심하는 것이 봉(逢)이다. 들어보았을 때 가볍고, 놓아두었을 때 무겁더라도 털이나 돌에 힘이 있는 것은 아니며, 나무를 깎을 때 목편이 떨어지는 것은 기교가 있는 것이 아

닌데 이렇게 의심하는 것이 순(循)이다. 싸우는 상태를 보고서 술을 많이 마셔서인지 아니면 시골 장터에서 이익을 다투기 때문인지 의심하는 것이 우(遇)이다. 자신이 제대로 아는 것인지, 아니면 이미 그렇게 되었다고 생각하는 것인지 의심하는 것이 과(過)이다.

疑. 說在逢, 循, 遇, 過.

疑: 逢[1]爲務則士, 爲牛廬者夏寒,[2] 逢[3]也. 擧之則輕, 廢之則重, 非有力也. 沛從削, 非巧也, 若石羽, 循也.[4] 鬪者之敝也,[5] 以飮酒, 若以日中, 是不可智也, 愚也.[6] 智與. 以已爲然也與, 愚[7]也.

- 1 逢爲務則士: 봉(逢)은 봉(蓬)으로 고쳐야 한다. 손이양은 봉(逢)으로 고쳤지만 잘못이다. 봉(蓬)은 왕성한 모양이며 인신해서 바쁨의 뜻. 일에 바쁘게 보인다는 것은 그가 일을 담당한 사람이라고 의심할 수 있다.

- 2 爲牛廬者夏寒: 우려(牛廬)는 외양간. 외양간은 일반적으로 여름에 서늘한 곳에 짓는다. 따라서 외양간이 있는 곳은 반드시 여름에 서늘한 곳이라고 의심할 수 있다.

- 3 逢: 봉의(逢疑), 즉 어떤 일에 근거해서 야기될 결과를 추측하는 의심이다.

- 4 이 구절은 '擧之則輕, 廢之則重, 若石羽, 非有力也. 沛從削, 非巧也, 循也'로 고쳐야 한다. 패(沛)는 시(柿)로 고쳐야 한다(장혜언, 손이양). 시(柿)는 나무를 깎을 때 떨어지는 나무껍질이나 목편. 순의(循疑)는 사물의 본성에 따르는 상황을 이해하지 못하는 데서 비롯된 의심이다.

- 5 鬪者之敝也: 싸우는 사람들의 낭패한 꼴.

- 6 以飮酒, 若以日中, 是不可智也, 愚也: 일중(日中)은 시골 장을 가리킨다. 『주역』「계사전」에서는 "한낮에 시장을 연다"(日中爲市)고 하였다. 지(智)는 지(知)와 같다. 우(愚)는 우(遇)로 읽으며 서로 통용됨. 모양이 비슷해서 잘못 쓰였다. 이 구절의 의

미는 술을 마셔서 싸우는지 아니면 시골 장에서 이익을 다투는 것인지 확정할 수 없다는 의심이라는 뜻.

• 7 愚: 과(過)로 고쳐야 한다.

* 이 조목은 제가의 논의를 참조해도 분명하지 않은 점이 많다.

12

〔경〕: 판단(주개념과 빈개념의 결합)은 하나(긍정)이거나 혹은 부정이다. 근거는 (외연이) 서로 중복되거나 배척되는 데 있다.

合, 與一, 或復否. 說在拒.[1]

[2]

• 1 與一, 或復否. 說在拒: '與一或否. 說在復拒'로 고쳐야 한다. 합(合)은 주개념과 빈개념의 결합의 뜻. 묵경에서는 주개념과 빈개념의 조합을 판단으로 본다. 이러한 조합에서 긍정 판단은 주개념과 빈개념의 외연이 중복(復)되며, 부정 판단은 주개념과 빈개념의 외연이 서로 배척(拒)된다.

• 2 본 조목에는 경설이 없다.

13

〔경〕: 서로 다른 사물이 같은 유(類)가 될 수 있다. 근거는 하나로 포괄한 것(유개념)과 개별 사물(종개념)에 있다.

〔설〕: 유개념은 소와 말을 네발동물이라고 하는 것과 같다. 종개념은 소나 말이 해당된다. 소를 세고 말을 센다면 소와 말은 둘이지만 소와 말

을 함께 센다면 소와 말은 하나가 된다. 마치 손가락을 셀 때 다섯 개(종개념)이지만 다섯은 하나(유개념)로 포괄될 수 있는 것과 같다.

歐物[1]一體也. 說在俱一,[2] 惟是.[3]
俱:[4] 俱一, 若牛馬四足. 惟是, 當牛馬. 數牛數馬, 則牛馬二. 數牛馬, 則牛馬一. 若數指, 指五而五一.

- 1 歐物: 구(歐)는 구(區)의 번자체. 구물(區物)은 서로 다른 사물을 가리킨다.
- 2 俱一: 일류(一類), 즉 본질 속성이 같은 것. 경문에서의 일체(一體)와 같다.
- 3 惟是: 유(惟)는 유(唯)와 통용됨. 시(是)는 식(寔)과 같으며, 실(實)과 통함. 유실(唯實)은 단독 사물, 즉 다른 사물을 가리키며, 경문에서의 구물(區物)과 같다(왕개운).
- 4 俱: 구(偏)로 고쳐야 하며, 구(區)의 번자체(담계보). 이 조목은 유개념과 종개념의 구별을 설명한 것이다.
* 선진 철학에서의 유개념과 종개념의 구분은 『순자』 「정명」 편에 자세하다. 순자는 유개념을 공명(共名), 종개념을 별명(別名)이라고 칭하고 최상위 유개념인 대공명(大共名)을 '물'(物)이라고 하였다.

14

〔경〕: 공간은 구역이 변하는 것이다. 근거는 시간의 지속에 있다.
〔설〕: 시간의 변화와 구역의 변화가 우주(宇宙)이다. (해가) 동쪽에서 서쪽으로 아침과 저녁을 거치는 것이 구역의 변화이며 동시에 시간의 변화이다.

宇, 或徙,[1] 說在長宇久.[2]

長宇徙而有處, 宇宇南北, 在旦有在莫, 宇徙久.[3]

• 1 宇, 或徙: 우(宇)는 공간. 혹(或)은 역(域)과 같다. 역사(域徙)는 공간의 변화를 가리킨다. 예컨대 지구가 한 번 자전하여 하루가 되는 것과 같다.

• 2 說在長宇久: '說在長久'로 고쳐야 한다. 장구(長久)는 시간의 지속을 가리킨다. 반면에 장우구(長宇久)에 대해, 손이양은 '宇長行之必久'라 해석하고, 담계보는 우구(宇久) 두 글자는 다른 조목의 경문이며, 여기에서는 의미가 없다고 보아 설재장(說在長)으로 교정하였다. 고형은 그것이 '說在長徙'와 같으며, 장사(長徙)는 역사(域徙)와 대비되는 것이라 보았다.

• 3 경설은 '宇, 長徙而有處徙, 宇宙. 南北在旦有在莫, 宇徙長久'로 고쳐야 한다. 우(宇)는 표제자. '長徙而有處徙, 宇宙'에서의 유(有)는 우(又)와 같다. 장사(長徙)와 처사(處徙)는 상대어이다. 이 구절의 의미는 시간의 흐름과 공간의 이동이 곧 우(상하사방)와 주(고금왕래)라는 것이다. 담계보에 의하면, "고대인은 천체를 그릴 때 모두 동서를 세로로 보고 남북을 가로로 보았다. (……) 따라서 여기서의 '남북'은 실제로는 '동서'의 뜻이다"라 하였다. 이에 따르면, 이 구절의 뜻은 태양이 동으로부터 서에 이르고, 아침과 저녁을 거치는 것이 공간 이동이며 동시에 시간의 변화이기도 하다는 것이다.

15

〔경〕: 견백이 분리된다고 주장한다. 근거는 시간과 공간을 무시하는 데 있다.

鑒團景一.[1] 不堅白. 說在.[2]

3

- 1 鑒圍景一:「경하」제25조의 착간(담계보).
- 2 說在: 뒤에 '無久與宇' 네 글자가 있어야 한다. 착간으로「경하」제16조에 삽입되었다(고형). 본 조목의 불견백(不堅白)은 공손룡의 견백이 분리(堅白離)된다는 입장을 가리킨다. 공손룡에 의하면, 시각으로는 흰색을 알지만 굳음을 알지 못하고, 촉각으로는 굳음을 알지만 흰색은 알지 못한다는 입장이다. 묵경에서는 돌의 흰색과 굳음은 동일 공간에 존재하며, 또한 동일 시간에 존재하기 때문에 견백이 분리될 수 없다는 입장이다.
- 3 본 조목에는 경설이 없다.

16

〔경〕: 굳음과 흰색은 분리될 수 없다. 근거는 인접한다는 데 있다.

〔설〕: 돌을 만져보면 굳음을 얻고, (눈으로 보면) 흰색을 얻을 수 있어서 반드시 서로 포함된다.

> 無久與宇.[1] 堅白, 說在因.[2]
> 無堅得白,[3] 必相盈也.

- 1 無久與宇:「경하」제15조의 착간.
- 2 因: 영(櫻)의 가차.「경하」제4조 참조.
- 3 경설의 표제자로서 견(堅)이 있어야 한다. 무(無)는 무(撫)의 약자. 이 구절의 뜻은 돌을 만져보면 굳음을 얻을 수 있고, 눈으로 돌을 보면 흰색을 얻을 수 있다는 뜻.

17

〔경〕: 그러한가 그렇지 않은가를 고찰한다. 근거는 현재로부터 추론하는 데 있다.

〔설〕: 요(堯)가 천하를 잘 다스린 것은 지금으로부터 옛날을 보는 것이다. 고대로부터 지금을 본다면 요는 잘 다스릴 수 없을 것이다.

在諸其所然未者然.[1] 說在於是推之.

在: 堯善治, 自今在諸古也. 自古在之今, 則堯不能治也.

• 1 在諸其所然未者然: 재(在)는 고찰의 뜻. 『이아』 「석고」(釋詁) 편에 "재(在)는 찰 (察)의 뜻이다"라 하였다. 자연(者然)은 연자(然者)로 고쳐야 한다(양계초).
* 법가의 역사관이 반영된 『한비자』의 모순(矛盾) 개념과 상통하는 내용이다. 한비에 의하면, 요와 순의 관계는 창과 방패의 관계와 같아서 두 사람이 동시에 성군일 수 없다고 본다.

18

〔경〕: 그림자는 이동하지 않는다. 근거는 바뀌는 데 있다.

〔설〕: 빛이 도달하면 그림자는 없어진다. 만일 빛이 있으면 (그림자는) 영원히 생길 수 없다.

景[1]不徙. 說在改爲.[2]

景: 光至景亡. 若在,[3] 盡古息.[4]

- 1 景: 영(影)과 같다.
- 2 改爲: 바뀌다. 그림자가 연속해서 바뀌고, 뒤의 그림자는 앞의 그림자가 아니므로 그림자는 운동하지 않는다.
- 3 若在: 빛이 존재할 경우를 가리킨다.
- 4 盡古息: 영원히 그림자가 생기지 않는다는 뜻.

19

〔경〕: 그림자에는 본그림자와 반그림자가 있다. 근거는 중첩에 있다.
〔설〕: 두 개의 광선이 하나의 광체를 끼고 있으면 합쳐진 광선은 그림자를 만든다.

景^{1}二,^{2} 說在重.^{3}
景: 二光夾一光, 一光者景也.^{4}

- 1 景: 영(影)과 같다.
- 2 二: 본그림자와 반그림자 두 개를 가리킨다.
- 3 重: 그림자의 중첩.
- 4 二光夾一光, 一光者景也: 담계보는 도설로서 다음과 같이 설명한다.

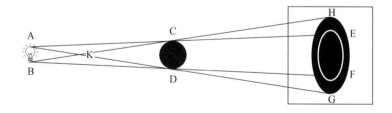

AB 광체를 하나의 사물 CD 앞에 두면, AB로부터 네 개의 광선이 나오는데, 우선

C와 D 지점을 접하고 ACE와 BDF를 거치면서 EF의 본그림자가 만들어진다. 한편 A점의 광선이 ADG를 거치고, B점의 광선이 BCH를 거쳐서 HG의 반그림자가 만들어진다. 이러한 반영은 반드시 ADG와 BCH 두 광선이 K에서 서로 만나고 AB 광체를 끼고 있어야만 중복된다.

20

〔경〕: 그림자가 도치되는 것은 광선이 교차하는 곳에 점(구멍)이 생길 때이며 그림자 길이와 관계가 있다. 근거는 구멍에 있다.

〔설〕: 빛이 사람을 비추는 것은 화살을 쏘는 것과 같다. 아래로 비추면 위로 반사되고, 위로 비추면 아래로 반사된다. 다리가 아래의 빛을 가리면 반사되어 위에 그림자가 생기고, 머리가 위의 빛을 가리면 반사되어 아래에 그림자가 생긴다. 사물의 먼 곳이나 가까운 곳에 작은 구멍이 있으면 물체가 빛의 직선에 반사되어 벽에 반영된다. 따라서 그림자가 벽에 도치된다.

> 景到,[1] 在午有端與景長,[2] 說在端.[3]
> 景: 光之人煦若射.[4] 下者之人也高, 高者之人也下. 足蔽[5]下光, 故成景於上, 首蔽上光, 故成景於下. 在遠近有端與於光, 故景庫內也.[6]

- 1 到: 도(倒)와 같다.
- 2 在午有端與景長: 오(午)는 교차. 단(端)은 점. '在午有端'은 광선이 교차하는 곳에 하나의 작은 점이 있게 된다는 뜻. 여(與)는 여(予)로 읽으며, 관계의 뜻. 여영장(與景長)은 광선의 장단과 관계가 있다는 것이다. 담계보는 다음과 같이 도식화하

였다. 예컨대 〈그림 1〉에서 보듯이, 광선의 접촉점(午)이 광원과 가깝게 있고 벽과 거리가 멀면 그림자가 크게 된다. 반대로 〈그림 2〉에서 보듯이, 광선의 접촉점이 광원과 멀리 떨어져 있고 벽과 거리가 가까우면 그림자가 작게 된다.

• 3 說在端: 도치된 그림자의 형성은 광선이 통과하는 작은 구멍에 달려 있다는 뜻.

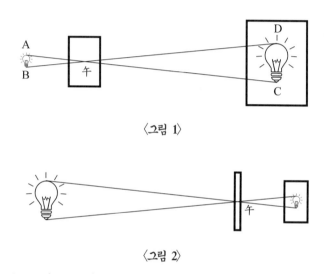

〈그림 1〉

〈그림 2〉

• 4 人煦若射: '照人若射'로 고쳐야 한다(고형).

• 5 蔽: 폐(蔽)의 약자.

• 6 在遠近有端與於光, 故景庫內也: 여(與)는 영(映)으로 고쳐야 한다. 장(庫)은 구본에서는 고(庫)로 되어 있다. 손이양은 장(庫)으로 고쳤지만 옳지 않다. 고(庫)는 경(庚)으로 고쳐야 하며, 경(庚)은 경(更)의 가차. 두 글자는 서로 통용됨(고형). 이 구절의 의미는 사물의 먼 곳 혹은 가까운 곳에 작은 구멍이 있을 때 물체가 빛을 받으면 직선으로 빛이 투사되어 그림자가 벽에 반영되는데 상하가 바뀌어 거꾸로 보인다는 것이다. 고형은 다음과 같이 도식화하였다.

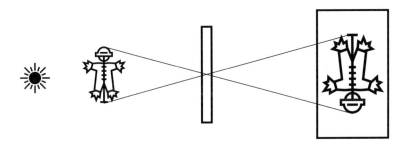

21

〔경〕: 그림자가 해를 마주 볼 수 있다. 근거는 회광반조에 있다.

〔설〕: 햇빛이 사람의 뒤에서(반대로) 비추게 되면 그림자는 해와 사람 사이에 있게 된다.

景迎日. 說在摶.[1]
景: 日之光反燭人,[2] 則景在日與人之間.

• 1　摶: 전(轉)으로 고쳐야 한다(손이양). 전(轉)은 회광반조(迴光返照), 즉 일몰 직전 햇살이 강하게 비추어 하늘 전체가 잠시 동안 밝아지는 현상을 의미한다. 이때는 사람의 그림자가 해와 마주 보는 방향으로 생길 수 있다.
• 2　日之光反燭人: 회광반조의 뜻.

22

〔경〕: 그림자는 클 수도 있고 작을 수도 있다. 근거는 기운 것과 바른 것, 가까운 것과 먼 것에 있다.

〔설〕: 나무가 기울어져 있으면 그림자가 짧으면서 크다. 나무가 바르게 있으면 그림자는 길면서 작다. 불빛(광체)이 기운 나무보다 작으면 그림자는 기운 나무보다 크다. 단지 작은 경우뿐 아니라 원근에 따라서도 마찬가지다.

景之大小. 說在地[1]玉遠近.
景: 木柂,[2] 景短大. 木正, 景長小. 大小於木,[3] 則景大於木. 非獨小也, 遠近.[4]

- 1　地: 이(杝)로 고쳐야 한다. 사(斜)의 뜻. 정(玉)은 정(正)과 같다.
- 2　柂: 이(杝)로 고쳐야 한다. 도장본(道藏本)에는 이(杝)로 되어 있다.
- 3　大小於木: '火小於木'으로 고쳐야 한다.
- 4　遠近: 뒤에 역연(亦然) 두 글자를 추가하는 것이 좋다.

23

〔경〕: 거울 앞에 서면 물상이 도치된다. 각도가 크면 상의 숫자가 줄어드는 이유는 구획이 적기 때문이다.

〔설〕: 평면거울은 물상이 적다. (상의) 모양, 흑백, 원근, 기울기는 빛에 따라 달라진다. 두 개의 평면거울이 이어져 정각을 이룰 때 복상(複像)이 생기는데 각도가 수축되거나 넓어지는 것에 따라서 개수가 달라지며, 복상은 뒤편에 생긴다. 물체가 거울에 반사되면 상이 없는 경우가 없다. 물체가 반사되어 상을 이루고 상이 또 반사되어 상을 이룰 때는 두 개의 평면거울이 반드시 일정한 각도로 이어져 있을 때이며, 두 거울이 같은 부분에 반사될 때 복상이 생기지만 두 거울은 분리되어 있다.

臨鑒而立, 景到. 多而若少, 說在寡區.[1]

臨: 正鑒景寡.[2] 貌能, 白黑, 遠近, 柂正, 異於光.[3] 鑒景當俱[4], 就去亦當俱, 俱用北.[5] 鑒者之臭[6]於鑒, 無所不鑒. 景之臭無數而必過正,[7] 故同處其體, 俱然.[8] 鑒分.

• 1 경문은 원래 앞 조목에 배열되어 있었던 것을 경설에 의거하여 바로잡았다 (담계보). 감(鑒)은 거울, 영(景)은 영상이다. 도(到)는 도(倒)와 같다. 본 조목은 평면 거울의 영상 원리를 설명한 것이다. 臨鑒而立, 景到는 거울에서의 영상이 도치된 형태가 된다는 뜻. "거울을 땅에 눕히고 사람이 거울 주변에 서면 영상의 전후좌 우가 모두 도치된다. 예컨대 사람의 얼굴이 동쪽을 향하면 영상의 얼굴은 서쪽을 향하고, 사람의 왼손은 영상에서는 오른손이 된다"(고형) 多而若少, 說在寡區: 담계 보의 설명에 의하면, 거울을 한 평면으로 삼았을 때 기하학에서 각의 양변이 한 평면상에 있는 것을 평각이라고 칭한다. 180도가 최대이므로 단지 하나의 상만을 보이고, 반으로 줄여서 90도 직각으로 하면 3개의 상이 보이며, 다시 반을 줄여 45 도로 하면 7개의 상이 보이고, 더 줄여서 12도가 되면 29개의 상을 이룬다. 이로부 터 각도가 크면 클수록 보이는 상의 숫자는 줄어들고, 각도가 줄어들수록 보이는 상의 숫자가 많아짐을 알 수 있다. 따라서 多而若少라 한다. 상의 숫자가 많게 되 는 것은 그 각도를 구분하는 면이 적어서 반사가 중복되기 때문이다. 따라서 說在 寡區라 한다.

• 2 正鑒景寡: 정감(正鑒)은 평면거울. 사물을 비출 때 단지 한 개의 단상이 보이 므로 영과(景寡)라고 한다.

• 3 貌能, 白黑, 遠近, 柂正, 異於光: 능(能)은 태(態)의 약자. 이(柂)는 이(杝)로 고 쳐야 한다. 이(異)는 기(冀)의 약자로 바라본다는 뜻.

• 4 鑒景當俱: '鑒當景俱'로 고쳐야 한다. 감당(鑒當)은 두 거울이 서로 접해 있는 것이고, 영구(景俱)는 그림과 같이 두 거울이 합쳐질 때의 복상을 가리킨다. AB와

AC 두 평면거울을 서로 접하게 설치할 때 BAC가 정각, D가 물체, H가 사람의 눈이다. 이렇게 되면 AB 거울 안에 E의 상이 보이고, AC 거울 안에는 F의 상이 보인다. 또한 E는 다시 AC 거울에 반사되어 G의 상을 보이고, F는 다시 AB 거울에 반사되어 G의 상을 보인다. 따라서 총 EFG의 세 개의 상이 보이게 된다. 그 방위는 평면거울의 상을 찾는 방법에 의해서 얻어진다. G는 본래 두 개의 상이 한 곳에 모이는 곳이다. 따라서 '鑒景當俱'라 한다.

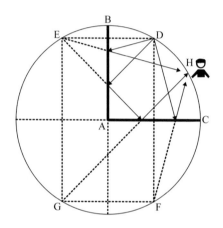

• 5 就去亦當俱, 俱用北: 이(亦)는 역(亦)으로 고쳐야 한다(필원). 취(就)는 오므리는 것으로 정각보다 작게 하는 것이고, 거(去)는 펼치는 것으로 정각보다 크게 하는 것을 가리킨다. 용(用)은 이(以)와 같다. 배(北)는 배(背)와 같다. 이 구절의 뜻은 두 거울이 정각을 이룰 때는 3개의 상을 이루지만 만일 두 거울의 각도를 축소하면 상의 숫자가 늘어난다는 것이다.

• 6 臭: 얼(臬)로 고쳐야 한다(담계보). 얼(臬)은 화살의 과녁. 여기서는 빛의 반사를 가리킨다.

• 7 景之臭無數而必過正: 취(臭)는 얼(臬)로 고쳐야 한다. 무수(無數)는 물체가 반사되어 상을 이루고 상이 또한 서로 잇따라 반사된다는 뜻. 과정(過正)은 반정(反正)의 뜻으로 여기서는 정각이 기울어져 있음을 가리킨다.

• 8 同處其體, 俱然: 체(體)는 부분. 두 거울이 반사되어 동일 부분에서 중복된 상이 됨의 뜻. 그림처럼 AB와 AC의 평면거울을 45도 각도로 설치할 때, D는 물체, E는 사람의 눈이다. 이 경우 상이 이루어지는 순서는 다음과 같다. 먼저 AB 거울 안에 (1)이 보이고, 다음으로 (1)이 AC 거울에 반사되어 (2)가 보이며, 다음으로 (2)가 AB 거울에 반사되어 (3)이 보이고, 다음으로 (3)이 다시 AC 거울에 반사되어 (4)가 보인다. 이로부터 다시 반사될 수 없다. 상의 위치가 바로 거울 뒤 방향에 있기 때문이다. 또한 D 물체는 AC 거울에 반사되어 먼저 (5)가 보이고, 다음으로 같은 방식으로 반사되어 (6) (7) (8)의 상이 보인다.

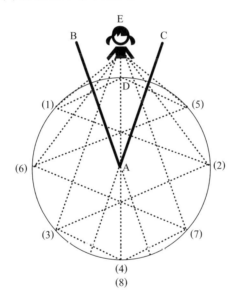

24

[경]: 오목거울에서의 물상은 두 가지이다. 하나는 (물체보다) 작으면서 도치되고, 하나는 크면서 바로 선 것이다. 근거는 (거울) 중심의 내외에 있다.

〔설〕: (물체가) 초점 안에 있을 때, 광체가 초점과 멀리 있으면 비추는 광선이 많고 물상 또한 크다. 초점에 가까이 있으면 비추는 광선이 적고 물상 또한 작으면서 반드시 바로 선 형태가 된다. 광체가 초점에서 나오면 직선 방향으로 길게 늘어진다. 거울 중심 밖에 있을 때 광체가 거울의 중심에 가까이 있으면 비추는 광선이 많고 물상 또한 크다. 거울의 중심에 멀리 있으면 비추는 광선이 적고 물상 또한 작으면서 반드시 도치된 형태가 된다. 광체가 거울의 중심에 모이면 직선 방향으로 길게 늘어진다.

鑒位, 景一小而易, 一大而正, 說在中之外内.[1]
鑒: 中之内. 鑒者近中, 則所鑒大, 景亦大. 遠中, 則所鑒小, 景亦小, 而必正. 起於中, 緣正而長其直也.[2] 中之外,[3] 鑒者近中, 則所鑒大, 景亦大. 遠中, 則所鑒小, 景亦小, 而必易. 合於中而長其直也.[4]

- 1 경문은 원래 앞 조목에 잘못 배열되었다(담계보). '鑒位, 景一小而易'은 '鑒位景二. 一小而易'으로 고쳐야 한다(정독). 감위(鑒位)는 감호(鑒弧)로 고쳐야 한다(고형). 감호(鑒弧)는 오목거울이다. 역(易)은 변형, 즉 도치됨을 가리킨다. 중지외내(中之外内)에서의 중(中)은 오목거울의 중심과 초점, 외(外)는 중심 밖, 내(内)는 초점 안을 가리킨다.
- 2 中之内~緣正而長其直也: 근중(近中)은 뒤의 원중(遠中)과 잘못 바뀌었다. 세 개의 중(中)은 모두 초점을 가리킨다. 감자(鑒者)는 광체이다. 정(正)은 직선 광선으로서, 즉 거울의 중심, 오목거울의 중심, 광체의 중점 세 가지가 연결되는 선이다. 연정(緣正)은 직선에 나란한 것, 즉 직선과 평행한 광선이다. 치(直)는 치(値)와 같다.
- 3 中之外: 거울 중심 밖을 가리키고, 이하 세 개의 중(中)은 모두 거울의 중심을 가리킨다.

• 4　合於中而長其直也: 합어중(合於中) 뒤에 연정(緣正) 두 글자가 빠졌다. 합(合)은 광선이 중심에 합쳐지는 것을 가리킨다.

※ 진맹린에 의하면, 광체가 초점에서 나올 때 광선이 거울 뒤에 길게 반사되어 멀리 공액점(共軛點)을 형성하여 멀리 있는 것처럼 보인다. 물리학에서 공액점은 구면 거울이나 렌즈의 광점과 실상의 초점이 서로 위치를 바꿀 수 있는 두 점을 가리킨다.

25

〔경〕: 볼록거울에서의 물상 가운데 하나는 작고 하나는 크며 반드시 바로 선다. 근거는 (거울과 물체 사이의) 거리에 있다.

〔설〕: 물체가 가깝게 있으면 광선이 접하는 면적이 크기 때문에 물상도 크다. 물체가 멀리 있으면 광선이 접하는 면적이 작기 때문에 비추는 물상도 작다. 그러나 물상은 반드시 바로 선다. 물상이 사물을 그대로 접하기 때문에 바로 서는 것이다.

鑒團, 景一天, 而必正. 說在得.[1]
鑒: 鑒者近則所鑒大, 景亦大. 丌[2]遠, 所鑒小, 景亦小, 而必正. 景過正故招.[3]

• 1　경문의 鑒團, 景一은 본래 착간으로 앞 조목에 있었다(담계보). '鑒團, 景一小一大, 而必正. 說在得'으로 고쳐야 한다(고형). 단(團)은 원(圓)의 뜻. 감단(鑒團)은 볼록거울을 가리킨다. 감자(鑒者)는 거울이 비치는 것으로 물체를 가리킨다.

• 2　丌: 기(其)의 고자(古字).

• 3　景過正故招: '景遇招故正'으로 고쳐야 한다. 우(遇)는 영(迎), 초(招)는 섭(攝)

의 뜻.

26

〔경〕: 무게를 감당하며 기울지 않는다. 근거는 감당할 수 있는 데 있다.

〔설〕: 저울대가 무게를 가해도 기울지 않는 것은 지점에서 무게를 감당하기 때문이다. 지점을 오른쪽으로 옮겨 (무게를 실은) 끈과 접하게 되면 무게를 더하지 않아도 기울게 되는 것은 지점에서 무게를 감당하지 못하기 때문이다. 한쪽에 무게를 더하면 반드시 아래로 늘어지는 것은 저울추와 물건의 중량이 같기 때문이다. 저울대의 평형일 때는 본(本: 지점과 중점 사이의 거리)이 짧고 표(標: 지점과 역점 사이의 거리)는 길다. 만일 저울판과 저울추에 똑같은 중량을 가하면 표가 반드시 아래로 늘어진다. 저울추의 위치가 부적당하기 때문이다.

貞[1]而不撓,[2] 說在勝.[3]

負: 衡木,[4] 加重焉而不撓, 極[5]勝重也. 右校交繩,[6] 無加焉而撓, 極不勝重也. 衡加重於其一旁必捶,[7] 權重相若也. 相衡[8]則本[9]短標[10]長. 兩加焉重相若,[11] 則標必下,[12] 標得權也.[13]

- 1 貞: 부(負)로 고쳐야 한다. 경설에서는 제대로 쓰였다.
- 2 撓: 기욺의 뜻.
- 3 勝: 감당하다.
- 4 衡木: 저울대.
- 5 極: 중(中)의 뜻. 여기서는 저울대 중간의 교점인 A를 가리킨다. 그림처럼 저울대 지점(支點)과 역점(力點)이 적당하면 중량을 감당할 수 있다.

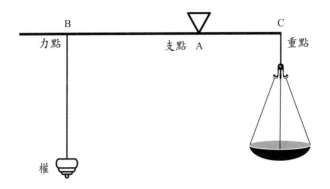

B 　　　　 　　　 C
力點　　　　　支點　A　　　　　重點

權

- 6 右校交繩: 교(校)는 지접의 위치. 우교(右校)는 지접의 위치를 오른쪽으로 이 동하는 것. 교(交)는 교(絞)와 통함.

- 7 捶: 수(垂)의 번자체. 늘어뜨리다.

- 8 相衡: 저울대의 평형.

- 9 本: 지접과 중점 사이의 거리.

- 10 標: 지접과 역점 사이의 거리.

- 11 重相若: 중량이 서로 같음을 가리킨다.

- 12 則標必下: 역점 즉 저울대의 끝은 반드시 아래로 늘어진다는 뜻. 저울대 전 체 길이를 6으로 하면, 본과 표의 비례는 1:5이다. 예컨대 저울추 중량이 1이면 저울대가 평형을 이룰 때 사물의 무게는 5가 된다. 즉 5(중량)×1(본)=1(추의 무 게)×5(표)이다. 만일 양변에 다시 같은 중량 1을 추가한다면 결과는 6×1〈2×5가 되므로 저울대의 끝이 아래로 기울어진다.

- 13 標得權: '標不得權'으로 고쳐야 한다. 저울추의 위치가 부적당함을 가리킨다.

27

〔경〕: (도르래에서) 끌어 올리는 것과 내리는 것은 반대이다. 근거는 서

로 압박하는 데 있다.

〔설〕: 끌어 올리는 데는 힘이 필요하지만 내리는 데는 힘이 필요하지 않다. 물건을 끌어 올리는 데 반드시 경사면을 이용할 필요는 없으며, 줄을 도르래에 걸어 당길 수도 있는데 마치 쐐기를 이용하는 것과 같다. 끌어 올릴 때는 길고 무거운 쪽은 내려가고 짧고 가벼운 쪽은 올라간다. 올리는 힘을 늘릴수록 내려가는 힘이 줄어든다. 줄이 수직 상태이고 무게가 같으면 평형이 된다. 내릴 때는 올리는 힘을 줄일수록 내려가는 힘이 늘어나며, 올리는 힘이 도르래의 중앙에 도달하면 일이 끝나는 것이다.

契與枝板,[1] 說在薄.[2]

挈有力也, 引無力也.[3] 不正所挈之止於施也,[4] 繩制[5]挈之也, 若以錐刺[6]之. 挈, 長重者下, 短輕者上. 上者愈得, 下下[7]者愈亡. 繩直權重相若, 則正矣. 收, 上者愈喪, 下者愈得, 上者權中盡, 則遂.[8]

• 1 契與枝板: '挈與收仮'으로 고쳐야 한다(장혜언, 손이양). 설(挈)은 힘으로 매달린 물건을 상승시키는 동작이며, 수(收)는 중력을 이용하여 매달린 물건을 천천히 내리는 동작을 가리킨다(정독). 반(仮)은 반(反)과 같다.

• 2 薄: 박(迫)의 가차.

• 3 挈有力也, 引無力也: 경설의 맨 앞에 표제자 설(挈)이 있어야 한다. 설유력(挈有力)의 력(力)은 사람의 힘을 가리키며, 인무력(引無力)은 지구 중심에서 당기는 힘(중력)을 가리킨다.

• 4 不正所挈之止於施也: 부정(不正)은 불필(不必)로 고쳐야 한다. 시(施)는 이(迤)와 같으며 경사면의 뜻.

• 5 制: 체(掣)의 약자. 당김의 뜻.

• 6 錐刺: 기계학에서의 쐐기를 가리킨다(담계보). 승제(繩制)와 추척은 기계의 힘

을 사용함을 가리킨다.

• 7　下下者愈亡: 두 개의 하(下) 중 하나는 연문(장혜언).

• 8　遂: 대(隊)와 통하며 추(墜)의 본자. 여기서는 경문의 '挈與收反'을 설명한 것이다.

28

〔경〕: 기운 것은 바르게 할 수 없다. 근거는 사다리차에 있다.

〔설〕: 짊어질 때, 밀 때, 당길 때, 활을 쏠 때는 한쪽으로 치우치면서 바르지 않게 된다. (앞의) 두 바퀴는 높고 (뒤의) 두 바퀴는 낮은 것이 사다리차이다. 그 앞쪽을 무겁게 하고 앞을 활 모양으로 만들고 다시 끌채에 줄을 매고 앞에 무거운 것을 매단다. 이러한 사다리차는 장차 끌기만 하면 나아간다. 무릇 무거운 것은 위에서 당기지 않고 아래에서 받치지 않으며 옆에서 힘을 가하지 않는다면 수직으로 떨어진다. 경사면에서는 사물이 구르는 데 약간의 방해를 받지만 사다리차에서 사물이 구르지 않는 것은 수직으로 되어 있기 때문이다. 가령 평지에 돌을 놓아두면 무거워도 구르지 않는 것은 주변 힘의 영향이 없기 때문이다. 줄로 수레의 끌채를 당기는 것은 배에서 가로 막대를 당기는 것과 같다.

> 倚者不可正, 說在剃.[1]
> 倚: 倍, 拒, 堅, 魁,[2] 倚焉則不正. 兩輪高, 兩輪爲輲,[3] 車梯也. 重其前, 弦其前, 載弦其前,[4] 載弦其軲, 而縣重於其前. 是垛[5]挈, 且挈則行. 凡重, 上弗挈, 下弗收, 旁弗劫,[6] 則下直. 扡,[7] 或害之也沞,[8] 垛[9]者不得沞, 直也. 今也廢尺[10]於平地, 重, 不下,[11] 無跨[12]也. 若夫繩之引軲也, 是猶自舟中引橫也.

- 1 剓: 제(梯)와 같다(손이양). 사다리 겸용의 수레.
- 2 배(倍)는 배(背)와 같다(정독). 견(堅)은 견(擎)과 통하며 당김의 뜻. 친(觖)은 사(射)로 고쳐야 한다(담계보).
- 3 輗: 바퀴살이 없는 작은 바퀴.
- 4 載弦其前: 연문(손이양). 재(載)는 재(再)로 읽는다(정독).
- 5 墆: 제(梯)와 같다(정독).
- 6 劫: 힘을 가한다는 뜻.
- 7 柂: 이(杝)와 같으며 경사면을 가리킨다(정독).
- 8 沐: 류(流)의 고자(古字). 이동의 뜻. 아래도 이와 같다.
- 9 墆: 제(梯)와 같다(정독).
- 10 尺: 석(石)으로 고쳐야 한다(손이양).
- 11 下: 류(沐)로 고쳐야 한다(손이양).
- 12 踦: 방(傍)의 가차.

29

〔경〕: 건축에는 기초가 필요하다. 근거는 자재의 설치에 있다.

〔설〕: 돌을 쌓거나 늘어놓아 상방(廂房)·협실(夾室)·침묘(寢廟)를 만드는 것이 토목 공정이다. 표석은 땅과의 거리를 일 척으로 하고, 표석 아래에 주춧돌을 잇닿게 쌓고, 표석 위에 먹줄을 걸어서 다른 돌들이 표석과 나란하도록 하여 높지도 낮지도 않게 하는 것이 집의 기초를 닦는 것이다. 먹줄을 고정하고 너무 큰 돌은 제거하고 너무 작은 것은 보충한다. 이렇게 하면 장단대소가 부합하여 돌들이 고르게 되고 공정이 완성된다.

推之必往,^{1} 說在廢^{2}材.

誰:^{3} 骿^{4}石, 枲^{5}石, 耳^{6}夾宲^{7}者法也,^{8} 方石^{9}去地尺, 關^{10}石於其下, 縣絲^{11}於其上, 使適至方石. 不下, 柱^{12}也. 膠絲去石, 挈也.^{13} 絲絶,^{14} 引^{15}也. 未變而名易, 收也.^{16}

• 1 推之必往: '堆之必柱'로 고쳐야 한다(장혜언, 손이양). 주(柱)는 기둥으로서 여기서는 인신해서 기초를 가리킨다.

• 2 廢: 치(置)의 뜻.

• 3 誰: 표제자 퇴(堆)로 고쳐야 한다.

• 4 骿: 병(幷)의 번자체.

• 5 枲: 루(累)와 통함.

• 6 耳: 이(佴)의 약자.

• 7 宲: 침(寢)의 약자. 묘제(廟制)에 의하면, 중앙이 태실(太室)로서 침(寢)이라 하고, 동서쪽 차례로 협실(夾室)이라고 하며, 양쪽 협실의 앞 소당이 동상(東廂)·서상(西廂)으로서 이(佴)가 된다(담계보).

• 8 法也: 퇴야(堆也)로 고쳐야 한다(담계보).

• 9 方石: 팻돌.

• 10 關: 잇닿음의 뜻.

• 11 縣絲: 현(縣)은 현(懸)과 같고, 사(絲)는 목공용 먹줄을 가리킨다.

• 12 柱: 지주. 여기서는 인신해서 기초를 닦는 일을 가리킨다.

• 13 膠絲去石, 挈也: 교사(膠絲)는 선을 고정함의 뜻. 거석(去石)은 너무 큰 돌은 제거한다는 뜻. 설(挈)은 계(契)와 통하며 깎아냄의 뜻.

• 14 絶: 단절(斷絶). 먹줄을 맬 수 없을 정도로 작은 돌을 가리킨다.

• 15 引: 당기다. 여기서는 보충의 뜻.

• 16 未變而名易, 收也: 명(名)은 석(石)으로 고쳐야 한다. 미변(未變)은 장단 대소가

부합하여 바꿀 필요가 없음을 가리킨다. 이(易)는 고름(均平)의 뜻. 수(收)는 공정이 완성됨을 가리킨다.

30

〔경〕: 물가는 비싼 것이 없다. 근거는 물가를 회복하는 데 있다.

〔설〕: 돈의 가치와 곡물의 가격은 서로 제약된다. 돈의 가치가 적으면 곡식은 반드시 비싸지고 돈의 가치가 크면 곡물은 반드시 싸진다. 만일 돈의 가치가 변하지 않는데 돈과 곡식의 양이 변하고, 풍년이나 흉년에 따라 변화한다면 결과적으로 매년 돈의 가치가 변화한다. 마치 풍년과 흉년에 따라서 자녀를 파는 경우가 있는 것과 같다.

買無貴,[1] 說在仮其賈.[2]

買: 刀糴[3]相爲賈. 刀輕則糴不[4]貴, 刀重則糴不易.[5] 王刀[6]無變, 糴有變, 歲變糴,[7] 則歲變刀. 若鬻子.[8]

- 1 買無貴:『설문』에서 "매(買)는 시(市)의 뜻이다"라 하였다. 여기서는 물가를 가리킨다. 무귀(無貴)는 비싼 것이 싸질 수도 있다는 뜻.
- 2 仮其賈: 가(仮)는 반(反)의 번자체. 가(賈)는 가(價)로 읽는다.
- 3 刀糴: 도(刀)는 고대 칼 모양의 화폐. 적(糴)은 돈과 곡식을 가리킨다.
- 4 不: 필(必)로 고쳐야 한다(양계초).
- 5 易: 싸다는 뜻.
- 6 王刀: 국가에서 만든 돈, 즉 법전(法錢)을 가리킨다.
- 7 歲變糴: 풍년과 흉년의 곡물 수확량이 다름의 뜻.
- 8 鬻子: 자식을 팖.

* 물가가 오를 경우 국가에서 물량 조절을 통해서 물가 조절을 할 수 있다는 뜻.

31

〔경〕: 가격이 적당하면 팔린다. 근거는 (팔리지 않는 원인을) 없애는 데 있다.

〔설〕: 없앤다는 것은 그것이 팔리지 않는 원인을 없앤다는 뜻이다. 그 것이 팔리지 않는 원인을 제거하면 팔린다. 가격이 적당한가의 여부는 구매자의 욕구와 관계된다. 마치 패전국에서 집이나 자녀를 팔 때와 같다.

賈宜則讎,[1] 說在盡.[2]
賈: 盡也者, 盡去其以[3]不讎也. 其所以不讎去, 則讎. 正賈也宜不宜 正欲不欲.[4] 若敗邦[5]鬻室嫁子.

- 1 賈宜則讎: 가(賈)는 가(價)의 약자. 수(讎)는 수(售)와 같다.
- 2 盡: 『설문』의 "팔리지 않는 원인을 모두 없애다"(盡去其所以不售也)의 진(盡)과 같다.
- 3 以: 소이(所以)로 고쳐야 한다(손이양).
- 4 正賈也宜不宜正欲不欲: 첫 번째 정(正)은 연문이다. 두 번째 정은 재(在)로 고 쳐야 한다(고형). 이 구절의 뜻은 가격의 적당한 여부가 구매자의 욕구와 관계된다 는 것이다. 가격은 재물의 가치에 관계될 뿐 아니라 구매자와 판매자의 주관적 수 요와 상관된다는 것이다.
- 5 敗邦: 패전국.

32

〔경〕: 이유 없이 놀라움을 느낀다. 근거는 불안한 마음에 있다.

〔설〕: 자식이 군에 있다고 해서 반드시 죽거나 사는 것이 아니다. 전쟁이 난다고 해서 또한 반드시 죽거나 사는 것이 아니다. 이전엔 놀라지 않았는데 지금엔 놀라게 된다.

無說而懼, 說在弗心.[1]

無: 子在軍, 不必其死生. 聞戰, 亦不必其生.[2] 前也不懼, 今也懼.

- **1** 心: 필(必)로 고쳐야 한다(손이양). 여기서는 원문대로 해석하였다(정독).
- **2** 生: 사생(死生)으로 고쳐야 한다(손이양).

33

〔경〕: 미혹은 명을 잘못 사용한 것이다. 근거는 실에 있다.

〔설〕: 이것〔是〕이 '여기'〔此〕가 아님을 알고 또한 이것이 여기에 있지 않음을 알지만 잘못하면 그렇게 생각한다. 처음에 여기가 남방이라고 말했기 때문에 지금도 여기를 남방으로 말하는 것이다.

或,[1] 過[2]名也. 說在實.

或: 知是之非此也, 有[3]知是之不在此也, 然而謂此南北,[4] 過而以已[5] 爲然. 始也謂此南方, 故今也謂此南方.

- **1** 或: 혹(惑)과 같다.

- 2 過: 잘못.
- 3 有: 우(又)와 같다.
- 4 北: 방(方)으로 고쳐야 한다(고형).
- 5 已: 연문(고형).

34

〔경〕: 아는 것을 안다고 하고 모르는 것을 모른다고 하는 것은 잘못이다. 근거는 쓸모가 없다는 데 있다.

〔설〕: 토론에서 모른다고 하는 것은 쓸모가 없다.

知知之否之足用也諄,¹ 說在無以²也.

智: 論之非智無以也.

- 1 諄: 패(悖)로 고쳐야 한다.
- 2 以: 용(用)과 같다.

* 묵경에서는 이성을 지(智)로 칭하고 지(知)와 혼용한다. 여기서는 지(知)로 써야 한다. 이 조목은 『논어』 「위정」(爲政) 편에 보이는 "아는 것을 안다고 하고, 모르는 것을 모른다고 하는 것이 곧 아는 것이다"(知之爲知之, 不知爲不知, 是知也)라는 관점을 비판한 것이다.

35

〔경〕: 변설에서 이길 수 없다는 것은 절대 잘못이다. 근거는 변설하지 않는 데 있다.

〔설〕: "이른바 같지 않으면 다르다고 한다. 같은 경우는 예컨대 어떤 이는 구(狗)라 하고, 어떤 이는 견(犬)이라고 하는 것이다. 다른 경우는 예컨대 어떤 이는 소라고 하고 어떤 이는 말이라고 하는 것이다. 두 가지 모두 승리하는 쪽이 없다"고 한다. 이것은 변설하는 것이 아니다. 변설이란 어떤 이는 옳다고 하고 어떤 이는 그르다고 해서 사실에 부합하는 쪽이 승리하는 것이다.

謂辯無勝,¹ 必不當.² 說在辯.³
謂: "所謂非同也, 則異也. 同則或謂之狗, 其或謂之犬也. 異則或謂之牛, 牛⁴或謂之馬也. 俱無勝." 是不辯也. 辯也者, 或謂之是, 或謂之非, 當者勝也.

- 1 辯無勝: 변론 쌍방은 승리할 수 없다는 뜻. 이 조목은 『장자』「제물론」(齊物論)에 보이는 "변무승론"(辯無勝論)에 대한 비판이다.
- 2 當: 사실에 부합한다는 뜻.
- 3 辯: 불변(不辯)으로 고쳐야 한다. 경설을 보면 알 수 있다.
- 4 牛: 기(其)로 고쳐야 한다.

36

〔경〕: 사양하지 않을 수 없다는 것은 옳지 않다. 근거는 술을 파는 데 있다.
〔설〕: 사양할 수 있는 것은 술이고 사양할 수 없는 것은 술을 파는 일이다. 사양할 수 없는 것은 마치 성문에서 술을 팔 때 노예와 함께 하는 일과 같다.

無不讓也, 不可. 說在始.[1]

無: 讓者酒, 未讓始[2]也. 不可讓也.[3]

- 1, 2의 시(始)는 모두 고(姑)로 고쳐야 한다. 고(姑)는 고(酤)의 가차로 술을 판다는 뜻(고형).

- 3 不可讓也: 이 구절 다음에 '若殆於城門與於臧也'의 구절이 있어야 한다. 착간으로 「경하」 제53조에 있다(손이양). 여기서 태(殆)는 고(姑)의 잘못이다. 장(臧)은 노예.

* 사양이나 양보하는 일이 일반적으로 미덕으로 평가되지만, 경우에 따라서는 그렇게 할 수 없다. 예컨대 자신의 이익을 위해서 술을 파는 입장에서 보면 남에게 양보하기 어려운 일이다. 『논어』 「이인」(里仁) 편에서는 "예양으로 나라를 다스린다면 무슨 어려움이 있겠는가"(能以禮讓爲國乎. 何有), 혹은 「학이」(學而) 편에서 "공자는 온량공검양으로 얻었다"(夫子溫良恭儉讓以得之)고 하였는데, 묵경에서는 이러한 관점을 비판한 것이다.

37

〔경〕: 한 개(돌)에서 알 수 있는 것도 있고 알 수 없는 것도 있다. 근거는 그것이 존재하는가의 여부에 달려 있다.

〔설〕: 돌은 하나다. 굳음(견)과 흼(백)은 둘이다. 돌에 있기 때문에 알 수 있다고 하는 것이나 알 수 없다고 하는 것은 모두 옳다.

於一,[1] 有知焉, 有不知焉, 說在存.[2]

於: 石, 一也, 堅·白, 二也. 而在石. 故有智[3]焉, 有不智焉, 可.

- 1　一: '堅白相盈'에서 한 개의 돌을 가리킨다.
- 2　存:「경설」의 이재석(而在石)의 재(在)와 같다.
- 3　智: 지(知)와 같다.

* 이 조목 또한 공손룡의 견백론에 대한 비판으로 보인다.

38

〔경〕: 두 가지(견과 백의 속성)를 가리켜도 (어느 하나의 속성이) 사라지지 않는다. 근거는 두 사람이 참여하는 데 있다.

〔설〕: 가령 자네가 이것(어느 나의 속성)을 알고 또한 내가 제시한 것(다른 하나의 속성)을 안다면 (서로 알고 있는 것이) 중첩된다. 자네가 이것을 알지만 내가 가리킨 것을 모른다면 하나만 아는 것이므로 "아는 것도 있고 모르는 것도 있다"고 말하는 것이 가능하다. 자네가 알고 있다면 마땅히 알고 있는 것을 나에게 알려줄 것이니, 나도 알게 될 것이며 두 가지를 아울러 확인할 수 있다. 동시에 확인할 수 있다면 함께 알 수 있다. 자네가 "반드시 내가 제시한 것만을 확인하고 내가 제시하지 않은 것은 확인할 수 없다"고 말하는 것은 두 가지는 단독으로 가리킬 수 없는 것인데 서로 전하려 하지 않는 태도이며 판단을 정확하게 할 수 없을 것이다. 또한 아는 것이 이것이고 모르는 것도 이것이라고 한다면, 이것은 아는 것도 모르는 것이 될 것이다. 어떻게 하나가 되는 것을 가리켜 "아는 것도 있고 모르는 것도 있다"고 말할 수 있겠는가?

有指於二, 而不可逃. 說在以二条.[1]
有指: 子智[2]是, 有[3]智是吾所先擧, 重則.[4] 子智是, 而不智吾所先擧也, 是一. 謂, "有智焉, 有不智焉"可. 若[5]智之, 則當指之智告我,

152 │ 제1부 묵경(墨經)

則我智之, 兼指之以二也. 衡指^{6}之, 參直^{7}之也. 若曰, "必獨指吾所
擧, 毋擧吾所不擧," 則者固不能獨指,^{8} 所欲相不傳, 意若未校.^{9} 且
其所智是也, 所不智是也, 則是智是之不智也. 惡得爲一, 謂"而有智
焉, 有不智焉."

• 1　二系: 류(系)는 참(參)으로 고쳐야 한다(장혜언). 이참(二參)은 두 사람이 동시
에 참가한다는 뜻. 경문의 대의는 두 사람이 동시에 인식에 참가하는데 한 사람이
굵음을 가리키고 한 사람이 흼을 가리켜서 두 가지를 가리키는 한 굵음도 사라질
수 없고 흼 또한 사라질 수 없다는 것이다.

• 2　智: 지(知)와 같다. 아래도 이와 같다.

• 3　有: 우(又)로 읽는다.

• 4　重則: 즉중(則重)으로 고쳐야 한다. 전체의 대의는 자네가 아는 흼(혹은 굵음)
에 내가 열거한 굵음(혹은 흼)을 더하면 자네는 하나를 알고 또한 다른 하나를 알
게 된다는 것이다. 결과적으로 서로 아는 것이 중첩된다.

• 5　若: 이인칭 대명사.

• 6　衡指: 동시에 감각하는 것을 가리킨다.

• 7　直:『설문』에서 "직은 바로 본다는 뜻이다"(直, 正見也)라 하였다.

• 8　세 구절은 '若曰: "必獨指吾所擧, 毋指吾所不擧," 則二者固不能獨指'로 고쳐야
한다.

• 9　두 구절은 '所欲不相傳, 意若未校'로 고쳐야 한다. 의(意)는 판단. 교(校)는 정
확의 뜻. 두 구절의 대의는 만일 사물에 대한 인식이 서로 교류되지 않는다면 판
단은 잘못을 면하기 어렵다는 뜻.

* 이 조목 또한 공손룡의 견백론에 대한 비판이다.

39

〔경〕: 알지만 가리키지 못하는 것도 있다. 근거는 겨울의 뱀, 도망친 신하, 강아지, 잃어버린 물건에 있다.

〔설〕: 겨울의 뱀은 동면하여 가리킬 수 없다. 도망친 신하는 어디에 있는지 모른다. 강아지는 그 이름을 모른다. 잃어버린 것은 재주가 좋아도 다시 가리킬 수 없다.

所知而弗能指,[1] 說在春也,[2] 逃臣, 狗犬, 貴者.[3]
所: 春也,[2] 其執[4]固不可指也. 逃臣, 不智[5]其處. 狗犬, 不智[5]其名也. 遺者, 巧弗能兩也.

- 1 所知而弗能指: 알지만 지시할 수 없는 것이 있다는 뜻. 이것은 공손룡의 지물론(指物論)에 보이는 "사물은 가리키지 못할 것이 없다"(物莫非指)는 명제에 대한 비판이다.
- 2 春也: 춘(春)은 동(冬)으로 고쳐야 한다. 야(也)는 사(蛇)의 고자(古字). 아래도 이와 같다.
- 3 貴者: 경설에 보이는 유자(遺者)로 고쳐야 한다. 잃어버린 물건을 가리킨다.
- 4 執: 칩(蟄)과 통함. 겨울잠.
- 5 智: 지(知)와 같다. 아래도 이와 같다.

40

〔경〕: 구(狗)는 알면서 스스로 견(犬)을 모른다고 하는 것은 잘못이다. 근거는 중동(重同)에 있다.

〔설〕: 구를 아는 것이 견을 아는 것과 중복되지 않는다고 하면 잘못이다. 중복된다고 하면 잘못이 아니다.

知狗而自謂不知犬, 過也. 說在重.[1]
智:[2] 智狗重智犬則過. 不重則不過.[3]

- 1 重:「경상」제87조의 "二名一實, 重同也"의 중(重)과 같다.
- 2 경설에 보이는 세 개의 지(智)는 모두 지(知)와 같다. 여기서는 인식을 가리킨다.
- 3 경설은 '知狗不重知犬, 則過. 重則不過'로 고쳐야 한다.

41

〔경〕: 개념이 통한 뒤에 대답한다. 근거는 그것이 무엇을 가리키는지 모른다는 데 있다.

〔설〕: 질문자가 "자네는 서(西)를 아는가?"라고 묻는다면, 이에 응해서 "서가 무엇을 가리키는가?" 말한다. 그가 말하기를 "서시다"라고 한다면 알게 된다. 만일 '서'가 무엇을 가리키는가를 묻지 않고 금방 모른다고 대답한다면 잘못이다. 또한 내답은 반드시 질무할 때에 맞게 해야 한다. 길이에 대해 답할 때 깊거나 얕음, 크고 작은 것에 따라 답하여 적중하지 못했다면 (질문자의 의도가) '키가 큰 사람'(長人)의 '길이'에 있기 때문이다.

通意後對, 說在不知其誰謂也.
通: 問者曰, "子智飄乎." 應之曰, "飄[1]何謂也." 彼曰, "飄施." 則智[2]之. 若不問飄何謂, 徑應以弗智, 則過. 且應必應問之時. 若應長, 應有深淺大常中在兵人長.[3]

- 1 飄: 서(西)의 가차로, 여기에서는 서시(西施)를 가리킨다.『묵자』「친사」(親士) 편에 "서시가 물에 빠져 죽은 것은 그 아름다움 때문이다"(西施之沈, 其美也)라는 내용이 있다.
- 2 智: 지(知)와 같으며 아래도 이와 같다.
- 3 이 구절은 '若應長. 應有深淺大小, 不中, 在長人長'으로 고쳐야 한다.

42

〔경〕: 존재하는 곳과 존재자, 어디에 존재하는가와 누가 존재하는가의 문제는 네 가지 다른 설법이다.

〔설〕: 집은 존재하는 곳이고, 그 자식은 존재자다. 존재자에 의거해서 집을 묻는다면 "어디에 존재하는가?"라고 묻고, 집에 근거하여 존재자를 묻는다면 "누가 존재하는가?"라고 묻는다. 하나는 존재자에 근거해서 존재하는 곳을 물은 것이고, 하나는 존재하는 곳에 근거해서 존재자를 물은 것이다.

所存與者,^{1} 於存^{2}與孰存, 駟^{3}異說.
所: 室堂, 所存也. 其子, 存者也. 據在^{4}者而問室堂, 惡可存也. 主室堂而問存者, 孰存也. 是一主存者以問所存, 一主所存以問存者.

- 1 與者: 여존자(與存者)로 고쳐야 한다.
- 2 於存: 오(於)는 오(烏)와 같다. 오존(烏存)은 오존(惡存), 하존(何存)과 같다. '어디에 존재하는가?'의 의미다.
- 3 駟: 사(四)와 통함.
- 4 在: 존(存)으로 고쳐야 한다.

43

〔경〕: 오행에서 항상 이기는 것은 없다. 근거는 개연성에 있다.

〔설〕: 금목수화토는 분리되어 있다. 화가 금을 녹이는 것은 화가 많기 때문이다. 금이 탄(炭)을 멸할 수 있는 것은 금이 많기 때문이다. (화와 금이) 합쳐져 수가 되고, 화가 나무에 붙어 불길이 세지는 것은 사슴이 산에 있고 물고기가 물에 있는 것과 마찬가지로 조건이 유리하기 때문이다.

五行毋常¹勝. 說在宜.²

五: 合水土火火,³ 離然. 火鑠金, 火多也. 金靡⁴炭, 金多也. 合之府⁵水, 木離木若識麋與魚之數,⁶ 惟所利.

- 1 常: 필연. 규칙성을 가리킨다.
- 2 宜: 묵경의 논리학 용어로 개연성을 가리킨다. 「경상」 제84조 참고.
- 3 合水土火火: '金木土火水'로 고쳐야 한다.
- 4 靡: 멸(滅)의 뜻.
- 5 府: 성(成)으로 고쳐야 한다.
- 6 이 구절 이하는 '火離木識, 若靡與魚之數, 惟所利'로 고쳐야 한다. 리(離)는 불음의 뜻. 리(離)와 麗(리)는 서로 통용됨. 치(識)는 치(熾)의 가차.

44

〔경〕: 욕망과 싫어함이 손해가 되는 것은 아니다. 근거는 개연성에 있다.

〔설〕: 욕망과 싫어함이 생명을 상하게 하고 수명을 줄인다는 설은 소련(少連)이 제기한 것이다. 먹는 것만을 좋아하면 일찍이 지나치게 많은 곡

식을 먹을 수는 있다. 혹은 욕망이 반드시 생명을 상하게 하지 않음은 마치 술과 사람의 관계와 같다. 또한 남을 이롭게 할 줄 아는 것이 남을 사랑하는 것이다. 이러한 주장은 아마도 좋은 정치가 없기 때문이다.

無欲惡之爲益[1]損也, 說在宜.[2]
無: 欲惡傷生損壽, 說以少連.[3] 是誰[4]愛也, 嘗多粟. 或者欲不有[5]能傷也, 若酒之於人也. 且恕人利人,[6] 愛也. 則唯恕弗治也.

- 1 益: 뜻이 없는 허사.
- 2 宜: 개연성을 가리킨다. 「경상」 제48조의 주석 참조.
- 3 少連: 『논어』「미자」(微子) 편에 보이는 고대의 일민(逸民). 그는 욕망과 혐오가 생명을 상하게 하고 수명을 줄인다는 주장을 편 바 있는데, 묵경에서 비판한 것이다.
- 4 誰: 유(唯)로 고쳐야 한다.
- 5 不有: 유불(有不)로 고쳐야 한다.
- 6 이 구절 이하는 '且智利人, 愛人也. 則唯恐弗治也'로 고쳐야 한다. 지(智)는 지(知)와 같다.

45

〔경〕: 덜어냄은 해가 되지 않는다. 근거는 여유에 있다.

〔설〕: 배부른 사람은 나머지를 버려서 알맞게 되어 해가 되지 않는다. 배부름이 해가 될 수 있는 것은 마치 지나치게 많은 죽이 비장의 병을 만드는 것과 같다. 또한 덜어낸 뒤에 더욱 이롭게 되는 경우가 있으니 마치 학질에 걸린 사람을 해쳐서 학질을 없애는 것과 같다.

損而不害. 說在餘.

損: 飽者去餘, 適足不害. 能害飽,[1] 若傷糜之無脾也.[2] 且有損而後
益智[3]者, 若瘧[4]病之之[5]於瘧也.

- 1 能害飽: 포능해(飽能害)로 고쳐야 한다.
- 2 若傷糜之無脾也: 미(糜)는 미(䊈)로 고쳐야 한다(조요상). 미(䊈)는 죽(粥)과 같
다. 무(無)는 막(瘼)으로 고쳐야 한다(고형). 막비(瘼脾)는 비장에 생기는 병.
- 3 智: 연문(손이양).
- 4 瘧: 학(瘧)의 이체자.
- 5 之之: 한 글자는 연문.

46

〔경〕: 인식하지만 오관으로써 하지 않는 경우가 있다. 근거는 시간에
있다.

〔설〕: 눈으로 사물을 본다. 눈은 빛으로써 보며, 빛 자체는 사물을 보지
못한다. 오관으로써 시간을 인식하는 것은 눈으로 보는 것과 다르며 빛으
로써 보는 것과 같다.

知[1]而不以五路.[2] 說在久.[3]

智:[4] 以目見. 而目以火見, 而火不見.[5] 惟以五路智久, 不當[6]以目
見, 若[7]以火見.

- 1 知: 지(智)와 같다.
- 2 五路: 오관(五官).

- 3 久: 시간.
- 4 경설에 보이는 두 개의 지(智)는 모두 지(知)로 읽는다.
- 5 火不見: 화(火)는 빛. 눈은 빛이 있어야만 사물을 볼 수 있으므로 '目以火見'이라 하고, 빛 자체는 사물을 볼 수 없으므로 화불견(火不見)이라 한다.
- 6 不當: 결코 해당되지 않는다는 뜻.
- 7 若: 상당(相當).

＊ 시간과 같은 추상 개념에 대한 인식은 단지 이목과 같은 기관에 의한 감각적 인식이 아니며, 눈이 빛을 통해 사물을 인식하듯이 이성(오성)이 감관 자료를 바탕으로 재인식해야 한다는 내용이다.

47

〔경〕: 불은 뜨겁다. 근거는 순간에 있다.

〔설〕: 불이 뜨겁다고 말하는 것은 '불이 뜨겁다'는 인식을 내가 갖고 있기 때문이 아니다. 마치 해를 볼 때와 같다.

必熱.[1] 說在頓.[2]

火: 謂火熱也, 非以火之熱我有. 若視日.

- 1 必熱: 화숙(火熱)으로 고쳐야 한다. 경설에서 확인할 수 있다.
- 2 頓: 순간. 불이 있으면 곧 뜨거움을 느낀다는 뜻.

48

〔경〕: 자신이 모르던 것을 아는 방법이 있다. 근거는 개념(名)과 실제

(取)에 있다.

〔설〕: 알고 있는 것과 모르는 것을 뒤섞어서 질문하면 반드시 "이것은 아는 것이고, 이것은 모르는 것이다"라고 할 것이다. 취하고 버림을 모두 잘하면 두 방면의 지식을 갖출 수 있다.

知其所以不知. 說在以名取.[1]
智:[2] 雜所智與所不智而問之, 則必曰, "是所智也, 是所不智也." 取
去俱能之, 則兩智之也.

• 1 說在以名取: 여기서 명(名)은 개념으로 아는 것, 취(取)는 실제 사물을 접하는 것을 가리킨다. 『묵자』 「귀의」(貴義) 편에 "장님이 흑백을 모른다고 하는 것은 개념에 의한 것이 아니라 실제 사물을 취하는 것에 따른 것이다"(瞽不知白者, 非以其名也, 以其取也)라 하였다.
• 2 경설에서 다섯 개의 지(智)는 모두 지(知)로 읽는다.

49

〔경〕: 없음은 반드시 있음에 의지하는 것은 아니다. 근거는 있음과 없음의 관계에 있다.

〔설〕: 봉황새가 없는 것은 있다가 나중에 없어진 것이고, 하늘이 무너짐이 없는 것은 원래 없는 것이면서 지금도 없는 것이다.

無不必待有. 說在所謂.[1]
無: 若無焉,[2] 則有之而後無. 無天陷,[3] 則無之而無.

- **1** 說在所謂: 아래 조목의 경문 '說在有無'와 서로 바뀌었다(담계보).
- **2** 焉: 전설상의 봉황과 유사한 새.
- **3** 天陷: 하늘이 무너짐.

50

〔경〕: 추론하고 사려하면 의심이 없어진다. 근거는 사실의 필연성에 있다.

〔설〕: 의심은 사실의 필연성이 없기 때문이다. (장이라는) 한 노예가 가령 병으로 죽었다면 (춘이라는 다른) 노예도 그 병을 얻으면 반드시 죽는다. 장래에도 이와 같다. 그러한 사실이 있으면 나중에도 그렇게 말할 수 있고, 그러한 사실이 없다면 그렇게 말할 수 없다. 마치 꽃과 아름다움의 관계와 같아서 이렇게 말하는 것은 꽃이 본래 아름답기 때문이며 다른 것을 말할 때는 아름답다고 할 수 없다. 사실의 필연성이 없다면 의심하게 된다.

擢[1]慮不疑. 說在有無.[2]
擢: 疑, 無謂[3]也. 臧也今死, 而春也得文, 文死也可.[4] 且猶是也.[5]

- **1** 擢: 인(引)과 같으며, 또한 「소취」 편에 보이는 원(援)과 같다(담계보).
- **2** 說在有無: 앞 조목의 '說在所謂'로 고쳐야 한다. 소위(所謂)는 경설의 무위(無謂)와 모순 개념이다. 무위는 일련의 사실을 설명하는 필연성이 없음을 가리키며, 곧 의심하는 것이다. 소위는 일련의 사실을 설명하는 필연성이 있는 것이므로 의심이 없는 것이다.
- **3** 無謂: 앞의 주 참조.

• 4 臧也今死, 而春也得文, 文死也可: 두 개의 문(文)은 지(之)와 필(必)로 고쳐야 한다(손이양). 장(臧)과 춘(春)은 남녀 노예의 이름.

• 5 且猶是也: 장래에도 이와 같다는 뜻. '且猶是也' 뒤에 '有文實也, 而後謂之, 無 文實也, 則無謂也. 不若敷與美, 謂是則是固美也, 謂也則是非美, 無謂則報也'의 구절 이 착간되어 「경하」제4조에 들어 있다. 여기서 두 개의 문(文)은 모두 지(之)로 고 쳐야 한다. 불(不)은 연문이다. 부(敷)는 화(花)의 뜻(담계보). 야(也)는 타(它)와 같다. 보(報)는 의(疑)로 고쳐야 한다.

51

〔경〕: 장차 그러할 것이라는 것은 실제 그러하다고 할 수 없으므로 인 위적인 노력을 방해하지 않는다. 근거는 개연성에 있다.

〔설〕: 장차 그러함, 반드시 그러함, 장차 끝남, 반드시 끝남이 있다. 장 차 노력을 한 뒤에 끝난다는 것은 반드시 노력해야만 비로소 끝나게 된다 는 것이다.

> 且然不可正,[1] 而不害用工.[2] 說在宜.[3]
> 且然, 必然,[4] 且已, 必已. 且用工而後已者, 必用工而後已.

• 1 且然不可正: 차연(且然)은 장차 그러하다는 뜻. 정(正)은 실연, 그러하다는 뜻. 「경상」제84조 참조.

• 2 工: 공(功)과 같다. 용공(用工)은 인위적 노력을 가리킨다.

• 3 宜: 혹연(或然). 그러할 가능성이 있다는 뜻. 묵경에서는 개연 판단을 의합(宜 合)이라고 칭한다. 「경상」제84조 참조.

• 4 且然, 必然: '且: 且然, 必然'으로 고쳐야 한다. 앞의 차(且)는 표제자.

52

〔경〕: 평형이 끝나는가 그렇지 않은가의 여부. 근거는 평형 상태의 정황에 있다.

〔설〕: 평형 상태의 무게 한쪽에 머리카락 한 올이 떨어지면 평형을 이룰 수 없다. 평형을 이룬다면 떨어진 것이 (아주 미세하여) 떨어지지 않은 것과 같기 때문이다.

균之絶不, 說在所均.[1]
均: 髮均縣輕重而髮絶,[2] 不均也. 均, 其絶也莫絶.

• 1　均之絶不, 說在所均: 불(不)은 부(否)와 같다. 『열자』 「중니」(仲尼) 편에서는 공손룡의 말로서 "발인천균"(髮引千鈞)을 인용하고, 공자모(公子牟)의 말을 인용하여 "머리카락으로 천 균을 끄는 것은 세력이 대등하기 때문이다"(髮引千鈞, 勢至等也) 라 하였다. 이것은 이러한 지렛대의 원리를 설명한 것이다. 만일 지점 양변의 중량이 평형비를 이루어 예컨대 똑같이 천 균(3만 근)으로서 세력이 같게 된다면 어느 한쪽에 약간(머리털 한 올)을 증가시키면 모든 세력이 반드시 평형이 파괴되어 기울게 되는데, 이것을 발인천균이라고 한다. 묵경에서는 이러한 관점에 동의하는데, 이 조목은 이러한 사실을 천명한 것이다.
• 2　髮均縣輕重而髮絶: 앞의 발(髮)은 연문. 현(縣)은 현(懸)과 같다. 절(絶)은 낙하(떨어짐)의 뜻.

53

〔경〕: 요 임금의 의로움은 그 명성이 지금에 있지만 실제는 옛날에 있

어서 시대를 달리한다. 근거는 의라고 여기는 기준이 둘이라는 데 있다.

〔설〕: 명으로써 남에게 보이는 경우가 있고 실로써 남에게 보이는 경우도 있다. 친구를 들어서 부상(富商)이라고 하는 것은 명으로써 남에게 보이는 것이다. 이것을 가리켜 학이라고 하는 것은 실로써 남에게 보이는 것이다. 요 임금의 의로움은 그 명성이 지금에 있지만, 그 의롭게 여기는 실제는 옛날에 있다.

> 堯之義也, 生¹於今而處於古, 而異時. 說在所義二.²
> 堯: 霍或以名視人,³ 或以實視人. 擧友富商也, 是以名視人也. 指是
> 朧⁴也, 是以實視人也. 堯之義也, 是聲也於今, 所義之實處於古. 若
> 殆於城門與於臧也.⁵

- 1 生: 성(聲)으로 고쳐야 한다. 경설에서 확인할 수 있다.
- 2 所義二: 요 임금 때의 의로움은 지금과 같을 수 없다는 뜻.
- 3 霍或以名視人: 곽(霍)은 연문. 시(視)는 시(示)로 읽으며, 서로 통용됨.
- 4 朧: 곽(霍)과 같으며 학(鶴)의 뜻.
- 5 若殆於城門與於臧也: 「경하」 제36조의 착간이다(손이양).

* 유가에서 존숭하는 요순(堯舜)을 비꼬기 위한 한비의 모순 설화와 마찬가지로 시대의 변천상에 따라 가치 기준이 다름을 제시한 내용이다.

54

〔경〕: 구(狗)는 견(犬)이다. 구를 죽이는 것이 견을 죽이는 것이 아니라고 하는 것은 옳지 않다. 근거는 중동에 있다.

〔설〕: 구는 견이므로 "견을 죽이는 것이다"라고 말하는 것이 옳다. 마

치 용(蛹)과 귀(䰠)의 관계와 같다.

狗, 犬也, 而殺狗非殺犬也, 可.¹ 說在重.²
狗: 狗, 犬也. 謂之殺犬, 可. 若兩脆.³

- **1** 可: 불가(不可)로 고쳐야 한다.
- **2** 重: 중동(重同)이며, 곧 이명일실(二名一實)이다.
- **3** 若兩脆: 약용귀(若甬䰠)로 고쳐야 한다(고형). 용(甬)은 용(蛹)의 가차이며, 귀(脆)는 회(䰠)의 가차. 회(䰠)와 용(蛹)은 모두 번데기를 가리키므로 이명일실이 된다.

55

〔경〕: 사람을 부리는 것은 근면하기 때문이거나 능력이 있기 때문이다. 근거는 부리는 데 있다.

〔설〕: 부리는 것은 명령이다. 변경을 지키는 일은 변경을 지키도록 부린 것이므로 근면하지 않더라도 변경을 지키게 할 수는 있다. 후방을 지키는 일도 후방을 지키도록 부린 것이므로 능력이 없더라도 후방을 지키게 할 수는 있다.

使, 殷美,¹ 說在使.
使: 令使也. 我使我, 我不使, 亦使我. 殿戈亦使殿, 不美, 亦使殿.²

- **1** 殷美: 은(殷)은 근면, 미(美)는 선(善)의 뜻으로 능력이 있음을 가리킨다.
- **2** 경설은 '使: 令使也. 戍使戍, 不殷, 亦使戍. 殿使殿, 不美, 亦使殿'으로 고쳐야

한다(고형). 여기서 '使: 令使也'는 '使: 使, 令也'로 고쳐야 한다. 전(殿)은 행군에서의 후방 혹은 후진을 가리킨다.

56

〔경〕: 초나라는 크고 침(沈)은 작다. 근거는 소유하고 있다는 데 있다.

〔설〕: 침을 초나라가 소유하고 있다면 침이 작은 것은 초나라가 작은 것이 아니다. 마치 다섯을 바꾸어 하나라고 여기는 것과 같다.

荊[1]之大, 其沈淺也.[2] 說在具.[3]
荊: 沈, 荊之貝[4]也, 則沈淺非荊淺也. 若易五之一.[5]

- 1 荊: 초나라의 별칭.
- 2 沈: 초나라의 현 이름. 천(淺)은 지역이 협소하다는 뜻.
- 3 具: 유(有)로 고쳐야 한다(손이양).
- 4 貝: 유(有)로 고쳐야 한다(손이양).
- 5 易五之一: 다섯을 변화시켜 하나로 하는 것이다. 5와 1을 같은 것으로 간주하여 1도 적지만 5도 적다는 뜻.

57

〔경〕: 기둥을 원형이라고 하는 것은 '생각'이지 지식은 아니다. 근거는 판단에 있다.

〔설〕: 기둥이 원형임은 보는 것이고 판단에서도 바뀌지 않는다. 이것은 지식과 판단이 상합한다. 만일 기둥이 사철쑥보다 가볍다고 한다면 그러

한 판단은 멍청한 것이다.

> 以檻爲搏,¹ 於'以爲', 無知也. 說在意.²
>
> 以: 楹之搏也, 見之, 其於意也不易.³ 先智意相也.⁴ 若楹輕於秋,⁵
> 其於意也洋然.⁶

- **1** 以檻爲搏: 함(檻)은 영(楹)으로 고쳐야 하며 기둥의 뜻. 경설에서 확인할 수 있다. 단(搏)은 원형의 뜻.
- **2** 意: 판단.
- **3** 易: 변(變). 불역(不易)은 불변(不變)이며 즉 상합(相合)의 뜻.
- **4** 先智意相也: 선(先)은 시(是)로 고쳐야 한다. 상(相) 뒤에 합(合)이 빠졌다. 묵경에서 상합 두 글자는 병용된다. 「경하」 제65조를 참조.
- **5** 秋: 추(萩)의 가차이며, 서로 통용됨. 추(萩)는 사철쑥.
- **6** 洋然: 망연(茫然).

58

〔경〕: 방법은 알 수 없다. 근거는 융통성을 발휘할 수 있다는 데 있다.

〔설〕: 숫돌, 망치, 송곳은 모두 신을 만드는 데 쓸 수 있다. 신발이 만들어진 뒤에 망치질을 하는 것과 망치질을 한 뒤에 신발을 만드는 것은 같으며 융통성을 발휘하는 것이다.

> 意¹未可知. 說在可用過仵.²
>
> 段, 椎, 錐俱事於履,³ 可用也. 成⁴繪履過椎, 與成椎過繪履,⁵ 同,
> 過仵也.

- 1 意: 판단 또는 사상. 여기서는 어떤 일을 할 때의 방법.

- 2 可用過仵: 가용(可用)은 적용할 만한 방법을 가리킨다. 오(仵)는 오(伍)로 읽는다. 과오(過仵)는 서로 교차한다는 뜻. 여기서는 융통성을 가리킨다.

- 3 경설의 첫머리에 표제자 의(意)가 있어야 한다. 단(段)은 단(碫)의 가차로 송곳 같은 종류를 가는 숫돌. 추(椎)는 망치. 추(錐)는 신을 꿰매는 송곳. 사(事)는 용(用)의 뜻. 이상은 모두 신을 만드는 데 사용된다는 뜻.

- 4 成: 혹(或)으로 고쳐야 한다. 아래도 이와 같다.

- 5 繪屨: 회(繪)는 괴(襘)의 가차(고형). 고대에는 단추가 없어서 띠로 묶는 것을 괴(襘)라 하였다. 회리(繪屨)는 실을 당겨 신을 만드는 것을 가리킨다.

59

〔경〕: 1은 2보다 적지만 5보다 많을 수 있다. 근거는 자릿수에 있다.

〔설〕: (1의 자리에서는) 5가 1을 포괄하지만 (10의 자리에서는) 1이 5를 포괄할 수도 있다. 10은 두 개의 5가 합해진 것이다.

> 一少於二而多於五. 說在建住.[1]
> 一: 五有一[2]焉, 一有五[3]焉, 十二焉.[4]

- 1 住: 위(位)로 고쳐야 한다. 본 조목은 십진법을 전제로 설명한 것이다. 1의 자리에서 보면 1은 2보다 적지만 10의 자리에서는 5보다 많다.

- 2 五有一: 1의 자리에서는 5가 1을 포괄한다는 뜻.

- 3 一有五: 10의 자리에서는 1이 5를 포괄할 수도 있다는 뜻.

- 4 十二焉: 10은 두 개의 5가 합한 것이라는 뜻.

60

〔경〕: 반으로 나눌 수 없는 것은 쪼갤 수 없으며 움직이지 않는다. 근거는 점에 있다.

〔설〕: 반으로 쪼개고 앞부분을 취해서 계속 진행하는 경우 앞부분에서는 중앙이 반이 되지 않을 때 점과 같게 된다. 앞부분과 뒷부분을 취해서 보면 점은 중앙에 있다. 쪼개면 반드시 반이 되므로, '무'(無)와 '반으로 나눌 수 없는 것'(非半)은 쪼갤 수 없다.

非半,[1] 弗都[2]則不動. 說在端.[3]
非: 都半, 進前取也.[4] 前則中無爲半, 猶端也. 前後取則端中也. 都必半, 無與非半, 不可都也.

- 1 非半: 반으로 나눌 수 없는 것.
- 2 都: 작(斫)과 통함.
- 3 端: 더 나눌 수 없는 점.
- 4 都半, 進前取也: 반을 나누어 전반을 취하고 다시 그것을 나누어 계속 그 전반을 취한다는 뜻.

61

〔경〕: 없어질 수 있지만 있었다면 말살할 수 없다. 근거는 이전에 그러하였다는 데 있다.

〔설〕: 이미 그러하였다면 이전에 그러한 것이므로 없다고 할 수 없다.

可無也, 有之而不可去. 說在嘗然.¹

可無也: 已給則當給,² 不可無也. 久有窮無窮.³

- 1   嘗然: 이전에 발생한 사실. 여기에는 두 가지 특징이 있는데, 첫째 과거에는 발생했지만 현재에는 없어질 수 있는 것과 둘째 과거에 발생하지 않았지만 현재에 발생할 수 있는 것이 있다.
- 2   已給則當給: '已然則嘗然'으로 고쳐야 한다(손이양).
- 3   久有窮無窮: 「경하」 제64조의 착간이다.

62

〔경〕: 일정 궤도 상의 행성은 정지할 수 없다. 근거는 도는 데 있다.

〔설〕: 행성은 어디에서나 궤도를 벗어나지 않는다. 매달린 것은 돌기 때문이다.

玊而不可擔,¹ 說在摶.²

正: 丸,³ 無所處而不中. 縣,⁴ 摶也.

- 1   玊而不可担: 정(玊)은 정(正)과 같다. 이(而)는 천(萹)으로 고쳐야 한다(담계보). 천(萹)은 곡물을 담는 별 모양의 죽기. 정천(正萹)은 일정 궤도 상의 행성을 가리킨다. 이(而)를 접속사로 볼 수도 있다. 담(擔)은 담(澹)의 가차로, 정(定)의 뜻(범경연).
- 2   摶: 전(轉)과 통함.
- 3   丸: 구환(球丸)으로 행성을 가리킨다.
- 4   縣: 현(懸)과 같다.

63

〔경〕: 공간의 진행에는 원근이 없다. 근거는 걸어가는 데 있다.

〔설〕: 구역의 한쪽만을 거론할 수 없는 것이 공간이다. 진행자가 먼저 가는 곳이 가까운 곳이고 나중에 가는 곳이 먼 곳이다.

宇進無近,[1] 說在敷.[2]
偏宇[3]不可偏擧, 宇也. 進行者, 先敷近, 後敷遠.

• 1 無近: 원근이 없어서 가까운 것을 들어서 먼 것을 겸할 수 있다는 뜻.
• 2 敷: 보(步)의 가차이며 서로 통용됨. 아래도 이와 같다(고형).
• 3 偏宇: 우(宇)는 표제자로서 구(偏) 앞에 있어야 한다. 구(偏)는 구(區)의 번자체. 구(區)는 역(域)이며 우(宇)의 국부를 가리킨다.
* 우주는 광대무변하기 때문에 절대적 원근은 없고 기준에 따른 상대적 원근만이 존재한다는 것이다.

64

〔경〕: 가는 길의 길이는 시간에 따른다. 근거는 길고 짧음에 달려 있다.

〔설〕: 길을 가는 자는 반드시 먼저 가까운 데로부터 먼 데에 이른다. 원근은 길이이며, 선후는 시간이다. 사람들이 길을 갈 때는 반드시 시간에 따른다. 시간은 유한하기도 하고 무한하기도 하다.

行循以久,[1] 說在先後.
行: 者[2]行者必先近而後遠. 遠近循也, 先後久也. 民行循必以久也.[3]

- 1 行循以久: 순(循)은 수(脩)로 고쳐야 한다(장혜언). 여기서는 원근을 가리킨다. 경설에서 확인할 수 있다. 이(以)는 용(用)과 같다. 구(久)는 시간의 선후, 즉 시간의 길고 짧음을 가리킨다.
- 2 者: 제(諸)의 약자.
- 3 民行脩必以久也: 이 구절 뒤에 '久有窮無窮'의 구절이 있어야 한다. 착간으로 「경하」제61조에 있다.
* 시간도 공간과 마찬가지로 기준에 따라서 상대적으로 유한한 것일 뿐이다.

65

〔경〕: 같은 표준이면 서로 같은 유(類)이다. 마치 사각형이 서로 부합하는 것과 같다. 근거는 사각형에 있다.

〔설〕: 사각형은 같은 유로서 모두 표준이 같지만 서로 다를 수 있다. 어떤 것은 나무이고 어떤 것은 돌이지만 그것이 사각형으로서 서로 부합하는 데는 문제가 없다. 모든 유는 사각형과 마찬가지이며, 사물이 모두 그러하다.

一法者之相與也盡.[1] 若方之相合也. 說在方.

一: 方盡類, 俱有法而異. 或木或石, 不害其方之相合也. 盡類. 猶方也, 物俱然.

- 1 一法者之相與也盡: 진(盡) 뒤에 류(類)가 있어야 한다. 경설에서 확인할 수 있다. 법(法)은 표준. 표준이 같다면 본질이 같다는 뜻.

66

〔경〕: 광거(狂擧)로써는 차이를 알 수 없다. 근거는 불가능하다는 데 있다.

〔설〕: 소와 말이 비록 다르지만 소에 이빨이 있고 말에 꼬리가 있다고 하여 "소는 말이 아니다"라고 하면 안 된다. 이것은 모두 갖고 있고 어느 한쪽이 있거나 없는 것이 아니기 때문이다. "소와 말은 유가 다르지만, 소에 뿔이 있고 말에 뿔이 없으므로 유가 다르다"라고 하는 것은 마치 "소에 뿔이 있고 말에 뿔이 없다"고 하여 유가 다르다고 하는 것과 같아서 광거이며 "소에 이빨이 있고 말에 꼬리가 있다"고 하는 것과 같다.

狂擧不可以知異. 說在有不可.

牛狂與馬惟異,[1] 以牛有齒, 馬有尾, 說牛之非馬也, 不可. 是俱有, 不偏有, 偏無有. 曰, "之[2]與馬不類, 用牛有角, 馬無角, 是類不同也." 若擧牛有角, 馬無角, 以是爲類之不同也, 是狂擧也,[3] 猶牛有齒, 馬有尾.

- 1 牛狂與馬惟異: 광(狂)은 표제자로 맨 앞에 두어야 한다. 유(惟)는 수(雖)로 고쳐야 한다(양계초).
- 2 之: 우(牛)로 고쳐야 한다(오비백).
- 3 묵경에서 유(類)는 본질 속성에 따른 분류를 가리킨다. 유가 같으면 본질이 같다. 뿔이 있고 없고는 결코 소나 말의 본질 속성이 아니다. 따라서 광거라고 칭한다.

* 묵경의 명실론은 이명거실(以名擧實)이며, 광거는 실제에 부합하지 않는 명칭을 부여하는 일을 가리킨다.

67

〔경〕: 우마는 소가 아니라고 하는 것과 우마를 소라고 하는 것은 마찬가지이다(잘못이다). 근거는 전체 개념(겸명)에 있다.

〔설〕: "어떤 것은 소이고 어떤 것은 소가 아니기 때문에 소가 아니다"라는 것이 옳다면 "어떤 것은 소가 아니고 어떤 것은 소이기 때문에 소이다"라는 것도 옳다. 따라서 "우마는 소가 아니다"라는 것도 옳지 않고, "우마는 소이다"라는 것도 옳지 않다. 그것은 혹은 옳고 혹은 옳지 않기 때문이다. 그런데 "우마는 소가 아니라는 것이 옳지 않다면, 우마는 소라고 하는 것도 옳지 않다"고 말하는 것 또한 옳지 않다. 소가 둘이 아니고 말이 둘이 아니며 우마로서 둘이라면 이 경우 소는 소가 아니고, 말이 말이 아니기 때문에 "우마는 소도 아니고 말도 아니다"라고 하는 것이 무난하다.

> 牛馬之非牛, 與可之同, 說在兼.[1]
> "或不非牛而'非牛也',[2] 則或非牛或牛而'牛也'可. 故曰, '牛馬非牛也'未可, '牛馬牛也'未可." 則或可或不可, 而曰"牛馬牛也未可"[3]亦不可. 且牛不二, 馬不二, 而牛馬二. 則牛不非牛, 馬不非馬, 而牛馬非牛非馬, 無難.

- 1 兼: 묵경에서는 겸(兼)과 체(體)가 대응하는 개념이다. 겸은 전체이고 체는 부분이다.
- 2 或不非牛而非牛也: '牛: 或不非牛或非牛而非牛也'可로 고쳐야 한다(심유정, 담계보).
- 3 牛馬牛也未可: 이 구절 앞에 '牛馬非牛也未可'를 보충해야 한다(고형).

68

〔경〕: "저것은 저것이고 이것은 이것이다"라고 하는 것과 "저것은 이것이다"라고 하는 것은 같지 않다. 근거는 다르다는 데 있다.

〔설〕: 정명에서 "저것은 저것이고, 이것은 이것이다"라고 하는 것이 옳다. "저것은 저것이다"라고 하는 것은 저것에 그치고, "이것은 이것이다"라고 하는 것은 이것에 그치는 것이므로 "저것은 이것이다"라고 하는 것은 옳지 않다. 저것이 또한 이것이라면 이것 또한 저것이다. 이와 같이 해서 "저것은 이것이다"라고 한다면 저것 또한 이것이 될 것이다.

循此循此,¹ 與彼此同,² 說在異.

彼: 正名者, 彼此彼此, 可. 彼彼止於彼, 此此止於此, 彼此, 不可. 彼且此也, 彼此亦可.³ 彼此止於彼此,⁴ 若是而彼此也, 則彼亦且此此⁵也.

- 1 循此循此: '彼彼此此'로 고쳐야 한다(양계초). 경설에서 확인할 수 있다. 피는 피에 그치고 차는 차에 그친다는 뜻.
- 2 與彼此同: '與彼此不同'으로 고쳐야 한다. 이 조목은 모두 공손룡의 명실론에서 제기된 주장에 대한 반박이다. 묵경에서는 '피와 차의 구별'(백마는 백마이지 흑마와는 다르다)과 '피는 피에 그치고 차는 차에 그친다'(백마는 백마이지 말이 아니고, 흑마는 흑마이지 말이 아니다)라는 것은 명확히 다르다고 생각한다. 전자는 옳지만 후자는 옳지 않기 때문이다.
- 3 彼此亦可: '此亦可彼'로 고쳐야 한다(양계초).
- 4 彼此止於彼此: 연문(양계초).
- 5 此此: 두 개의 차(此) 가운데 하나는 연문. 이 조목은 「경하」제72조와 같이

보아야 한다.

* 이 조목에 대한 제가의 설이 모두 다르지만, 공손룡의 주장에 대한 비판으로 보는 진맹린의 견해가 유력하다. 정명의 입장에서 보면 일단 '피는 피이고 차는 차이다'의 형식이 옳지만, 묵경에서 제기된 '구(狗)는 견(犬)이다'라는 이명일실의 경우에는 '피는 차이다'의 형식도 가능하다는 것이다.

69

〔경〕: 선창과 화답은 모두 해롭다. 근거는 작용에 있다.

〔설〕: 선창이 잘못이 없을 때는 두루 미치지 않기 때문이며 마치 돌피와 같다. 화답이 잘못이 없을 때는 시켰을 때 부득이하게 할 때다. 선창하는데 화답이 없는 것은 배우지 않았기 때문이다. 지식이 적은데 배우지 않는다면 공이 반드시 적을 것이다. 화답하는데 선창이 없는 것은 가르치지 않는 것이다. 지식으로써 가르치지 않으면 공이 그칠 것이다. 사람을 시켜서 남의 옷을 빼앗으면 죄의 가볍고 무거움이 있듯이 사람을 시켜 남에게 술을 보내주면 그 뜻에 두터움과 엷음이 있다.

唱和[1]同患, 說在功.[2]
唱無過,[3] 無所周,[4] 若秅.[5] 和無過, 使也, 不得已. 唱而不和, 是不學也. 智少而不學, 必寡.[6] 和而不唱, 是不敎也. 智而不敎, 功適息. 使人奪人衣, 罪或輕或重. 使人予人酒, 或厚或薄.[7]

• 1 唱和: 범죄에서 주범과 종범의 관계로 해석하는 견해가 있지만, 묵가의 비악론(非樂論)을 반영한 주장이다(정독).
• 2 功: 백성에게 미치는 영향을 가리킨다.

- 3 앞에 표제자 창(唱)이 있어야 한다.
- 4 周: 해(害)로 고쳐야 한다(조요상).
- 5 稗: 돌피.
- 6 必寡: '功必寡'로 고쳐야 한다.
- 7 或厚或薄: '義或厚或薄'으로 고쳐야 한다.

* 묵가에서 음악을 부정하는 이유는 지배 계층이 노동자의 이익을 착취하는 의식으로 보기 때문이다. 물론 음악 자체를 부정하는 것은 아니며 노동할 때의 흥얼거림이나 장단 맞추기 등을 배제하지는 않는다.

70

〔경〕: 모르는 것을 들어서 알게 된다면 두 가지를 알게 된다. 근거는 알려주는 데 있다.

〔설〕: 집 밖에 있는 것은 아는 것이다. 어떤 이가 말하기를, "집 안에 있는 사람의 색깔이 그 색과 같다"고 한다면 모르는 것을 알게 된다. 비유하자면 "백색과 흑색 가운데 어느 쪽이 맞는가?"라고 물었을 때 그 색과 같게 하면 되므로 만일 백색이라면 반드시 백색이라고 하는 것과 같다. 가령 그 색이 백색과 같다고 알았다면 그것이 백색임을 알게 될 것이다. 무릇 명은 명확한 것으로써 모르는 것을 확정하는 것이며, 모르는 것으로써 명확한 것과 비교하는 것이다. 마치 자를 가지고 모르는 길이를 헤아리는 것과 같다. 밖에 있는 것은 직접 아는 것이고, 안에 있는 것은 추론해서 아는 것이다.

聞所不知若所知, 則兩知[1]之. 說在告.
聞: 在外者所不知也.[2] 或曰, "在室者之色若是其色", 是所不智[3]若

所智也. 猶白若⁴黑也, 誰勝.⁵ 是若其色也, 若白者必白. 今也智其
色之若白也, 故智其白也. 夫名以所明正所不智, 不⁶以所不智疑⁷所
明. 若以尺度所不智長. 外, 親智也. 室中, 說智也.

- **1** 兩知: 이미 알고 있는 것과 들어서 아는 것, 두 가지를 알게 된다는 뜻.
- **2** 不知: 지(知)로 고쳐야 한다. 양계초는 이 구절을 '在外者, 所知也. 在室者, 所不知也'로 고쳤다(양계초).
- **3** 智: 지(知)와 같다. 아래도 이와 같다.
- **4** 若: 여(與)와 같다(양계초).
- **5** 勝: 당(當)과 같다(양계초).
- **6** 不: 연문.
- **7** 疑: 의(擬)와 통함.

71

〔경〕: 말은 모두 잘못이라고 생각하는 것은 잘못이다. 근거는 그 말에 있다.

〔설〕: 잘못은 옳지 않은 것이다. 그 사람의 말이 옳다면 이것은 잘못이 아니며 곧 옳은 것이 된다. 그 사람의 말이 옳지 않다면 살펴서 반드시 옳지 않다고 해야 한다.

以言爲盡誖, 誖. 說在其言.
以: 誖, 不可也. 出入¹之²言可, 是不誖, 則是有可也. 之人之言不可, 以當必不審.³

- **1** 出入: 지인(之人)으로 고쳐야 한다.

- **2** 之: 시(是)와 같다.

- **3** 以當必不審: '以審必不當'으로 고쳐야 한다.

＊묵경의 입장에서는 공손룡 등의 변자에 대한 비판을 당연시하므로 이러한 명제를 제기하였다. 결국 '모든 말은 잘못이다'라고 할 수 없다는 뜻이 된다. 만일 이 명제를 참이라고 한다면 잘못에 대한 어떠한 비판도 불가능하기 때문이다. 이와 유사한 것으로 서양 철학에서 이율배반을 설명할 때 예로 드는 "모든 크레타인은 거짓말쟁이다"라는 명제가 있다. 실제로 이 말은 크레타 출신의 철학자 에피메네데스의 말이다. 이 크레타인 철학자의 말이 참이라면 그도 거짓말쟁이여야 한다. 그런데 만일 그가 거짓말을 했다면 의미상으로 '모든 크레타인은 거짓말쟁이가 아니다'가 되어 이율배반(Antinomy)이 된다. 현대 기호론(semiotic)에 의하면 '모든 크레타인'은 대상 언어(object sentence)이고, '모든 크레타인은 거짓말쟁이다'는 메타 언어(meta sentence)로서 언어의 층차가 다르다. 따라서 적어도 말하는 자신을 포함하지 않는다고 보아 이율배반으로 간주하지 않는다.

72

〔경〕: 나 혼자 일컫는 것은 명이 아니기에 옳지 않다. 근거는 반대의 경우에 있다.

〔설〕: 이것을 가리켜 학이라고 하는 것이 옳고, 마찬가지로 저것을 가리켜 학이라고 할 수 있을 때에 "저것은 이것이 아니다"라고 말한다면 옳지 않다. 가리킴은 단지 그것이 가리키는 것에만 제한되지 않는다. '저것'이 가리키는 것에만 제한된다면 우리가 가리키는 일을 행할 수 없다. '저것'이 가리키는 것에만 제한되지 않는다면 행하지 못할 것이 없다.

惟吾謂,[1] 非名[2]也, 則不可. 說在仮.[3]

惟: 謂是霍,[4] 可, 而猶之非夫[5]霍也, 謂彼是是[6]也, 不可. 謂者毋惟
乎其謂. 彼猶惟乎其謂, 則吾謂不行. 彼若不惟其謂, 則不行[7]也.

- 1 惟吾謂: 단지 한 사물을 지시하는 명만을 승인하는 일. 이 조목은 공손룡의
명실론을 비판한 것이다.
- 2 名: 여기서는 보편성을 갖춘 개념을 가리킨다.
- 3 仮: 반(反)과 같다. 저것이라고 하고 또한 이것이라고 한다는 뜻.
- 4 謂是霍: 이 동물을 학(鶴)이라 이름을 붙인다는 뜻.
- 5 非夫: 위피(謂彼)로 고쳐야 한다.
- 6 是是: 비시(非是)로 고쳐야 한다.
- 7 不行: 무불행(無不行)으로 고쳐야 한다(고형).

73

〔경〕: 무궁은 겸애에 방해되지 않는다. 근거는 차는가의 여부에 있다.

〔설〕: "남방이 유궁하면 다할 수 있고, 무궁하면 다할 수 없다. 유궁과
무궁을 알 수 없다면 다할 수 있는가의 여부도 알 수 없고 사람이 충만한
가의 여부도 알 수 없으며 사람을 모두 사랑할 수 있는가의 여부도 알 수
없다. 이렇게 말하는 것이 잘못인가?"(이상 겸애설을 비판하는 입장) 사람
이 만일 무궁을 채울 수 없다면 사람은 유궁이므로 유궁을 다함에 어려움
이 없다. 무궁을 채울 수 있다면 무궁이 다한 것이므로 무궁을 다함에는
어려움이 없다.

無窮不害兼, 說在盈否.

無: "南者有窮則可盡. 無窮則不可盡. 有窮無窮未可智,[1] 則可盡不可盡不可盡[2]未可智, 人之盈之否未可智, 而必[3]人之可盡不可盡亦未可智, 而必人之可盡愛也. 誖." 人若不盈先[4]窮, 則人有窮也, 盡有窮無難. 盈無窮, 則無窮盡也. 盡有[5]窮無難.

- **1** 智: 지(知)와 같다. 아래도 이와 같다.
- **2** 不可盡不可盡: 불가진(不可盡)으로 고쳐야 한다.
- **3** 必: 연문(양계초).
- **4** 先: 무(無)로 고쳐야 한다.
- **5** 有: 무(無)로 고쳐야 한다.

* 공간과 사람의 유한과 무한을 들어서 묵가의 겸애설을 반대하는 것에 대한 비판이다.

74

〔경〕: 수량을 모르더라도 그것(겸애)을 다할 수 있음을 안다. 근거는 질문에 있다.

〔설〕: "수량을 모르는데 어찌 애민을 다할 수 있음을 알겠는가, 혹시라도 빠트리지 않는가?" 이 질문이 모든 사람을 대상으로 질문하는 것이라면 그 질문한 바를 모두 사랑할 수 있다. 이처럼 그 수량을 모르더라도 사랑을 다하는 데 어려움이 없다.

不知其數而知其盡也, 說在明[1]者.
不: "二[2]智其數. 惡智愛民之盡文[3]也, 或者遺乎." 其問也盡問人, 則盡愛其所問. 若[4]不智其數而智愛之盡文也, 無難.

- **1** 明: 문(問)으로 고쳐야 한다(손이양).
- **2** 二: 불(不)로 고쳐야 한다.
- **3** 文: 지(之)로 고쳐야 한다. 아래도 이와 같다.
- **4** 若: 이와 같음. 즉(則)의 뜻.

75

〔경〕: 거주하는 곳을 모르더라도 겸애에 지장이 없다. 근거는 잃어버린
자식에 있다.

不知其所處, 不害愛之. 說在喪子者.
1

- **1** 이 조목에는 경설이 없다.
* 자식의 소재를 모른다고 해서 부모가 사랑을 그만두지 않듯이 겸애 대상의 거
주지를 모른다고 해서 겸애가 불가능한 것은 아니다.

76

〔경〕: 인의를 내외로 삼는 것은 잘못이다. 근거는 서로 모순되는 데 있다.
〔설〕: 인은 사랑하는 것이고 의는 이롭게 해주는 것이다. 사랑하고 이
롭게 해주는 것은 주관이고 사랑과 이로움을 받는 것은 객관이다. 사랑과
이로움을 내외로 삼을 수 없으며, 사랑과 이로움을 받는 것을 내외로 삼
을 수 없다. 인은 안에 있고 의는 밖에 있다고 하는 것은 주관적 사랑과
객관적 이로움을 연계한 것으로 광거(狂擧)이다. 마치 왼쪽 코로 내쉬고

오른쪽 코로 들이마신다는 것과 같다.

仁義之爲內外也內.[1] 說在仵顏.[2]

仁: 仁, 愛也, 義, 利也. 愛利, 此[3]也, 所愛所利, 彼[4]也. 愛利不相爲內外, 所愛利亦不相爲外內. 其爲仁, 內也, 義, 外也, 擧愛與所利也. 是狂擧也. 若左目[5]出, 右目入.

- 1　內: 망(罔)으로 고쳐야 하며 망(罔)과 같다(담계보).
- 2　仵顏: 오(仵)는 서로 교차한다는 뜻. 오안(仵顏)은 아래의 '左目出, 右目入'을 가리킨다.
- 3　此: 사랑하고 이롭게 해주는 사람을 가리키며, 즉 주관이다.
- 4　彼: 사랑과 이로움을 받는 사람을 가리키며, 즉 객관이다.
- 5　目: 자(自)로 고쳐야 한다. 자(自)는 비(鼻)의 고자(古字). 출입(出入)은 숨을 내쉬고 들이마시는 것을 가리킨다.

* 이 조목은 『맹자』「고자상」(告子上) 편에 보이는 '인내의외설'(仁內義外說)과 관련된 내용인데, 이에 대한 맹자의 비판보다 묵경에서의 비판이 좀더 명확한 것으로 보인다.

77

〔경〕: 학문은 유익하다. 근거는 비판자에 있다.

〔설〕: 학문이 무익함을 모른다고 생각하기 때문에 알리는 것이다. 이것은 학문의 무익함을 알게 하려는 것으로 가르침이다. 학문을 무익하다고 여기면서 가르치는 일은 모순이다.

學之益也. 說在誹者. [1]

學: 也以爲不知"學之無益也", [2] 故告之也. 是使智[3]學之無益也, 是
敎也. 以學爲無益也, 敎, 誖.

- 1 誹者: 비판자.
- 2 也: 연문.
- 3 智: 지(知)와 같다.

*『노자』에 보이는 "학문을 끊으면 근심이 없다"(絶學無憂)는 명제에 대한 비판
이다.

78

〔경〕: 비판이 옳은가의 여부는 숫자의 많고 적음에 있지 않다. 근거는
비판의 가능성에 있다.

〔설〕: 비판의 가부를 논하는 것은 이치에 따른다. 그것이 비판할 만하
면 비록 많이 비판하더라도 그 비판은 옳다. 그 이치가 비판할 수 없다면
비록 적게 비판하더라도 그른 것이다. 가령 비판자가 많다고 해서 옳지
않은 것이라고 한다면 이것은 긴 것으로써 작은 것을 논하는 것과 같다.

誹[1]之可否, 不以衆寡. 說在可非.

論誹[2]誹之可不可以理. 之[3]可誹, 雖多誹, 其誹是也. 其理不可非,
雖少誹, 非也. 今也謂多誹者不可, 是猶以長論短. [4]

- 1 誹: 비판.
- 2 論誹: 잘못 도치되었다. 비(誹)는 표제자로 맨 앞에 있어야 한다.

- 3   之: 대명사.
- 4   以長論短: 긴 것은 옳고 짧은 것은 그른 것이라고 보는 관점.

79

〔경〕: 비판에 반대하는 것은 잘못이다. 근거는 반대할 수 없다는 데 있다.

〔설〕: 비판이 잘못이라면 자신의 비판도 성립할 수 없다. 비판할 만한 것을 비판하는 것은 잘못이 아니며 비판을 반대하는 것이 아니다.

非誹者諱.¹ 說在弗非.
不:² 誹非, 己之誹也,³ 不非誹. 非可非⁴也, 不可非也,⁵ 是不非誹也.

- 1   非誹者諱: 비(誹)는 비판. 순(諱)은 패(悖)로 고쳐야 한다(장혜언).
- 2   不: 비(非)로 고쳐야 하며 표제자이다(손이양).
- 3   己之誹也: '己之誹非也'로 고쳐야 한다.
- 4   非: 여기서는 명사로서 잘못을 가리킨다.
- 5   不可非也: 이렇게 하면 비판이 없게 된다는 뜻.

80

〔경〕: 사물에는 심한 것과 심하지 않은 것이 있다. 근거는 비교에 있다.

〔설〕: 심하게 길다는 것과 심하게 짧다는 것은 이보다 긴 것이 없거나 이보다 짧은 것이 없는 경우이다. 이것이 심한가, 심하지 않은가는 이와 같이 비교하는 것보다 좋은 방법이 없다.

物甚不甚.¹ 說在若是.²

物: 甚長, 甚短, 莫長於是, 莫短於是. 是之是也, 非是也者, 莫甚
於是.³

- 1 甚: 정도를 나타내는 부사.
- 2 若是: 고형은 "여러 사물을 이 사람에 비기는 것" 즉 비교로 해석한다. 이것
은 『장자』 「천하」 편에 보이는 변자의 "거북이가 뱀보다 길다"(龜長於蛇)는 명제에
대한 비판이다.
- 3 是之是也, 非是也者, 莫甚於是: '是之甚也, 非甚也者, 莫若如是'로 고쳐야 한다
(고형).

* 정도를 나타내는 '심히' 혹은 '심하게' 등의 부사를 사용하여 판단을 표시하기보
다는 '……보다'라는 전치사를 이용하여 표시하는 것이 더 분명하다는 뜻으로 보
인다.

81

〔경〕: "아래를 선택하여 위를 찾는다"고 한다. 근거는 산과 연못에 있다.

〔설〕: 높고 낮음을 좋음(善)과 나쁨(不善)의 척도로 삼는 것은 산과 연
못의 관계와 다르다. "아래에 처하는 것이 위에 처하는 것보다 좋다"고
한다면 이때의 '아래'는 '위'를 가리키는 것이다.

取下以求上也, 說在澤.¹

取: 高下以善不善爲度,² 不若山澤. 處下善於處上, 下所請³上也.

- 1 說在澤: '說在山澤'으로 고쳐야 한다(고형).

- **2** 度: 법(法), 표준.

- **3** 請: 위(謂)로 고쳐야 한다(손이양).

* 이 조목은 제가의 대부분이 노자의 처세술에 대한 비판으로 본다. 『노자』에는 "가장 좋은 것은 물과 같다"(上善若水), "강과 바다가 수많은 계곡의 왕이 될 수 있는 까닭은 아래에 잘 처하기 때문이다"(江海所以能爲百谷王者, 以其善下之)라는 내용이 있다. 묵가에서 볼 때 이것 역시 보편적 상하 관념을 뒤섞은 궤변에 속한다.

82

〔경〕: 아니다〔不是〕와 이다〔是〕의 근거는 같다. 근거는 주연되지 않는 데 있다.

〔설〕: 시(是)는 是〔이다〕와 不是〔아니다〕가 있다. 가령 주어와 술어 관계가 긍정(是: 이다)이지만 주어가 주연이 아니라면 완전한 긍정이 아니다. 완전한 긍정이 아닌 경우에 '이다'이기도 하고 '아니다'가 되기도 한다. 가령 완전한 긍정이 아니면서 '이다'라고 한다면 '이다'와 '아니다'는 동일한 원인(부주연)에서 비롯된다.

> 是是與是同, 說在不州.[1]
> 不是: 是則是且是焉.[2] 今是文[3]於是而不於是. 故是不文[4]是. 不文則是而不文焉.[5] 今是不文於是而文與是.[6] 故文與是不文同說也.[7]

- **1** 是是與是同, 說在不州: '不是與是同說, 說在不周'로 고쳐야 한다. 경설의 표제자에서 확인할 수 있다. 주(州)는 주(周)의 가차. 또한 주(州)는 주(周)의 뜻을 갖고 있다. 이 조목은 긍정 판단을 설명하는 것인데, 주빈항이 서로 중합되지 않는 '시이불시'의 외연 관계에서 빈항이 부주연됨을 지적한 것이다.

• 2 　是則是且是焉: '是則是且不是焉'으로 고쳐야 한다. 긍정 판단에서 주빈항의 외연 관계는 '是且不是'이다.

• 3 　文: 지(之)로 고쳐야 한다(손이양). 여기서 지(之)는 동사로서 지(至)의 뜻. 긍정하기도 하고 긍정하지 않기도 한다는 의미는 주항이 빈항의 외연을 포함하지만 중합되지 않는다는 것이다.

• 4 　文: 지(之)로 고쳐야 한다.

• 5 　不文則是而不文焉: 앞의 문(文)은 지(之)로 고쳐야 하며, 뒤의 문(文)은 시(是)로 고쳐야 한다.

• 6 　今是不文於是而文與是: 두 개의 문(文)은 모두 지(之)로 고쳐야 한다.

• 7 　故文與是不文同說也: '故之是與不之同說也'로 고쳐야 한다.

* 우리가 보통 "S는 P다"라고 할 때의 명제는 구체적으로 1) '모든 S는 P다' 2) '어떤 S는 P다'로 나눌 수 있다. 2)의 경우 '어떤 S'는 주연되지 않았으므로 '어떤 S는 P가 아니다'의 명제를 가능하게 한다.

44. 대취(大取)

이 편은 묵가 후학의 저작이며 묵가 학파의 대표적 주장인 겸애설을 선양한 것이 주요 내용이다. 전기 묵가의 「겸애」 편이 겸애의 효과에 대한 설명이라면 이 편은 겸애의 원리를 서술한 것이다. 구체적으로는 이해(利害)의 권형(權衡) 문제, 동이(同異)의 변증 분석 및 "판단은 근거(故)로부터 비롯되고, 형식(理)으로부터 드러나며, 유(類)로부터 추론된다"는 추론의 3원칙이 제시되고 있다. 다만 각 단원이 연속되지 않고, 문자의 와탈과 착간이 적지 않고, 더욱이 말미에 있는 13개의 "기류재(其類在)" 운운은 제가의 설을 참조해도 어의가 통하기 어렵다.

'대취'라는 명칭에 대해 제가의 설이 다양하다. 필원에 따르면 본문 내용 가운데 "이로움 가운데 큰 것을 취한다"는 의미라고 보았다. 손이양은 말하기를, "대취와 소취라는 것은 비유를 취한다는 의미이다"라고 하였다. 조요상에 의하면, "묵변의 6편은 어의가 유사하고 모두 '변경'(辯經)이라 할 수 있으며, 「대취」 편의 논의가 비교적 크며 묵가의 귀결이라고 할 수 있다"고 보았다.

1

하늘이 사람을 사랑함은 성인이 사람을 사랑하는 것보다 넓으며, 하늘이 사람을 이롭게 함은 성인이 사람을 이롭게 하는 것보다 두텁다. 대인이 소인을 사랑함은 소인이 대인을 사랑하는 것보다 넓으며, 대인이 소인을 이롭게 함은 소인이 대인을 이롭게 하는 것보다 두텁다.

天之愛人也, 薄¹於聖人之愛人也. 其利人也, 厚於聖人之利人也. 大
人²之愛小人也, 薄於小人之愛大人也. 其利小人也. 厚於小人之利大
人也.

- 1   薄: 박(溥)으로 읽으며(담계보), 박(博)의 뜻.
- 2   大人: 위정자(지도자). 소인(小人)은 백성을 가리킨다.
* 묵가에서의 천(天)은 실상 상벌을 행할 수 있는 주재적이고 인격적인 상제(하느
님)를 가리킨다.

2

　노예를 자신의 어버이로 삼아 사랑함은 자신의 어버이를 사랑하는 것
이다. 노예를 자신의 어버이로 삼아 이롭게 함은 자신의 어버이를 이롭
게 하는 것이 아니다. 음악이 자기 자식을 이롭게 한다고 생각하고 자식
을 위해 그렇게 하려는 것은 자식을 사랑하는 것이며, 음악이 자기 자식
을 이롭게 한다고 생각하고 자식을 위해 그것을 추구하는 것은 자기 자식
을 이롭게 하는 것이 아니다.

　以臧¹爲其親也而愛之, 非²愛其親也. 以臧爲其親也而利之, 非利其
親也.³ 以樂爲利其子, 而爲其子欲之, 愛其子也. 以樂爲利其子, 而
爲其子求之, 非利其子也.

- 1   臧: 남성 노예.
- 2   非: 연문(손이양).
- 3   부모를 사랑하는 일은 나에게 달려 있으며 주관에 속하고, 부모를 이롭게

하는 일은 어버이에게 달려 있어서 객관에 속한다.

* 여기서는 애(愛)와 이(利)가 모두 구체적 대상이 있으며, 구체적 정황에 따라서 애인(愛人), 이인(利人)이라고 칭할 수 있다고 밝힌 것이다.

3

체인하는 과정에서 경중을 헤아리는 것을 일러 권(權)이라 한다. 권은 옳다거나 그르다고 하는 것이 아니며, 권은 정확해야 한다.

> 於所體¹之中而權輕重之謂權. 權, 非爲是也. 非非²爲非也, 權, 正³也.

- 1 體: 체인(體認)(정독).
- 2 非非: 역비(亦非)로 고쳐야 한다(손이양).
- 3 正: 시비와 이해의 관계를 정확하게 처리함을 가리킨다.

*「경상」제85조에 이와 관련된 내용이 있고,『순자』「정명」편에도 관련된 논의가 보인다.

4

손가락을 잘라서 손목을 보존하는 것은 이로움 가운데 큰 것을 취하고, 해로움 가운데 적은 것을 취하는 것이다. 해로움 가운데 적은 것을 취하는 것은 해로움을 취하는 것이 아니라 이로움을 취하는 것이다. 이러한 선택은 사람이 마땅히 견지해야 할 것이다. 도둑을 만나서 손가락을 잘라서 자신의 해로움을 모면하는 것은 이로운 것이다. 도둑을 만난 일은 해로운 것이다.

斷指以存掔,[1] 利之中取大, 害之中取小也. 害之中取小也, 非取害
也, 取利也. 其所取者, 人之所執[2]也. 遇盜人, 而斷指以免身, 利
也. 其遇盜人, 害也.

• 1   掔: 손목(腕).
• 2   執: 당집(當執)으로 고쳐야 한다.
* 『국어』 「진어」(晉語) 편에 "복을 택할 때는 무거운 것보다 나은 것이 없고, 화를
택할 때는 가벼운 것보다 나은 것이 없다"(擇福莫若重, 擇禍莫若輕)는 내용이 보이
고, 『시자』(尸子) 「광택」(廣澤) 편에 "성인은 복을 헤아릴 때는 무거운 것을 취하고,
화를 헤아릴 때는 가벼운 것을 취한다"(聖人權福則取重, 權禍則取輕)는 내용이
있다.

5

손가락을 자르는 것과 손목을 자르는 것이 천하를 이롭게 하는 것과
같다면 선택의 여지가 없다. 죽고 사는 것이 천하를 이롭게 하는 것과 같
다면 선택의 여지가 없다.

斷指與斷腕, 利於天下相若, 無擇也. 死生利若一, 無擇也.

* 여기서는 묵가의 위대한 희생정신을 서술하였다. 천하에 유리하다면 손가락과
손목도 자를 수 있을 뿐 아니라 생사도 도외시할 수 있다는 것이다. 『맹자』 진심
상(盡心上) 편에서 "묵자는 겸애하여 이마가 닳아 뒤꿈치에 이르더라도 행한다"(墨

子兼愛, 摩頂放踵利天下, 爲之)고 지적한 것은 일리가 있다. 『여씨춘추』「지분」(知分)
편에서는 "생사의 분수에 통달하면 이해와 존망에 미혹되지 않을 수 있을 것이
다"(達死生之分, 則利害存亡不能惑矣)라 하였다.

6

한 사람을 죽여서 천하를 보존하는 것은 사람을 죽여서 천하를 이롭게
하는 것이 아니다. 자기를 죽여서 천하를 보존하는 것은 자기를 죽여서
천하를 이롭게 하는 것이다.

殺一人以存天下, 非殺一人以利天下也.[1] 殺己以存天下, 是殺己以利
天下.

• 1　殺一人: 살인(殺人)으로 고쳐야 한다(손이양).
* 공자는 살신성인(殺身成仁)을 강조했지만, 묵가는 자신을 죽임으로써 천하를 이
롭게 할 것을 주장했다. 「경상」제19조에도 관련된 내용이 보인다.

7

일을 하는 가운데 경중을 헤아리는 것을 일러 구(求)라 한다. 구는 시
비를 구별하는 것이다. 해로움 가운데 적은 것을 취하는 것은 해로움을
취하는 것이 아니다. 시비를 따져서 의를 행하는 것은 의를 행하는 것이
아니다.

於事爲之中而權輕重之謂求. 求, 爲之[1]非也. 害之中取小. 求爲義,

非爲義也.²

- **1** 之: 시(是)로 고쳐야 하며, 서로 통용됨(담계보).
- **2** 求爲義, 非爲義也: '非取害也. 求爲義, 非爲義也'로 고쳐야 한다.
* 묵가에서는 의(義)와 이(利)가 합일된다.「경상」제8조 참조. 여기서 알 수 있듯이 물체의 경중을 헤아리는 것은 시비(是非)가 아니며, 일을 하는 과정에서 경중을 헤아리는 것이 바로 시비가 된다.

8

포악한 자를 위해서 천지(天志)를 말하는 것은 옳은 일이다. 그러나 포악한 자 때문에 공덕을 노래하는 것은 그른 일이다.

爲暴人語天之,¹ 爲是也. 而性爲暴人歌天之,² 爲非也.

- **1** 之: 지(志)로 고쳐야 하며, 서로 통용됨. 이와 관련된 내용으로『묵자』에「천지」(天志) 편이 있다.
- **2** 性爲暴人歌天之: 성(性)은 유(惟)로 고쳐야 한다(담계보). 천(天)은 연문. 원문대로 번역해도 무방할 듯하다.
*『묵자』「법의」(法儀) 편에 "천(하느님)의 행사는 넓으면서 사사로움이 없고, 그 베풂은 두터우면서 공덕으로 내세우지 않으며, 그 밝음은 오래 지속되면서도 쇠하지 않는다"(天之行廣而無私, 其施厚而不德, 其明久而不衰)는 내용이 보인다. 또한 천은 "두루 사랑하고 두루 이롭게 하며, 두루 소유하게 하고 두루 먹게 한다"(兼而愛之, 兼而利之也, 兼而有之, 兼而食之)고 본다. 따라서 묵가에서는 마땅히 이러한 대공무사한 정신을 본받아 천하를 위해서 복리를 추구하고 화해(禍害)를 제거해야 한

다는 것이다.

9

이전의 규정에 따라서 효과가 있어서 내가 그것을 행하면서 열심히 한다면, 행한 바대로 내가 할 일을 추진할 수 있다. 만일 이전의 규정에 따라서 효과가 없었는데도 내가 이전의 규정을 행하여 열심히 한다면 내가 하는 일에 곤란을 겪을 것이다.

諸陳執旣有所爲,[1] 而我爲之, 陳執執之, 所爲因吾所爲也.[2] 若陳執 未有所爲, 而我爲之, 陳執陳執,[3] 因[4]吾所爲也.

- 1 진(陳)은 오래된 규정을 가리킨다. 집(執)은 지(持). 유소위(有所爲)는 효과가 있음을 가리킨다.
- 2 所爲因吾所爲也: 인(因)은 순(順)과 같으며 인신해서 추진의 뜻. 두 개의 소위 (所爲)는 한 일, 즉 공작을 가리킨다.
- 3 陳執陳執: '陳執執之'로 고쳐야 한다.
- 4 因: 곤(困)으로 고쳐야 한다.
* 이 단원은 「경하」 제17조와 제57조를 참조해서 보아야 한다. 여기서 이전의 규정이란 결국 묵가의 10대 주장을 가리킨다(조요상).

10

난폭한 자들이 말하기를, "나는 하느님의 뜻을 행한다"고 하는데, 그들은 남들이 그르다고 하는 것을 옳다고 보는 것이다. 그들의 본성은 바로

잡을 수 없더라도 (잘못은) 바로잡아야 한다.

暴人爲,[1] 我爲天之,[2] 以人非爲是[3]也. 而性不可正而正之.

- 1　爲: 위(謂)와 통용됨.
- 2　之: 지(志)로 고쳐야 한다.
- 3　以人非爲是: 남이 그르다고 하는 것을 옳다고 하는 것.
* 이 조목에 대한 제가의 주석이 다양한데 마지막 구절의 성(性)을 유(唯)나 수(雖)로 고칠 수 있기 때문이다.

11

이로움 가운데 큰 것을 취하는 것은 부득이한 일이 아니다. 해로움 가운데 작은 것을 취하는 것은 부득이한 일이다. 이전에 없던 것을 취하는 일은 이로움 가운데 큰 것을 취하는 것이다. 이미 있던 것을 버리는 일은 해로움 가운데 적은 것을 취하는 것이다.

利之中取大, 非不得已也.[1] 害之中取小, 不得已也.[2] 所未有而取焉,[3] 是利之中取大也. 於所旣有而棄[4]焉, 是害之中取小也.

- 1　非不得已也: 선택권이 나에게 있으므로 부득이한 일이 아니라는 뜻.
- 2　不得已也: 선택권이 나에게 있지 않으므로 부득이한 일이라는 뜻.
- 3　所未有而取焉: '於所未有而取焉'으로 고쳐야 한다.
- 4　於所旣有而棄: 도둑을 만나서 손가락을 잘라서 자신의 화를 모면하는 일이 여기에 해당된다.

12

의가 두터우면 후대하고 의가 엷으면 박대한다. 이것을 평등이라 한다. 덕행이 있는 사람, 군주, 어른, 친척은 모두 후대하는 대상이다. 어른이기 때문에 후대하지만 어리기 때문에 박대할 수 없다. (유가에서는) "관계가 가까우면 후대하고 관계가 멀면 박대하며 아주 가까우면 박대할 수 없다"고 말한다. (유가의) 의는 친척을 후대하는 것이며, 행동을 고려하지 않고 종족만을 고려하는 것이다.

> 義可厚, 厚之. 義可薄, 薄之. 謂[1]倫列.[2] 德行, 君上, 老長, 親戚,
> 此皆所厚也. 爲長厚, 不爲幼薄. 親厚, 厚. 親薄, 薄. 親至, 薄不
> 至.[3] 義, 厚親, 不稱行而顧[4]行.

- 1 謂: 위지(謂之)로 고쳐야 한다(손이양).
- 2 倫列: 등열(等列), 즉 차등이 없다는 뜻.
- 3 "親厚, 厚. 親薄, 薄. 親至, 薄不至" 앞에 위(謂)가 있어야 한다.
- 4 顧: 류(類)로 고쳐야 한다(손이양).

* 유가의 혈연 중심의 차등애에 대한 비판이다. 공자에 의하면, 나의 어린이와 노인을 먼저 사랑하고 다른 사람의 어린이와 노인에게 사랑이 미치며, 맹자는 사랑의 순서를 친친(親親)→인민(仁民)→애물(愛物)로 제시한 바 있다. 참고로 『논어』에 보이는 "유교무류"(有敎無類)에서 류(類)는 출신 종족의 뜻이다.

13

천하 때문에 우 임금을 후대하는 것은 우를 위한 것이 아니다. 천하 때

문에 우 임금을 두텁게 사랑하는 것은 곧 우 임금이 사랑하던 사람들이
었기 때문이다. 우 임금이 천하에 있음을 후대하면서 우 임금이 사랑하는
사람들이 천하에 있음을 후대하지 않는 것은 마치 천하에 도둑질이 있음
을 싫어하면서 천하에 도둑이 있음을 싫어하지 않는 것과 같다.

爲天下厚禹, 爲禹也.[1] 爲天下厚愛禹, 乃爲禹之人愛也.[2] 厚禹之加
於天下, 而厚禹不加於天下.[3] 若惡盜之爲[4]加於天下. 而惡[5]盜不加於
天下.

- 1 爲禹也: '非爲禹也'로 고쳐야 한다.
- 2 禹之人愛也: '禹愛之人也'로 고쳐야 한다.
- 3 而厚禹不加於天下: '而不厚禹愛之人加於天下'로 고쳐야 한다. 가(加)는 존재,
  유(有)의 뜻. 아래도 이와 같다.
- 4 盜之爲: 도적의 행위.
- 5 惡: 불오(不惡)로 고쳐야 한다.
* 이 조목은 제가의 해석이 다양하지만 진맹린의 교석이 가장 자세하다.

14

사람을 사랑하는 것은 자기를 배제하지 않으며 자기도 사랑하는 가운
데 있다. 자기가 사랑하는 바에 있으면 사랑이 자기에게 가해진다. 차별
없이 자신을 사랑하면 사람을 사랑하는 것이다.

愛人不外己, 己在所愛之中. 己在所愛, 愛加於己. 倫列之愛己, 愛
人也.

* 묵가의 겸애는 사랑에 차별을 두지 않으므로, 자신을 사랑하든 남을 사랑하든 차별을 두어서는 안 된다.

15

성인은 질병을 싫어하지만 위난을 싫어하지 않는다. 자신을 추스르며 동요되지 않는 것은 남들의 이로움을 바라고 남들이 자신에게 끼치는 해로움을 싫어하지 않기 때문이다.

聖人惡疾病, 不惡危難.[1] 正[2]體不動, 欲人之利也, 非惡人之害也.

- 1 묵가에서는 의(義)를 이(利)라고 본다. 의로운 경우에는 위난을 피하지 않는다.
- 2 正: 치(治)의 뜻. 『여씨춘추』「순민」(順民) 편의 "탕 임금은 하나라를 이기고 천하를 다스렸다"(湯克夏而正天下)에 대한 고유(高誘)의 주석에서 "정(正)은 치(治)의 뜻이다"라 하였다.

16

성인은 자기 집 안에 저장하기 위한 이유로 저장하는 데 뜻을 두지 않는다. 성인은 자식을 위한 일을 하지 않는다.

聖人不爲其室臧之故在[1]於臧. 聖人不得爲子之事.

- 1 在: 지재(志在)로 고쳐야 한다.

17

성인의 법에 따르면, 어버이가 돌아가시면 잊는 것은 천하를 위하기 때문이다. 어버이를 후대하는 것은 (자식의) 직분이지만, 돌아가시면 그것을 잊고 온몸을 다하여 이로움을 일으킨다. 두터움과 엷음을 두고 차별 없이 이로움을 일으키지 않는 것은 자기만을 위한 것이다.

聖人[1]之法. 死亡親,[2] 爲天下也. 厚親, 分也. 以死, 亡之. 體渴[3]興利. 有厚薄, 而毋(無)倫列之興利, 爲已.

- 1 聖人: 묵가에서 존숭하는 우 임금을 가리킨다.
- 2 亡親: 망(亡)은 망(忘)과 통함. 망친(忘親)은 유가의 후장구상(厚葬久喪)에 반대하는 묵가의 절장(節葬)을 가리킨다.
- 3 渴: 갈(竭)로 고쳐야 한다.
* 맹자는 "묵자는 겸애하여 이마가 닳아서 발꿈치에 이르더라도 천하를 이롭게 하는 일이라면 행한다"(墨子兼愛, 摩頂放踵, 利天下, 爲之)고 비판한 바 있다.

18

명가의 화두: 명가의 화두에서는 "백마는 말이다"를 부정하고 "외로운 망아지는 일찍이 어미가 없었다"는 설을 고집하면서 그 설을 내세우지만 잘못이다. "구(狗)를 죽이는 것은 견(犬)을 죽이는 것이 아니다"라고 하는 것은 잘못이다.

語經:[1] 語經也.[2] 非白馬焉,[3] 執駒焉說求之,[4] 舞[5]說非也. 漁大之舞大.⁶ 非也.

- **1** 語經: 언어의 상경(常經). 여기서는 명가의 화두를 가리킨다(강보창).
- **2** 也: 자(者)로 고쳐야 한다(손이양).
- **3** 焉: 마(馬)로 고쳐야 한다(손이양).
- **4** 『장자』「천하」편에 당시 변자들의 "외로운 망아지는 일찍이 어미가 없었다"(孤駒未嘗有母)는 명제가 보인다. 백마(白馬)와 고구(孤駒)는 명가의 화두로서 이른바 어경에 해당된다.
- **5** 舞: '휘두르다, 내세우다'의 뜻.
- **6** 漁大之舞大: '殺狗之無犬'으로 고쳐야 한다(손이양).

19

三物必具, 然後足以生.¹

- **1** 이 구절은 착간이다. 제52조 "以故生, 以理長, 以類行也者"의 앞으로 옮겨야 한다.

20

저들(양주학파)이 자기를 사랑한다는 것은 (묵가의) 자기를 사랑하는 사람이 아니다. 후대함에는 자기를 배제하지 않으며 사랑함에는 후박이 없다. 자기만을 거론하는 것은 현명하지 못하다.

臧^{1}之愛己, 非爲愛己之人也.^{2} 厚^{3}不外己, 愛無厚薄. 擧己, 非賢
也.

- **1** 臧: 본래 노비를 가리키며, 여기서는 묵가의 상대에 대한 비칭. 여기서는 양주
학파를 가리킨다.
- **2** 非爲愛己之人也: 묵가에서 말하는 '자신을 사랑하는 사람'이 아니다.
- **3** 厚: 후인(厚人)으로 고쳐야 한다.

* 묵가에서는 자기와 남을 무차별적으로 사랑하기 때문에 양자의 구별을 두지 않
는다. 맹자에 의하면, "양주는 위아(爲我)를 행하여 한 털을 뽑아서 천하가 이롭게
되더라도 하지 않는다"고 비판한 바 있으며, 『열자』「양주」편에는 "그의 학설은 애
기(愛己)에 있어서 한 털을 뽑아서 천하를 이롭게 하지 않는다"고 되어 있다.

21

의는 이로움이고 불의는 해로움이다. 목적과 효과로써 분별해야 한다.

義, 利. 不義, 害. 志功爲辯.

* 묵가에서는 겸상애(兼相愛)를 이상(志), 교상리(交相利)를 목적(功)으로 삼는데 겸
상애는 인(仁)이며, 교상리는 의(義)다.

22

친구가 진나라 말을 갖고 있다면 친구가 말을 갖고 있는 것이다. 어디
서 온 말인지를 알기 때문이다.

有有¹於秦馬, 有有²於馬也. 智(知)來者之³馬也.

- 1·2 有有: 우유(友有)로 고쳐야 한다(손이양).
- 3 之: 시(是)의 뜻.

* 공손룡의 '백마비마'론을 비판한 것으로 보인다.

23

인구가 많은 세상을 사랑함과 인구가 적은 세상을 사랑함은 마찬가지이다. 겸애를 하면 서로 같다. 옛날(상세)을 사랑함과 후세를 사랑함을 마치 지금 세상의 사람과 같이 한다.

愛衆衆世與愛寡世相若.¹ 兼愛之, 有相若. 愛尚²世與愛后世, 一若今之世³人也.

- 1 衆衆世: 중세(衆世)로 고쳐야 한다. 중세는 중국을 가리키며, 과세(寡世)는 중원 이외의 지방을 가리킨다.
- 2 尚: 상(上)과 같다.
- 3 之世: 세지(世之)로 고쳐야 한다.

24

사람의 귀신은 사람이 아니다. 형의 귀신은 형이다.

鬼,¹ 非人也. 兄之鬼, 兄也.

• 1 鬼: 인지귀(人之鬼)로 고쳐야 한다. 「소취」 편에 같은 내용이 보인다.

* 묵가는 유가의 번거로운 제사 형식에는 반대하지만 유가와 마찬가지로 영혼의
존재를 인정하고 있음을 확인할 수 있다.

25

"천하 사람들이 이로움에 열중하지만 성인은 사랑하면서 이로움을 추
구하지 않는다." 이렇게 사람들이 말하지만, 묵가를 비판하는 사람들의
말이다. 천하에 (알아주는) 사람이 없다고 해도 묵자 선생의 말은 여전하다.

> 天下^{1}之^{2}利驩, 聖人有愛而無利. 倪日^{3}之言也. 乃客之言^{4}也. 天下
> 無人, 子墨子之言也猶在.

• 1 天下: 천하 사람을 가리킨다.

• 2 之: 지(至)와 같다.

• 3 倪日: 현왈(倪日)로 고쳐야 한다. 현왈은 자왈(藉日), 차왈(借日)과 같으며 사람
들의 말을 가리킨다.

• 4 客之言: 묵자를 비판하는 사람들의 말. 객(客)은 상대를 가리킨다.

* 「귀의」(貴義) 편에 "묵자가 말하였다. 내 말은 쓰기에 족하다. 내 말을 버리고 생
각을 바꾸는 것은 마치 수확물을 버리고 이삭을 줍는 것과 같다. 자기 말을 가지
고 내 말을 비판하는 것은 마치 계란을 바위에 던지는 것과 같다. 천하의 계란을
소진하더라도 그 돌은 여전하고 훼손되지 않는 것과 같다"는 내용이 보인다. 묵자
의 변설에 대한 자신감을 엿볼 수 있는 대목이다.

26

부득이해서 하고자 함은 하고자 하는 것이 아니다. 노예(장)를 죽이고자 하는 것은 노예를 죽이는 것이 아니다. 도둑을 죽이고자 하는 것은 도둑을 죽이는 것이 아니다. 목적과 효과가 아직 통일되어 있지 않기 때문이다.

不得已而欲之, 非欲之也. 非殺臧也.[1] 專[2]殺盜, 非殺盜也.[3]

- 1 非殺臧也: 이 구절 앞에 욕살장(欲殺臧)이 있어야 한다(담계보).
- 2 專: 욕(欲)으로 고쳐야 한다.
- 3 이 구절 뒤에 '志功不可以相從也'가 있어야 한다. 착간으로 제29조에 있다.
* 겸애와 천하의 이익을 전제하여 부득이한 경우 노예나 도둑을 죽일 수 있다는 것이다.

27

凡學愛人.[1]

- 1 凡學愛人: 학(學)은 예(譽)로 고쳐야 한다. 이 구절은 착간으로 제30조로 옮겨야 한다(손이양).

28

작은 원과 큰 원은 원이라는 점에서 같지만, 1척에 '이르지 못함'과 1종(鍾)에 '이르지 못함'은 다르다. '이르지 못함'이 같은 것은 차이의 다소(원근)를 가리킨다는 점일 뿐이다.

小園[1]之園與大園之園同，方[2]至尺之不至也，與不至鍾[3]之至不[4]異. 其不至同者，遠近之謂也.

- 1 園: 원(圓)과 통함.
- 2 方: 불(不)로 고쳐야 한다(손이양).
- 3 鍾: 고대 용량의 단위.
- 4 至不: 부지(不至)로 고쳐야 한다(손이양).

29

반달 모양의 옥 장식은 옥이다. 기둥을 생각하는 것은 나무를 생각하는 것이 아니며 기둥의 나무를 생각하는 것이다. 지정한 사람을 생각하는 것은 일반 사람을 생각하는 것이 아니며 사냥물을 생각하는 것은 곧 금수를 생각하는 것이다.

是璜[1]也，是玉也. 意楹非意木也，意是楹之木也. 意指之人[2]也，非意人也，意獲也，乃意禽也. 志功不可以相從也.[3]

- 1 璜: 반달 모양의 옥 장식.

- 2   指之人: 지정한 사람. 곧 특정한 사람.
- 3   志功不可以相從也: 이 구절은 착간으로 제26조로 옮겨야 한다.
* 이 대목은 전칭과 특칭의 관계를 설명한 것이다.

30

무릇 사람을 사랑하며 이롭게 함을 기리는 것은 그 사람을 위하는 것이다. 부자를 칭찬하는 것은 그 사람을 위한 것이 아니라 목적이 있으니 부자로 하여금 남을 부유하게 하고자 하는 것이다.

利人也,[1] 爲其人也. 富人, 非爲其人也, 有爲也, 以富人富人也.

- 1   利人也: 이 구절 앞에 '凡譽愛人'이 있어야 한다. 착간으로 제27조에 있다. 예(譽)는 구문에서는 학(學)으로 되어 있지만 손이양의 교정에 따랐다.

31

사람을 다스릴 때 귀신을 위해야 한다.

治人有爲鬼焉.[1]

- 1   묵자는 운명론을 부정하고 귀신의 존재를 증명하고 있는데, 가장 중요한 기준은 국가와 백성에게 이로운가의 여부에 달려 있다고 주장한다. 「명귀」(明鬼) 편 참조.

32

칭찬으로써 한 사람을 이롭게 하는 것은 칭찬으로써 모든 사람을 이롭게 하는 것이 아니지만 사람들에게 전혀 의미가 없는 것은 아니다.

爲賞譽利一人, 非爲賞譽利人[1]也, 亦不至無貴[2]於人.

- 1 人: 인인(人人)으로 고쳐야 한다.
- 2 無貴: 무상예(無賞譽)로 고쳐야 한다(손이양).

33

부모의 한 이익만을 아는 것은 효도가 아니지만 부모보다 자신의 이익을 우선하지 않는 데에 이른 것은 아니다.

智[1]親之一利, 未爲孝也,[2] 亦不至於智不爲己之利於親也.[3]

- 1 智: 지(知)와 같다. 아래도 이와 같다.
- 2 未爲孝也: 겸애가 아니므로 진정한 효가 아니라는 뜻.
- 3 不爲己之利於親也: 부모보다 자신의 이익을 우선하지 않는다는 뜻.

* 묵가의 겸애와 교리는 천하에 고르게 미쳐야 한다. 효도 또한 자신의 부모에 그쳐서는 안 된다.

34

이 세상에 도둑이 있음을 알더라도 이 세상 사람 모두를 사랑한다. 이 집안에 도둑이 있음을 안다면 이 집안의 사람 모두를 사랑할 수 없다. 한 사람이 도둑임을 알더라도 두 사람을 모두 싫어할 수 없다. 비록 한 사람이 도둑이라도 진실로 누구인지 모른다면 친구 모두를 싫어할 수 없다.

智^{1}是之^{2}世有盜也, 盡愛是世. 智是室之有盜也, 不盡^{3}是室也. 智其一人之^{4}盜也, 不盡^{5}是二人. 雖其一人之盜, 苟不智其所在, 盡^{6}惡其弱^{7}也.

- **1** 智: 지(知)와 같으며 아래도 이와 같다.
- **2** 之: 연문.
- **3** 不盡: 부진애(不盡愛)로 고쳐야 한다(담계보).
- **4** 之: 시(是)의 뜻.
- **5** 不盡: 부진오(不盡惡)로 고쳐야 한다(손이양).
- **6** 盡: 부진(不盡)으로 고쳐야 한다(정독).
- **7** 弱: 붕(朋)으로 고쳐야 한다(손이양).

35

여러 성인들이 우선하는 것은 사람을 위하여 명실을 살피는 일이지만 명에 반드시 실이 있는 것이 아니며, 실에 반드시 명이 있는 것이 아니다.

諸聖人所先, 爲人欲名實,^{1} 名實不必名.^{2}

- 1 　爲人欲名實: 위인(爲人)은 위기(爲己)와 대비되어 남을 위하는 일을 가리킨다. 욕(欲)은 효(效)로 고쳐야 한다(정독). 담계보는 『맹자』「고자하」(告子下) 편에 보이는 순우곤(淳于髡)의 "명실을 우선하는 것은 남을 위하는 것이고, 명실을 뒤로하는 것은 자신을 위한 것이다"(先名實者爲人也, 後名實者自爲也)라는 말을 인용하여 설명하고 있다.
- 2 　名實不必名: '名不必實, 實不必名'으로 고쳐야 한다(조요상).

36

만일 이 돌이 흰색이면 부수어도 이 돌이며 모두 흰색과 같다. 이 돌이 비록 크더라도 부순다면 큰 것과 같을 수 없다. 이것은 그렇게 하는 것이 있기 때문이다. 수량을 반영하지 않는 모든 개념은 부수더라도 변하지 않는다.

苟是石也白, 敗是石也, 盡與白同. 是石也唯[1]大, 不與大同.[2] 是有便謂焉也.[3]

- 1 　唯: 수(雖)로 고쳐야 하며 서로 통용됨.
- 2 　不與大同: 이 구절 앞에 '敗是石也'가 있어야 한다.
- 3 　是有便謂焉也: 편(便)은 사(使)로 고쳐야 한다(손이양). 언(焉)은 연(然)의 뜻. 사위(使謂)는 한 사물이 다른 사물과의 관계에서 발생되는 성질을 가리킨다. 예컨대 크다는 것은 그보다 작은 사물과의 비교에서 발생되는 성질이다. 이 구절의 끝에는 '諸非以擧量數命者, 敗之盡是也'가 있어야 한다. 착간으로 제50조에 있다.

37

모양으로 명명된 개념은 반드시 그 대상을 알아야만 개념을 알 수 있다. 모양으로 명명할 수 없는 개념은 비록 그 대상을 모르더라도 개념을 알 수 있다. 그들의 거주지나 이주지로써 명명된 개념은 만일 적중하면 모두 맞지만, 벗어나면 틀리게 된다. 그들의 거주지나 이주지로써 명명된 것은 마치 향리, 제나라, 초나라와 같은 것이다. 모양으로 명명된 것은 마치 산, 언덕, 집, 사당과 같은 것이다.

以形貌命者, 必智[1]是[2]之某也, 焉(乃)智某也. 不可以形貌命者, 唯[3]不智是之某也, 智某可也. 諸以居運命者, 苟人[4]於其中者皆是也, 去之因非也. 諸以居運命者, 若鄕里齊荊者皆是. 諸以形貌命者, 若山丘室廟者皆是也.

- 1 智: 지(知)와 같으며 아래도 이와 같다.
- 2 是: 대명사.
- 3 唯: 수(雖)로 고쳐야 하며 서로 통용됨.
- 4 人: 입(入)으로 고쳐야 한다.

38

지식은 생각과 다르다.

智[1]與意異.

• 1 　智: 지(知)와 같다.

39

1) 같음〔同〕의 종류: 중동(重同: 二名一實), 구동(具同: 俱同과 같으며 예컨 대 함께 방에 있는 경우), 연동(連同: 體同과 같으며 동일 사물의 구성 부분. 예 컨대 인체의 손과 발), 동류지동(본질이 같은 경우), 동명지동(명칭이 같은 경 우), 구동(丘同: 區同과 같으며 지역이 같은 경우), 부동(鮒同: 附同과 같으며 관계가 같은 경우), 시지동(주어가 외연을 포함하는 경우), 연지동(실제는 그 렇지 않지만 그렇다고 판단하는 경우), 동근지동(근원이 같은 경우, 예컨대 형 제). 2) 다름〔異〕의 종류: 비지이(모순 관계), 불연지이(반대 관계)가 있고, 같은 가운데 다른 것이 있고, 다른 것 가운데 같은 것이 있다. 3) 추론의 종류: 첫째는 추론의 전제가 긍정이며 결론도 긍정인 경우(是而然), 둘째 는 추론의 전제가 긍정이지만 결론은 부정인 경우(是而不然), 셋째는 이 전에는 같았는데 지금은 다르거나 이전에는 달랐는데 지금은 같은 경우 (遷), 넷째는 겉으로는 같지만 실제로는 다른 경우(强)가 있다.

重同, 具同, 連同, 同類之同, 同名之同, 丘同, 鮒同, 是之同, 然 之同, 同根之同. 有非之異, 有不然之異. 有其異也, 爲其同也, 爲 其同也異. 一曰乃是而然, 二曰乃是而不然, 三曰遷, 四曰强.

40

묵자는 깊어야 하면 깊게 하고, 낮게 해야 하면 낮게 하며, 보태야 하면 보태고, 줄여야 하면 줄였다.

子深其深, 淺其淺, 益其益, 尊其尊.[1]

• 1 尊: 준으로 읽는다(유월). 『설문』에서 "준은 감(減)의 뜻이다"라 하였다.

41

察次山比因至優指復次察聲端名因請復.[1]

• 1 이 구절은 착간이 심하여 고증하기 어렵다. 손이양의 의견을 참고로 제시한다. 두 개의 차(次)는 도(盜)로 고쳐야 한다. 우(優)와 두 개의 복(復)은 득(得)으로 고쳐야 한다. 청(請)은 정(情)으로 읽는다. 단(端)은 췌(揣)로 고쳐야 한다. 따라서 원문은 '察盜止此室因指得, 察盜聲端名因情得'이 된다. 이렇게 하면, '도둑이 이 집에 있는 것을 아는 것은 어떤 사람이 알려준 결과이고, 도둑의 목소리를 살펴서 그 이름을 알게 되는 것은 정황에 따라 얻어진 결과이다'라는 뜻이 된다.

42

필부의 언사는 거칠어서 사람들이 그 실정을 얻을 수 있다. 편견에 집착해서 호오를 달리하는 경우에는 사람들이 반드시 그 실정을 얻을 수 있는 것은 아니다.

正[1]夫辭惡者, 人右[2]以其請[3]得焉. 諸所遭執而欲惡[4]生者, 人不必以其請得焉.

• 1   正: 필(匹)로 고쳐야 한다(손이양).
• 2   右: 유(有)로 고쳐야 한다(손이양).
• 3   請: 정(情)으로 읽는다.
• 4   欲惡: 호오(好惡)와 같다.

43

성인이 천하를 보살필 때에는 사랑하기만 하고 사사로운 마음이 없다.
사사로움은 사려에서 비롯된다. 이전의 사려는 지금의 사려와는 다르다.
이전에 사람을 사랑함은 지금에 사람을 사랑함과 다르다.

聖人之附漬[1]也, 仁而無利愛. 利愛[2]生於慮. 昔者之慮也, 非今日之
慮也. 昔者之愛人也, 非今之愛人也.

• 1   附漬: 부(附)는 부(拊)로 고쳐야 한다(손이양). 부(拊)는 무(撫)와 같다. 부(漬)는
부(覆)로 고쳐야 한다(조요상). 무부(撫覆)는 무육(撫育)의 뜻.
• 2   利愛: 사사로운 마음.

44

획을 사랑할 때의 사람을 사랑함은 획의 이로움을 고려하는 데서 비롯
된다. 획의 이로움을 고려하는 것은 장의 이로움을 고려하는 것이 아니
다. 그런데 장을 사랑할 때의 사람을 사랑함은 곧 획을 사랑할 때의 사랑

함과 같다. 사랑을 없애면 천하가 불리하기 때문에 없앨 수 없다.

愛獲[1]之愛人也. 生於慮獲之利. 慮獲之利. 非慮臧之利也. 而愛臧之
愛人也. 乃愛獲之愛人也. 去其愛, 而天下利,[2] 弗能去也.

• 1　獲: 여자 노비의 낮춤말. 『방언』에 "남자 노비를 낮추어 장(臧)이라 하고, 여
자 노비를 낮추어 획(獲)이라 한다"(罵奴曰臧, 罵婢曰獲)고 되어 있다.
• 2　利: 불리(不利)로 고쳐야 한다(손이양).

45

옛날에 검소함을 알았던 것은 오늘날 검소함을 아는 것과 다르다.

昔之知牆,[1] 非今日之知牆也.

• 1　牆: 색(嗇)으로 고쳐야 한다(유월). 색(嗇)은 인색, 검소의 뜻. 지금에 인색을 안
다는 것은 묵가의 「절용」(節用)을 가리킨다.

46

귀하기로 천자라 하더라도 남을 이롭게 하는 데는 필부보다 두터울 수
없다.

貴爲天子, 其利人不厚於正[1]夫.

• 1　正: 필(匹)로 고쳐야 한다.
* 남을 이롭게 하는 일은 지위의 고하에 상관없다는 묵가의 의지를 표명한 것이다.

47

두 아들이 어버이를 섬김에 한 아들은 풍년을 만나고 다른 아들은 흉년을 만나더라도 그들이 어버이를 이롭게 함은 마찬가지다. 그들이 행동을 더하고자 한 것이 아니라 객관 조건이 내가 이롭게 하려는 것보다 두텁게 할 수 없게 한 것이다.

二子事親, 或遇孰,[1] 或遇凶, 其[2]親也相若. 非彼其行益[3]也, 非加[4]也, 外執[5]無能厚吾利者.[6]

• 1　孰: 숙(熟)과 같으며 풍년의 뜻.
• 2　其: 기리(其利)로 고쳐야 한다(담계보).
• 3　行益: 부모를 섬기는 마음이 두터움을 가리킨다.
• 4　加: 앞의 익(益)과 같은 뜻.
• 5　執: 세(勢)와 같다. 외세는 객관 조건을 가리킨다.
• 6　吾利者: 내가 어버이를 이롭게 하는 마음을 가리킨다.

48

가령 장이 죽어서 천하가 피해를 입는다면, 내가 장을 보양함을 만 배를 더하더라도 내가 장을 사랑하는 것이 지나친 것이 아니다.

藉臧也死, 而天下害, 吾持養[1]臧也萬倍,[2] 吾愛臧也不加厚.[3]

- **1** 持養: 보양(保養).
- **2** 萬倍: 일반인보다 만 배임을 가리킨다.
- **3** 不加厚: 지나친 것이 아니라는 뜻.

49

　키가 큰 사람과 키가 작은 사람은 같다. 외모가 같기 때문에 같다고 한다. 사람의 손가락과 머리는 다르다. 사람의 신체가 한 가지 모양이 아니므로 다르다고 한다. 대검과 소검은 다르다. 검은 모양으로 명명한 것이기 때문에 그 형태가 다르면 다르다고 한다. 버드나무의 나무와 복숭아나무의 나무는 같다. 그것은 수량으로 명명한 것이 아니라 취한 것 모두가 같기 때문이다.

　長人之異短人之同.[1] 其貌同者也, 故同. 指之人也與首之人也[2]異. 人之體非一貌者也, 故異. 將劍與挺劍異.[3] 劍以形貌命者也, 其形不一, 故異. 楊木之木與桃木之木也同.

- **1** 長人之異短人之同: '長人之與短人同'으로 고쳐야 한다(손이양). 지(之)는 연문.
- **2** 指之人也與首之人也: '人之指也與人之首也'로 고쳐야 한다(정독).
- **3** 將劍與挺劍異: 장검(將劍)은 대검, 정검(挺劍)은 소검을 가리킨다(정독).

50

諸非以舉量數命者, 敗之盡是也.[1]

• 1 이 두 구절은 착간으로 제36조로 옮겨야 한다.

51

따라서 손가락 하나는 한 사람이 아니다. 한 사람의 손가락이 곧 한 사람이다. 사각형의 일면은 사각형이 아니다. 사각 모양의 나무의 면은 사각형의 나무이다.

故一人指,[1] 非一人也. 是一人之指, 乃是一人也. 方之一面, 非方也. 方木之面, 方木也.

• 1 故一人指: 고일지(故一指)로 고쳐야 한다(왕개운).

52

세 가지가 갖추어진 뒤에야 판단이 성립될 수 있다. 무릇 판단은 고(故: 원인, 이유)로부터 비롯되고, 이(理: 형식)로부터 드러나며, 유(類)로부터 추론된다. 판단을 하면서 그것이 비롯된 바를 밝히지 못하면 잘못된 것이다. 가령 사람이 갈 수 없는 길은 없지만 비록 건장한 신체를 지녔더라도 길에 밝지 못하면 곤경에 처하는 것은 어쩔 수 없다. 무릇 판단은 유로서 추론되는 것이다. 유추하면서 그 유에 밝지 못하다면 반드시 곤란해질 것이다.

以故生, 以理長, 以類行也者.[1] 立辭而不明於其[2]所生, 忘[3]也. 今人非道無所行, 唯(雖)有强股肱而不明於道, 其困也可立而待也. 夫辭以類行者也. 立辭而不明於其類, 則必困矣.

- 1 以故生, 以理長, 以類行也者: 이 구절 앞에 '三物必具然後辭足以生, 夫辭'의 12글자가 있어야 한다. 착간으로 제19조에 있다(담계보, 손이양).
- 2 其: 기고(其故)로 고쳐야 한다(담계보).
- 3 忘: 망(妄)으로 고쳐야 한다(담계보).

53

따라서 점차적으로 들어오는 말은 마치 바람을 일으켜 철을 단련시키는 것과 같다. 성인이 천하를 다스리는 일은 마치 길을 잃은 사람에게 방향을 알려주는 것과 같다. 혹은 장수하거나 혹은 장수하지 못하더라도 그 이로움의 목적이 마찬가지인 것은 마치 명예와 같다. 하루에 백만 명을 살리더라도 사랑은 지나친 것이 아님은 마치 해로움을 싫어하는 것과 같다. 두 세상을 사랑하는 데 후박이 있지만 두 세상을 사랑함은 마찬가지이니 마치 뱀의 무늬와 같다. 비록 사랑함이 같더라도 선택해서 한 사람을 죽이는 것은 마치 구덩이 속의 쥐를 죽이는 것과 같다. 필부와 군자가 남을 이롭게 함은 마찬가지인 것은 마치 밭고랑과 같다. 무릇 이로움을 일으키고 해로움을 제거하는 일은 마치 새는 곳을 막는 것과 같다. 어버이를 사랑할 때는 행위에 따라 일률적으로 규정할 수 없는 것은 마치 강가에 우물을 파는 일과 같다. 자신만을 위하지 않는 학습이 가능한 것은 마치 사냥할 때 경주하는 것과 같다. 남을 사랑함이 명예 때문이 아닌 것은 마치 행인을 접대하는 일과 같다. 남의 어버이를 사랑하기를 자기 어버이를 사랑하듯이 하는 것은 마치 관공서의 일에 바쁜 것과 같다. 겸애는 똑같이 사랑하는 것으로, 한편이 똑같이 사랑하면 다른 한편도 똑같이 사랑하는 것이니, 이것은 마치 지렁이나 뱀과 같다.

> 故浸淫[1]之辭, 其類在鼓栗.[2] 聖人也, 爲天下也, 其類在於追迷.[3] 或壽或卒, 其利天下也指若,[4] 其類在礜石.[5] 一日而百萬生, 愛不加厚, 其類在惡害. 愛二世[6]有厚薄, 而愛二世相若, 其類在蛇文. 愛之相若, 擇而殺其一人,[7] 其類在阬下之鼠. 小仁與大仁行厚相若,[8] 其類在申.[9] 凡興利除害也, 其類在漏[10]雍.[11] 厚親, 不稱行而顧行, 其類在江上井.[12] 不爲己[13]之可學也. 其類在獵走.[14] 愛人非爲譽也, 其類在逆旅.[15] 愛人之親, 若愛其親, 其類在官苟.[16] 兼愛相若, 一愛相若, 一愛相若,[17] 其類在死也.[18]

• 1 浸淫: 점차적으로 들어옴의 뜻. 단옥재(段玉裁)의 『설문』 주석에서 "침음(浸淫)은 점차적으로 들어오는 것이다"(浸淫者, 以漸而入也)라 하였다.

• 2 鼓栗: 바람을 일으켜 철을 단련시킨다는 뜻.

• 3 追迷: 추(追)는 구(救)의 뜻. 구미(救迷)는 길을 잃은 사람에게 방향을 가리킨다는 뜻.

• 4 指若: 상약(相若)으로 고쳐야 한다(담계보).

• 5 石: 명(名)으로 고쳐야 한다(필원).

• 6 二世: 앞의 중세(衆世: 다수 민족)와 과세(寡世: 소수 민족)를 가리킨다.

• 7 擇而殺其一人: 선택해서 한 사람을 죽여도 겸애에 지장이 없다는 뜻. 겸애는

결코 해로움을 제거하는 데 방해되지 않는다.

• 8　小仁與大仁行厚相若: 인(仁)은 인(人)과 같다. 아래도 이와 같다. 행후(行厚)는 사람을 이롭게 하는 것.

• 9　申: 전(田)으로 고쳐야 한다(조요상).

• 10　漏: 새는 것.

• 11　雍: 옹(甕)과 같으며 막는다는 뜻.

• 12　江上井: 미상.

• 13　不爲己: 묵가에서는 남을 사랑하고 이롭게 할 것을 주장하며, 따라서 학습도 자신을 위해서만 하지 않을 것을 강조한다.

• 14　走: 경주(競走)(담계보).

• 15　逆旅: 행인을 접대하는 곳. 역(逆)은 영(迎)의 뜻.

• 16　官苟: 공적인 일에 바쁘다는 뜻.

• 17　一愛相若, 一愛相若: 겸애는 쌍방을 사랑하는 것이다. 예컨대 "남의 나라 보기를 자기 나라 보듯이 하고, 남의 가문 보기를 자기 가문 보듯이 하며, 남의 몸을 보기를 자기 몸을 보듯이 한다"(「겸애」편). 따라서 일애(一愛)는 한쪽을 사랑한다는 뜻. 이 구절의 뜻은 한쪽을 사랑하는 것과 다른 한쪽을 사랑하는 것이 서로 같다는 것이다.

• 18　死也: 사(死)는 완(宛)으로 고쳐야 한다. 완(宛)은 완(蜿)의 약자로 지렁이를 가리킨다. 야(也)는 판본에 따라서 사(虵)로 되어 있다. 뱀이나 지렁이의 머리와 꼬리가 상응함을 비유한 것이다.

45. 소취(小取)

이 편은 「대취」 편과 마찬가지로 겸애설에 대한 논증이 주요 내용이다. 첫머리에 제시된 묵가 변설의 목적과 작용을 통해 보면, 사실 판단과 가치 판단의 두 가지 문제가 통일되어 있다. 사실 판단은 논리학 혹은 인식론의 문제이며, 가치 판단은 정치학 혹은 윤리학의 문제이다. 구체적으로는 추리 논증과 밀접한 관계가 있는 혹(或)·가(假)·효(效)의 세 가지 정황을 서술하고, 비(譬)·모(侔)·원(援)·추(推)의 네 가지 서로 다른 추리 논증 형식을 정의하였다. 아울러 사물의 다양하고 복잡한 정황을 전제하여 추리 논증의 과정에서 반드시 적용 범위를 고려해야 하며, 그렇지 않으면 논리적 오류를 범할 수 있음을 지적하였다. 마지막으로 추론의 여러 가지 복잡한 정황에 대해 고찰하였다. 이상의 내용이 오늘날의 논리학적 범주와 완전히 일치하는 것은 아니지만 당시 묵가의 수준 높은 논리학적 성과를 엿볼 수 있는 자료임은 틀림없다.

오육강에 의하면 이 편의 성립 연대가 「대취」 편에 비해 늦기 때문에 '소취'라는 편명을 붙였다고 한다. 논리적 측면에서 볼 때 「소취」 편은 형식 논리에 중점을 두었다면 「대취」 편은 변증 논리에 중점을 두었다.

1

무릇 변설은 시비(是非)의 구분을 명확히 하고, 치란(治亂)의 기강을 살피며, 동이(同異)의 소재를 명확히 하고, 명실(名實)의 이치를 살피며, 이해(利害)를 처리하고, 혐의(嫌疑)를 해결하기 위한 것이다. 곧 만물의 그러함을 개괄하고 여러 말의 비유를 토론하고 탐구하는 것이다. 개념으로 실제 사물을 반영하고, 판단으로 개념을 드러내며, 추론으로 원인을 설명한다. 유에 따라 귀납하고 유에 따라 연역한다. 자기에게 근거가 있으면 남에게 비판을 받지 않고, 자기에게 근거가 없다면 남에게 요구하지 않는다.

夫辯者, 將以明是非之分, 審治亂之紀, 明同異之處, 察名實之理, 處利害, 決嫌疑. 焉[1]摹略萬物之然, 論求群言之比. 以名擧實, 以辭抒意, 以說出故. 以類取, 以類予.[2] 有諸己不非諸人, 無諸己不求諸人.

- 1 焉: 내(乃).
- 2 取: 귀납. 한편 취(取)를 증명, 여(予)를 반박의 뜻으로 보는 견해도 있다(정독).

2

'혹'(或)이란 전체는 아니라는 것이다. '가'(假)는 현재는 그렇지 않다는 것이다. '효'(效)는 본보기를 만드는 것이다. 본받는 대상은 본보기가 된다. 따라서 본보기에 맞으면 옳은 것이고, 맞지 않으면 그른 것이다. 이것이 곧 '효'이다. '비'(譬)란 다른 사물을 들어서 분명히 하는 것이다. '모'(侔)란 의미가 같은 말로써 함께하는 것이다. '원'(援)이란 말하자면 "당신이 그렇다고 한다면 내가 어찌 홀로 그렇지 않다고 하겠는가?"라고 하는 것이다. '추'(推)란 그가 취하지 않은 것을 그가 취하는 것과 같아질 수 있도록 제공하는 것이다. "이것은 내가 말한 바와 같다"란 서로 같다는 뜻이다. "내 어찌 그렇게 말할 수 있는가"란 서로 다르다는 뜻이다.

或也者, 不盡也. 假者, 今不然也. 效者, 爲之法也. 所效者, 所以
爲之法也. 故中效, 則是也. 不中效, 則非也. 此效也. 辟(譬)也者,
擧也(他)物而以明之也. 侔也者, 比辭而俱行也. 援也者, 曰, 子然,
我奚獨不可以然也. 推也者, 以其所不取之同於其所取者予之也. 是
猶謂也者, 同也. 吾豈謂也者, 異也.

3

무릇 사물은 같은 측면도 있지만 완전히 똑같은 것은 아니다. 따라서
판단의 추론 방식에서는 일정한 범위가 있어야 정확하다. '그러하다'고
하는 것은 그러한 까닭이 있다는 것이다. '그러하다'는 것은 같지만 그러
한 까닭은 반드시 같은 것은 아니다. '그렇게 귀납한다'는 것은 그렇게 귀
납하는 까닭이 있다는 것이다. '그렇게 귀납한다'는 것은 같지만 그렇게
귀납하는 까닭은 반드시 같은 것은 아니다. 따라서 '비'·'모'·'원'·'추'
의 판단에서도 진행하면서 차이가 나고, 뒤집으면 궤변이 되며, 멀어지면
잘못하게 되고, 다른 곳으로 흐르면 근본에서 벗어나게 된다. 이 점을 살
피지 않을 수 없으며 상용해서는 안 된다. 따라서 말에는 여러 방식이 있
고, 유를 달리하고 근거를 달리하게 되므로 부분에 치우쳐 보아서는 안
된다.

夫物有以同而不率遂同. 辭之侔[1]也, 有所止而正. 其然也, 有所以然
也. 其然也同, 其所以然也不必同. 其取之也, 有所以取之. 其取之
也同, 其所取之不必同. 是故辟侔援推之辭. 行而異, 轉而危(詭),
遠而失, 流而離本. 則不可不審也, 不可常用也. 故言多方, 殊類異

故, 則不可偏觀也.

• 1 伴: 내용상 여기서는 추론 방식 전체를 가리킨다.

4

무릇 사물(추론 방식)에는 혹은 '시이연'(是而然: 전제가 긍정이고 결론
도 긍정)이며, 혹은 '시이불연'(是而不然: 전제가 긍정이지만 결론은 부정)이
며, 혹은 '불시이불연'(或不是而然: 전제가 부정이지만 결론이 긍정)이고, 혹
은 '일주이일부주'(一周而一不周: 어느 한쪽은 주연이지만 어느 한쪽이 부주
연)이며, 혹은 '일시이일비'(一是而一非: 어느 한쪽은 옳지만 어느 한쪽은 그
른 경우)가 있다.

夫物或乃是而然, 或是而不然,[1] 或一周而一不周, 或一是而一非也.

• 1 或是而不然: 이 구절 뒤에 '或不是而然'을 보충해야 한다(담계보).

5

백마는 말이다. 백마를 타는 것은 말을 타는 것이다. 검은 말은 말이다.
검은 말을 타는 것은 말을 타는 것이다. 획은 사람이다. 획을 사랑하는 것
은 사람을 사랑하는 것이다. 장은 사람이다. 장을 사랑하는 것은 사람을
사랑하는 것이다. 이것이 '시이연'이다.

白馬, 馬也. 乘白馬, 乘馬也. 驪[1]馬, 馬也. 乘驪馬, 乘馬也. 獲,人也. 愛獲, 愛人也. 臧, 人也. 愛臧, 愛人也. 此乃是而然者也.

• 1 驪: 검은 말.

6

획의 어버이는 사람이다. 획이 자신의 어버이를 섬김은 사람을 섬기는
것이 아니다. 그의 동생은 미인이다. 동생을 사랑함은 미인을 사랑하는
것이 아니다. 수레는 나무이다. 수레를 탐은 나무를 타는 것이 아니다. 배
는 나무이다. 배에 들어감은 나무에 들어가는 것이 아니다. 도둑은 사람
이다. 도둑이 많음은 사람이 많은 것이 아니다. 도둑이 없음은 사람이 없
는 것이 아니다. 어떻게 분명히 할 수 있는가? 도둑이 많음을 싫어함은 사
람이 많음을 싫어하는 것이 아니다. 도둑이 없기를 바람은 사람이 없기를
바라는 것이 아니다. 세상 사람들이 모두 옳다고 한다. 만일 그렇다면 "비
록 도둑도 사람이지만 도둑을 사랑함은 사람을 사랑하는 것이 아니다. 도
둑을 사랑하지 않음은 사람을 사랑하지 않음이 아니다. 도둑을 죽임은 사
람을 죽이는 것이 아니다"라고 함이 무난하다. 이것이 저것과 동류인데
세상에서는 저것을 가지고 스스로 잘못이 아니라 한다. 묵가에서 이것을
가지고 비판하는 것은 다른 이유가 아니다. '안으로 고집을 부리고 밖으
로 차단하며', '마음에 틈이 없어서 고집을 부리며 이해하지 못하기' 때문
이다. 이것이 '시이불연'이다.

獲之親, 人也. 獲事其親, 非事人也. 其弟(妹妹), 美人也. 愛弟,
非愛美人也. 車, 木也. 乘車, 非乘木也. 船, 木也. 人船, 非人木
也.[1] 盜人, 人也. 多盜, 非多人也. 無盜, 非無人也. 奚以明之. 惡

多盜, 非惡多人也. 欲無盜, 非欲無人也. 世相與共是之. 若若是,
則雖盜人人也. 愛盜非愛人也. 不愛盜, 非不愛人也. 殺盜人, 非殺
人也, 無難盜[2]無難矣. 此與彼同類. 世有彼而不自非也. 墨者有此而
非之, 無也(他)故焉. 所謂內膠外閉與, 心無空(孔)乎, 內膠而不解
也, 此乃是而不然者也.

- 1 　人船, 非人木也: 두 개의 인(人)은 입(入)으로 고쳐야 한다(손이양).
- 2 　無難盜: 연문(손이양).

7

장차 책을 읽으려고 하는 것은 책을 좋아하는 것이 아니다. 책 읽기를
좋아함은 책을 좋아하는 것이다. 장차 투계를 하려는 것은 투계가 아니
다. 투계를 좋아함은 닭을 좋아하는 것이다. 장차 우물에 들어가려는 것
은 우물에 들어가는 것이 아니다. 장차 우물에 들어가려는 것을 멈추게
한 것은 우물에 들어가는 것을 멈추게 한 것이다. 장차 문을 나서려는 것
은 문을 나선 것이 아니다. 장차 문을 나서려는 것을 멈추게 한 것은 문을
나서려는 것을 멈추게 한 것이다. 만일 이것이 옳다면 "장차 요절하는 것
은 요절한 것이 아니다. 명이 있다고 하는 것은 명을 비판하는 것이 아니
며, 유명의 주장에 반대하는 것은 유명론을 비판하는 것이다"라고 하는
것이 무난하다. 전자와 후자는 동류이다. 세상에서는 전자의 주장만 가지
고서 스스로 그른지 모르고 묵가가 후자를 갖고 있다고 하여 죄명을 가하
고 비판하는 것은 다른 이유가 있어서가 아니다. '안으로 고집을 부리고
밖으로 차단하며', '마음에 틈이 없어서 고집을 부리며 이해하지 못하기'
때문이다. 이것이 곧 '불시이연'이다.

且夫讀書, 非好書也.[1] 且鬪雞, 非[2]雞也. 好鬪雞, 好雞也. 且入井,
非入井也. 止且入井. 止入井也. 且出門. 非出門也. 止且出門. 止
出門也. 若若是, "且夭, 非夭也. 壽夭也.[3] 有命, 非命也. 非執有
命, 非命也." 無難矣. 此與彼同類. 世有彼而不自非也, 墨者有此而
罪非之, 無也故焉. 所謂內膠外閉. 與心毋空乎. 內膠而不解也. 此
乃是而不然者也.

사람을 사랑함은 두루 사람을 사랑한 뒤에야 '사람을 사랑하는 것'이
된다. 사람을 사랑하지 않음은 두루 사람을 사랑하지 않는 것과 상관없이
사람을 두루 사랑하는 것이 아니며, 따라서 '사람을 사랑하지 않는 것'이
된다. 말을 탐은 두루 말을 타는 것과 상관없이 '말을 타는 것'이 된다. 말
을 타는 경우가 있으면 자연히 말을 타는 것이 된다. '말을 타지 않는다'
는 것에 이르면 두루 말을 타지 않아야만 말을 타지 않는 것이 된다. 이것
이 '일주이일부주'이다.

愛人, 待周愛人, 而後爲愛人. 不愛人, 不待周不愛人, 不周愛, 因
爲不愛人矣. 乘馬, 不待周乘馬, 然後爲乘馬也. 有乘於馬, 因爲乘

馬矣. 逮至不乘馬, 待周不乘馬, 而後爲不乘馬. 此一周而一不周
者也.

9

그 나라에 있으면 그 나라에 있는 것이 된다. 나라에 한 집을 갖고 있
어도 나라를 갖고 있는 것이 아니다. 복숭아나무의 열매는 복숭아이다.
가시나무의 열매는 가시가 아니다. 남의 병을 문안하는 것은 남을 문병
하는 것이다. 남의 병을 싫어하는 것은 남을 싫어하는 것이 아니다. 사람
의 귀신은 사람이 아니다. 형의 귀신은 형이다. 남의 귀신을 제사하는 것
은 남을 제사하는 것이 아니다. 형의 귀신을 제사하는 것은 곧 형을 제사
하는 것이다. 말의 눈이 애꾸눈이면 애꾸눈의 말이라고 이른다. 말의 눈
이 크면 말이 크다고 하지 않는다. 소의 털이 황색이면 소가 황색이라고
한다. 소의 털이 많으면 소가 많다고 하지 않는다. 한 말도 말이고 두 말
도 말이다. 말이 네 다리라고 하는 것은 한 말의 다리가 넷이라는 것이지
두 말의 다리가 합해서 넷이라는 것이 아니다. 말 가운데 어떤 것이 희다
고 하는 것은 두 말 가운데 어떤 말이 희다는 것이지 한 말에서 어떤 것이
희다는 것이 아니다. 이것이 '일시이일비'이다.

居於國, 則爲居國. 有一宅於國, 而不爲有國. 桃之實, 桃也. 棘之
實, 非棘也. 問人之病, 問人也. 惡人之病, 非惡人也. 人之鬼, 非
人也. 兄之鬼, 兄也. 祭人之鬼, 非祭人也. 祭兄之鬼, 乃祭兄也.
之馬之目眄.[1] 則爲(謂)之馬眄. 之馬之目大, 而不謂之馬大. 之牛之
毛黃, 則謂之牛黃. 之牛之毛衆, 而不謂之牛衆. 一馬, 馬也. 二馬,

馬也. 馬四足者, 一馬而四足也, 非兩馬而四足也. 一馬, 馬也.[2] 馬
或白者, 二馬而或白也, 非一馬而或白, 此乃一是而一非者也.

• 1　盼: 뜻이 없는 허사. 고천리(顧千里)는 眇(애꾸눈)로 교정하였다. 아래도 이와
같다.
• 2　一馬, 馬也: 연문.

제2부

묵자의
어록

46. 경주(耕柱)

제2부 묵자의 어록 부분은 묵자와 제자 및 다른 사람들과의 대화를 기록한 것이다. 마치 『논어』의 체제를 본뜬 듯하다. 각 단원의 사상이 연계성이 부족한 것으로 보아 묵가 후학이 묵자의 언행을 집록한 것으로 보인다.

경주는 묵자 제자의 이름이며, 첫머리의 "묵자가 경주자를 꾸짖었다"에서 따온 것이다. 이 편에서 가장 많이 거론되는 것이 의(義)에 관한 내용이다. 묵자는 위정자가 의를 행해야만 "사직을 편하게 하고 국가를 안정시킬 수 있으며 인민을 많게 할 수 있다"고 하여 전기 묵가의 이른바 삼무(三務)를 강조하고 있다. 특히 의를 강조하기 위한 전제로 성인보다 귀신의 역할을 강조하고 있다. 전기 묵가의 「명귀」편과 일맥상통하는 대목이다. 그러나 무마자(巫馬子)가 묵자의 고달픔을 지적하는 데 대해 묵자는 복을 받지 못한다고 해서 의를 포기하는 것이 아니라고 대답하고 있다. 이러한 점에서 보면 묵가의 귀신이나 하느님은 서양 종교에서의 창조주가 아니라 인간을 전제하면서 묵가 집단의 실천성을 확보하기 위한 설정 개념임을 확인할 수 있다. 또한 유가의 술이부작(述而不作)의 관점을 비판하고 필요에 따라서는 서술뿐 아니라 창작해야 함을 강조하고 있다. 이것은 묵가의 역사관을 엿볼 수 있는 자료이다.

1

묵자가 경주자를 꾸짖었다. 경주자가 말하였다.

"제가 남보다 나은 게 없습니까?"

묵자가 말하였다.

"내가 태행산에 오르기 위해 준마와 소에 멍에를 걸었다면 자네는 어느 것을 몰겠나?"

경주자가 대답하였다.

"준마를 몰겠습니다."

묵자가 물었다.

"어째서 준마를 몰려고 하는가?"

경주자가 말하였다.

"준마는 충분히 그것을 감당할 수 있기 때문입니다."

묵자가 말하였다.

"나 또한 자네가 충분히 감당할 수 있다고 생각하기 때문이네."

子墨子怒耕柱子.[1] 耕柱子曰, 我毋逾[2]於人乎. 子墨子曰, 我將上大行,[3] 駕驥與羊,[4] 子將誰毆.[5] 耕柱子曰, 將毆驥也. 子墨子曰, 何故毆驥也. 耕柱子曰, 驥足以責.[6] 子墨子曰, 我亦以子爲足以責.

- 1 耕柱子: 묵자의 제자. 자(子)를 붙인 것으로 보아 묵자의 직접 제자가 아닌 후학이 정리한 내용으로 보인다.
- 2 逾: 유(逾)와 통함.
- 3 大行: 태행산(太行山).
- 4 羊: 우(牛)로 고쳐야 한다(왕인지).

• 5 駆: 구(驅)와 같다.
• 6 責: 감당의 뜻.

2

무마자가 묵자에게 말하였다.

"귀신과 성인 가운데 누가 현명하고 지혜롭습니까?"

묵자가 말하였다.

"귀신이 성인보다 현명하고 지혜로운 것은 마치 귀와 눈이 밝은 사람이 귀머거리나 장님보다 나은 것과 같습니다. 옛날 하나라의 임금 계(啓)는 비렴(蜚廉)에게 산천에서 구리를 캐도록 시켰고, 곤오(昆吾)에서 흙으로 정(鼎)을 주조하게 하였습니다. 이때 옹난을(翁難乙)을 시켜 백약의 거북이에 점을 치게 하면서 다음과 같이 아뢰었습니다. '정은 세 발 달린 네모난 모양을 이루게 하소서. 불을 때지 않아도 저절로 끓고, 손을 대지 않아도 보관되며, 옮기지 않아도 저절로 움직이도록 하소서. 이에 곤오의 마을에서 제사를 드리오니 흠향하소서.' 옹난을이 또 점괘를 해석하여 말하였습니다. '흠향하셨다. 뭉게뭉게 흰 구름이 일어나 한 번은 남북으로 한 번은 동서로 흐르듯 아홉 개의 정이 완성되어 세 나라에 전해지리라.' 하후씨가 이것을 잃자 은나라 사람이 받았고, 은나라 사람이 이것을 잃자 주나라 사람이 받았습니다. 하후씨, 은나라, 주나라가 차례로 받는 데 수백 년이 걸렸습니다. 가령 성인이 자신의 훌륭한 신하와 걸출한 재상을 모아 도모하더라도 어떻게 수백 년 뒤의 일을 알 수 있겠습니까? 그런데 귀신은 그것을 알았습니다. 따라서 '귀신이 성인보다 현명하고 지혜로운 것은 마치 귀와 눈이 밝은 사람이 귀머거리나 장님보다 나은 것과 같다'고 말하는 것입니다.

巫馬子¹謂子墨子曰, 鬼神孰與聖人明智. 子墨子曰, 鬼神之明智於聖
人, 猶聰耳明目之與聾瞽也. 昔者夏后開²使蜚廉³折金⁴於山川, 而
陶鑄之於昆吾.⁵ 是使翁難雉乙⁶卜於白若⁷之龜, 曰, 鼎成三足而方,
不炊而自烹, 不擧而自臧,⁸ 不遷而自行, 以祭於昆吾之虛,⁹ 上鄕.¹⁰
乙又言兆¹¹之由,¹² 曰, 饗矣, 逢逢¹³白雲, 一南一北, 一西一東, 九
鼎旣成, 遷於三國.¹⁴ 夏后氏失之, 殷人受之, 殷人失之, 周人受之.
夏后殷周之相受也, 數百歲矣. 使聖人聚其良臣與其桀相而謀, 豈能
智數百歲之後哉. 而鬼神智之. 是故曰, 鬼神之明智於聖人也, 猶聰
耳明目之與聾瞽也.

- 1 巫馬子: 미상. 공자의 제자 무마기(巫馬期)이거나 그의 자손일 것으로 추측된다.
- 2 夏后開: 하왕(夏王) 계(啓). 우 임금의 아들. 한대(漢代)에 경제(景帝)의 이름인
유계(劉啓)를 기휘하여 개(開)로 바뀌었다.
- 3 蜚廉: 계(啓)의 신하.
- 4 金: 여기서는 구리를 가리킨다.
- 5 昆吾: 고대의 국명. 지금의 허난 성(河南省) 푸양 현(濮陽縣) 남쪽.
- 6 翁難雉乙: 치(雉)는 연문. 옹난을은 하왕의 복관(卜官).
- 7 白若: 거북이의 일종.
- 8 臧: 장(藏)과 통함.
- 9 虛: 허(墟)와 같다. 향리, 촌락.
- 10 上鄕: 상향(尙饗).
- 11 兆: 거북점에서 나타나는 무늬.
- 12 由: 요(繇)와 같다. 요(繇)는 거북점을 통하여 길흉을 판단하는 용어.
- 13 逢逢: 봉봉(蓬蓬). 왕성한 모양.
- 14 三國: 하(夏), 은(殷), 주(周) 삼대(三代).

3

치도오(治徒娛)와 현자석(縣子碩)이 묵자에게 물었다.

"의(義)를 행하는 데 무엇이 중요한 일입니까?"

묵자가 말하였다.

"비유하자면 담을 쌓는 것과 같네. 쌓는 일을 잘하는 사람은 쌓고, 다지기를 잘하는 사람은 다지며, 측량을 잘하는 사람은 측량한 뒤에 담장이 완성된다네. 의를 행하는 것도 이와 같네. 변설을 잘하는 사람은 변설하고, 책의 해설을 잘하는 사람은 책을 해설하며, 일을 잘하는 사람은 일을 한 뒤에 의로운 일들이 이루어지는 것이네."

> 治徒娛, 縣子碩[1]問於子墨子曰, 爲義孰爲大務. 子墨子曰, 譬若築牆然. 能築者築, 能實壤者實壤, 能欣者欣,[2] 然後牆成也. 爲義猶是也. 能談辯者談辯, 能說書者說書, 能從事者從事, 然後義事成也.

- **1** 治徒娛, 縣子碩: 묵자의 두 제자.
- **2** 欣: 희(晞)로 읽어야 한다(왕인지). 측량, 관측의 뜻.

4

무마자가 묵자에게 말하였다.

"선생님은 천하를 두루 사랑하였지만 아직 이로움이 없고, 저는 천하를 사랑하지 않았지만 아직 해로움이 없습니다. 공이 모두 드러나지 않는데 선생님은 어찌 홀로 스스로 옳다고 하고 저를 그르다고 하십니까?"

묵자가 말하였다.

"가령 여기에 불이 났다고 합시다. 한 사람은 물을 들고 끼얹으려 하고, 다른 한 사람은 불을 들어서 보태고자 할 때, 공은 모두 드러나지 않았지만 당신은 두 사람 가운데 누구를 칭찬하겠소?"

무마자가 말하였다.

"저는 저 물을 든 사람의 뜻을 옳다고 하고 불을 든 사람의 뜻을 그르다고 할 것입니다."

묵자가 말하였다.

"나도 나의 뜻을 옳다고 하고 당신의 뜻을 그르다고 할 것입니다."

巫馬子謂子墨子曰, 子兼愛天下, 未云利也, 我不愛天下, 未云賊也.[1] 功皆未至, 子何獨自是而非我哉. 子墨子曰, 今有燎[2]者於此, 一人奉水將灌之, 一人摻[3]火將益之, 功皆未至, 子何貴[4]於二人. 巫馬子曰, 我是彼奉水者之意, 而非夫摻火者之意. 子墨子曰, 吾亦是吾意, 而非子之意也.

- **1** 未云利也, 我不愛天下, 未云賊也: 두 개의 운(云)은 유(有)로 고쳐야 한다(유월).
- **2** 燎: 방화(放火).
- **3** 摻: 조(操)와 같다.
- **4** 貴: 중시하다. 여기서는 칭찬의 뜻.

5

묵자가 초나라에 경주자를 추천하였다. 제자 몇 명이 그곳을 방문하였는데 석 되의 식량을 먹여주면서 접대가 좋지 않자, 제자들이 돌아와 묵자에게 아뢰었다.

"경주자가 초나라에 있지만 이익도 없습니다. 저희가 갔을 때 석 되의 식량만을 먹여주고 접대가 좋지 않았습니다."

묵자가 말하였다.

"아직은 알 수 없다."

오래되지 않아서 경주자가 묵자에게 10금을 보내오면서 말하였다.

"후생은 감히 죽지 않고 있습니다. 여기 10금이 있으니 원컨대 선생님이 쓰십시오."

묵자가 말하였다.

"과연 알 수 없는 일이었구나!"

子墨子游荊[1]耕柱子於楚, 二三子過之, 食之三升,[2] 客之不厚, 二三子復於子墨子曰, 耕柱子處楚無益矣. 二三子過之, 食之三升, 客之不厚. 子墨子曰, 未可智也. 毋幾何而遺十金[3]於子墨子, 曰, 後生不敢死, 有十金於此, 願夫子之用也. 子墨子曰, 果未可智也.

- 1 游荊: 유(游)는 유세(遊說). 여기서는 유세를 통하여 사람을 추천하는 일을 가리킨다. 형(荊)은 연문.
- 2 三升: 고대의 한 되는 현재의 반 되와 같다. 여기서는 소량의 양식을 가리킨다.
- 3 毋幾何而遺十金: 무기하(毋幾何)는 오래되지 않음을 가리킴. 고대에 1일(鎰)은 1금(金)으로 20량이며, 10금은 200량이다.

6

무마자가 묵자에게 말하였다.

"선생님이 의로움을 행하는데 사람들이 선생님을 보고서 돕지 않고 귀신은 선생님을 보고서 복을 주지 않는데, 선생님이 그것을 하는 것은 미친병에 걸린 것 같습니다."

묵자가 대답하였다.

"가령 여기에 당신의 두 신하가 있다고 합시다. 한 사람은 당신을 보면 일하고 당신을 보지 않으면 일하지 않는데, 다른 한 사람은 당신을 보아도 일하고 당신을 보지 않아도 일한다면, 두 사람 가운데 누구를 칭찬하겠습니까?"

무마자가 말하였다.

"저는 저를 보아도 일하고 저를 보지 않아도 일하는 사람을 칭찬할 것입니다."

묵자가 말하였다.

"그렇다면 이것은 당신도 미친병이 있는 사람을 칭찬하는 것이 됩니다."

巫馬子謂子墨子曰, 子之爲義也, 人不見而耶,[1] 鬼不見而富,[2] 而子爲之, 有狂疾. 子墨子曰, 今使子有二臣於此, 其一人者見子從事, 不見子則不從事. 其一人者見子從事, 不見子亦從事, 子誰貴於此二人. 巫馬子曰, 我貴其見我從事, 不見我亦從事者. 子墨子曰, 然則是子亦貴有狂疾也.

- **1** 耶: 조(助)로 고쳐야 한다(손중원).
- **2** 富: 복(福)과 통함.

7

자하(子夏)의 제자가 묵자에게 물었다.

"군자에게도 싸움이 있습니까?"

묵자가 말하였다.

"군자에게는 싸움이 없습니다."

자하의 제자가 말하였다.

"개나 돼지에게도 싸움이 있는데 어찌 선비라고 해서 싸움이 없겠습니까?"

묵자가 말하였다.

"실망이네! 말로는 탕왕이나 문왕을 칭송하면서 행동은 개나 돼지에게 비기다니! 실망이네!"

子夏[1]之徒問於子墨子曰, 君子有鬪乎. 子墨子曰, 君子無鬪. 子夏之徒曰, 狗豨[2]猶有鬪, 惡有士而無鬪矣. 子墨子曰, 傷矣哉, 言則稱於湯文, 行則譬於狗豨, 傷矣哉.

- 1 子夏: 공자의 제자.
- 2 豨: 저(猪)와 같다.

8

무마자가 묵자에게 말하였다.

"지금 사람들을 버려두고 선왕을 기리는 것은 마른 해골을 기리는 것입니다. 비유하자면 장인과 같으니, 마른나무를 알면서 생나무를 모르는 것입니다."

묵자가 말하였다.

"천하 사람이 생존할 수 있었던 것은 선왕의 도와 가르침 때문입니다. 지금 선왕을 기리는 것은 천하 사람이 생존할 수 있었던 것을 기리는 것입니다. 기려야 할 만한 것을 기리지 않는다면 인(仁)이 아닙니다."

巫馬子謂子墨子曰, 舍今之人而譽先王, 是譽槁骨也. 譬若匠人然,
智槁木也, 而不智生木. 子墨子曰, 天下之所以生者, 以先王之道教
也. 今譽先王, 是譽天下之所以生也. 可譽而不譽, 非仁也.

9

묵자가 말하였다.

"화씨(和氏)의 명옥(名玉), 수후(隋侯)의 구슬, 구정(九鼎)은 제후들의 이른바 훌륭한 보배다. (그러나) 그것으로 국가를 부유하게 하고 인민을 늘리며, 형정(刑政)을 다스리고 사직을 편안하게 할 수 있는가? 말하자면 불가능하다. 이른바 훌륭한 보배를 귀히 여기는 것은 이로움이 될 수 있기 때문이다. 그런데 화씨의 명옥, 수후의 구슬, 구정이 사람들을 이롭게 하지 못하니 천하의 훌륭한 보배가 아니다. 가령 의(義)로써 국가에 정치를 행하면, 인민은 반드시 늘어나고, 형정은 반드시 다스려지며, 사직은 반드시 편안할 것이다. 훌륭한 보배를 귀히 여기는 것은 백성을 이롭게 할 수 있기 때문이며, 의는 사람을 이롭게 할 수 있다. 따라서 '의는 천하의 훌륭한 보배다'라고 하는 것이다."

子墨子曰, 和氏之璧,¹ 隋侯之珠,² 三棘六異,³ 此諸侯之所謂良寶
也. 可以富國家, 衆人民, 治刑政, 安社稷乎. 曰, 不可. 所謂貴良
寶者, 爲其可以利也. 而和氏之璧, 隋侯之珠, 一棘六異, 不可以利
人, 是非天下之良寶也. 今用義爲政於國家, 人民必衆, 刑政必治,
社稷必安. 所爲貴良寶者, 可以利民也, 而義可以利人. 故曰, 義,
天下之良寶也.

- 1 和氏之璧: 춘추 시대 초나라 사람 변화(卞和)가 산중에서 옥돌을 발견하여
여왕(厲王)과 무왕(武王)에게 진상했지만 모두 보통 돌멩이로 판정되어 오히려 자
신의 양발을 잘리는 형벌을 받았다. 문왕(文王)이 즉위하였을 때 화씨가 다시 진
상하였는데, 문왕이 사람을 시켜 옥돌을 가공하여 명옥을 얻었다. 『한비자』「화씨」
편에 자세한 일화가 보인다.
- 2 隋侯之珠: 춘추 시대 수나라 군주가 상처를 입은 커다란 뱀을 살려준 일이
있었는데, 나중에 그 뱀이 강에서 명월주(明月珠)를 물어다 주었다. 『회남자』「남명
훈」(覽冥訓)에 자세한 일화가 보인다.
- 3 三棘六異: 삼극(三棘)은 삼핵(三翮)과 같으며, 정(鼎)의 세 다리의 빈 구멍을
가리킨다(손이양). 육이(六異)는 정에 달려 있는 육이(六耳)와 같다. 고대에 나라를
전할 때의 보물인 구정(九鼎)을 가리킨다.

10

섭공자고가 공자에게 정치에 관하여 물었다.
"정치를 잘하는 사람은 어떻게 합니까?"
공자가 대답하였다.
"정치를 잘하는 사람은 멀리 있는 사람을 가까이하고 옛 친구를 새롭

게 대합니다."

묵자가 이 말을 듣고 말하였다.

"섭공자고는 제대로 질문을 못 했고, 공자도 제대로 대답을 못 했다. 섭공자고가 어찌 정치를 잘하는 사람이 멀리 있는 사람을 가까이하고 옛 친구를 새롭게 대하는 줄 몰랐겠는가? 질문은 그렇게 하기 위해서는 어떻게 해야 되는가이다. 남이 모르는 것을 남에게 알려주지 않고 아는 것을 알려준 것이다. 따라서 섭공자고는 제대로 질문을 못 한 것이고, 공자도 대답을 제대로 못 한 것이다."

葉公子高[1]問政於仲尼曰, 善爲政者若之何. 仲尼對曰, 善爲政者, 遠者近之, 而舊者新之.[2] 子墨子聞之曰, 葉公子高未得其問也, 仲尼亦未得其所以對也. 葉公子高豈不知善爲政者之遠者近也, 而舊者新是[3]哉. 問所以爲之若之何也. 不以人之所不智告人, 以所智告之. 故葉公子高未得其問也, 仲尼亦未得其所以對也.

- 1 葉公子高: 초나라 대부, 이름은 제량(諸梁), 자(字)는 자고(子高).
- 2 舊者新之: 옛 친구를 새 친구처럼 대함(손이양).
- 3 是: 지(之)로 고쳐야 한다.

11

묵자가 노양의 문군에게 말하였다.

"큰 나라가 작은 나라를 침략하는 것은 마치 아이들이 말놀이를 하는 것과 같습니다. 아이들이 말놀이를 하면 저절로 지쳐버립니다. 가령 큰 나라가 작은 나라를 침략하면, 침략을 당하는 쪽에서는 농부들이 경작을 못 하고 부인은 길쌈을 못 하며 수비를 일삼게 됩니다. 남의 나라를 침략하는 쪽에서도 농부는 경작을 못 하고 부인은 길쌈을 못 하며 침략을 일삼게 됩니다. 따라서 큰 나라가 작은 나라를 공격하는 것은 비유하자면 아이들이 말놀이를 하는 것입니다."

子墨子謂魯陽文君[1]曰, 大國之攻小國, 譬猶童子之爲馬也. 童子之爲馬, 足用而勞. 今大國之攻小國也, 攻者,[2] 農夫不得耕, 婦人不得織, 以守爲事. 攻人者, 亦農夫不得耕, 婦人不得織, 以攻爲事. 故大國之攻小國也, 譬猶童子之爲馬也.

• 1　魯陽文君: 노양문자(魯陽文子). 초나라 평왕(平王)의 손자로 노산(魯山)의 남쪽에 봉해졌다.
• 2　攻者: 문맥으로 보아 침략을 당하는 쪽을 가리킨다.

12

묵자가 말하였다.
말은 행동으로 옮길 수 있는 것을 높이고, 실행할 수 없는 것은 높여서는 안 된다. 실행할 수 없는 것을 높이는 것은 입을 낭비하는 일이다.

子墨子曰, 言足以復行[1]者, 常[2]之, 不足以擧行者, 勿常. 不足以擧行而常之, 是蕩口也.

• 1　復行: 행동에 부합함. 「귀의」(貴義) 편에는 복(復)이 천(遷)으로 되어 있다.
• 2　常: 상(尙)과 통함.

13

묵자가 관검오를 시켜 고석자를 위나라에 추천하였다. 위나라 임금은 아주 후한 녹봉과 함께 경의 벼슬을 주었다. 고석자는 세 차례 조회에서 반드시 진언하였는데 그 말이 실행되지 않았다. 이에 위나라를 떠나 제나라로 가서 묵자를 만나 말하였다.

"위나라 임금은 선생님의 연고 때문에 아주 후한 녹봉과 함께 저에게 경의 벼슬을 주었습니다. 제가 세 차례 조회에서 반드시 진언하였는데 그 말이 실행되지 않았습니다. 이 때문에 떠났는데 위나라 임금이 저를 미쳤다고 생각하지 않을까요?"

묵자가 말하였다.

"떠나는 것이 진실로 도리에 맞는다면 미치광이라는 소리를 듣는다 한들 무슨 걱정인가? 옛날 주공 단은 관숙을 토벌한 뒤 삼공(三公)을 사양하고 동쪽의 상엄에 거주하였네. 사람들은 모두 그를 미쳤다고 말했지만, 후세엔 그의 덕을 칭송하고 그의 이름을 선양하여 지금까지도 그치지 않는다네. 또한 내가 듣건대, 의로움을 행하면서 비난을 피하고 명예를 추구하지 않는다네. 떠나는 것이 진실로 도리에 맞는다면 미치광이라는 소리를 듣는다 한들 무슨 걱정인가?"

고석자가 말하였다.

"제가 그곳을 떠난 것이 어찌 감히 도리에 맞지 않겠습니까? 옛날에 선생님이 말씀하기를, '천하에 도가 없을 때 인사(仁士)는 후대를 받는 데 처하지 않는다'고 하였습니다. 지금 위나라 임금은 무도한데 그의 녹봉과 벼슬을 탐하였다면 저는 구차하게 남의 음식을 먹는 것이 됩니다."

묵자는 기뻐하며 금활리를 불러 말하였다.

"잠시 이 말을 들어보아라! 저 의를 등지고 녹봉을 좇는 사람들은 나도

늘 들어보았지만, 녹봉을 등지고 의를 좇는 사람은 고석자에게서 보았노
라!"

子墨子使管黔洓[1]游高石子於衛. 衛君致祿甚厚, 設之於卿. 高石子三
朝必盡言, 而言無行者. 去而之齊, 見子墨子曰, 衛君以夫子之故,
致祿甚厚, 設我於卿, 石三朝必盡言, 而言無行, 是以去之也, 衛君
無乃以石爲狂乎. 子墨子曰, 去之苟道, 受狂何傷. 古者周公旦非[2]關
叔,[3] 辭三公, 東處於商蓋,[4] 人皆謂之狂. 後世稱其德, 揚其名, 至
今不息. 且翟聞之, 爲義非避毀就譽. 去之苟道, 受狂何傷. 高石子
曰, 石去之, 焉敢不道也. 昔者夫子有言曰, 天下無道, 仁士不處厚
焉. 今衛君無道, 而貪其祿爵, 則是我爲苟陷人長[5]也. 子墨子說, 而
召子禽子[6]曰, 姑聽此乎. 夫背[7]義而鄉[8]祿者, 我常聞之矣, 倍祿而鄉
義者, 於高石子焉見之也.

- 1 管黔洓: 관검오(管黔敖). 고석자(高石子)와 함께 모두 묵자의 제자.
- 2 非: 토벌.
- 3 關叔: 관숙(管叔)으로 주공(周公)의 아우. 주왕(紂王)의 아들 무경(武庚)과 함
께 반란을 일으켰지만 주공에게 토벌됨.
- 4 商蓋: 상엄(商奄). 지금의 산둥 성 취푸(曲阜). 주공이 반란을 평정한 뒤 성왕
에게 권력을 이양하고 이곳에 거주하였다.
- 5 苟陷人長: 구담인식(苟啗人食)으로 고쳐야 한다(손이양). 구차하게 남의 음식
을 먹음의 뜻.
- 6 子禽子: 금골리(禽滑釐). 묵자의 대표적 제자.
- 7 背: 배(倍)와 통함.
- 8 鄉: 향(向)과 통함.

14

묵자가 말하였다.

"세속의 군자들은 가난한데 남들이 부자라고 하면 화내지만, 의롭지 않은데 남들이 의롭다고 하면 기뻐한다. 어찌 모순된 일이 아니겠는가?"

子墨子曰, 世俗之君子, 貧而謂之富則怒, 無義而謂之有義則喜. 豈不悖哉.

15

공맹자가 말하였다.

"선인은 세 가지를 본받았을 뿐입니다."

묵자가 말하였다.

"어떤 선인을 가지고 세 가지를 본받았을 뿐이라고 말하는가? 당신은 아직 사람에게 먼저 있어야 하는 것〔義〕을 모르는 것입니다."

公孟子¹曰, 先人有則三²而已矣. 子墨子曰, 孰先人而曰有則三而已矣. 子未智人之先有.³

- 1 公孟子: 공명의(公明儀). 공자의 제자였던 증자(曾子)의 제자.
- 2 三: 천·지·인 삼재를 가리킨다(장순일).
- 3 先有: 먼저 의가 있었다는 뜻.

16

제자 가운데 묵자를 배반했다가 되돌아온 자가 있었다. (그가 말하였다.)

"저에게 어찌 죄가 있습니까? 제가 되돌아온 것이 좀 늦었을 뿐입니다."

묵자가 말하였다.

"이것은 마치 삼군이 패배하였는데 낙오자들이 상을 요구하는 것과 같다."

後生有反子墨子而反者. 我豈有罪哉. 吾反後. 子墨子曰, 是猶三軍 北,[1] 失後之人求賞也.

• 1   北: 패배.

17

공맹자가 말하였다.

"군자는 창작하지 않고 서술할 따름입니다."

묵자가 말하였다.

"그렇지 않습니다. 사람들 중에 심히 군자답지 못한 자는 옛날의 좋은 것을 서술하지 않고, 지금의 좋은 것도 창작하지 않습니다. 그다음으로 군자답지 못한 자는 옛날의 좋은 것을 서술하지 않고, 자기에게 좋은 것이 있으면 창작하여 좋은 것이 자기로부터 나오도록 합니다. 가령 서술하면서 창작하지 않는다면 서술하기를 좋아하지 않으면서 창작하는 것과 다를 바가 없습니다. 내가 생각하기에는 옛날의 좋은 것은 서술하고, 지금의 좋은 것은 창작해야 하는 것이니 좋은 것이 보다 많아지기를 바라기 때문입니다."

公孟子曰, 君子不作, 術[1]而已. 子墨子曰, 不然. 人之其[2]不君子者,
古之善者不誅,[3] 今也[4]善者不作. 其次不君子者, 古之善者不遂,[5] 己
有善則作之, 欲善之自己出也. 今誅而不作, 是無所異於不好遂而作
者矣. 吾以爲古之善者則誅之, 今之善者則作之, 欲善之益多也.

- 1 術: 술(述)과 같다.
- 2 其: 심(甚)으로 고쳐야 한다(손중원).
- 3 誅: 술(述)로 고쳐야 한다.
- 4 也: 지(之)로 고쳐야 한다(손이양).
- 5 遂: 술(述)로 고쳐야 한다(필원).

18

무마자가 묵자에게 말하였다.

"저는 선생님과 다릅니다. 저는 겸애를 할 수 없습니다. 제가 월나라
사람보다 추나라 사람을 사랑하고, 추나라 사람보다 노나라 사람을 사랑
하며, 노나라 사람보다 고향 사람을 사랑하고, 고향 사람보다 우리 집안
의 사람을 사랑하며, 우리 집안의 사람보다 내 부모를 사랑하고, 내 부모
보다 나 자신을 사랑하는 것은 나에게 가깝기 때문입니다. 내가 얻어맞으
면 아프지만 상대가 맞으면 나는 아프지 않으니, 내 어찌 아픔을 풀지 않
고 아프지 않은 것을 풀려고 하겠습니까? 따라서 저는 상대를 죽여서 나
를 이롭게는 하여도 나를 죽여서 상대를 이롭게 하는 일은 없습니다."

묵자가 말하였다.

"당신이 생각하는 의(義)를 장차 감추겠소? 아니면 장차 남에게 알리 겠소?"

무마자가 말하였다.

"내 어찌 나의 의를 감추겠습니까? 제가 장차 남에게 알리겠습니다."

묵자가 말하였다.

"그렇다면 한 사람이 당신의 의견을 좋아하면 한 사람이 당신을 죽여 자신을 이롭게 하려 들 것이고, 열 사람이 당신의 의견을 좋아하면 열 사 람이 당신을 죽여 자신들을 이롭게 하려 들 것이며, 천하 사람이 당신의 의견을 좋아한다면 천하 사람이 당신을 죽여 자신들을 이롭게 하려 들 것 입니다. 만일 한 사람이 당신의 의견을 좋아하지 않는다면 한 사람은 당 신을 죽이려 들 것이니, 당신이 상서롭지 않은 말을 퍼뜨리는 자라고 여 기기 때문입니다. 열 사람이 당신의 의견을 좋아하지 않는다면 열 사람이 당신을 죽이려 들 것이니, 당신이 상서롭지 않은 말을 퍼뜨리는 자라고 여기기 때문입니다. 천하 사람이 당신의 의견을 좋아하지 않는다면 천하 사람이 당신을 죽이려 들 것이니, 당신이 상서롭지 않은 말을 퍼뜨리는 자라고 여기기 때문입니다. 당신의 의견을 좋아하는 사람들도 당신을 죽 이려 하고, 당신의 의견을 좋아하지 않는 사람들도 당신을 죽이려 들 것 이니, 이것이 이른바 '입을 통해서 살신(殺身)의 화가 있게 된다'는 것입 니다."

묵자가 말하였다.

"당신의 말이 어찌 이롭겠습니까? 만일 이로움이 없는데도 반드시 말 하려 든다면 이것은 입을 낭비하는 일입니다."

巫馬子謂子墨子曰, 我與子異, 我不能兼愛. 我愛鄒人於越人, 愛魯 人於鄒人, 愛我鄉人於魯人, 愛我家人於鄉人, 愛我親於我家人, 愛

我身於吾親, 以爲近我也. 擊我則疾, 擊彼則不疾於我, 我何故疾者
之不拂, 而不疾者之拂. 故有我有殺彼以我, 無殺我以利.[1] 子墨子
曰, 子之義將匿邪, 意將以告人乎. 巫馬子曰, 我何故匿我義. 吾將
以告人. 子墨子曰, 然則一人說子, 一人欲殺子以利己, 十人說子,
十人欲殺子以利己, 天下說子, 天下欲殺子以利己. 一人不說子, 一
人欲殺子, 以子爲施不祥言者也, 十人不說子, 十人欲殺子, 以子爲
施不祥言者也, 天下不說子, 天下欲殺子, 以子爲施不祥言者也. 說
子亦欲殺子, 不說子亦欲殺子, 是所謂經者口也, 殺常[2]之身者也. 子
墨子曰, 子之言惡利也, 若無所利而不言,[3] 是蕩口也.

- **1** 故有我有殺彼以我, 無殺我以利: '故我有殺彼以利我, 無殺我以利彼'로 고쳐야
한다(손증원).
- **2** 常: 사(事)로 고쳐야 한다(손이양).
- **3** 不言: 필언(必言)으로 고쳐야 한다(손이양).

19

묵자가 노양의 문군에게 말하였다.

"가령 어떤 사람이 소와 양 같은 가축을 주방장이 소매를 걷고 잘라서
요리하여 이루 다 먹을 수 없게 되었습니다. 그런데 남이 떡을 만드는 것
을 보고 은근슬쩍 그것을 훔치면서 말하기를, '나도 먹게 해주시오'라고
하였다면, 잘 모르겠지만 맛있는 요리가 부족해서입니까? 아니면 도벽이
있어서일까요?"

노양의 문군이 대답하였다.

"도벽이 있기 때문이지요."

묵자가 말하였다.

"초나라 사방의 전답은 비어 있거나 황무지가 많아서 이루 다 개척할 수 없을 정도이며, 수천 곳의 빈 곳은 이루 다 쓸 수 없을 정도입니다. 그런데 송나라나 정나라의 빈 고을을 보면 은근슬쩍 그것을 훔치고 있으니, 이것은 (앞서 말한) 저것과 다른 경우입니까?"

노양의 문군이 말하였다.

"이것은 저것과 같으며, 실로 도벽이 있기 때문입니다."

子墨子謂魯陽文君曰，今有一人於此，羊牛犓豢，維人[1]但[2]割而和之，食之不可勝食也．見人之作餅，則還然[3]竊之，曰，舍[4]余食．不知日月安[5]不足乎，其有竊疾乎．魯陽文君曰，有竊疾也．子墨子曰，楚四竟[6]之田，曠蕪而不可勝辟，[7] 評靈[8]數千，不可勝，[9] 見宋鄭之閒邑，則還然竊之，此與彼異乎．魯陽文君曰，是猶彼也，實有竊疾也．

- 1 維人: 옹인(饔人)으로 고쳐야 한다. 주방장.
- 2 但: 단(袒)과 같다.
- 3 還然: 거연(居然). 은근슬쩍.
- 4 舍: 여(予)와 같다(손이양).
- 5 安: 어조사.
- 6 竟: 경(境)과 통함.
- 7 辟: 벽(闢)과 같다. 개벽, 개척의 뜻.
- 8 評靈: 빈 곳.
- 9 不可勝: 불가승용(不可勝用)으로 고쳐야 한다.

20

묵자가 말하였다.

"계손소와 맹백상은 노나라의 정치를 다스릴 때, 서로 믿지 못하자 사당에서 '진실로 저희들이 화목하도록 해주소서'라고 기도하였다. 이것은 마치 자신들의 눈을 가리고 사당에서 '진실로 저희들이 볼 수 있도록 해주소서'라고 기도하는 것과 같으니 어찌 잘못된 일이 아니겠는가?"

子墨子曰, 季孫紹與孟伯常[1]治魯國之政, 不能相信, 而祝於叢社,[2] 曰, 苟使我和. 是猶弇其目, 而祝於叢社也, 苟使我皆視, 豈不繆[3] 哉.

- **1** 季孫紹, 孟伯常: 노나라 대부 계강자(季康子)와 맹무백(孟武伯)의 후손으로 모두 묵자와 동시대인이다.
- **2** 叢社: 신사(神祠). 고대의 신사 주변에는 빽빽한 숲이 있었다.
- **3** 繆: 유(謬)와 통함.

21

묵자가 낙골리에게 말하였다.

"내가 듣건대 자네는 용감한 것을 좋아하더군."

낙골리가 말하였다.

"그렇습니다. 어떤 마을에 용사가 있다는 말을 들으면 저는 반드시 쫓아가 죽입니다."

묵자가 말하였다.

"천하에 자기가 좋아하는 것은 함께 하고 자기가 싫어하는 것은 없애려고 하지 않는 사람이 없네. 가령 자네가 어떤 마을에 용사가 있다는 말을 들으면 반드시 쫓아가 죽이는 것은 용감한 것을 좋아하는 것이 아니라 용감한 것을 싫어하는 것이네."

子墨子謂駱滑氂[1]曰, 吾聞子好勇. 駱滑氂曰, 然, 我聞其鄕有勇士焉, 吾必從而殺之. 子墨子曰, 天下莫不欲與其所好, 度[2]其所惡. 今子聞其鄕有勇士焉, 必從而殺之, 是非好勇也, 是惡勇也.

- **1** 駱滑氂: 묵자의 제자.
- **2** 度: 폐(廢)로 고쳐야 한다(왕인지).

47. 귀의(貴義)

'귀의'란 글자 그대로 '의로움을 중시한다'는 뜻이다. 첫머리에서 "만사에서 의보다 중요한 것이 없다"고 하여 앞 편과 마찬가지로 의를 강조하고 있다. 또한 각 절의 내용은 독립되어 서로 연관되지 않는다. 중요한 대목은 친구나 당시의 위정자들이 묵자를 천대함에도 불구하고 자신의 뜻을 굽히지 않고 논리적으로 대응하고 있다는 점이다. 묵자에 의하면 말이란 행동으로 이어져야 의미가 있다고 본다. 비유적으로 말하면 장님도 말로는 흑백을 분별할 수 있지만, 실천으로 증명할 수 없는 것과 같다는 것이다.

또한 묵자가 여행 중에 점쟁이와의 문답을 통해서 미신을 거부하는 일화에서 묵가의 합리적 정신을 엿볼 수 있다. 이것은 묵가의 「명귀」 편과 모순되는 것이 아니라 오히려 「비명」 편에서 말하듯이 인간의 주어진 운명에 집착하기보다는 끊임없는 노력을 통해서 자신의 처지를 개선할 수 있다는 신념의 표현이다. 마지막 문단에서는 묵자 자신의 변설에 대한 자신감을 표출하고 있다.

1

묵자가 말하였다.

"만사에서 의보다 중요한 것이 없다. 가령 남에게 '당신에게 관과 신을 줄 터이니 당신의 손발을 자르겠다. 당신은 그렇게 하겠는가?'라고 말한다면 반드시 그렇게 하지 않을 것이다. 무슨 까닭인가? 즉 관과 신은 손이나 발만큼 중요하지 않기 때문이다. 또한 '당신에게 천하를 줄 터이니 당신의 몸을 죽이겠다. 당신은 그렇게 하겠는가?'라고 말한다면 반드시 그렇게 하지 않을 것이다. 무슨 까닭인가? 즉 천하는 자신의 몸만큼 중요하지 않기 때문이다. 한마디 말을 다투다가 서로를 죽인다면, 이것은 의가 자신의 몸보다 중요하기 때문이다. 따라서 말하기를, '만사에서 의보다 중요한 것은 없다'고 한다."

子墨子曰, 萬事莫貴於義. 今謂人曰, 予子冠履, 而斷子之手足, 子爲之乎, 必不爲, 何故. 則冠履不若手足之貴也. 又曰, 予子天下而殺子之身, 子爲之乎, 必不爲, 何故. 則天下不若身之貴也. 爭一言以相殺, 是貴義[1]於其身也. 故曰, 萬事莫貴於義也.

• 1 貴義: 의귀(義貴)로 고쳐야 한다(손이양).

2

묵자가 노나라에서 제나라로 가는 길에 친구를 방문하였는데, 묵자에게 말하였다.

"지금 천하에서 의를 행하지 않는데 자네 홀로 스스로를 괴롭히면서 의를 행하니 자네는 그만두는 것이 낫겠네."

묵자가 말하였다.

"가령 어떤 사람에게 자식이 열 명 있는데, 한 명만 농사를 짓고 아홉 명은 한가하게 있다면 농사짓는 사람은 더욱 열심히 하지 않을 수 없을 것이네. 무슨 까닭인가? 즉 먹는 사람은 많고 농사짓는 사람은 적기 때문이네. 지금 천하에서 의를 행하지 않는다면 자네는 응당 나를 격려해야 할 터인데 무슨 까닭에 나를 말리는 것인가?"

子墨子自魯卽齊，過故人，謂子墨子曰，今天下莫爲義，子獨自苦而
爲義，子不若已．子墨子曰，今有人於此，有子十人，一人耕而九人
處，[1] 則耕者不可以不益急矣．何故．則食者衆而耕者寡也．今天下莫
爲義，則子如[2]勸我者也，何故止我．

- **1**　處: 한거(閒居).
- **2**　如: 의(宜)와 같다(왕인지).

3

묵자가 남쪽 초나라에 유세하러 가서 혜왕에게 책을 올리고자 하였다.
혜왕은 늙었다는 이유로 사양하며, 목하(穆賀)를 시켜 묵자를 만나게 하
였다. 묵자가 목하에게 유세하자, 목하가 크게 기뻐하면서 묵자에게 말하
였다.

"당신의 말씀은 진실로 훌륭합니다. 그러나 왕은 천하의 대왕이시니
천한 사람이 만든 것이라 쓰지 않겠다고 말하지 않을까요?"

묵자가 말하였다.

"해볼 만한 일입니다. 비유하자면 마치 약과 같습니다. 풀뿌리를 천자
가 먹고 질병을 고칠 수 있다면 어찌 한 개의 풀뿌리라 하여 먹지 않겠다
고 말하겠습니까? 가령 농부가 대인에게 세금을 내고 대인은 단술과 제
수를 장만하여 상제와 귀신에게 제사를 지낸다면, 어찌 천민이 지은 것
이라 하여 흠향하지 않겠다고 말하겠습니까? 따라서 비록 천인이라도 위
로 농부에 비기고 아래로 약에 비겨 본다면 한 개의 풀뿌리만도 못하겠습
니까? 또한 대왕도 일찍이 탕 임금의 전설을 들으셨을 겁니다. 옛날 탕왕
이 이윤(伊尹)을 만나러 가려고 팽씨의 아들에게 수레를 몰도록 하였습니

다. 팽씨의 아들이 가는 도중에 물었습니다. '임금께선 어디를 가시려는
지요?' 탕왕이 말하였습니다. '이윤을 만나려고 간다.' 팽씨의 아들이 말
하였습니다. '이윤은 천하의 천한 사람입니다. 만일 왕께서 그를 보고 싶
으시면 또한 명령으로 불러서 물으시더라도 그는 받아들일 것입니다.' 탕
왕이 말하였습니다. '네가 알 바 아니다. 가령 여기에 약이 있어서 그것을
먹으면 귀가 더욱 밝아지고 눈이 더욱 밝아진다면, 나는 반드시 기뻐하면
서 열심히 그것을 먹을 것이다. 지금 저 이윤은 우리나라에서 비유하자면
훌륭한 의사나 좋은 약과 같다. 그런데 너는 내가 이윤을 보기를 바라지
않으니 이것은 네가 나의 훌륭해짐을 바라지 않는 것이다.' 이로 인하여
팽씨의 아들을 내리게 하고는 수레를 몰지 못하게 하였습니다. 저 탕 임
금이 그러한 것처럼 한 뒤에야 옳다고 할 수 있습니다.

子墨子南游於楚, 見楚獻惠王,[1] 獻惠王以老辭, 使穆賀見子墨子. 子
墨子說穆賀, 穆賀大說, 謂子墨子曰, 子之言則成[2]善矣, 而君王, 天
下之大王也, 毋乃曰賤人之所爲而不用乎. 子墨子曰, 唯其可行. 譬
若藥然, 草之本, 天子食之以順其疾, 豈曰一草之本而不食哉. 今農
夫入其稅於大人, 大人爲酒醴粢盛以祭上帝鬼神, 豈曰賤人之所爲而
不享哉. 故雖賤人也, 上比之農, 下比之藥, 曾不若一草之本乎. 且
主君亦嘗聞湯之說乎. 昔者湯將往見伊尹, 令彭氏之子御. 彭氏之子
半道而問曰, 君將何之. 湯曰, 將往見伊尹. 彭氏之子曰, 伊尹天下
之賤人也. 若君欲見之, 亦令召問焉, 彼受賜矣. 湯曰, 非女所知也.
今有藥此, 食之則耳加聰, 目加明, 則吾必說而强食之. 今夫伊尹之
於我國也, 譬之良醫善藥也. 而子不欲我見伊尹, 是子不欲吾善也.
因下彭氏之子, 不使御. 彼苟然, 然後可也.[3]

- 1 楚獻惠王: '獻書惠王'으로 고쳐야 한다(필원). 『문선』의 주석에 인용된 내용에 의하면, "묵자가 혜왕을 만나 책을 올렸는데, 혜왕이 읽고서 '좋은 책이다'"라고 하였다.

- 2 成: 성(誠)과 같다.

- 3 彼苟然, 然後可也: 이 구절은 본문과 상응하지 않는다(손이양). 제가의 설이 분분하지만, 여기서는 글자에 따라 직역하였다.

4

묵자가 말하였다.

"모든 말과 행동은 상제와 귀신, 백성에게 이로우면 행하고, 모든 말과 행동은 상제와 귀신, 백성에게 해로우면 그만둔다. 모든 말과 행동은 삼대의 성왕인 요·순·우·탕·문·무에 부합하면 행하고, 모든 말과 행동은 삼대의 폭군인 걸·주·유·여에 부합하면 그만둔다.

子墨子曰, 凡言凡動, 利於天鬼[1]百姓者爲之. 凡言凡動, 害於天鬼百姓者舍之. 凡言凡動, 合於三代[2]聖王堯舜禹湯文武者爲之, 凡言凡動, 合於三代暴王桀紂幽厲者舍之.

- 1 天鬼: 상제와 귀신. 묵가에서 천은 상제를 의미하며, 「명귀」 편에서는 귀신을 존재 증명하고 있다.

- 2 三代: 하(夏), 은(殷), 주(周)의 세 왕조.

5

묵자가 말하였다.

"말은 행동으로 옮길 수 있는 것을 높여야 하며, 실행할 수 없는 것을 높여서는 안 된다. 행동으로 옮길 수 없는 것을 높인다면 이것은 입을 낭비하는 일이다."

子墨子曰, 言足以遷^{1}行者, 常^{2}之, 不足以遷行者, 勿常. 不足以遷行而常之, 是蕩口也.

- **1**　遷: 같은 내용이 「경주」(耕柱) 편에도 보이는데 천(遷)이 복(復)으로 되어 있다.
- **2**　常: 상(尙)과 같다.

6

묵자가 말하였다.

"여섯 가지 치우친 감정을 버려야 한다. 침묵할 때는 생각하고, 말할 때는 가르치며, 행동할 때는 일을 한다. 세 가지를 번갈아 조절하면 반드시 성인이 될 것이다. 기쁨과 노여움, 사랑과 슬픔, 미움과 사랑을 버리고 인의(仁義)로써 손과 발, 입과 코, 귀와 눈이 의(義)를 따르게 된다면 반드시 성인이 될 것이다."

子墨子曰, 必去六辟.^{1} 嘿^{2}則思, 言則誨, 動則事. 使三者代御, 必爲聖人. 必去喜, 去怒, 去樂, 去悲, 去愛,^{3} 而用仁義, 手足口鼻耳,⁴ 從事於義, 必爲聖人.

- 1 六辟: 벽(辟)은 벽(僻)과 같다. 육벽(六僻)은 여섯 가지 치우친 감정으로, 희(喜)
·노(怒)·애(愛)·비(悲)·애(愛)·오(惡)를 가리킨다.
- 2 嘿: 묵(默)과 같다.
- 3 去愛: '去愛去惡'로 고쳐야 한다(유월).
- 4 耳: 이목(耳目)으로 고쳐야 한다(손이양).

묵자가 몇 명의 제자에게 말하였다.

"의를 행하다가 어렵더라도 절대 그 도를 탓해서는 안 된다. 비유하자면 마치 목수가 나무를 깎다가 어렵더라도 먹줄을 탓할 수 없는 것과 같다."

子墨子謂二三子曰, 爲義而不能, 必無排¹其道. 譬若匠人之斲而不能, 無排其繩.

- 1 排: 배척(排斥).

묵자가 말하였다.

"세상의 군자들은 한 마리의 개나 돼지를 잡는 백정을 시키면 능력이 없으면 사양하지만, 한 나라의 재상을 시키면 능력이 없으면서도 하려고 한다. 어찌 잘못된 일이 아니겠는가?"

子墨子曰, 世之君子, 使之爲一犬一彘之宰,[1] 不能則辭之. 使爲一國
之相, 不能而爲之. 豈不悖哉.

• 1 宰: 백정.

9

묵자가 말하였다.

"가령 장님이 '흰 것은 희고, 검은 것은 검다'고 말하면, 비록 눈이 밝
은 사람이라도 바꿀 수 없는 말이다. 흑백을 함께 놓고 장님으로 하여금
그것을 골라보게 한다면 알 수 없을 것이다. 따라서 내가 '장님은 흑백을
모른다'고 말하는 것은 명칭으로써가 아니라 골라보는 것에 의거한 것이
다. 지금 천하의 군자들이 인(仁)의 명칭을 거론하는데, 비록 우 임금이나
탕왕이라 하더라도 바꿀 수 없을 것이다. 인과 불인(不仁)을 함께 놓고 천
하의 군자들로 하여금 그들에게 골라보게 한다면 알지 못할 것이다. 따라
서 내가 '천하의 군자들이 인을 모른다'고 말하는 것은 명칭으로써가 아
니라 또한 골라보는 것에 의거한 것이다."

子墨子曰, 今瞽曰, 鉅[1]者白也, 黔者墨也. 雖明目者無以易之. 兼白
黑, 使瞽者取焉, 不能知也. 故我曰瞽不知白黑者, 非以其名也, 以
其取也. 今天下之君子之名仁也, 雖禹湯無以易之. 兼仁與不仁, 而
使天下之君子取焉, 不能知也. 故我曰天下之君子不知仁者, 非以其
名也, 亦以其取也.

10

묵자가 말하였다.

"지금 선비들의 운신(運身)은 상인들이 돈 한 푼을 쓰는 것보다 못하다. 상인이 돈 한 푼을 써 물건을 살 때는 감히 경솔하게 그것을 사지 않으며 반드시 좋은 것을 선택한다. 지금 선비들의 운신은 그렇지 않아서 마음이 하고 싶은 대로 행하여 심하면 형벌에 걸리고 덜한 경우에는 비방과 모욕을 당하니, 선비들의 운신은 상인이 돈 한 푼을 쓰는 것보다 못하다."

子墨子曰, 今士之用身, 不若商人之用一布[1]之愼也. 商人用一布布,[2] 不敢繼苟[3]而讐[4]焉, 必擇良者. 今士之用身則不然, 意之所欲則爲之, 厚者入刑罰, 薄者被毁醜, 則士之用身, 不若商人之用一布之愼也.

• 1   布: 고대의 화폐.
• 2   布布: 포시(布市)로 고쳐야 한다(손이양). 시(市)는 물건을 산다는 뜻.
• 3   繼苟: 경솔함의 뜻.
• 4   讐: 수(售)와 같다.

11

묵자가 말하였다.

"세상의 군자들은 자신의 의를 완성하고자 하면서도 자신의 몸을 닦는 것을 도와주면 화를 내니, 이것은 마치 그의 담장이 완성되기를 바라면서도 남들이 쌓는 것을 도와주면 화를 내는 것과 같다. 어찌 모순된 일이 아니겠는가?”

子墨子曰, 世之君子, 欲其義之成, 而助之修其身則慍, 是猶欲其牆之成, 而人助之築則慍也. 豈不悖哉.

12

묵자가 말하였다.

“옛 성왕은 자신의 도를 후세에 전하고자 하였다. 따라서 죽간과 비단에 글을 쓰거나 금석에 새겨서 후세 자손에게 전하여 후세 자손이 그것을 본받기를 원했다. 가령 선왕이 남긴 것을 듣고서도 행하지 않는다면, 이것은 선왕의 전함을 없애는 것이다.”

子墨子曰, 古之聖王, 欲傳其道於後世, 是故書之竹帛, 鏤之金石, 傳遺後世子孫, 欲後世子孫法之也. 今聞先王之遺而不爲, 是廢先王之傳也.

13

묵자가 남쪽으로 유세하다 위나라에 가면서 수레에 아주 많은 책을 실었다. 현당자가 보고 이상하게 여겨 말하였다.

"우리 선생님은 공상과를 가르칠 때 '옳고 그름을 헤아릴 뿐이다'라고 말씀하셨습니다. 지금 선생님이 실은 책이 아주 많은데 어디에 쓰려는 것입니까?"

묵자가 말하였다.

"옛날 주공 단은 매일 아침 서경(책) 백 편을 읽고 저녁에는 칠십 명의 선비들을 만났다네. 따라서 주공 단은 천자를 보좌하는 재상이었으며, 그의 수행이 지금까지도 전해지고 있네. 나는 위로 임금을 섬기지도 않고 아래로 농사짓는 어려움도 없으니, 내 어찌 감히 이것을 그만두겠는가? 내가 듣건대, '같은 데로 귀결되는 사물에도 진실로 잘못된 것이 있다'고 하였네. 그런데 백성이 듣는 것도 똑같지 않기 때문에 책이 많은 것이네. 가령 공상과와 같은 사람은 이치가 정미한 데에 이르러 같은 데로 귀결되는 사물에 대해 그 요체를 이미 알고 있네. 따라서 책으로 가르치지 않은 것인데, 그대는 어째서 그것을 이상하게 여기는가?"

子墨子南遊使衛, 關中[1]載書甚多. 弦唐子[2]見而怪之曰, 吾夫子敎公尚過[3]曰, 揣[4]曲直而已. 今夫子載書甚多, 何有也. 子墨子曰, 昔者周公旦朝讀書百篇, 夕見漆[5]十士. 故周公旦佐相天子, 其脩[6]至於今. 翟上無君上之事, 下無耕農之難, 吾安敢廢此. 翟聞之, 同歸之物, 信有誤者. 然而民聽不鈞,[7] 是以書多也. 今若過之心者, 數[8]逆[9]於精微, 同歸之物, 旣已知其要矣. 是以不敎以書也, 而子何怪焉.

- 1 關中: 수레의 가로 선반.
- 2 弦唐子: 묵자의 제자.
- 3 公尚過: 묵자의 제자.
- 4 揣: 측량. 헤아림.

- 5 漆: 칠(七)의 가차.
- 6 脩: 수(修)와 같다.
- 7 鈞: 균(均)과 같다.
- 8 數: 이치.
- 9 逆: 소(溯)의 뜻. 도달함.

14

묵자가 공량환자에게 말하였다.

"위나라는 작은 나라로서 제나라와 진나라 사이에 있으니 마치 가난한 집이 부잣집 사이에 있는 것과 같습니다. 가난한 집으로서 부잣집에서의 입고 먹는 것에 많이 쓰는 것을 본받는다면 일찍 망할 것은 틀림없습니다. 지금 선생의 가문을 보건대, 장식한 수레가 수백 량이고 콩과 조를 먹는 말이 수백 필이며 화려한 무늬의 옷을 입은 부인들이 수백 명이나됩니다. 만일 수레를 장식하고 말을 먹이는 비용과 화려한 무늬의 재물을거두어 병사를 기른다면 반드시 천여 명이 될 것입니다. 만일 환란이 있을 때 수백 명을 앞에 두고 수백 명을 뒤에 두는 것과 부인 수백 명을 앞뒤에 두는 것 가운데 어느 쪽이 안전하겠습니까? 내가 생각하기에는 병사를 기르는 안전함이 나을 것입니다."

子墨子謂公良桓子[1]曰, 衛, 小國也, 處於齊晉之間, 猶貧家之處於富家之間也. 貧家而學富家之衣食多用, 則速亡必矣. 今簡[2]子之家, 飾車數百乘, 馬食菽粟者數百匹, 婦人衣文繡者數百人, 吾[3]取飾車食馬之費, 與繡衣之財以畜士, 必千人有餘. 若有患難, 則使百人[4]處於前, 數百於後, 與婦人數百人處前後, 孰安. 吾以爲不若畜士之安也.

- 1 公良桓子: 위나라 대부.
- 2 簡: 열(閱)과 같다.
- 3 咠: 약(若)으로 고쳐야 한다.
- 4 百人: 수백인(數百人)으로 고쳐야 한다.

15

　묵자가 제자를 위나라의 벼슬에 추천하였는데, 벼슬을 받은 자가 갔다 가 되돌아왔다. 묵자가 말하였다.

"왜 되돌아왔는가?"

그가 대답하였다.

"저와 말을 나누었지만 합당하지 않았습니다. 말로는 '너에게 천 분을 주겠다'고 하고는 저에게 오백 분을 주기에 떠났습니다."

묵자가 말하였다.

"자네에게 천 분 이상을 준다면 떠나겠는가?"

그가 대답하였다.

"떠나지 않겠습니다."

묵자가 말하였다.

"그렇다면 그것이 부당했기 때문이 아니라 녹봉이 적었기 때문이군."

　　子墨子仕人¹於衛, 所仕者至而反. 子墨子曰, 何故反. 對曰, 與我言
　　而不當. 曰, 待女²以千盆.³ 授我五百盆, 故去之也. 子墨子曰, 授
　　子過千盆, 則子去之乎. 對曰, 不去. 子墨子曰, 然則非爲其不審⁴
　　也, 爲其寡也.

- 1 仕人: 벼슬에 사람을 추천함.
- 2 女: 여(汝)와 같다.
- 3 盆: 고대에 곡식의 용량을 재는 그릇.
- 4 審: 당(當)으로 고쳐야 한다.

16

묵자가 말하였다.

"세속의 군자는 의로운 선비 보기를 곡식을 멘 사람보다 못하게 여긴
다. 가령 어떤 사람이 곡식을 메고 길가에서 쉬던 중에 일어나고 싶어도
일어날 수 없을 때 군자가 그것을 본다면 나이나 귀천에 관계없이 반드시
일으킬 것이다. 무슨 까닭인가? 말하자면 의(義) 때문이다. 지금 의를 행
하는 군자가 선왕의 도를 받들어 그들에게 말해주면 도리어 기뻐서 실행
하는 것이 아니라 이로부터 헐뜯는다. 바로 이것은 세속의 군자들이 의로
운 선비 보기를 곡식을 멘 사람보다 못하게 여기는 것이다."

子墨子曰, 世俗之君子, 視義士不若負粟者. 今有人於此, 負粟息於
路側, 欲起而不能, 君子見之, 無長少貴賤, 必起之. 何故也. 曰,
義也. 今爲義之君子, 奉承先王之道以語之, 縱不說而行, 又從而非
毀之. 則是世俗之君子之視義士也, 不若視負粟者也.

17

묵자가 말하였다.

"상인은 사방으로 가서 장사를 통해 몇 배 남는다면, 비록 관문과 교량의 어려움과 도적의 위험이 있더라도 반드시 가게 된다. 지금 선비들은 앉아서 의로움을 말하는데 관문과 교량의 어려움이나 도적의 위험도 없으므로 이것은 몇 배가 남는지 이루 다 헤아릴 수 없다. 그런데도 하지 않는다면 선비의 이익 계산은 상인의 명철함보다 못한 것이다."

子墨子曰, 商人之[1]四方, 市賈信徙,[2] 雖有關梁之難, 盜賊之危, 必爲之. 今士坐而言義, 無關梁之難, 盜賊之危, 此爲信徙, 不可勝計. 然而不爲. 則士之計利, 不若商人之察也.

- 1 之: 동사로 가다의 뜻.
- 2 信徙: 배사(倍徙)로 고쳐야 한다(필원). 사(徙)는 다섯 배.

18

묵자가 북쪽으로 제나라에 가던 중 점쟁이를 만났다. 점쟁이가 말하였다.

"오늘은 상제가 북쪽에서 흑룡을 죽이는 날인데, 선생은 살결이 검으니 북쪽으로 가선 안 됩니다."

묵자는 그 말을 듣지 않고 북쪽으로 치수에까지 이르렀다가 건너지 못하고 되돌아왔다. 점쟁이가 말하였다.

"제가 선생은 북쪽으로 가서는 안 된다고 말하였습니다."

묵자는 말하였다.

"남쪽 사람은 북으로 가지 못하고, 북쪽 사람은 남으로 오지 못하였는데, 그들의 살결은 검은 사람도 있고 흰 사람도 있었습니다. 무슨 까닭에 모두 뜻을 이루지 못하였을까요? 더욱이 상제는 갑을(甲乙) 날에는 동쪽에서 청룡을 죽이고, 병정(丙丁) 날에는 남쪽에서 적룡을 죽이며, 경신(庚辛) 날에는 서쪽에서 백룡을 죽이고, 임계(壬癸) 날에는 북쪽에서 흑룡을 죽입니다. 만일 그대의 말을 따른다면 천하의 여행자를 금하는 것이 됩니다. 이것은 마음을 속박하여 천하를 비게 하는 것이니, 그대의 말은 쓸 수 없습니다."

子墨子北之齊, 遇日者.¹ 日者曰, 帝以今日殺黑龍於北方, 而先生之色黑, 不可以北. 子墨子不聽, 遂北至淄水, 不遂而反焉. 日者曰, 我謂先生不可以北. 子墨子曰, 南之人不得北, 北之人不得南, 其色有黑者, 有白者. 何故皆不遂也. 且帝以甲乙殺靑龍於東方, 以丙丁殺赤龍於南方, 以庚辛殺白龍於西方, 以壬癸殺黑龍於北方. 若用子之言, 則是禁天下之行者也. 是圍²心而虛天下也, 子之言不可用也.

- 1   日者: 점쟁이.
- 2   圍: 속박.

19

묵자가 말하였다.

"내 말은 쓰기에 충분하다. 나의 말을 버리고 생각을 바꾸려는 것은 마치 수확물을 버리고 이삭을 줍는 것과 같다. 그들의 말로써 내 말을 비판하는 것은 마치 계란으로 돌을 치는 것과 같다. 천하의 계란을 소진하더라도 그 돌은 여전하고 깨지지 않을 것이다."

子墨子曰, 吾言足用矣. 舍言革思者, 是猶舍穡而攦¹粟也. 以其言非吾言者, 是猶以卵投石也. 盡天下之卵, 其石猶是也, 不可毁也.

• 1 攦: 줍다.

48. 공맹(公孟)

이 편은 주로 묵자와 공맹자의 변론을 기술한 것이다. 이 외에 유생 혹은 문인 가운데 다른 견해를 지닌 사람과의 변론도 있다. 묵가의 유가에 대한 견해를 엿볼 수 있는 자료이다. 주요 내용은 묵가의 「비명」, 「비악」, 「명귀」, 「절장」, 「비유」 편의 내용과 일맥상통한다.

묵자는 '물으면 답하고 묻지 않으면 침묵한다'는 관점에 대해 필요한 경우에는 묻지 않아도 말하는 것이 변론의 기본 자세임을 강조하고 있다. 특히 당시 유자들이 옛날의 복장과 언어를 강조하는 데 대해 인과 불인은 그것과 무관하며 정치적 안정은 실천에 달려 있다고 답하고 있다. 또한 운명론을 고집하면서 학문을 강조하는 것은 모순이라고 지적하였다. 이어서 삼년상이 위정자와 백성에게 폐해를 가져옴을 지적하고 유가의 폐단을 네 가지로 요약하고 있다. 그것은 첫째 상제와 귀신을 부정하는 것이고, 둘째 후장구상(厚葬久喪)이며, 셋째 번거로운 예악론이며, 넷째 운명론이다.

1

공맹자가 묵자에게 말하였다.

"군자는 공손한 자세로 기다리다 물으면 말을 하고, 묻지 않으면 그만 둡니다. 비유하자면 마치 종과 같아서 치면 울리고 치지 않으면 울리지 않습니다."

묵자가 말하였다.

"이러한 말에는 세 가지 경우가 있는데, 당신은 지금 한 가지만을 알고 또한 그렇게 말하는 이유를 모르고 있습니다. 만일 대인이 국가에서 포악한 행위를 할 때 나아가 간언하면 불손하다고 말할 것이고, 측근을 통하여 간언을 올리면 비평한다고 말할 것입니다. 이것이 군자가 의혹하는 바입니다. 만일 대인이 정치를 하는데 장차 국가의 어려움이 발생하는 것이 비유하여 쇠뇌에서 화살이 장차 발사되려는 것과 같다면 군자는 반드시 간언을 할 것이며 그렇게 함으로써 대인도 이롭게 됩니다. 이와 같은 경우에는 비록 치지 않아도 반드시 울리는 것입니다. 만일 대인이 의롭지 않은 기행을 행하여 비록 기묘한 방법을 얻어서라도 군대를 발동시킬 수 있다면, 죄 없는 나라를 침략하여 소유하려고 할 것입니다. 임금이 그것을 얻으면 반드시 쓸 것입니다. 토지를 널리 확충하고 세금을 통하여 재화를 축적하더라도 출병하면 반드시 모욕을 당하고 공격받는 쪽은 이롭지 않고 공격하는 쪽도 이롭지 않으니, 이것은 두 가지가 이롭지 않은 것입니다. 이와 같은 경우에는 비록 치지 않아도 반드시 울리는 것입니다. 또한 그대는 말하기를 '군자는 공손한 자세로 기다리다 물으면 말을 하고, 묻지 않으면 그만둡니다. 비유하자면 마치 종과 같아서 치면 울리고 치지 않으면 울리지 않습니다'라고 하였습니다. 지금 치지 않았는데 그대는 말을 하였으니, 이것은 그대가 이른바 '치지 않아도 울린 것'이지요? 이것은 그대가 이른바 군자가 아닌 것이지요?"

公孟子謂子墨子曰, 君子共己[1]以待, 問焉則言, 不問焉則止. 譬若鐘然, 扣則鳴, 不扣則不鳴. 子墨子曰, 是言有三物焉, 子乃今知其一身[2]也, 又未知其所謂[3]也. 若大人行淫暴於國家, 進而諫, 則謂之不遜, 因左右而獻諫, 則謂之言議,[4] 此君子之所疑惑也. 若大人爲政, 將因於國家之難, 譬若機之將發也然, 君子之必以諫, 然而大人之利. 若此者, 雖不扣, 必鳴者也. 若大人擧不義之異行, 雖得大巧之經,[5]

可行於軍旅之事, 欲攻伐無罪之國, 有之也, 君得之, 則必用之矣.
以廣辟土地, 著稅僞材, 出必見辱, 所攻者不利, 而攻者亦不利, 是
兩不利也. 若此者, 雖不扣, 必鳴者也. 且子曰, 君子共己以待, 問
焉則言, 不問焉則止, 譬若鐘然, 扣則鳴, 不扣則不鳴. 今未有扣子
而言, 是子之謂不扣而鳴邪. 是子之所謂非君子邪.

- 1 共己: 공기(拱己)로 읽어야 한다(손이양). 두 손을 모은 공손한 자세.
- 2 身: 이(耳)로 고쳐야 한다.
- 3 所謂: 이유, 원인.
- 4 言議: 비평.
- 5 大巧之經: 교묘한 방법. 여기서는 병법상의 전략이나 훌륭한 기계를 가리킨다.

2

공맹자가 묵자에게 말하였다.

"진실로 선인이라면 누가 알아주지 않겠습니까? 비유하자면 마치 용한 무당이 밖에 나가지 않아도 많은 복채를 버는 것과 같습니다. 미녀가 들어앉아 나가지 않으면 사람들이 다투어 구혼하지만, 돌아다니면서 스스로 뽐낸다면 아무도 아내로 맞이하지 않을 것입니다. 지금 선생은 두루 사람들을 따라서 유세하는데 무엇 때문에 그러한 수고를 하는 겁니까?"

묵자가 대답하였다.

"지금 세상이 어지러운데 미녀를 구하는 사람들은 많으므로 미녀가 비록 나가지 않더라도 많은 사람이 구혼하겠지만, 지금 선을 추구하는 사람은 적어서 힘써 사람들에게 유세하지 않으면 사람들은 그것을 알지 못합니다. 또한 여기에 용한 무당이 두 사람 있는데, 한 사람은 돌아다니면서 사람들을 위해 점을 치고, 다른 한 사람은 들어앉아 나가지 않는다면, 돌아다니면서 사람들을 위해 점을 치는 사람과 들어앉아 나가지 않는 사람 가운데 복채는 어느 쪽이 많겠습니까?"

공맹자가 말하였다.

"돌아다니면서 사람들을 위해 점을 치는 사람이 복채가 많겠지요."

묵자가 말하였다.

"인의(仁義)도 마찬가지로 돌아다니면서 사람들에게 유세하는 사람의 공과 선이 또한 많을 것입니다. 무슨 까닭으로 돌아다니면서 사람들에게 유세하지 않겠습니까?"

公孟子謂子墨子曰, 實爲善人, 孰不知. 譬若良玉,[1] 處而不出, 有餘糈.[2] 譬若美女, 處而不出, 人爭求之, 行而自衒.[3] 人莫之取[4]也. 今子徧[5]從人而說之, 何其勞也. 子墨子曰, 今夫世亂, 求美女者衆, 美女雖不出, 人多求之. 今求善者寡, 不强說人, 人莫之知也. 且有二生[6]於此, 善筮, 一行爲人筮者, 一處而不出者. 行爲人筮者與處而不出者, 其糈孰多. 公孟子曰, 行爲人筮者其糈多. 子墨子曰, 仁義鈞.[7] 行說人者, 其功善亦多, 何故不行說人也.

- 1 玉: 무(巫)로 고쳐야 한다(손이양).
- 2 糈: 기도할 때의 쌀. 여기서는 복채의 뜻.
- 3 衒: 현(炫)과 통함.
- 4 取: 취(娶)와 같다.
- 5 徧: 편(遍)과 같다.
- 6 生: 인(人)의 뜻.
- 7 鈞: 균(均)과 같다.

3

공맹자가 장보관을 쓰고 허리에 홀을 꽂고 유복 차림으로 묵자를 만나서 말하였다.

"군자는 일정한 복장을 한 뒤에 일정한 행동을 할까요? 일정한 행동을 한 뒤에 일정한 복장을 할까요?"

묵자가 말하였다.

"행동은 옷에 달려 있지 않습니다."

공맹자가 말하였다.

"어떻게 그러함을 아십니까?"

묵자가 대답하였다.

"옛날 제나라 환공은 높은 관과 넓은 띠를 하고, 금으로 만든 검과 나무 방패로써 나라를 다스렸는데 나라가 잘 다스려졌습니다. 옛날 진나라 문공은 거친 삼베옷과 암컷 양가죽 옷을 입고 가죽끈으로 칼을 차고서 나라를 다스렸는데 나라가 잘 다스려졌습니다. 옛날 초나라 장왕은 화려한 관에 색실로 선관(鮮冠)에 갓끈을 매달고 넓은 진홍색의 옷과 용포를 입고서 나라를 다스렸는데 나라가 잘 다스려졌습니다. 옛날 월나라 구천은 머리를 깎고 문신을 하고서 나라를 다스렸는데 나라가 잘 다스려졌습니다. 이 네 임금은 그 복장이 달랐지만 그 행동은 마찬가지였습니다. 저는 이것으로써 행동은 복장에 달려 있지 않다는 것을 알았습니다."

공맹자가 말하였다.

"좋습니다! 제가 듣건대 '선을 보류하는 것은 상서롭지 않다'고 하였습니다. 홀을 버리고 장보관을 바꾸고 선생을 보고자 하는데 괜찮겠습니까?"

묵자가 말하였다.

"바라건대 순리대로 만나는 것이 좋습니다. 만일 반드시 홀을 버리고 장보관을 바꾼 뒤에 만난다면, 그렇다면 행동은 과연 복장에 달려 있는 것이 될 것입니다."

公孟子戴章甫,¹ 搢忽,² 儒服, 而以見子墨子曰, 君子服然後行³乎. 其行然後服乎. 子墨子曰, 行不在服. 公孟子曰, 何以知其然也. 子墨子曰, 昔者齊桓公高冠博帶, 金劍木盾, 以治其國, 其國治. 昔者晉文公大布之衣, 牂⁴羊之裘, 韋以帶劍, 以治其國, 其國治. 昔者楚莊王鮮冠組纓, 絳⁵衣博袍, 以治其國, 其國治. 昔者越王句踐剪髮⁶文⁷身, 以治其國, 其國治. 此四君者其服不同, 其行猶一也. 翟以是知行之不在服也. 公孟子曰, 善, 吾聞之曰, 宿善⁸者不祥. 請舍忽易章甫, 復見夫子可乎. 子墨子曰, 請因以相見也. 若必將舍忽易章甫而後相見, 然則行果在服也.

- **1** 章甫: 고대에 남자들이 쓰던 모자의 일종.
- **2** 搢忽: 진(搢)은 삽(揷)과 같고, 홀(忽)은 홀(笏)과 같다. 아래도 이와 같다. 고대에 신민이 군주를 만날 때 주요한 내용을 기록하기 위해 휴대하던 나무판자.
- **3** 行: 일정한 행위.
- **4** 牂: 암컷 양.
- **5** 絳: 봉(縫)과 같다(왕인지). 여기서는 문자대로 번역하였다.
- **6** 剪髮: 단발(斷髮).
- **7** 文: 문(紋)과 같다.
- **8** 宿善: 선을 보류함의 뜻.

4

공맹자가 말하였다.

"군자는 반드시 옛날의 말과 복장을 해야만 인(仁)하다고 할 수 있습니다."

묵자가 말하였다.

"옛날 은나라의 주왕과 대신이었던 비중(費仲)은 천하의 폭인이었고 기자와 미자는 천하의 성인이었는데, 이들은 똑같은 말을 하였지만 한쪽은 인하고 한쪽은 불인(不仁)하였습니다. 주공 단은 천하의 성인이었고 관숙은 천하의 폭인이었는데, 이들은 똑같은 복장을 하였지만 한쪽은 인하고 한쪽은 불인하였습니다. 그렇다면 옛날의 복장과 옛날의 말에 달려 있는 것이 아닙니다. 또한 그대는 주나라를 본받고 하나라를 본받지 않으니, 그대가 말하는 옛날은 옛날이 아닙니다."

公孟子曰, 君子必古言服, 然後仁. 子墨子曰, 昔者商王紂, 卿士費仲,[1] 爲天下之暴人, 箕子微子[2]爲天下之聖人, 此同言而或仁不仁也. 周公旦爲天下之聖人, 關叔[3]爲天下之暴人, 此同服或仁或不仁. 然則不在古服與古言矣. 且子法周而未法夏也, 子之古非古也.

• 1 卿士費仲: 경사는 군주 아래에서 조정을 관할하는 대부이며, 비중은 주왕의 중신으로 아첨에 능했던 인물.
• 2 箕子微子: 기자는 은나라 폭군 주왕의 숙부로 여러 차례 간언하다가 투옥되었으며, 미자는 주왕의 이복형으로 간언하다가 듣지 않자 망명한 것으로 전한다.
• 3 關叔: 관숙(管叔). 주공의 아우. 무왕의 사후 성왕이 어리므로 주공이 섭정하였다. 관숙과 채숙 등이 주공을 의심하고 주왕(紂王)의 아들 무경과 결탁하여 반

란을 일으켰으나 주공에게 평정되었다.

5

공맹자가 묵자에게 말하였다.

"옛날 성왕들의 반열에서는 최고의 성인이 천자의 자리에 서고, 그다음은 경대부의 자리에 섰습니다. 지금 공자는 시서에 달통하고 예악에 밝으며 만물을 자세히 알았습니다. 가령 공자가 성왕의 시대를 만난다면 어찌 공자를 천자로 삼지 않겠습니까?"

묵자가 말하였다.

"무릇 지자는 반드시 상제를 높이고 귀신을 섬기며 사람들을 사랑하고 비용을 절약하는 것이니, 여기에 부합해야만 지자가 됩니다. 지금 당신은 말하기를, '공자는 시서에 달통하고 예악에 밝으며 만물을 자세히 알았다'고 하여 '천자가 될 수 있다'고 하였습니다. 이것은 남의 문서를 계산하여 자신이 부자가 되었다고 생각하는 것입니다."

公孟子謂子墨子曰, 昔者聖王之列也, 上聖立爲天子, 其次立爲卿大夫. 今孔子博於詩書, 察於禮義, 詳於萬物. 若使孔子當聖王, 則豈不以孔子爲天子哉. 子墨子曰, 夫知者必尊天事鬼, 愛人節用, 合焉爲知矣. 今子曰, 孔子博於詩書, 察於禮樂, 詳於萬物, 而曰可以爲天子. 是數人之齒,[1] 而以爲富.

• 1　齒: 문서를 가리킨다. 고대에는 죽간에 숫자를 새기는데 새긴 곳이 이빨과 비슷하였다.

6

공맹자가 말하였다.

"가난하고 부유한 것과 오래 살고 일찍 죽는 것은 확실히 하늘에 달려 있는 것이어서 덜거나 보탤 수 없습니다."

그리고 또 말하였다.

"군자는 반드시 배워야 합니다."

묵자가 말하였다.

"사람들에게 배우라고 가르치면서 유명론을 고집하는 것은 마치 사람들에게 머리를 싸매게 하면서 그 관을 버리게 하는 것과 같습니다."

公孟子曰, 貧富壽夭, 齰[1]然在天, 不可損益. 又曰, 君子必學. 子墨子曰, 敎人學而執有命, 是猶命人葆[2]而去其冠也.

- 1 齰: 착(鑿)과 같다. 확실히.
- 2 葆: 관을 쓰기 위해 머리를 싸매는 일.

7

공맹자가 묵자에게 말하였다.

"의와 불의가 있지만 상서로운 일과 상서롭지 못한 일은 없습니다."

묵자는 대답하였다.

"옛 성왕들은 모두 귀신이 신명스럽고 화복을 행하는 것으로 여기고 상서로운 일과 상서롭지 못한 일이 있다는 입장을 견지하였습니다. 따라서 정치가 안정되고 나라는 편안했습니다. 걸왕과 주왕 이래로는 모두 귀신이 신명스럽지 않고 화복을 행할 수 없다고 여기며 상서로운 일과 상서롭지 못한 일이 없다는 입장을 견지하였습니다. 따라서 정치가 혼란해지고 나라는 위태로웠습니다. 따라서 선왕의 책인 『기자』에 이런 말이 있습니다. '그러한 오만함이 표출되면 그대에게 상서롭지 못한 일이 있다'고 하였습니다. 이것은 말하자면 불선을 행하면 벌을 받고 선을 행하면 상을 받는다는 것입니다."

公孟子謂子墨子曰, 有義不義, 無祥不祥. 子墨子曰, 古聖王皆以鬼神爲神明, 而[1]爲禍福, 執有祥不祥, 是以政治而國安也. 自桀紂以下皆以鬼神爲不神明, 不能爲禍輻, 執無祥不祥, 是以政亂而國危也. 故先王之書子亦[2]有之曰, 亓傲也出於子, 不祥. 此言爲不善之有罰, 爲善之有賞.

- **1** 而: 능(能).
- **2** 子亦: 기자(箕子)로 고쳐야 한다. 기자는 은나라 폭군 주 임금의 숙부. 『주서』(周書)에 「기자」 편이 있었지만 현재 전하지 않는다.

묵자가 공맹자에게 말하였다.

"상례에 따르면 군주·부모·아내·맏아들이 죽으면 삼년상을 하고, 백부·숙부·형제는 일년상을 하고, 친족은 오개월상을 하며, 고모·누이·외삼촌·생질은 몇 개월의 상을 합니다. 혹은 상례 기간이 아닐 때는 시를 외우고 현악기로 연주하며, 시를 노래하고 시에 따라 춤을 춥니다. 그대의 말을 따른다면 군자는 어느 겨를에 정치를 하겠으며, 서인은 어느 겨를에 일을 할 수 있겠습니까?"

공맹자가 대답하였다.

"나라가 어지러우면 다스리고, 나라가 안정되면 예악을 행하며, 나라가 가난하면 일을 하고, 나라가 부유하면 예악을 행합니다."

묵자가 말하였다.

"나라가 안정되었다고 해서 다스림을 그만둔다면 나라의 안정 또한 없어질 것입니다. 나라의 부유함은 일을 하였기 때문에 부유해진 것인데, 일을 그만둔다면 나라의 부유함 또한 없어질 것입니다. 따라서 나라가 비록 안정되더라도 권장하는 것을 그치지 않는 것이 좋습니다. 지금 당신이 말하기를, '나라가 안정되면 예악을 행하고 어지러우면 다스린다'고 한 것은 마치 목이 말라서 샘을 파고, 죽은 다음에 의원을 찾는 것과 같습니다. 옛날 삼대의 폭군이었던 걸왕, 주왕, 유왕, 여왕은 음악을 성대히 하면서 백성은 보살피지 않았습니다. 이 때문에 몸은 죽임을 당했고, 나라가 멸망하게 된 것은 모두가 이러한 길을 따랐기 때문입니다."

子墨子謂公孟子曰, 喪禮, 君與父母妻後子死, 三年喪服. 伯父叔父兄弟期,[1] 族人五月. 姑姊舅甥有數月之喪. 或以不喪之間, 誦詩三百, 弦詩三百, 歌詩三百, 舞詩三百. 若用子之言, 則君子何日以聽治, 庶人何日以從事. 公孟子曰, 國亂則治之, 治則爲禮樂. 國治[2]則從事, 國富則爲禮樂. 子墨子曰, 國之治, 治之廢, 則國之治亦廢. 國之富也, 從事故富也, 從事廢, 則國之富亦廢. 故雖治國, 勸之無魘,[3] 然後可也. 今子曰, 國治則爲禮樂, 亂則治之. 是譬猶噎[4]而穿井也, 死而求醫也. 古者三代暴王, 桀紂幽厲, 薾[5]爲聲樂, 不顧其民, 是以身爲刑僇,[6] 國爲戻虛[7]者, 皆從此道也.

* 1 期: 1년.

* 2 國治: 국빈(國貧)으로 고쳐야 한다(왕염손).

* 3 饜: 만족. 여기서는 그만둠의 뜻.

* 4 噎: 갈(渴)로 고쳐야 한다(유월).

* 5 繭: 성대한 모양.

* 6 僇: 륙(戮)과 통함.

* 7 戾虛: 후손이 없고 나라가 텅 빔의 뜻(손중원).

9

공맹자가 말하였다.

"귀신은 없습니다."

또 말하였다.

"군자는 반드시 제사를 배워야 합니다."

묵자가 말하였다.

"귀신은 없다고 주장하면서 제례를 배운다는 것은 마치 손님이 없는데 손님 대접하는 예를 배우는 것과 같고, 마치 물고기가 없는데 물고기 그물을 만드는 것과 같습니다."

公孟子曰, 無鬼神. 又曰, 君子必學祭祀.[1] 子墨子曰, 執無鬼而學祭禮, 是猶無客而學客禮也, 是猶無魚而爲魚罟也.

* 1 祭祀: 제례(祭禮)로 고쳐야 한다(필원).

10

공맹자가 묵자에게 말하였다.

"선생은 삼년상을 잘못이라고 하는데, 선생의 삼개월상도 그러면 잘못입니다."

묵자가 말하였다.

"당신이 삼년상을 가지고 삼개월상을 비판하는 것은 마치 벌거벗은 사람이 옷자락을 걷은 사람을 공손하지 않다고 말하는 것과 같습니다."

公孟子謂子墨子曰, 子以三年之喪爲非, 子之三日[1]之喪亦非也. 子墨子曰, 子以三年之喪, 非三日之喪, 是猶倮[2]謂撅[3]者不恭也.

- 1　三日: 삼월(三月)로 고쳐야 한다(손중원). 『한비자』「현학」 편에 따르면, 묵가는 삼개월상을 주장한 것으로 되어 있다.
- 2　倮: 나(裸)와 같다.
- 3　撅: 게(揭)와 통함.

11

공맹자가 묵자에게 말하였다.

"아는 것이 남보다 나은 점이 있다면 지혜롭다고 할 수 있습니까?"

묵자가 말하였다.

"어리석은 사람의 아는 것도 남보다 나은 점이 있을 수 있는데 어리석은 사람을 어찌 지혜롭다고 할 수 있겠습니까?"

公孟子謂子墨子曰, 知有賢於人, 則可謂知乎. 子墨子曰, 愚之知, 有以賢於人, 而愚豈可謂知矣哉.

12

공맹자가 말하였다.

"삼년상은 우리 자식들에게 부모 사랑하는 것을 배우도록 하는 것입니다."

묵자가 말하였다.

"어린아이의 지력은 단지 부모를 사랑할 뿐입니다. 부모가 없으면 울음을 그치지 않습니다. 이것은 무슨 까닭입니까? 곧 아주 어리석기 때문입니다. 그렇다면 어찌 유자의 지력이 어린아이보다 나은 점이 있겠습니까?"

公孟子曰, 三年之喪, 學吾之[1]慕父母. 子墨子曰, 夫嬰兒子之知, 獨慕父母而已. 父母不可得也, 然號而不止, 此其故何也. 卽愚之至也. 然則儒者之知, 豈有以賢於嬰兒子哉.

• 1 吾之: 오지자(吾之子)로 고쳐야 한다(유월).

13

묵자가 유자에게 물었다.

"무엇 때문에 음악을 합니까?"

유자가 대답하였다.

"즐겁기 때문에 음악을 합니다."

묵자가 말하였다.

"당신은 내게 제대로 답하지 않았습니다. 지금 내가 묻기를 '무엇 때문에 집을 짓는가?' 하였을 때, '겨울엔 추위를 피하고 여름엔 더위를 피하며 집으로써 남녀를 분별하려는 것이다'라고 대답한다면 당신은 내게 집을 짓는 까닭을 얘기해준 것입니다. 지금 내가 묻기를 '무엇 때문에 음악을 합니까?'라고 하였는데 '즐겁기 때문에 음악을 한다'고 대답하였습니다. 이것은 마치 '무엇 때문에 집을 짓는가?'라고 물은 데 대해 '집 때문에 집을 짓는다'고 대답한 것과 같습니다."

> 子墨子曰問於儒者, 何故爲樂. 曰, 樂以爲樂也. 子墨子曰, 子未我應也. 今我問曰, 何故爲室. 曰, 冬避寒焉, 夏避暑焉, 室以爲男女之別也. 則子告我爲室之故矣. 今我問曰, 何故爲樂. 曰, 樂以爲樂也. 是猶曰, 何故爲室. 曰, 室以爲室也.

14

묵자가 정자에게 말하였다.

"유가의 도에는 천하를 망치는 네 가지 교의가 있습니다. 상제를 밝지 못하다고 하고 귀신을 신명스럽게 여기지 않으므로 상제와 귀신이 좋아하지 않으니 이것은 천하를 망칠 수 있습니다. 또한 후장구상(厚葬久喪)하고 관곽(棺槨)을 몇 겹으로 하며, 많은 옷과 이불을 만들어 장례를 이사하는 것처럼 하고, 삼 년 동안 곡을 하여 부축을 받아야 일어나고, 지팡이를 짚어야 걸을 수 있고, 귀도 잘 들리지 않으며, 눈도 잘 보이지 않으니, 이것은 천하를 망칠 수 있습니다. 또한 현을 타며 노래하고, 북을 치며 춤을 추고, 소리와 음악에 익숙하니, 이것은 천하를 망칠 수 있습니다. 또한 운명이 있다고 여기고 빈부(貧富), 수요(壽夭), 치란(治亂), 안위(安危)는 정해져 있어서 증감할 수 없다고 합니다. 위에 있는 사람이 이를 따른다면 반드시 정치를 하지 않을 것이요, 아래에 있는 사람들이 이를 따른다면 일을 하지 않을 것이니, 이것은 천하를 망칠 수 있습니다."

정자가 말하였다.

"심하군요! 선생이 유가를 폄훼함이여!"

묵자가 말하였다.

"유가에 진실로 이러한 네 가지 교의가 없는데 내가 이렇게 말한다면 폄훼가 되겠지만 지금 유가에 진실로 이러한 네 가지 교의가 있어서 내가 이렇게 말한다면 폄훼가 아니라 알고 있는 것을 알려주는 것입니다."

정자가 인사도 없이 나가버렸다. 묵자가 "돌아오시오!"라고 하자, 정자가 돌아와 앉으며 다시 말하였다.

"방금 선생의 말에는 지적할 만한 점이 있습니다. 선생의 말대로라면 우 임금을 칭찬하지 말고, 걸왕과 주왕을 폄훼하지 말아야 합니다."

묵자가 말하였다.

"그렇지 않습니다. 무릇 어떤 말에 대응할 때는 논의에 걸맞게 해야만 영민한 것입니다. 공격을 심하게 하면 나도 심하게 하고, 공격을 느슨하게 하면 나도 느슨하게 하는 것입니다. 어떤 말에 대응하면서 논의에 걸맞지 않게 하는 것은 마치 끌채를 들어서 나방을 치는 것과 같습니다."

子墨子謂程子[1]曰, 儒之道足以喪天下者, 四政[2]焉. 儒以天爲不明, 以鬼爲不神, 天鬼不說, 此足以喪天下. 又厚葬久喪, 重爲棺椁, 多爲衣衾, 送死若徙, 三年哭泣, 扶後起, 杖後行, 耳無聞, 目無見, 此足以喪天下. 又弦歌鼓舞, 習爲聲樂, 此足以喪天下. 又以命爲有, 貧富壽夭, 治亂安危有極矣, 不可損益也. 爲上者行之, 必不聽治矣, 爲下者行之, 必不從事矣, 此足以喪天下. 程子曰, 甚矣, 先生之毁儒也. 子墨子曰, 儒固無此若四政者, 而我言之, 則是毁也. 今儒固有此四政者, 而我言之, 則非毁也, 告聞也. 程子無辭而出. 子墨子曰, 迷[3]之, 反, 後[4]坐. 進復曰, 鄕[5]者先生之言有可聞[6]者焉, 若先生之言, 則是不譽禹, 不毁桀紂也. 子墨子曰, 不然. 夫應孰[7]辭, 稱議[8]而爲之, 敏也. 厚攻則厚吾, 薄攻則薄吾. 應孰辭而稱議,[9] 是猶荷轅而擊蛾也.

- 1 程子: 정번(程繁). 당시 유묵(儒墨) 병용의 학자.
- 2 四政: 네 가지 교의.
- 3 迷: 환(還)으로 고쳐야 한다(손이양).
- 4 後: 복(復)으로 고쳐야 한다(왕염손).
- 5 鄕: 향(向)과 같다.
- 6 聞: 간(間)으로 고쳐야 한다(필원). 간은 질책의 뜻.
- 7 孰: 숙(熟)으로 보는 견해가 많지만 여기서는 하(何)의 뜻으로 번역하였다.
- 8 議: 의(義)로 보는 견해가 많지만 문자대로 번역하였다.
- 9 稱議: 불칭의(不稱議)로 고쳐야 한다(손이양).

15

묵자가 정자와 변론하면서 공자를 칭송하였다. 정자가 말하였다.
"유가를 비판하면서 무슨 까닭에 공자를 칭송합니까?"

묵자가 말하였다.

"이것은 그가 합당하여 바꿀 수 없기 때문입니다. 가령 새는 뜨거워질 것이라는 두려움을 느끼면 날아오르고, 물고기는 뜨거워질 것이라는 두려움을 느끼면 내려갑니다. 이러한 경우에는 비록 우 임금이나 탕왕이 그것들을 위해서 꾀를 내더라도 절대 바꿀 수 없는 것입니다. 새와 물고기는 어리석다고 할 수 있는데, 우 임금과 탕왕이 오히려 따르는 경우가 있습니다. 지금 내가 도리어 공자를 칭찬하지 않을 수 있겠습니까?"

> 子墨子與程子辯, 稱於孔子. 程子曰, 非儒, 何故稱於孔子也. 子墨子曰, 是亦[1]當而不可易者也. 今鳥聞熱旱之憂則高, 魚聞熱旱之憂則下. 當此雖禹湯爲之謀, 必不能易矣. 魚鳥可謂愚矣, 禹湯猶云[2]因[3]焉. 今翟曾[4]無稱於孔子乎.

- 1 亦: 기(其)로 고쳐야 한다(유월). 여기서는 공자를 가리킨다.
- 2 云: 혹(或)과 같다.
- 3 因: 순(循)의 뜻.
- 4 曾: 각(却)의 뜻. 도리어.

16

묵자의 문하에 배우러 온 사람이 있었는데, 신체가 건장하고 사려가 민첩하자 (묵자는) 자신을 따라서 배우게 하고 싶었다. 묵자가 말하였다.

"일단 배워보게! 내가 자네를 벼슬자리에 나가게 하겠네."

좋은 말로 권하자 배우게 되었다. 일 년이 되자 묵자에게 벼슬을 요구하였다. 묵자가 말하였다.

"자네를 벼슬시킬 수 없네. 자네도 노나라의 이야기를 들은 적이 있을 것이네. 노나라에 다섯 형제가 있었는데, 그들의 아버지가 죽었는데도 맏아들이 술을 좋아하여 장례를 지내지 않자 네 명의 동생이 말하였네. '형님이 우리와 함께 장례를 지내면, 우리가 형님을 위해 술을 사겠습니다.' 그렇게 하면서 좋은 말로 권하자 장례를 지냈다네. 장례가 끝나고 동생들에게 술을 요구하자 동생들이 말하였네. '우리는 형님에게 술을 줄 수 없습니다. 형님은 형님 아버지의 장례를 지냈고, 우리는 우리 아버지의 장례를 지낸 것이니, 어찌 다만 우리 아버지일 뿐입니까? 형님이 장례를 지내지 않으면 남들이 장차 형님을 비웃을 것 같아서 형님에게 장례를 지내도록 권한 것입니다.' 지금 자네는 의를 행하고, 나 또한 의를 행한 것인데 어찌 다만 내가 의를 행한 것일 뿐이겠는가? 자네가 배우지 않으면, 남들이 장차 자네를 비웃을 것 같아서 자네에게 배우도록 권한 것일세."

有游於子墨子之門者, 身體强良, 思慮徇通, 欲使隨而學. 子墨子曰, 姑學乎, 吾將仕子. 勸於善言而學. 其^{1}年而責^{2}仕於子墨子. 子墨子曰, 不仕子, 子亦聞夫魯語乎. 魯有昆弟五人者, 其父死, 其長子嗜酒而不葬, 其四弟曰, 子與我葬, 當爲子沽酒. 勸於善言而葬. 已葬, 而責酒於其四弟. 四弟曰, 吾未予子酒矣. 子葬子父, 我葬吾父, 豈獨吾父哉. 子不葬則人將笑子, 故勸子葬也. 今子爲義, 我亦爲義, 豈獨我義也哉. 子不學, 則人將笑子, 故勸子於學.

• 1   其: 기(期)와 같다.
• 2   責: 구(求)와 같다.

17

묵자의 문하에 배우러 온 사람이 있었다. 묵자가 말하였다.

"어찌하여 배우지 않았는가?"

(그가) 대답하였다.

"저의 가족 중에는 배우는 사람이 없습니다."

묵자가 말하였다.

"그렇지 않다. 무릇 아름다움을 좋아하는 사람이 어찌 우리 가족 중에 좋아하는 사람이 없기 때문에 좋아하지 않는다고 말할 수 있겠는가? 무릇 부귀를 바라는 사람이 어찌 우리 가족 중에 부귀를 바라는 사람이 없기 때문에 바라지 않는다고 말할 수 있겠는가? 아름다움을 좋아하고 부귀를 바라는 사람은 남들과 비교하지 않고도 열심히 그렇게 하는 것이네. 무릇 의로움은 천하의 큰 그릇이니 무엇 때문에 남과 비교하고서야 열심히 행하겠는가?"

有游於子墨子之門者, 子墨子曰, 盍[1]學乎. 對曰, 吾族人無學者. 子墨子曰, 不然. 夫好美者, 豈曰吾族人莫之好, 故不好哉. 夫欲富貴者, 豈曰我族人莫之欲, 故不欲哉. 好美欲富貴者, 不視[2]人猶强爲之. 夫義, 天下之大器也, 何以視人, 必[3]强爲之.

- **1** 盍: 하불(何不)의 뜻. 어찌 아니 함의 뜻.
- **2** 不視: 마지막 구절의 필(必)을 보충하여 불필시(不必視)로 고쳐야 한다(손이양).
- **3** 必: 연문.

18

묵자의 문하에서 배우는 사람이 묵자에게 말하였다.

"선생님은 귀신이 신명스럽고 지혜로우며 사람에게 화복을 줄 수 있어서 선을 행한 이에게 복을 주고 포악한 일을 행한 이에게 화를 내린다고 생각합니다. 지금 제가 선생님을 섬긴 지 오래되었는데 복이 이르지 않으니 혹시 선생님의 말씀이 정확하지 못한 것입니까? 귀신이 신명스럽지 못한 것입니까? 제가 무슨 까닭에 복을 얻지 못하는 것인지요?"

묵자가 대답하였다.

"비록 자네가 복을 받지 못했어도 나의 말이 어찌 정확하지 못한 것이겠으며 귀신이 어찌 신명스럽지 못하겠는가? 자네도 범인을 숨기면 죄가 된다고 들었을 것이네."

대답하였다.

"아직 들어보지 못했습니다."

묵자가 말하였다.

"가령 여기에 어떤 사람이 자네보다 열 배 낫다면 자네는 그를 열 배 칭찬하면서 자신은 한 번도 칭찬하지 않을 수 있겠는가?"

대답하였다.

"그럴 수 없습니다."

"가령 여기에 어떤 사람이 자네보다 백 배 낫다면 자네는 종신토록 그의 장점을 칭찬하면서 자신은 한 번도 칭찬하지 않을 수 있겠는가?"

"그럴 수 없습니다."

묵자가 말하였다.

"한 사람을 숨겨도 죄가 되는데, 지금 자네가 숨기는 것이 이처럼 많으니 장차 무거운 죄가 있을 것인데 어찌 복을 구할 수 있겠는가?"

有游於子墨子之門者, 謂子墨子曰, 先生以鬼神爲明知, 能爲禍人哉福,[1] 爲善者富[2]之, 爲暴者禍之. 今吾事先生久矣, 而福不至, 意者先生之言有不善[3]乎, 鬼神不明乎. 我何故不得福也. 子墨子曰, 雖子不得福, 吾言何遽[4]不善, 而鬼神何遽不明. 子亦聞乎匪徒之刑之有刑[5]乎. 對曰, 未之得聞也. 子墨子曰, 今有人於此, 什子, 子能什譽之, 而一自譽[6]乎. 對曰, 不能. 有人於此, 百子, 子能終身譽其善, 而子無一乎. 對曰, 不能. 子墨子曰, 匪一人者猶有罪, 今子所匪者, 若此其多, 將有厚罪者也, 何福之求.

- **1** 能爲禍人哉福: '能爲人禍福'으로 고쳐야 한다.
- **2** 富: 복(福)과 통함.
- **3** 不善: 정확하지 못함의 뜻.
- **4** 何遽: 하(何)와 같다.
- **5** 匪徒之刑之有刑: '匪刑徒之有刑'으로 고쳐야 한다. 형도(刑徒)는 범인. 유형(有刑)은 유죄(有罪)를 가리킨다.
- **6** 而一自譽: '無一自譽'로 고쳐야 한다.

19

묵자가 병이 났을 때 질비가 나아가 물었다.

"선생님은 귀신은 신명스럽고 화복을 내릴 수 있어서 선한 일을 한 사람에게는 상을 주고 선하지 못한 일을 한 사람에게는 벌을 준다고 하였습니다. 지금 선생님은 성인인데 무슨 까닭에 병이 났습니까? 혹시 선생님의 말씀이 정확하지 못한 것입니까? 귀신이 신명스럽지 못하고 지혜롭지 못해서입니까?"

묵자가 말하였다.

"비록 나를 병이 들게 했다고 해서 어찌 신명스럽지 못한 것이겠는가?
사람이 병을 얻게 되는 이유는 여러 가지가 있으니, 추위나 더위 때문에
얻는 경우도 있고, 몸이 힘들기 때문에 얻는 경우도 있네. 백 개의 문 가
운데 하나의 문을 닫았다면 도둑이 어찌 들어올 수 없겠는가?"

子墨子有疾, 跌鼻[1]進而問曰, 先生以鬼神爲明, 能爲禍福, 爲善者賞
之, 爲不善者罰之. 今先生聖人也, 何故有疾. 意者先生之言有不善
乎. 鬼神不明知乎. 子墨子曰, 雖使我有病, 何遽不明. 人之所得於
病者多方, 有得之寒暑, 有得之勞苦. 百門而閉一門焉, 則盜何遽無
從入.

• 1 跌鼻: 묵자의 제자.

20

두세 명의 제자가 묵자에게 활쏘기를 배우겠다고 아뢰자 묵자가 말하
였다.

"안 되네! 지자는 반드시 자신의 능력이 도달하는 데를 헤아려 종사하
는 것이네. 국사가 전쟁을 하면서 또한 남을 돕는다면 오히려 미진한 점
이 있을 것이네. 지금 자네들은 국사가 아닌데 어찌 학문을 이루면서 또
한 활쏘기를 완성할 수 있겠는가?"

二三子有復於子墨子學射者, 子墨子曰, 不可. 夫知者必量其力所能
至而從事焉. 國士[1]戰且扶人, 猶不可及也. 今子非國士也, 豈能成學

又成射哉.

21

두세 명의 제자가 묵자에게 아뢰었다.

"고자가 말하기를, '(선생님의) 말은 의로우면서 행동은 아주 나쁘다'고 합니다. 청컨대 그를 내치십시오."

묵자가 말하였다.

"안 되네! 나의 말은 칭찬하고 나의 행동은 헐뜯었으니 없는 것보다 낫네. 가령 어떤 사람이 '묵자는 매우 불인하지만 상제를 높이고 귀신을 섬기며 사람을 사랑한다'고 한다면 '매우 불인하다는 말'은 없는 것보다 낫네. 지금 고자는 변설을 아주 잘하는데 (내가) 인의를 말하는 것 때문에 나를 헐뜯지는 않으니, 고자가 헐뜯음은 없는 것보다 낫네."

二三子復於子墨子曰, 告子[1]曰, 言義而行甚惡. 請棄之. 子墨子曰, 不可. 稱我言以毁我行, 愈於亡.[2] 有人於此, 翟甚不仁, 尊天, 事鬼, 愛人, 甚不仁, 猶愈於亡也. 今告子言談甚辯, 言仁義而不吾毁, 告子毁, 猶愈亡也.

• 1   告子: 묵자의 제자. 『맹자』에 보이는 고자와는 다른 인물.
• 2   亡: 무(無)와 같다.

22

두세 명의 제자가 묵자에게 아뢰었다.

"고자는 인을 행할 만합니까?"

묵자가 말하였다.

"반드시 그렇지는 않다. 고자가 인을 행하는 것은 비유하자면 마치 발
뒤꿈치로써 키를 높이고, 드러누워서 가슴을 넓히는 것과 같아서 오래갈
수는 없을 것이다."

二三復於子墨子曰, 告子勝爲仁. 子墨子曰, 未必然也. 告子爲仁,
譬猶跂[1]以爲長, 隱[2]以爲廣, 不可久也.

- 1　跂: 발뒤꿈치.
- 2　隱: 언(偃)과 통함(필원).

23

고자가 묵자에게 말하였다.

"저는 국정을 다스릴 수 있습니다."

묵자가 말하였다.

"정치는 입으로 말한 것을 몸으로 반드시 행하는 것이다. 지금 자네가
입으로는 말하면서 몸으로는 행하지 않으니 이것은 자네가 자신의 몸을
어지럽히는 일이다. 자네가 자네의 몸을 다스릴 수 없는데 어찌 국정을
다스릴 수 있겠는가? 자네는 다만 자네의 몸을 어지럽히지 말게!"

告子謂子墨子曰, 我治國爲政.[1] 子墨子曰, 政者, 口言之, 身必行
之. 今子口言之, 而身不行, 是子之身亂也. 子不能治子之身, 惡能
治國政. 子姑亡[2]子之身亂之矣.

- **1** 治國爲政: '能治國爲政'으로 고쳐야 한다.
- **2** 亡: 무(無)와 같다. 여기서는 금지사로 쓰인다.

49. 노문(魯問)

이 편은 주로 묵자가 제(齊), 노(魯), 초(楚), 월(越) 등의 군주와 나눈 대화 및 건의를 기재하고 있다. 내용은 광범위한데 중요한 것은 묵자가 제후들에게 유세할 때 '반드시 시급한 일을 택해서 종사한다'는 원칙이다. 가령 나라가 혼란스러우면 「상현」과 「상동」을 말하고, 나라가 가난하면 「절용」과 「절장」을 말하며, 나라가 음악과 술에 빠져 있으면 「비악」과 「비명」을 말하고, 나라가 음란하고 무례하면 존천(尊天)과 사귀(事鬼)를 말한다는 것이다. 여기서 존천과 사귀는 전기 묵가의 「천지」와 「명귀」 편에 보이는 주장으로 상제와 귀신을 높이고 섬겨야 한다는 것이다.

또한 건의문의 주요 내용은 강대국이 약소국을 침략하고 핍박하는 것에 반대하는 「비공」의 주장이다. 이와 아울러 「겸애」 편의 내용과 일맥상통하는 내용이 많다. 따라서 이 편은 전기 묵가의 10대 주장을 총결하는 특징을 지니고 있다.

1

노나라 임금이 묵자에게 말하였다.

"나는 제나라가 우리나라를 공격할까 두려워하고 있는데 벗어날 수 있겠습니까?"

묵자가 말하였다.

"가능합니다. 옛날 삼대의 성왕인 우, 탕, 문, 무는 백 리 땅의 제후였지만 충신을 좋아하고 의를 행하여 천하를 얻었습니다. 삼대의 폭군인 걸,

주, 유, 여는 충신과 원한을 맺고 포악함을 행하여 천하를 잃었습니다. 제가 임금께 바라건대, 위로 상제를 높이고 귀신을 섬기며 아래로 백성을 사랑하고 이롭게 하며, 예물을 후하게 하고 말을 겸손하게 하여 신속히 사방의 제후와 우호 관계를 유지하고, 나라 전체를 인솔하여 제나라에 대응한다면 환란에서 벗어날 수 있습니다. 그렇지 않으면 정말 어쩔 수 없습니다.”

魯君謂子墨子曰, 吾恐齊之攻我也, 可救乎. 子墨子曰, 可. 昔者三代之聖王禹湯文武, 百里之諸侯也, 說忠行義, 取天下. 三代之暴王桀紂幽厲, 讎怨[1]行暴, 失天下. 吾願主君之上者尊天事鬼, 下者愛利百姓, 厚爲皮幣,[2] 卑辭令, 亟遍禮四鄰諸侯, 毆[3]國而以事齊, 患可救也. 非此, 顧[4]無可爲者.

- **1** 怨: 충(忠)으로 고쳐야 한다(유월).
- **2** 皮幣: 예물.
- **3** 毆: 구(驅)와 같다.
- **4** 顧: 고(固)와 통함.

2

제나라가 노나라를 공격하려고 하자, 묵자가 항자우에게 말하였다.

“노나라를 치려는 것은 제나라의 큰 잘못입니다. 옛날 오왕은 동쪽으로 월나라를 공격하여 회계산을 포위하였고, 서쪽으로 초나라를 공격하여 초나라 소왕을 수나라로 몰아냈으며, 북쪽으로 제나라를 공격하여 태자를 사로잡아 오나라로 돌아왔습니다. 그러나 제후들이 보복하고 백성은 노역에 시달리면서 쓸 수 없었습니다. 이 때문에 나라는 멸망하였고, 자신은 피살되었습니다. 옛날 지백이 범씨와 중항씨를 공격하여 삼진의 땅을 병합하자, 제후들이 보복하고 백성은 노역에 시달리면서 쓸 수 없었습니다. 이 때문에 나라는 멸망하였고 자신은 피살되었습니다. 따라서 대국이 소국을 공격하는 일은 서로를 해치는 것으로, 잘못이 반드시 자기 나라로 되돌아옵니다."

齊將伐魯, 子墨子謂項子牛[1]曰, 伐魯, 齊之大過也. 昔者吳王東伐越,[2] 棲諸會稽,[3] 西伐楚, 葆昭王於隨,[4] 北伐齊, 取國子以歸於吳.[5] 諸侯報其讎, 百姓苦其勞, 而弗爲用. 是以國爲虛戻,[6] 身爲刑戮也. 昔者智伯伐范氏與中行氏,[7] 兼三晉[8]之地, 諸侯報其讎, 百姓苦其勞, 而弗爲用, 是以國爲虛戻, 身爲刑戮用是[9]也. 故大國之攻小國也, 是交相賊也, 過必反於國.

- 1 項子牛: 제나라의 장군.
- 2 吳王東伐越: 기원전 494년 오왕 부차(夫差)가 부친 합려(闔閭)의 원수를 갚기 위해서 월나라를 침공하였고, 월왕 구천(勾踐)은 패하고 신하를 자처하였다. 구천은 와신상담(臥薪嘗膽)하여 기원전 472년 오나라를 멸하고 부차는 자살하였다.
- 3 棲諸會稽: 부차가 구천을 회계산에서 포위한 일을 가리킨다.
- 4 葆昭王於隨: 기원전 506년 오왕 합려가 손무를 대장을 삼고 오자서를 부장으로 삼아서 초나라를 공격하여 수도를 점령하자, 초나라 소왕(昭王)은 대부들의 보호하에 수나라로 피신하였다.
- 5 取國子以歸於吳: 기원전 484년 오왕 부차가 중원의 패권을 다투면서 제나라와 전쟁하여 대패시키고 태자를 포로로 잡았다.
- 6 國爲虛戻: 려(戻)는 려(屬)와 통함. 거주자가 없는 것을 허(虛)라 하고, 후손이

없는 것을 려(慮)라 한다. 여기서는 월나라가 오나라를 멸망시킨 일을 가리킨다.

- 7 智伯伐范氏與中行氏: 지백, 범길사(范吉射), 중항문자(中行文子), 한강자(韓康子), 조양자(趙襄子), 위환자(魏桓子)는 모두 진나라의 경대부였다. 지백이 범씨와 중항씨를 공격하여 멸망시킨 뒤에 조씨를 공격하려고 하였는데, 결과적으로는 조씨·한씨·위씨의 삼가가 연합해서 지백을 멸망시킴으로써 삼진이 형성되었다.

- 8 三晉: 여기서는 범씨, 중항씨, 지백의 삼가를 가리킨다.

- 9 用是: 연문.

3

묵자가 제나라의 태왕을 보고 말하였다.

"가령 여기에 칼이 있는데 사람의 머리에 시험하여 금방 절단되었다면 예리하다고 말할 수 있겠습니까?"

태왕이 대답하였다.

"예리하지요."

묵자가 말하였다.

"칼이 예리합니다만 누가 장차 재앙을 받을까요?"

태왕이 말하였다.

"칼은 예리하다는 평가를 받을 것이고 그것을 시험한 사람이 재앙을 받겠지요."

묵자가 말하였다.

"나라를 병합하고 군대를 전복하고 백성을 해치고 죽인다면 누가 장차 그 재앙을 받겠습니까?"

태왕은 고개를 쳐들고 생각하면서 말하였다.

"내가 그 재앙을 받겠지요."

子墨子見齊大王^{1}曰, 今有刀於此, 試之人頭, 倅^{2}然斷之, 可謂利乎.
大王曰, 利. 子墨子曰, 多試之人頭, 倅然斷之, 可謂利乎. 大王曰,
利. 子墨子曰, 刀則利矣, 孰將受其不祥. 大王曰, 刀受其利, 試者
受其不祥. 子墨子曰, 幷國覆軍, 賊敖^{3}百姓, 孰將受其不祥. 大王俯
仰而思之曰, 我受其不祥.

• 1 齊大王: 대(大)는 태(太)와 같다. 기원전 404년 제나라 대부 전화가 정권을 찬
탈하고 태왕(太王)으로 칭했다.
• 2 倅: 졸(猝)과 같다.
• 3 敖: 살(殺)로 고쳐야 한다.

4

노양의 문군이 정나라를 공격하려고 하자, 묵자가 그 소식을 듣고 말리
려고 노양의 문군에게 말하였다.

"가령 노양의 사방 경계 안에서 큰 도시가 작은 도시를 공격하고, 큰
가문이 작은 가문을 공격하여 인민을 죽이고 그들의 소, 말, 개, 돼지와
무명, 비단, 쌀, 조 및 재물들을 빼앗는다면 어떻게 하겠습니까?"

노양의 문군이 말하였다.

"노양의 사방 경계 안에 있는 사람들은 모두 과인의 신하들이오. 가령
큰 도시가 작은 도시를 공격하고 큰 가문이 작은 가문을 공격하여 재화를
탈취한다면 과인은 반드시 그들을 엄하게 벌할 것이오."

묵자가 말하였다.

"무릇 상제가 천하를 두루 소유함도 임금께서 사방 경계 안을 소유함
과 같습니다. 만일 군대를 일으켜 정나라를 공격한다면 상제의 벌이 이르

지 않겠습니까?"

노양의 문군이 말하였다.

"선생은 어찌하여 내가 정나라를 공격하는 것을 말리는 겁니까? 내가 정나라를 공격하는 것은 하늘의 뜻을 따르는 것입니다. 정나라 사람들은 삼대에 걸쳐 그들의 임금을 시해하였습니다. 하늘이 그들에게 주벌을 가하여 삼 년 동안 농사가 제대로 되지 않았습니다. 나는 하늘의 주벌을 도우려는 것입니다."

묵자가 말하였다.

"정나라 사람들이 삼대에 걸쳐 그들의 임금을 시해하였기에 하늘이 그들에게 주벌을 가하여 삼 년 동안 농사가 제대로 되지 않았다면, 하늘의 주벌이 충분한 것입니다. 지금 또한 군사를 일으켜 정나라를 공격하면서 '내가 정나라를 공격하는 것은 하늘의 뜻을 따르는 것이다'라고 말씀하십니다. 비유하자면 어떤 사람이 자신의 아들이 포악하고 재주가 없다고 해서 아버지로서 회초리를 들었는데, 그 이웃집 부모가 몽둥이를 들고 와서 치면서 '내가 치는 것은 그 부모의 뜻을 따르는 것이다'라고 말하는 것과 같습니다. 어찌 잘못된 일이 아니겠습니까?"

魯陽文君[1]將攻鄭, 子墨子聞而止之, 謂陽文君曰, 今使魯四境之內, 大都攻其小都, 大家伐其小家, 殺其人民, 取其牛馬狗豕布帛米粟貨財, 則何若. 魯陽文君曰, 魯四境之內, 皆寡人之臣也, 今大都攻其小都, 大家伐其小家, 奪之貨財, 則寡人必將厚罰之. 子墨子曰, 夫天之兼有天下也, 亦猶君之有四境之內也. 今舉兵將以攻鄭, 天誅亓[2]不至乎. 魯陽文君曰, 先生何止我攻鄰也. 我攻鄭, 順於天之志. 鄭人, 三世殺其父,[3] 天加誅焉, 使三年不全. 我將助天誅也. 子墨子曰, 鄭人三世殺其父, 而天加誅焉, 使三年不全, 天誅足矣. 今又舉

兵, 將以攻鄭, 曰吾攻鄭也, 順於天之志. 譬有人於此, 其子强梁不
材, 故其父笞之, 其鄰家之父, 擧木而擊之, 曰吾擊之也, 順於其父
之志, 則豈不悖哉.

- 1   魯陽文君: 공손관(公孫寬). 초나라 평왕의 후손으로 무마자기(司馬子期)의 아
들. 그의 봉지가 노산(魯山)의 남쪽이었기에 노양문군으로 칭해진다. 노양(魯陽)은
지금의 허난(河南) 성 난양(南陽).
- 2   亓: 기(其)와 같다.
- 3   三世殺其父: 부(父)는 군(君)으로 고쳐야 한다. 애공(哀公), 유공(幽公), 수공(繻
公) 세 명의 군주가 피살된 일을 가리킨다.

5

묵자가 노양의 문군에게 말하였다.

"이웃 나라를 공격하여 그 백성을 살해하고 소와 말, 식량, 재화를 약
탈하게 되면 죽간과 비단에 기록하고 금석에 새기며, 종정(鐘鼎)에 명문
을 지어 후세의 자손에게 전하면서 말하기를, '나보다 많은 사람이 없다'
고 합니다. 가령 일반 평민도 그 이웃 가문을 공격하여 그 백성을 살해하
고 개와 돼지, 식량과 의복을 약탈하면 또한 죽간과 비단에 기록하고 도
량형과 제기에 명문을 지어 후세 자손에게 전하면서 말하기를, '나보다
많은 사람이 없다'고 합니다. 옳은 일인가요?"

"그렇군요. 내가 당신의 말로써 살펴보건대, 천하에서 이른바 옳다고
하는 것이 반드시 그렇지는 않군요."

子墨子謂魯陽文君曰, 攻其鄰國, 殺其民人, 取其牛馬粟米貨財, 則

書之於竹帛, 鏤之於金石,[1] 以爲銘[2]於鐘鼎, 傳遺後世子孫曰, 莫若
我多. 今賤人[3]也, 亦攻其鄰家, 殺其人民, 取其狗豕食糧衣裘, 亦書
之竹帛, 以爲銘於席豆,[4] 以遺後世子孫曰, 莫若我多. 其可乎. 魯陽
文君曰, 然. 吾以子之言觀之, 則天下之所謂可者, 未必然也.

- **1** 金石: 청동기 및 석각을 가리킨다.
- **2** 銘: 명문(銘文). 고대에 송축이나 경계의 글을 기물에 새긴 것.
- **3** 賤人: 일반 평민.
- **4** 席豆: 석(席)은 도(度)로 고쳐야 한다. 도량형과 제기.

6

묵자가 노양의 문군에게 말하였다.

"세속의 군자들은 모두 작은 일은 알지만 큰 일은 알지 못합니다. 가령
어떤 사람이 개 한 마리와 돼지 한 마리를 훔쳤다면 불인한 것이라고 말
하면서도 한 나라와 한 도시를 훔쳤다면 의로운 것이라고 생각합니다. 비
유하자면 마치 약간 흰 것은 희다고 말하면서도 아주 흰 것은 검다고 말
하는 것과 같습니다. 따라서 세속의 군자들이 작은 일은 알지만 큰 일을
알지 못한다고 하는 것은 이와 같은 말을 두고 한 것입니다."

子墨子爲[1]魯陽文君曰, 世俗之君子, 皆知小物而不知大物. 今有人
於此, 竊一犬一彘, 則謂之不仁, 竊一國一都, 則以爲義. 譬猶小視
白謂之白, 大視白則謂之黑. 是故世俗之君子, 知小物而不知大物者,
此若言之謂也.

7

노양의 문군이 묵자에게 말하였다.

"초나라 남쪽에 식인종의 나라인 교(橋)가 있는데, 그 나라의 맏아들이 출생하면 해체해서 먹으며 '의제'(宜弟)라고 칭합니다. 맛이 좋으면 그 것을 임금에게 보내고 임금이 만족하면 그 아비에게 상을 내립니다. 어찌 추악한 습속이 아니겠습니까?"

묵자가 말하였다.

"비록 중원의 나라에도 이와 같습니다. 아비를 죽이고 그의 자식에게 상을 주는 것이 자식을 잡아먹고 그 아비에게 상을 주는 것과 무엇이 다릅니까? 진실로 인의를 행하지 않는다면, 무엇으로써 오랑캐가 자기 자식을 잡아먹는 것을 비난할 수 있겠습니까?"

魯陽文君語子墨子曰, 楚之南有啖人之國者橋,[1] 其國之長子生, 則鮮[2]而食之, 謂之宜弟.[3] 美, 則以遺其君, 君喜則賞其父. 豈不惡俗哉. 子墨子曰, 雖中國之俗, 亦猶是也. 殺其父而賞其子, 何以異食其子而賞其父者哉. 苟不用仁義, 何以非夷人食其子也.

• 1 橋: 고대의 국명. 미상.
• 2 鮮: 해(解)로 고쳐야 한다. 「절장하」 편에도 같은 내용이 보인다.
• 3 宜弟: 동생을 보호한다는 뜻.

8

노나라 임금의 애첩이 죽자 노나라 사람이 그의 애도문을 지었다. 노나라 임금이 기뻐하며 그를 등용하였다. 묵자가 그 소식을 듣고 말하였다.

"애도문은 죽은 사람의 뜻을 칭송하는 것입니다. 지금 기뻐하여 그를 등용하는 것은 마치 살쾡이로써 수레를 끌게 하는 것과 같습니다."

魯君之嬖人死, 魯君[1]爲之誄,[2] 魯人[3]因說而用之. 子墨子聞之曰, 誄者, 道死人之志也, 今因說而用之, 是猶以來首[4]從服[5]也.

- 1 君: 인(人)으로 고쳐야 한다(소시학).
- 2 誄: 죽은 이의 덕행을 기리고 애도하는 글.
- 3 人: 군(君)으로 고쳐야 한다(소시학).
- 4 來首: 리수(狸首)로 고쳐야 한다(손이양).
- 5 從服: 복마(服馬)로 고대에 말 네 필이 수레를 끄는 경우 중앙에 있는 두 말을 가리킨다.

9

노양의 문군이 묵자에게 말하였다.

"어떤 이가 내게 충신이라고 말한 사람이 있습니다. 굽히라고 명하면 굽히고, 들라고 명하면 들며, 평소에는 가만히 있다가 부르면 응한다면 충신이라고 말할 수 있겠습니까?"

묵자가 말하였다.

"굽히라고 명하면 굽히고, 들라고 명하면 드는 것은 그림자와 흡사하고, 평소에는 가만히 있다가 부르면 응하는 것은 메아리와 흡사합니다. 임금께서 장차 그림자와 메아리에서 무엇을 얻겠습니까? 제가 이른바 충신이라고 하는 관점에서는, 임금에게 허물이 있으면 기회를 틈타서 간언하고, 자신에게 좋은 것이 있으면 임금에게 진언하고 감히 다른 데 알리지 않습니다. 밖에서 그 사악함을 바로잡아 선한 데로 들어가게 하고, 군주와 같으면서 아래로 파당을 짓지 않습니다. 이 때문에 훌륭함은 임금에게 있고 원한은 아래에 있으며, 안락은 임금에게 있고 근심은 신하에게 있게 됩니다. 이것이 제가 말하는 충신입니다."

魯陽文君謂子墨子曰, 有語我以忠臣者, 令之俯則俯, 令之仰則仰, 處則靜, 呼則應, 可謂忠臣乎. 子墨子曰, 令之俯則俯, 令之仰則仰, 是似景[1]也. 處則靜, 呼則應, 是似響也. 君將何得於景與響哉. 若以翟之所謂忠臣者, 上有過, 則微[2]之以諫, 己有善, 則訪[3]之上, 而無敢以告. 外匡其邪, 而入其善, 尙[4]同而無下比, 是以美善在上, 而怨讎在下, 安樂在上, 而憂慼在臣, 此翟之謂忠臣者也.

- **1** 景: 영(影)과 같다.
- **2** 微: 기회를 엿보다.
- **3** 訪: 진언.
- **4** 尙: 상(上)과 같다.

10

노나라 임금이 묵자에게 말하였다.

"내게 두 아들이 있는데, 한 놈은 학문을 좋아하고 다른 한 놈은 남에게 재물을 나누어 주기를 좋아합니다. 누구를 태자로 삼는 게 좋겠습니까?"

묵자가 말하였다.

"아직 잘 모르겠습니다. 혹시라도 상과 명예 때문에 그렇게 할 수 있습니다. 낚시꾼이 공손한 것은 물고기에게 감사하기 때문이 아니고, 독충으로 쥐를 유인하는 것은 그것을 사랑해서가 아닙니다. 제가 바라건대 임금께서는 그 동기와 공로를 아울러서 살펴보기 바랍니다."

魯君謂子墨子曰, 我有二子, 一人者好學, 一人者好分人財, 孰以爲太子而可. 子墨子曰, 未可知也. 或所爲賞與[1]爲是也. 釣[2]者之恭, 非爲魚賜也, 餌鼠以蟲,[3] 非愛之也. 吾願主君之合其志功而觀焉.

- 1 賞與: 상예(賞譽). 여(與)는 예(譽)와 통함.
- 2 釣: 조(釣)와 같다.
- 3 蟲: 고(蠱)로 고쳐야 한다(손이양). 독충의 뜻.

11

노나라 사람 가운데 묵자에게 자기 자식을 가르치게 한 사람이 있었다. 그 아들이 전쟁에서 죽자 그 아비가 묵자를 질책하였다. 묵자가 말하였다.

"당신은 당신의 아들을 가르치기를 원하였습니다. 이제 가르침이 이루어져 전쟁에서 죽었는데 당신이 화를 낸다면 마치 양식을 팔려고 하면서 양식이 팔리면 화를 내는 것과 같습니다. 어찌 잘못된 일이 아니겠습니까?"

魯人有因子墨子而學[1]其子者, 其子戰而死, 其父讓子墨子. 子墨子

曰, 子欲學子之子, 今學成矣, 戰而死, 而子慍, 而猶欲耀, 耀讎,[2]
則慍也. 豈不費[3]哉.

- **1** 學: 효(敎)로 읽는다. 가르침의 뜻.
- **2** 讎: 수(售)와 같다.
- **3** 費: 패(悖)와 통함.

12

노나라 남쪽 시골에 오려라는 사람이 있었는데, 겨울엔 질그릇을 굽고 여름엔 농사지으면서 스스로를 순 임금에게 비기고 있었다. 묵자가 그 소식을 듣고서 만나러 갔다. 오려가 묵자에게 말하였다.

"의여! 의여! 어찌 그것을 말할 필요가 있습니까?"

묵자가 말하였다.

"당신이 이른바 의에도 힘으로 남을 도와주고 재물로 남에게 나누어 주는 일이 있습니까?"

오려가 말하였다.

"있습니다."

묵자가 말하였다.

"저도 일찍이 생각해본 적이 있습니다. 저는 농사를 지어 천하 사람들을 먹이려고 생각했지만 기껏해야 한 농부의 농사에 불과하여 천하에 나누어 주면 사람마다 한 되의 곡식을 얻게 할 수 없었습니다. 가령 한 되의 곡식을 얻게 하더라도 그것이 천하의 굶주린 자를 배부르게 할 수 없다는 것은 뻔한 일이었습니다. 저는 길쌈을 해서 천하 사람을 입혀주려고 생각했지만 기껏해야 한 부인의 길쌈에 불과하여 천하에 나누어 주면 사람마다 한 자의 베도 얻게 할 수 없었습니다. 가령 한 자의 베를 얻게 하더라도 그것이 천하의 추운 자를 따뜻하게 할 수 없다는 것은 뻔한 일이었습니다. 저는 견고한 갑옷을 입고 예리한 무기를 쥐고서 제후의 환난을 구하려고 생각했지만 기껏해야 한 사람의 전투에 불과하였고 한 사람의 전투로 삼군을 통제할 수 없는 것은 뻔한 일이었습니다. 저는 생각하기를, 선왕의 도를 외우고 그 학설을 탐구하며, 성인의 말에 통하고 그 말을 살펴서 위로 왕공 대인에게 유세하고 다음으로 일반 백성에게 유세하는 것이 낫다고 보았습니다. 왕공 대인이 제 말을 쓴다면 나라는 반드시 다스려질 것이고, 일반 백성이 내 말을 쓴다면 행실이 가지런해질 것입니다. 따라서 저는 비록 농사를 지어 굶주린 자를 먹이거나 길쌈을 해서 추운 자를 입히는 것은 아니지만 그 효과는 농사를 지어 먹이고 길쌈을 해서 입히는 것보다 낫다고 생각합니다."

오려가 묵자에게 말하였다.

"의여! 의여! 어찌 그것을 말할 필요가 있습니까?"

묵자가 말하였다.

"만일 천하 사람들이 농사지을 줄 모른다고 가정할 때, 사람들에게 농사를 가르치는 것과 사람들에게 농사를 가르치지 않고 홀로 농사짓는 것 가운데 그 효과는 어느 쪽이 크겠습니까?"

오려가 말하였다.

"사람들에게 농사를 가르쳐주는 쪽의 효과가 클 것입니다."

묵자가 말하였다.

"만일 의롭지 못한 나라를 공격한다고 가정할 때, 북을 쳐서 여러 사람들을 나가게 하여 싸우는 것과 북을 쳐서 여러 사람들을 나아가게 하지 않고 홀로 나아가 싸우는 것 가운데 그 효과는 어느 쪽이 크겠습니까?"

오려가 말하였다.

"북을 쳐서 여러 사람들을 나아가게 하는 쪽의 효과가 클 것입니다."

묵자가 말하였다.

"천하의 일반 사람들 가운데는 의로움을 아는 이가 적기 때문에 천하 사람들을 의로써 가르치는 일의 효과 또한 클 것인데 무슨 까닭에 말하지 않겠습니까? 만일 북을 쳐서 의로움에 나아가게 할 수 있다면 저의 의로움이 어찌 더욱 진전되지 않겠습니까?"

魯之南鄙人有吳慮者, 冬陶夏耕, 自比於舜. 子墨子聞而見之. 吳慮謂子墨子, 義耳義耳, 焉用言之哉. 子墨子曰, 子之所謂義者, 亦有力以勞人, 有財以分人乎. 吳慮曰, 有. 子墨子曰, 翟嘗計之矣. 翟慮耕而食天下之人矣, 盛, 然後當一農之耕, 分諸天下, 不能人得一升粟, 籍而以爲得一升粟, 其不能飽天下之飢者, 旣可睹矣. 翟慮織而衣天下之人矣, 盛, 然後當一婦人之織, 分諸天下, 不能人得尺布, 籍而以爲得尺布, 其不能煖天下之寒者, 旣可睹矣. 翟慮被[1]堅執銳, 救諸侯之患, 盛, 然後當一夫之戰, 一夫之戰, 其不御三軍, 旣可睹矣. 翟以爲不若誦先王之道, 而求其說, 通聖人之言, 而察其辭, 上說王公大人, 次匹夫徒步之士. 王公大人用吾言, 國必治, 匹夫徒步之士用吾言, 行必修. 故翟以爲雖不耕而食飢, 不織而衣寒, 功賢於耕而食之, 織而衣之者也. 故翟以爲雖不耕織乎, 而功賢於耕織也. 吳慮謂子墨子曰, 義耳義耳, 焉用言之哉. 子墨子曰, 籍[2]設而天下不知耕, 敎人耕, 與不敎人耕而獨耕者, 其功孰多. 吳慮曰, 敎人耕者, 其功多. 子墨子曰, 籍設而攻不義之國, 鼓而使衆進戰. 與不鼓而使衆進戰, 而獨進戰者, 其功孰多. 吳盧曰, 鼓而進衆者其功多. 子墨子曰, 天下匹夫徒步之士少知義, 而敎天下以義者功亦多, 何故弗言哉. 若得鼓而進於義, 則吾義豈不益進哉.

- 1 被: 피(披)와 같다.
- 2 藉: 자(藉)와 같다. 가사(假使).

13

묵자가 공상과를 월나라에 추천하였다. 공상과가 월나라 왕에게 유세하니 월나라 왕은 크게 기뻐하며 공상과에게 말하였다.

"선생께서 만일 묵자 선생을 월나라로 오게 해서 나를 가르친다면, 청컨대 옛 오나라의 땅 오백 리를 떼어 묵자 선생을 봉하겠습니다."

공상과가 허락하자 월나라 왕은 마침내 공상과를 위하여 수레 오십 채를 묶어 노나라에서 묵자를 맞이하도록 하였다. (공상과가 묵자에게) 말하였다.

"제가 선생님의 도로써 월나라 왕에게 유세하니 월나라 왕은 크게 기뻐하며 저에게 말하기를 '만일 묵자 선생을 월나라로 오게 해서 나를 가르친다면 옛 오나라의 땅 오백 리를 떼어 선생님을 봉하겠다'고 하였습니다."

묵자가 공상과에게 말하였다.

"자네가 월나라 왕의 뜻을 살펴볼 때 어떠하던가? 혹시라도 월나라 왕이 나의 말을 듣고 나의 도를 따른다면 나는 장차 갈 것이고, 알맞게 먹고 알맞게 입으면서 스스로 여러 신하들과 어울릴 것이니 어찌 땅을 봉할 필요가 있겠는가? 혹은 월나라 왕이 내 말을 듣지 않고, 나의 도를 따르지 않을 것인데도 내가 간다면 나는 의로움을 팔러 가는 것이 되네. 똑같이 파는 것이라면 중원의 나라에서 하면 될 뿐이지 월나라에서 할 필요가 있겠는가?"

子墨子游公尚過[1]於越. 公尚過說越王, 越王大說, 謂公尚過曰, 先生
苟能使子墨子於越而敎寡人, 請裂故吳之地, 方五百里, 以封子墨子.
公尚過許諾, 遂爲公尚過束車五十乘, 以迎子墨子於魯, 曰, 吾以夫
子之道說越王, 越王大說, 謂過曰, 苟能使子墨子至於越, 而敎寡人,
請裂故吳之地方五百里以封子. 子墨子謂公尚過曰, 子觀越王之志何
若. 意[2]越王將聽吾言, 用我道, 則翟將往, 量腹而食, 度身而衣, 自
比於群臣, 奚能以封爲哉. 抑越不聽吾言, 不用吾道, 而吾往焉, 則
是我以義糶也. 鈞[3]之糶, 亦於中國耳, 何必於越哉.

- 1 公尚過: 묵자의 제자.
- 2 意: 억(抑)과 통함. 혹시, 어쩌면.
- 3 鈞: 균(均)과 같다.

14

묵자가 유세하는데, 위월이 말하였다.

"사방의 군주를 만난다면 선생님은 무엇을 먼저 말씀하시겠습니까?"

묵자가 대답하였다.

"무릇 나라에 들어가서는 반드시 일을 선택하여 종사한다. 나라가 혼
란스러우면 '상현'과 '상동'을 말한다. 나라가 가난하면 '절용'과 '절장'을
말한다. 나라가 음악과 술에 빠져 있으면 '비악'과 '비명'을 말한다. 나라
가 음란하고 무례하면 '존천'과 '사귀'를 말한다. 국가가 침탈에 힘을 쓰
면 '겸애'와 '비공'을 말한다. 따라서 일을 선택해서 종사하는 것이라고
말하는 것이다."

子墨子游, 魏越[1]曰, 旣得見四方之君, 子則將先語. 子墨子曰, 凡入
國, 必擇務而從事焉. 國家昏亂, 則語之尙賢尙同. 國家貧, 則語之
節用節葬. 國家熹[2]音湛[3]湎, 則語之非樂非命. 國家淫辟無禮, 則語
之尊天事鬼.[4] 國家務奪侵淩, 則語之兼愛非攻. 故曰擇務而從事焉.

- 1   魏越: 묵자의 제자.

- 2   熹: 희(喜)와 같다.

- 3   湛: 침(沉)과 통함.

- 4   尊天事鬼: 존천(尊天)은 「천지」 편에서 말하는 상제를 높이는 것이고, 사귀(事
鬼)는 「명귀」 편에서 말하는 귀신을 증명하고 섬기는 일을 가리킨다.

15

묵자가 조공자를 송나라에서 벼슬하도록 하였는데, 삼 년 만에 돌아와
서 묵자를 만나서 말하였다.

"처음 제가 선생님 문하에서 배울 때에는 짧은 갈옷이나 명아주나 콩
잎 국을 아침에 얻으면 저녁에는 얻지 못하였고, 귀신에게 제사 지낼 수
없었습니다. 지금 선생님 가르침 때문에 집안이 처음보다 부유해졌습니
다. 집안이 부유하여 귀신에게 삼가 제사 지내게 되었습니다. 그러나 사
람들이 많이 죽고 여러 가축이 번식하지 않으며, 몸은 병에 찌들어서, 저
는 선생님의 학설이 쓸 만한 것인지 아직 모르겠습니다."

묵자가 말하였다.

"그렇지 않다. 무릇 귀신이 사람들에게 바라는 일은 많아서, 사람이 높
은 지위와 녹봉을 받으면 그것을 현자에게 양보하고, 재물이 많으면 가난
한 사람들에게 나누어 주기를 바란다. 무릇 귀신이 어찌 오직 제수가 차

려지기만을 바라겠는가? 지금 자네가 높은 지위와 녹봉을 받으면서 현자에게 양보하지 않는 것이 첫째 상서롭지 못한 것이고, 재물이 많으면서 가난한 사람에게 나누어주지 않는 것이 둘째 상서롭지 못한 것이네. 지금 자네가 귀신을 섬기는 것은 제사만 지내는 것에 불과한데, '병이 무엇 때문에 생겼습니까?'라고 말하고 있네. 이것은 마치 백 개의 문 가운데 한 문을 닫고서 말하기를, '도둑이 어디로부터 들어왔습니까?'라고 말하는 것과 같네. 이와 같이 귀신에게 복을 구하고 또한 괴이하게 여긴다면 어찌 옳겠는가?"

子墨子出^{1}曹公子^{2}而^{3}於宋, 三年而反, 睹子墨子曰, 始吾游於子之門, 短褐之衣, 藜藿之羹, 朝得之, 則夕弗得, 祭祀鬼神.^{4} 今而以夫子之敎, 家厚於始也. 有家厚, 謹祭祀鬼神. 然而人徒多死, 六畜不蕃, 身湛於病, 吾未知夫子之道之可用也. 子墨子曰, 不然. 夫鬼神之所欲於人者多, 欲人之處高爵祿, 則以讓賢也, 多財則以分貧也. 夫鬼神豈唯擢季拑肺^{5}之爲欲哉. 今子處高爵祿, 而不以讓賢, 一不祥也, 多財而不以分貧, 二不祥也. 今子事鬼神, 唯祭而已矣, 而曰, 病何自至哉. 是猶百門而閉一門焉, 曰, 盜何從入. 若是而求福於有怪之鬼,^{6} 豈可哉.

- **1** 出: 사(士)로 고쳐야 한다(유월).
- **2** 曹公子: 묵자의 제자.
- **3** 而: 연문.
- **4** 祭祀鬼神: 이 구절 앞에 부득(不得) 두 글자가 있어야 한다.
- **5** 擢季拑肺: 탁(擢)은 확(攫)으로 고쳐야 한다(손이양). 계(季)는 서(黍)로 고쳐야 한다(왕인지). 겸(拑)은 지(持)와 같다. 서(黍)와 폐(肺)는 모두 제수의 일종.

• **6** 有怪之鬼: '鬼有怪之'로 고쳐야 한다. 유(有)는 우(又)와 통함.

16

노나라의 축관이 돼지 한 마리로 제사 지내면서 귀신에게 백 가지 복을 구하였다. 묵자가 소식을 듣고 말하였다.

"이것은 안 됩니다. 가령 남에게 베푸는 것이 적으면서 남에게 바라는 것이 많으면 남들은 자기에게 더 줄 것이 있을 것이라고 생각합니다. 가령 돼지 한 마리로 제사 지내면서 귀신에게 백 가지 복을 구한다면 (귀신은) 소와 양으로써 제사하는 것으로 생각할 것입니다. 옛날 성왕이 귀신을 섬길 때는 제사 지낼 따름이었습니다. 지금 돼지 한 마리로 제사 지내면서 백 가지 복을 구했으니 제수를 풍부하게 하는 것보다는 차라리 간소하게 하는 것이 나을 것입니다."

> 魯祝以一豚祭, 而求百福於鬼神, 子墨子聞之曰, 是不可. 今施人薄
> 而望人厚, 則人唯恐其有賜於己也. 今以一豚祭, 而求百福於鬼神,
> 唯恐其以牛羊祀也. 古者聖王事鬼神, 祭而已矣. 今以豚祭而求百福,
> 則其富不如其貧也.

17

팽경생자가 말하였다.

"지난 일은 알 수 있지만, 미래의 일은 알 수 없습니다."

묵자가 말하였다.

"가령 자네의 부모가 백 리 밖에 계신데 거기에서 어려움을 겪고 있을 때, 하루의 기한에 도착하면 살 수 있고, 도착하지 못하면 죽는다고 하세. 지금 여기에 튼튼한 수레와 좋은 말이 있고, 또한 여기에 노둔한 말과 사각형의 수레가 있어서 자네에게 선택하게 한다면 자네는 어떤 것을 탈 것인가?"

대답하였다.

"좋은 말과 튼튼한 수레를 타야만 속히 도착할 수 있을 것입니다."

묵자가 말하였다.

"그렇다면 어찌 미래를 모른다고 할 수 있는가?"

彭輕生子[1]曰, 往者可知, 來者不可知. 子墨子曰, 籍[2]設而[3]親在百里
之外, 則遇難焉, 期以一日也, 及之則生, 不及則死. 今有固車良馬
於此, 又有奴[4]馬, 四隅之輪於此, 使子擇焉, 子將何乘. 對曰, 乘良
馬固車, 可以速至. 子墨子曰, 焉在矣來.[5]

- 1 彭輕生子: 묵자의 제자(손이양).
- 2 籍: 자(藉)와 같다. 가설(假設).
- 3 而: 이인칭 대명사.
- 4 奴: 노(駑)와 같다.
- 5 焉在矣來: '焉在不知來'로 고쳐야 한다.

18

맹산이 왕자려를 칭찬하여 말하였다.

"옛날 백공의 난 때 왕자려를 붙잡아 도끼를 허리에 대고 창끝을 가슴에 대고서 말하였습니다. '왕이 되면 살고 왕이 되지 않으면 죽을 것입니다.' 왕자려가 말하였습니다. '어찌 이렇게도 나를 모욕하는가? 내 친족을 죽이고 초나라로써 나를 기쁘게 하려는가? 나는 천하를 얻는다고 하더라도 의롭지 않은 짓이면 하지 않을 것이다. 또한 하물며 초나라에 있어서랴?' 끝내 왕이 되지 않았으니 왕자려가 어찌 인자가 아니겠습니까?"

묵자가 말하였다.

"어렵기는 어려운 일이다. 그렇지만 인자라고 할 수 없다. 만일 왕이 무도하다고 생각했다면 무엇 때문에 나라를 받아 다스리지 않았는가? 만일 백공이 의롭지 않다고 생각했다면 무엇 때문에 왕 자리를 받아서 백공을 주벌하고 왕을 되돌리지 않았는가? 따라서 말하기를 어렵기는 어려운 일이었지만 인자라고 할 수는 없다고 하는 것이다."

孟山[1]譽王子閭[2]曰, 昔白公之禍,[3] 執王子閭斧鉞鉤要,[4] 直兵[5]當心, 謂之曰, 爲王則生, 不爲王則死. 王子閭曰, 何其侮我也. 殺我親[6]而喜我以楚國, 我得天下而不義, 不爲也, 又況於楚國乎. 遂而不爲, 王子閭豈不仁哉. 子墨子曰, 難則難矣, 然而未仁也. 若以王爲無道, 則何故不受而治也. 若以白公爲不義, 何故不受王, 誅白公然而反王. 故曰, 難則難矣, 然而未仁也.

- 1 孟山: 묵자의 제자.
- 2 王子閭: 초나라 평왕의 아들로 이름은 계(啓).
- 3 白公之禍: 기원전 479년 백공이 초나라에서 난을 일으켜 영윤 자서(子西)를 살해하고 혜왕을 위협하여 자려(子閭)를 왕으로 삼으려 하였다. 이에 자려가 죽음을 맹세하고 따르지 않자 끝내 살해하였다.
- 4 要: 요(腰)와 같다.

- 5 直兵: 창과 같은 무기.
- 6 殺我親: 백공이 난을 일으키고 자려의 두 형인 자서(子西)와 자기(子期)를 죽였다.

19

묵자가 승작으로 하여금 항자우를 섬기게 하였다. 항자우가 세 번 노나라 땅을 침략하였는데 승작은 세 번 따랐다. 묵자가 그 소식을 듣고 고손자를 보내어 그를 퇴출시키도록 하면서 말하였다.

"내가 승작을 보낸 것은 교만함을 막아주고 편벽됨을 바로잡으려는 것이었습니다. 지금 승작은 많은 녹봉을 받으면서 선생을 속이고 있습니다. 선생이 세 번 노나라를 침략하였는데 승작이 세 번 따랐으니, 이것은 달리는 말의 가슴걸이에 채찍질을 하는 것입니다. 제가 듣건대 의로움을 말하면서 실행하지 않는 것은 일부러 잘못하는 것입니다. 승작은 모르는 것이 아니라 녹봉이 의로움을 꺾은 것입니다."

> 子墨子使勝綽[1]事項子牛,[2] 項子牛三侵魯地, 而勝綽三從. 子墨子聞之, 使高孫子[3]請而退之, 曰, 我使綽也, 將以濟驕而正嬖[4]也. 今綽也, 祿厚而譎夫子. 夫子三侵魯而綽三從, 是鼓鞭於馬靳[5]也. 翟聞之, 言義而弗行, 是犯明也. 綽非弗之知也, 祿勝義也.

- 1 勝綽: 묵자의 제자.
- 2 項子牛: 제나라의 장군.
- 3 高孫子: 묵자의 제자.
- 4 嬖: 벽(僻)과 같다.

20

옛날 초나라 사람과 월나라 사람이 양자강에서 배 싸움을 하였다. 초나라 사람은 흐름에 따라 나아가고 물을 거슬러 후퇴하여, 이로울 때는 전진하지만 불리할 때는 물러나기는 어려웠다. 월나라 사람은 물을 거슬러 나아가고 흐름에 따라 후퇴하여, 이로울 때는 나아가고 불리할 때는 물러나가기가 신속하였다. 월나라 사람은 이와 같은 상황에 따라 여러 차례 초나라 사람을 패퇴시켰다. 공수반이 노나라에서 남쪽으로 초나라로 여행하였다가 처음으로 배 싸움에 쓰이는 기구를 만들었는데, 만들어진 구(鉤)와 양(鑲)의 설비는 물러가는 것에는 구를 쓰고, 다가오는 것에는 양을 쓰는 것인데 구와 양의 길이를 헤아려 무기를 제조한 것이다. 초나라 사람의 병기에는 적용하고 월나라 사람의 병기에는 적용하지 않았는데 초나라 사람은 이와 같은 상황에 따라서 여러 차례 월나라 사람을 패퇴시켰다. 공수반이 자신의 기술을 자랑하면서 묵자에게 말하였다.

"나는 배 싸움을 할 때 당기는 것과 밀어내는 기구가 있는데, 선생의 의로움에도 당기는 것과 밀어내는 것이 있는지요?"

묵자가 말하였다.

"나의 의로움에서 당기고 밀어내는 것이 당신의 배 싸움에서 당기고 밀어내는 것보다 낫습니다. 나는 당기고 밀어낼 때 사랑으로 당기고 공경으로 밀어냅니다. 사랑으로 당기지 않으면 친하지 않고 공경으로 밀어내지 않으면 쉽게 친압하게 되는데, 친압하거나 친하지 않으면 쉽게 헤어지게 됩니다. 따라서 서로 사랑하고 서로 공경하는 것은 마치 서로 이익을 주는 것과 같습니다. 만일 당신이 구로써 남을 그치게 하면 남 또한 구로써 당신을 그치게 할 것이고, 당신이 양으로써 남을 물리치면 남도 양으로써 당신을 거절할 것이니, 서로 구를 사용하고 서로 양을 사용하는 것은 마치 서로 해치는 것과 같습니다. 따라서 나의 의로움에서 당기고 밀어내는 것이 당신의 배 싸움에서 당기고 밀어내는 것보다 낫습니다."

昔者楚人與越人舟戰於江.[1] 楚人順流而進, 迎流而退, 見利而進, 見不利則其退難. 越人迎流而進, 順流而退, 見利而進, 見不利則其退速. 越人因此若勢, 亟[2]敗楚人. 公輸子[3]自魯南游楚, 焉始爲舟戰之器, 作爲鉤强[4]之備, 退者鉤之, 進者强之. 量其鉤强之長, 而制爲之兵. 楚之兵節,[5] 越之兵不節, 楚人因此若勢, 亟敗越人. 公輸子善其巧, 以語子墨子曰, 我舟戰鉤强, 不知子之義, 亦有鉤强乎. 子墨子曰, 我義之鉤强, 賢於子舟戰之鉤强. 我鉤之以愛, 揣[6]之以恭. 弗鉤以愛則不親, 弗揣以恭則速狎, 狎而不親, 則速離. 故交相愛交相恭, 猶若相利也. 今子鉤而止人, 人亦鉤而止子, 子强而距人, 人亦强而距子, 交相鉤, 交相强, 猶若相害也. 故我義之鉤强, 賢子舟戰之鉤强.

- 1 江: 양자강(揚子江), 장강(長江).
- 2 亟: 자주. 여러 차례.
- 3 公輸子: 공수반. 노나라의 유명한 기술자.
- 4 鉤强: 강(强)은 양(攘)과 같다. 구(鉤)는 상대편의 배를 당길 때 쓰고, 양(攘)은 밀어낼 때 쓴다.
- 5 節: 적용.
- 6 揣: 밀어냄의 뜻.

21

공수반이 대나무를 깎아서 까치를 만들어 완성되자 날렸는데 사흘 동안 떨어지지 않자 공수반이 스스로 대단한 기술이라고 생각하였다. 묵자가 공수반에게 말하였다.

"당신이 까치를 만든 것은 기술자가 수레의 빗장을 만드는 것보다 못하니, 순식간에 세 치의 나무를 깎아서 오십 석의 무게를 감당하게 합니다. 따라서 일한 바의 효과가 사람에게 이로우면 훌륭하다고 이르고, 사람에게 이롭지 않으면 졸렬하다고 이르는 것입니다."

公輸子削竹木以爲鵲, 成而飛之, 三日不下, 公輸子自以爲至巧. 子墨子謂公輸子曰, 子之爲鵲也, 不如匠之爲車轄,[1] 須臾劉[2]三寸之木, 而任五十石之重. 故所爲功,[3] 利於人謂之巧, 不利於人, 謂之拙.

- 1 轄: 수레의 비녀장. 수레바퀴가 이탈하지 않도록 고정시키는 장비.
- 2 劉: 착(斲)으로 고쳐야 한다(왕염손).

22

공수반이 묵자에게 말하였다.

"제가 선생을 만나지 않았을 때는 저는 송나라를 얻으려 하였지만, 제가 선생을 만난 뒤에는 저에게 송나라를 주더라도 의롭지 않다면 저는 받지 않겠습니다."

묵자가 말하였다.

"내가 당신을 만나지 못했을 때 당신은 송나라를 얻으려 하였는데, 내가 당신을 만난 뒤에는 당신에게 송나라를 주더라도 의롭지 않다면 당신은 받지 않겠다고 하였소. 그렇다면 내가 당신에게 송나라를 주겠소. 당신이 의로움을 행하는 데 힘쓴다면 나는 또한 장차 당신에게 천하를 줄 것입니다."

公輸子謂子墨子曰, 吾未得見之[1]時, 我欲得宋, 自我得見之後, 予我宋而不義, 我不爲. 子墨子曰, 翟之未得見之時也, 子欲得宋, 自翟得見子之後, 予子宋而不義, 子弗爲. 是我予子宋也. 子務爲義, 翟又將予子天下.

• 1 　見之: 견자(見子)로 고쳐야 한다. 아래도 이와 같다.

50. 공수(公輸)

이 편은 묵자가 초나라의 송나라 침공을 저지한 일화를 서술한 것이
다. 묵가의 가장 큰 특징은 자신들의 이념을 주장하는 데 그치지 않
고 직접 실천하였다는 데 있다. 제자서의 일화를 통해서 보면 묵가는
엄격한 규율에 바탕을 두고 침략 전쟁에는 반대하지만 방어를 위한
전쟁에는 직접 참여하였다. 본문에서는 묵자가 힘들게 열흘 밤낮을
달려 초나라에 도착한 뒤에 먼저 운제를 만든 공수반과 초나라 왕을
논리적으로 설득하고 있다. 묵자에 의하면, 한 사람을 죽이는 것이
불의라면 전쟁을 통해 무수한 백성을 죽이는 것은 더 큰 불의이다.
묵자는 결국 공수반과 초나라 왕의 긍정을 이끌어내고 있다.

이 편의 문장은 생동감이 있고 정밀한 논리 체계를 지니고 있다. 묵
자의 수준 높은 변론의 기술을 드러내는 한편 대화 상대방으로 하여
금 스스로 논리적 모순에 빠지도록 하고 있다. 얼마 전 중국에서 만
들어진 묵자 연극의 주요 소재로 쓰일 정도로 묵가의 특징을 잘 반
영한 일화이다. 마지막 단원은 고래로 유명한 명언으로 묵자의 고뇌
를 담아낸 것이다.

1

공수반이 초나라를 위하여 운제를 만들어 완성되자 송나라를 공격하
려고 하였다. 묵자가 그 소식을 듣고 제나라에서 출발하여 열흘 낮과 밤
을 달려 영에 이르러 공수반을 만났다.

공수반이 말하였다.

"선생은 무슨 일로 오셨습니까?"

묵자가 말하였다.

"북쪽에 나를 업신여기는 자가 있는데 당신의 힘을 빌려 죽이고 싶습니다."

공수반이 언짢아하였다. 묵자가 말하였다.

"바라건대 10금을 드리고 싶습니다."

공수반이 말하였다.

"나는 의롭기 때문에 본래 살인하지 않습니다."

묵자가 일어나 두 번 절을 하면서 말하였다.

"바라건대 몇 말씀 드릴까 합니다. 나는 북쪽에서 당신이 운제를 만들어 송나라를 공격한다는 말을 들었습니다. 송나라에 무슨 죄가 있습니까? 초나라는 땅은 남아돌고 백성이 부족한데 부족한 것을 죽이면서 남아도는 것을 다툰다면 지혜롭다고 말할 수 없습니다. 송나라는 죄가 없는데 공격한다면 인(仁)이라고 말할 수 없고, 알면서도 간쟁하지 않는다면 충(忠)이라고 말할 수 없습니다. 간쟁해서 뜻을 얻지 못하면 강직하다고 말할 수 없습니다. 의로움에 따라 소수를 죽이지 않으면서 다수를 죽인다면 유추의 방식을 안다고 말할 수 없습니다."

공수반이 굴복하였다. 묵자가 말하였다.

"그렇다면 어찌 그만두지 않습니까?"

공수반이 말하였다.

"안 됩니다. 나는 이미 왕에게 말하였습니다."

묵자가 말하였다.

"어찌 나를 왕에게 보이지 않습니까?"

공수반이 말하였다.

"좋습니다."

公輸盤[1]爲楚造雲梯[2]之械, 將以攻宋. 子墨子聞之, 起於齊, 行十日十夜而至於郢,[3] 見公輸盤. 公輸盤曰, 夫子何命焉爲. 子墨子曰, 北方有侮臣, 願藉[4]子殺之. 公輸盤不說. 子墨子曰, 請獻十金.[5] 公輸盤曰, 吾義固不殺人. 子墨子起, 再拜, 曰, 請說之. 吾從北方聞子爲梯, 將以攻宋, 宋何罪之有. 荊國[6]有餘於地, 而不足於民, 殺所不足, 而爭所有餘, 不可謂智. 宋無罪而攻之, 不可謂仁, 知而不爭, 不可謂忠. 爭而不得, 不可謂强. 義不殺少而殺衆, 不可謂知類.[7] 公輸盤服. 子墨子曰, 然, 乎不已乎.[8] 公輸盤曰, 不可. 吾旣已言之王矣. 子墨子曰, 胡不見我於王. 公輸盤曰, 諾.

- 1 公輸盤: 공수반(公輸班). 노나라의 유명한 기술자. 노반(魯班)이라고도 불린다.
- 2 雲梯: 성을 공격할 때 쓰는 사다리차.
- 3 郢: 초나라의 수도. 지금의 후베이 성(湖北省) 장링 현(江陵縣) 동남쪽.
- 4 藉: 차(借)와 같다.
- 5 金: 진나라 이전에는 1금이 20량이었다.
- 6 荊國: 초나라.
- 7 知類: 유추(추론)의 방식을 앎.
- 8 乎: 호(胡)와 통함.

2

묵자가 초나라 혜왕을 만나 말하였다.

"가령 여기에 어떤 사람이 호화로운 수레를 버려두고 이웃에 있는 낡은 수레를 훔치려고 하고, 자신의 화려한 비단옷은 버려두고 이웃에 있는 거친 베옷을 훔치려고 하며, 자신의 훌륭한 요리는 버려두고 이웃에 있는 술지게미를 훔치려고 한다면, 이것은 어떠한 사람이겠습니까?"

왕이 말하였다.

"반드시 도벽이 있겠지요."

묵자가 말하였다.

"초나라 땅은 사방 오천 리인데 송나라 땅은 사방 오백 리이니 이것은 마치 호화로운 수레와 낡은 수레의 관계와 같습니다. 초나라에는 운몽이 있는데 물소와 외뿔소, 고라니와 사슴이 가득하고 장강과 한수의 물고기나 자라와 악어는 천하의 부유함을 이루고 있는데 송나라는 이른바 꿩과 여우와 살쾡이도 없으니, 이것은 마치 훌륭한 요리와 술지게미의 관계와 같습니다. 초나라에는 장송과 문재, 편남과 예장 등의 귀한 재목들이 있지만, 송나라에는 나무가 큰 나무도 없으니, 이것은 화려한 비단옷과 거친 베옷의 관계와 같습니다. 제가 생각건대 왕께서 송나라를 공격하려 하는 것은 이와 마찬가지입니다. 제가 보기에 왕께서는 반드시 의로움만 해치고 얻지 못할 것입니다."

왕이 말하였다.

"훌륭합니다! 비록 그렇지만 공수반이 나를 위하여 운제를 만들었으니, 반드시 송나라를 얻을 것이오."

子墨子見王,[1] 曰, 今有人於此, 舍其文軒,[2] 鄰有敝輿, 而欲竊之, 舍其錦繡, 鄰有短褐, 而欲竊之, 舍其粱肉,[3] 鄰有糠糟, 而欲竊之, 此爲何若人. 王曰, 必爲竊疾矣. 子墨子曰, 荊之地, 方五千里, 宋之地, 方五百里, 此猶文軒之與敝輿也, 荊有雲夢,[4] 犀兕麋鹿滿之, 江漢之魚鼈黿爲天下富. 宋所爲[5]無雉兔狐狸者也, 此猶粱肉之與糠糟也. 荊有長松文梓, 梗枏楠豫章, 宋無長木, 此猶錦繡之與短褐也. 臣以三事之攻宋也,[6] 爲與此同類, 臣見大王之必傷義而不得. 王曰,善哉! 雖然, 公輸盤爲我爲雲梯, 必取宋.

- 1 王: 초나라 혜왕(惠王)(손이양). 당시 송나라는 소공(昭公) 때이다.
- 2 文軒: 다채로운 무늬로 꾸민 수레.
- 3 粱肉: 훌륭한 고기 요리.
- 4 雲夢: 당시 둥팅 호(洞庭湖)와 훙쩌 호(洪澤湖) 부근의 늪지. 지금은 대부분 육지로 바뀌었다.
- 5 所爲: 소위(所謂)와 같다.
- 6 臣以三事之攻宋也: '臣以王之事攻宋也'로 고쳐야 한다(고천리).

3

이에 다시 공수반을 보게 되었다. 묵자는 허리띠를 풀어 성을 만들고 목편으로 기계를 삼았으며, 공수반이 아홉 차례 성을 공격하는 기계의 변화를 부렸지만 묵자는 아홉 차례 그것을 막았다. 공수반의 공격용 기계가 소진되었지만 묵자의 방어에는 여유가 있었다. 공수반이 굴복하면서 말하였다.

"나는 선생을 물리칠 방법을 알지만, 나는 말하지 않겠습니다."

묵자도 말하였다.

"나는 당신이 나를 물리치는 방법을 알고 있지만, 나는 말하지 않겠습니다."

초나라 왕이 그 까닭을 물었다. 묵자가 말하였다.

"공수반 선생의 뜻은 다만 나를 죽이려고 하는 것일 뿐입니다. 나를 죽이면 송나라는 지킬 수 없으니 공격할 수 있을 것입니다. 그러나 저의 제자는 금골리 등 삼백 명이 이미 저의 방어 기계를 갖고 송나라 성 위에서 초나라의 침략을 기다리고 있습니다. 비록 저를 죽인다 하더라도 그것은 없앨 수 없습니다."

초나라 왕이 말하였다.

"좋습니다! 나는 송나라를 공격하지 않겠습니다."

> 於是見公輸盤. 子墨子解帶爲城, 以牒[1]爲械, 公輸盤九設攻城之機變,[2] 子墨子九距之. 公輸盤之攻械盡, 子墨子之守圉[3]有餘, 公輸盤詘[4]而曰, 吾知所以距子矣, 吾不言. 子墨子亦曰, 吾知子之所以距我, 吾不言. 楚王問其故. 子墨子曰, 公輸子之意, 不過欲殺臣, 殺臣, 宋莫能守, 可攻也. 然臣之弟子禽滑釐[5]等三百人, 已持臣守圉之器, 在宋城上而待楚寇[6]矣, 雖殺臣, 不能絶也. 楚王曰, 善哉. 吾請無攻宋矣.

- **1** 牒: 목편(木片).
- **2** 機變: 기교와 변화.
- **3** 圉: 어(禦)와 통함.
- **4** 詘: 굴(屈)과 같다.
- **5** 禽滑釐: 묵자의 제자, 위(魏)나라 출신.
- **6** 寇: 침략.

4

묵자가 돌아가는 길에 송나라를 지나는데 비가 내려 성문 안으로 피하려고 하였는데, 문지기가 들여보내지 않았다. 따라서 묵자가 말하였다,

"신묘하게 일을 처리하는 사람은 중인들이 그 공로를 모르지만, 드러

내놓고 다투는 사람은 중인들이 알아준다.”

子墨子歸, 過宋, 天雨, 庇[1]其閭[2]中, 守閭者不內[3]也. 故曰, 治於神者, 衆人不知其功, 爭於明者, 衆人知之.

- 1 庇: 비를 피함의 뜻.
- 2 閭: 성문.
- 3 內: 납(納)과 같다.

제3부

군사학
자료집

51. □□ (缺)

52. 비성문(備城門)

이 편은 제자와의 문답을 통하여 적이 성을 공격할 때 기본적인 방어 전술을 소개하고 있다. 첫머리에서 당시 성을 공격하는 방법으로서, 성 밖에 흙을 쌓아 성내를 엿보는 것, 갈고리를 이용해 성을 기어오르는 것, 말에 갑옷을 입히고 수레에 무기를 장착하여 성벽에 충돌시키는 것, 운제를 이용하는 것, 해자를 메우는 것, 둑을 무너트려 공격하는 것, 땅굴을 파는 것, 급습하는 것, 성벽에 구멍을 내는 것, 집중 공격하는 것, 중무장한 전차를 이용하는 것, 헌거를 이용하여 성내를 엿보는 것 등의 12가지를 나열하고 있다. 당시 전쟁 양상을 엿볼 수 있는 중요한 자료이다.

이상의 공격 양상에 대하여 묵자는 성벽, 해자, 망루, 방어 무기, 나무와 식량 등을 준비하는 구체적인 방법을 제시하는 것은 물론이고, 인재 선발과 관리와 백성의 화목을 강조하고 무엇보다 군주의 도덕성을 강조하고 있다. 『손자』(孫子)의 「시계」(始計) 편에서도 장수의 미덕으로서 지(智)·신(信)·인(仁)·용(勇)·엄(嚴)을 들고 있으며, 『오자』(吳子) 「도국」(圖國) 편에 보이는 "내수문덕"(內修文德) 등의 관념은 유가와 상치되기보다는 주안점의 차이라고 할 수 있다. 다만 병가는 상대적으로 인(仁)과 같은 덕목의 실용적 가치에 주목하는 것이다. 묵가의 군사학 자료집의 주요 내용은 1972년 발굴된 『손빈병법』(孫臏兵法)과 『맹자』에 두루 보이는 "천시(天時)는 지리(地利)만 못하고, 지리는 인화(人和)만 못하다"는 명언을 떠오르게 한다. 다만 착간과 탈루가 비교적 많고, 판본 및 주석가에 따라 이해가 다르며, 내용은 묵자 제자 및 후학이 기록한 것이기에 중복이 많다.

1

금골리가 묵자에게 물었다,

"성인의 말씀에 따르면 봉황새가 나타나지 않으니 제후들이 주 왕조를 배반하며, 전쟁이 바야흐로 천하에서 일어나 큰 나라가 작은 나라를 공격하고 강자가 약자를 협박하니, 제가 작은 나라를 지키고자 한다면 어떻게 해야 됩니까?"

묵자가 말하였다.

"어떤 공격에 대해 지키겠다는 것인가?"

금골리가 대답하였다.

"지금 세상에서 항상 쓰이는 공격 방법은 성 밖에 흙을 쌓아 성내를 엿보는 것, 갈고리를 이용해 성을 기어오르는 것, 말에 갑옷을 입히고 수레에 무기를 장착하여 성벽에 충돌시키는 것, 운제를 이용하는 것, 해자를 메우는 것, 둑을 무너트려 공격하는 것, 땅굴을 파는 것, 급습하는 것, 성벽에 구멍을 내는 것, 집중 공격하는 것, 중무장한 전차를 이용하는 것, 헌거를 이용하여 성내를 엿보는 것 등이 있는데, 이 열두 가지를 막으려면 어떻게 해야 됩니까?"

묵자가 말하였다.

"우리 성 둘레의 못을 정리하고 기구를 준비하며, 나무와 식량이 충분해야 하고 상하가 서로 친하며 또한 사방 제후의 도움을 얻을 수 있어야 하니, 이것이 지키는 방법이다. 또한 지키는 자가 비록 훌륭하더라도 군주가 그를 쓰지 않는다면 여전히 지킬 수 없을 것이다. 만일 군주가 쓴 수비자라면 또한 반드시 지키는 능력이 있어야 하며, 능력이 없는데 군주가 쓴다면 여전히 지킬 수 없을 것이다. 그렇다면 지키는 자는 반드시 훌륭해야 하고 군주가 그를 높여 쓴 다음에야 지킬 수 있는 것이다."

禽滑釐[1]問於子墨子曰, 由聖人之言, 鳳鳥[2]之不出, 諸侯畔殷周之國,[3] 甲兵方起於天下, 大攻小, 强執弱, 吾欲守小國, 爲之奈何. 子墨子曰, 何攻之守. 禽滑釐對曰, 今之世常所以攻者, 臨鉤沖梯堙水穴空洞蟻傅轒轀軒車,[4] 敢問守此十二者奈何. 子墨子曰, 我城池修, 守器具, 推[5]粟足, 上下相親, 又得四鄰諸侯之救, 此所以持也. 且守者雖善,[6] 則猶若不可以守也. 若君用之守者, 又必能乎守者, 不能而君用之則猶若不可以守也. 然則守者必善, 而君尊用之, 然后可以守也.

- **1** 禽滑釐: 묵자의 제자. 위(魏)나라 출신.
- **2** 鳳鳥: 고대인은 봉황을 천명을 받은 성왕이나 천자에 비유하였다. 전설에 의하면, 문왕 때 기산(岐山)에서 봉황이 울었다고 한다.
- **3** 殷周之國: 은(殷)은 왕의 뜻으로 은주(殷周)는 주왕(周王)과 같다.
- **4** 이상의 열두 가지는 모두 성을 공격하는 방법인데 제가의 설을 종합하면 다음과 같다. 1) 임(臨)은 성 밖에 흙을 쌓아 성내를 엿보는 것으로 『손자』에 보이는 거인(距闉)과 같다. 2) 구(鉤)는 갈고리를 이용해 성을 기어오르는 것으로 구제(鉤梯)와 같다. 『육도』(六韜) 「군용」(軍用) 편에 "비구(飛鉤)는 길이가 8촌이며 구망(鉤芒)은 길이가 4촌이다"라는 표현이 있다. 3) 충(沖)은 충거(沖車)로서 말에 갑옷을 입히고 수레에 무기를 장착하여 성벽에 충돌시키는 전차를 가리킨다. 4) 제(梯)는 운제(雲梯)를 가리킨다. 5) 인(堙)은 성에 접근하기 위해서 해자를 메우는 일을 가리킨다. 6) 수(水)는 강둑이나 제방을 무너트려서 적군을 빠지게 하는 일을 가리킨다. 7) 혈(穴)은 땅굴을 가리킨다. 8) 돌(突)은 급습을 가리킨다. 9) 공동(空洞)은 성벽에 구멍을 내는 일을 가리킨다. 10) 의부(蟻傅)는 병력을 집중하여 성벽을 타고 오르는 일을 가리킨다. 의(蟻)는 많음을 비유하고 부(傅)는 부(附)와 같다. 11) 분온(轒轀)은 중무장한 전차를 가리킨다. 12) 헌거(軒車)는 성내를 엿보기 위해 사다리를 부착한

수레. 『육도』「군용」편에 보이는 비루(飛樓)나 『좌씨전』에 보이는 소거(巢車)와 같다.

- **5** 推: 초(樵)로 고쳐야 한다(손이양).
- **6** 이 구절 다음에 '而君不用之'가 있어야 한다(노문초).

2

　무릇 성을 지키는 방법: 성벽은 두껍고 높아야 하고, 해자는 깊고 넓어야 하며, 망루의 난간이 정리되어야 하고, 수비 도구가 사용하기 편리해야 하며, 나무와 식량이 삼 개월 이상을 유지할 수 있어야 한다. 많은 사람 가운데 선발해야 하고, 관리와 백성이 화목해야 하며, 대신 가운데 군주에게 공로가 있는 사람이 많아야 하며, 군주는 신의가 있으면, 만민은 즐거움이 끝이 없게 된다. 혹은 부모의 무덤이 거기에 있는가, 혹은 풍요로운 산림과 천택이 있는가, 혹은 지형이 공격하기 어렵고 지키기는 쉬운가, 혹은 적에게는 깊은 원한이 있고 군주에게는 공이 있는가, 혹은 신상필벌을 하는가 등을 고려해야 한다. 이상의 열네 가지가 갖추어지면 백성 또한 군주를 의심하지 않는다. 그런 뒤에야 성을 지킬 수 있다. 열네 가지 가운데 하나도 없다면 비록 훌륭한 자라도 지킬 수 없을 것이다.

　　凡守圍[1]城之法. 厚以[2]高, 壕池深以廣, 樓撕揗,[3] 守備繕利, 薪食足以支三月以上. 人衆以選, 吏民和, 大臣有功勞於上者多, 主信以義, 萬民樂之無窮. 不然,[4] 父母墳墓在焉. 不然, 山林草澤之饒足利. 不然, 地形之難攻而易守也. 不然, 則有深怨於適,[5] 而有大功於上. 不然, 則賞明可信, 而罰嚴足畏也. 此十四者具, 則民亦不宜[6]上矣. 然后城可守. 十四者無一, 則雖善者不能守矣.

- 1 圍: 어(圉)로 고쳐야 한다(손이양). 어(圉)는 어(禦)와 통함.
- 2 以: 이(而)와 같다.
- 3 撕揗: 서수(撕修)로 고쳐야 한다(손이양).
- 4 不然: 혹은(或者).
- 5 適: 적(敵)과 통함. 『묵자』에서는 흔히 두 글자가 통용된다.
- 6 宜: 의(疑)와 통함.

3

 따라서 성을 지키는 방법은 성문에 현문과 그것을 내리는 장치를 만드는데 길이는 2장, 너비는 8척으로 하여 두 개의 문짝과 같게 한다. 문짝이 서로 만나는 곳은 3촌의 너비로 하고, 문짝에 진흙을 바르되 두께는 2촌을 넘지 않도록 한다. 구덩이의 깊이는 1장 5척으로 하고 너비는 문짝과 같게 하고, 구덩이의 길이는 인력을 기준으로 하며, 구덩이의 끝에 현문을 조절하는 곳을 만드는데 한 사람이 있도록 한다. 적이 도달하면 여러 문에 모두 구멍을 뚫게 하고 가려놓는다. 각각 두 개의 차단 막을 만들고 한 개의 구멍에는 밧줄을 연결하는데 길이가 4척이다. 성의 사면과 네 모퉁이에는 높은 망루와 난간을 설치하고 귀족의 자제로 하여금 그 위에서 적을 엿보게 하고 그들의 상태와 좌우로 이동하는 바를 보게 하는데 척후를 제대로 하지 못하면 참한다.

 故凡守城之法, 備城門爲縣[1]門, 沈機,[2] 長二丈, 廣八尺, 爲之兩相如.[3] 門扇數[4]令相接三寸, 施土扇上, 無過二寸. 塹[5]中深丈五, 廣比扇,[6] 塹長以力爲度, 塹之末爲之縣,[7] 可容一人所. 客至,[8] 諸門戶皆令鑿而慕[9]孔. 孔之.[10] 各爲二幕二,[11] 一鑿而繫繩, 長四尺, 城四面

四隅,[12] 皆爲高磨嶵,[13] 使重室子[14]居亓上, 候適, 視亓能[15]狀, 與
亓進左右所移處, 失候斬.

- **1** 縣: 현(懸)과 같다. 현문(懸門)은 성문에 목판을 걸어서 적의 침입 시 떨어뜨리는 장치.

- **2** 沈機: 침(沈)은 하(下)의 뜻. 기(機)는 기관 장치.

- **3** 爲之兩相如: 좌우 두 개의 문짝을 같은 크기로 하는 것(손이양).

- **4** 數: 촉(促)과 같다(필원).

- **5** 塹: 구덩이.

- **6** 廣比扇: 구덩이의 너비와 문짝의 너비가 같다는 뜻. 문짝의 너비가 8척이므로 구덩이의 너비는 16척이 된다.

- **7** 爲之縣: 현문을 담당한 사람이 서는 곳.

- **8** 客至: 적군이 성 아래에 도달함. 『예기』 「월령」(月令) 편의 공영달(孔穎達)의 소(疏)에, "군대를 일으켜 남을 공격하는 것을 일러 객(客)이라 하고, 적이 왔을 때 막는 쪽을 주(主)라 한다"고 하였다.

- **9** 幕: 멱(羃)으로 고쳐야 한다(손이양). 성문에 구멍을 뚫고 평소에는 가려두다가 적이 침입할 때 구멍으로 쇠뇌를 발사하기 위한 것이다.

- **10** 孔之: 공(孔)은 연문. 지(之)는 앞 구절로 붙여야 한다(소시학).

- **11** 二幕二: 이멱(二羃)으로 고쳐야 한다.

- **12** 四隅: 성의 네 모퉁이.

- **13** 高磨嶵: '高樓磨嶵'로 고쳐야 한다(유월).

- **14** 重室子: 귀한 가문의 자손을 가리킨다(왕인지).

- **15** 能: 태(態)와 같다.

4

적이 땅속에 구멍을 파고 공격해 오면, 우리는 빨리 굴착 기술자와 병사를 선발하여 그곳을 마주하여 굴을 파가고 이를 위하여 짧은 쇠뇌를 갖추어 대응한다.

민가의 재목과 기와로 성의 방비를 도울 수 있을 때 모두 진상하게 한다. 명령을 따르지 않는 자는 참한다.

모든 건축 도구: 7척마다 호미를 두고, 5보마다 광주리를 둔다. 5축의 거리에 쇠 호미와 긴 도끼를 두는데 자루 길이는 8척이다. 10보마다 한 개의 긴 낫을 두는데 자루의 길이는 8척이다. 10보마다 한 개의 손도끼와 긴 망치를 두는데 자루 길이는 6척이며 머리의 길이는 1척이며 양 끝을 예리하게 한다. 3보마다 한 개의 단창을 두는데 길이는 1척이고 창날은 5촌이다. 두 단창을 교차시켜 평평하게 놓아야 하는데 만일 평평하지 않으면 불리하고, 그 양 끝을 예리하게 한다. 만일 땅굴의 부대가 서로 충돌하면, 반드시 침공 부대의 너비를 고려하여 기울게 땅굴을 파면서 넓게 해가면 반드시 적의 부대를 제압할 수 있다.

適人爲穴而來, 我亟使穴師[1]選本,[2] 迎而穴之, 爲之且[3]內弩[4]以應之. 民室杵[5]木瓦石, 可以蓋[6]城之備者, 盡上之. 不從令者斬.
昔築,[7] 七尺一居屬,[8] 五步[9]一壘, 五築有鍤,[10] 長斧, 柄長八尺. 十步一長鎌, 柄長八尺, 十步斵,[11] 長椎, 柄長六尺, 頭長尺, 斧[12]亓兩端. 三步一大鋋,[13] 前長尺, 蚤[14]長五寸. 兩鋋交之置如平, 不如平[15]不利, 兌[16]亓兩末. 穴隊若衝隊, 必審如[17]攻隊之廣狹, 而令邪[18]穿亓穴, 令亓廣, 必夷客隊.

- 1 穴師: 땅굴을 잘 파는 기술자.
- 2 本: 사(士)로 고쳐야 한다.
- 3 且: 구(具)로 고쳐야 한다.
- 4 內弩: 짧은 쇠뇌〔短弩〕.
- 5 杵: 재(材)로 고쳐야 한다.
- 6 蓋: 익(益)으로 고쳐야 한다(왕인지).
- 7 昔築: 개축(皆築)으로 고쳐야 한다(필원). 여기서 축(築)은 성벽을 쌓고 수리하는 도구를 가리킨다.
- 8 居屬: 서(鋤)로 고쳐야 한다(손이양).
- 9 步: 고대에 1보는 대략 6척이며 지금의 2보에 해당한다.
- 10 鋓: 이(夷)로 고쳐야 한다(손이양). 이(夷)는 이(銕)와 같으며 호미 종류.
- 11 鬪: 착(斸)으로 고쳐야 한다(필원). 도끼와 비슷한 무기.
- 12 斧: 태(兌)로 고쳐야 하며, 예(銳)와 같다(손이양).
- 13 鋌: 단창.
- 14 蚤: 조(爪)와 통함.
- 15 不如平: 여불평(如不平)으로 고쳐야 한다.
- 16 兌: 예(銳)와 같다.
- 17 如: 지(知)로 고쳐야 한다(손이양).
- 18 邪: 사(斜)와 통함.

나무를 묶어서 장작더미를 충분히 만들게 하고 전면의 나무에 연결한다. 길이 1장 7척마다 하나씩 겉면을 만들어 장작더미를 종횡으로 놓아둔다. 겉면에 강하게 흙을 바르면서 떨어지지 않게 한다. 넓고 두껍게 하여

3장 5척의 성 이상을 감당할 수 있게 한다. 장작더미와 나무와 흙으로 채우는데 견고하게 하기 위해서이다. 전면의 장단은 미리 정리하여 흙을 감당할 수 있도록 하고 충분히 여장을 만들 수 있게 하며, 겉면에 흙을 잘 발라서 소실되지 않도록 한다.

疏束樹木, 令足以爲柴搏,[1] 毋[2]前面樹. 長丈七尺一以爲外面, 以柴搏從[3]橫施之. 外面以强塗,[4] 毋令土漏. 令亓廣厚, 能任三丈五尺之城以上. 以柴木土稍杜[5]之, 以急爲[6]故. 前面之長短, 豫蚤接之, 令能任塗, 足以爲堞,[7] 善塗亓外, 令毋可燒拔也.

- **1** 柴搏: 묶어놓은 장작더미.
- **2** 毋: 관(貫)과 통함.
- **3** 從: 종.
- **4** 强塗: 점토를 발라서 화공에 대비하기 위한 것.
- **5** 杜: 폐(閉).
- **6** 急: 견고함의 뜻.
- **7** 堞: 여장(女墻). 성첩(城堞). 성벽 위에 설치하는 이빨 모양의 구조물.
* 이 단원은 성문 앞에 진지를 구축하는 방식을 설명한 것이다. 제가의 설이 분분하지만 명확하게 이해하기 어렵다.

6

큰 성에는 1장 5척의 규문을 세우는데 너비는 4척이다.
곽문을 만드는데 곽문은 외성에 두고, 빗장을 만드는데 나무 두 개로 문에 알맞게 하고, 그 나무에 구멍을 뚫어서 밧줄을 매어 위로 여장과 연결한다.

참호에는 교량을 걸쳐서 성문에 통하게 하는데 걸친 나무 판이 밖으로 기울게 하면서 모자라면 나무 판을 보충하며, 기울기는 성벽의 상황에 따른다. 성내에는 부첩을 두는데 이로 인하여 내첩을 밖으로 삼는다. 그 사이에 구멍을 뚫는데 깊이는 1장 5척이며 장작을 채워두면 불을 질러서 적을 대비할 수 있다.

영이(令耳)라는 누각을 성벽에 설치하고 다시 2층의 누각을 만든다. 아래로 성의 외첩 안에 깊이 1장 5척, 너비 1장 2척의 구멍을 뚫는다. 누각과 영이는 모두 힘이 센 자가 적을 맞이하고 활을 잘 쏘는 자가 발사를 전담하며 보조하는 자는 화살을 정리해야 한다.

大城丈五爲閨門,[1] 廣四尺.

爲郭門,[2] 郭門在外, 爲衡,[3] 以兩木當門, 鑿亓木維敷[4]上堞.

爲斬[5]縣梁, 酚[6]穿斷城, 以板橋邪穿外, 以板次之, 倚殺如城報.[7] 城內有傅壤,[8] 因以內壤爲外. 鑿亓間, 深丈五尺, 室[9]以樵, 可燒之以待適.

令耳[10]屬城, 爲再重樓. 下鑿城外堞內深丈五, 廣丈二. 樓若令耳, 皆令有力者主敵, 善射者主發, 佐皆廣矢.[11]

- 1 閨門: 성내의 작은 문.
- 2 郭門: 외성의 문.
- 3 衡: 빗장.
- 4 維敷: 유(維)는 밧줄. 부(敷)는 부(傅)와 같다.
- 5 斬: 참(塹)과 같다.
- 6 酚: 령(令)과 같다.

- **7** 報: 세(勢)로 고쳐야 한다.
- **8** 壤: 첩(堞)으로 고쳐야 한다(소시학).
- **9** 室: 질(窒)과 통함.
- **10** 令耳: 누각의 명칭. 미상.
- **11** 佐皆廣矢: '佐以屬矢'로 고쳐야 한다(손이양).

7

울타리를 엮어 성첩과 연결하고, 높이는 6척, 수비자의 범위는 4척으로 하는데, 모두 쇠뇌로 막기 위한 것이다.

전사기의 길이는 6척인데 1척은 땅에 묻는다. 두 개의 목재로써 온을 만드는데 온의 길이는 2척이며, 중간에 구멍을 뚫어서 쇠뇌자루를 끼워 넣는데 쇠뇌자루의 길이는 담장에 이르도록 한다. 20보마다 1대를 두고, 발사에 능숙한 자를 시켜 돕게 하고 한 사람이라도 벗어나지 않도록 한다.

성 위에 100보마다 한 개의 누대를 만드는데 누대는 네 개의 기둥으로 하고 기둥은 모두 주춧돌에 닿게 하며, 하층의 높이는 1장이고 상층의 높이는 9척으로 하며 너비와 길이는 각각 1장 6척으로 하고 모두 문을 만든다. 30보마다 한 개의 굴을 파는데 길이는 9척이고 너비는 10척이며 높이는 8척이고, 구멍의 너비는 3척이며 길이는 2척이며 문을 만든다.

성 위에 찬화(攢火)를 설치하는데 그 길이는 성의 높고 낮음을 척도로 하고 그 끝에 불을 놓아둔다.

治裾諸延堞, 高六尺, 部[1]廣四尺, 皆爲兵弩簡[2]格.
轉射機,[3] 機長六尺, 貍[4]一尺. 兩材合而爲之輻,[5] 輻長二尺, 中鑿夫[6]之爲道臂,[7] 臂長至桓.[8] 二十步一, 令善射之者佐,[9] 一人皆勿離.

城上百步一樓, 樓四植,[10] 植皆爲通舄,[11] 下高丈, 上九尺, 廣喪[12] 各丈六尺, 皆爲寧.[13] 三十步一突,[14] 九尺, 廣十尺, 高八尺, 鑿廣 三尺, 表[15]二尺, 爲寧.

城上爲攢火,[16] 夫長以城高下爲度, 置火亓末.

- 1 部: 성첩 사이에 수비자의 위치(손이양).
- 2 簡: 란(闌)과 같다.
- 3 轉射機: 회전하면서 화살을 발사하는 기계 장치.
- 4 貍: 매(薶), 혹은 매(埋)와 통함.
- 5 輼: 원(輐)으로 고쳐야 한다. 무거운 것을 싣기 위해 수레의 뒤를 무겁게 하 는 장치.
- 6 夫: 부(膚)의 가차. 지면에 닿는 부분.
- 7 道臂: 통비(通臂)로 고쳐야 한다(손이양).
- 8 桓: 원(垣)으로 고쳐야 한다.
- 9 射之者佐: '射者佐之'로 고쳐야 한다.
- 10 植: 영(楹)과 같다(손이양).
- 11 舄: 석(碣)과 같다. 주춧돌.
- 12 喪: 무(袤)로 고쳐야 한다(왕염손). 길이의 뜻.
- 13 寧: 문(門)으로 고쳐야 한다.
- 14 突: 혈(穴)로 고쳐야 한다.
- 15 表: 무(袤)로 고쳐야 한다.
- 16 攢火: 긴 막대에 불을 붙여 성 아래로 던지는 수성법의 하나.

8

성 위에 9척마다 쇠뇌, 창, 망치, 도끼, 낫, 칼 등을 하나씩 설치하고, 모두 누석과 질려를 쌓아둔다.

거(渠)의 길이는 1장 5척, 너비는 1장 6척이며, 자루의 길이는 1장 6척이고 흙에 묻는 부분은 3척이며, 구를 세울 때는 성첩과 3촌 이내로 붙여서는 안 된다.

차단 막은 길이가 8척이고, 너비는 7척이며 나무 또한 너비를 5척으로 하고 차단 막 중간에 올리고 내리는 장치를 만들고 양 끝을 동아줄로 맨다. 적이 침공하면 한 사람으로 하여금 올리고 내리게 하며 자리에서 벗어나지 않도록 한다.

성 위에 20보마다 한 대의 자거(藉車)를 두는데 적이 침공하는 지점에는 이 숫자를 따르지 않는다.

성 위에 30보마다 한 개의 부뚜막을 둔다.

城上九尺一弩一戟一椎一斧一艾,[1] 皆積參石,[2] 蒺藜.[3]
渠長丈六尺,[4] 夫[5]長丈二尺, 臂長六尺, 亓貍[6]者三尺, 樹渠毋傳堞五寸.
藉莫[7]長八尺, 廣七尺, 亓木也廣五尺, 中藉苴[8]爲之橋, 索亓端. 適攻, 令一人下上之, 勿離.
城上二十步一藉車,[9] 當隊者不用此數.
城上三十步一鼃竈.

- 1 艾: 예(刈)와 통함. 찰 종류의 하나.
- 2 參石: 유석(壘石)으로 고쳐야 한다.

- 3 蒺藜: 질려. 본래는 키가 낮고 가시가 있는 식물. 이것을 본떠 쇠로 만든 무기.
- 4 渠長丈六尺: '渠長丈五尺, 廣丈六尺'으로 고쳐야 한다(왕인지). 거(渠)는 쇠와 나무로 만든 방어기구.
- 5 夫: 부(膚)와 같다. 지면에 닿는 부분을 가리킨다.
- 6 貍: 매(埋)와 통함.
- 7 藉莫: 차단 막. 막(莫)은 막(幕)과 통함.
- 8 苴: 막(莫)으로 고쳐야 한다(손이양). 교(橋)를 올리고 내리는 조절 장치.
- 9 藉車: 성을 지키는 병기의 하나. 미상.

9

물을 긷는 것은 포마두와 가죽 주머니로 하는데 10보마다 하나씩 둔다. (포마두) 자루의 길이는 8척이고, 크기는 2되에서 3되의 용량으로 한다. (가죽 주머니는) 거친 베와 삼베의 길이는 6척이고 중간을 구부리는데 길이는 1장이며 10보마다 하나씩 두며 반드시 큰 밧줄로 고정한다.

성 위에는 10보마다 한 개의 삽을 둔다.

물 장군은 용량을 3석 이상으로 하고 크고 작은 것을 함께 놓는다. 물 주머니와 국자를 각각 갖추어 놓는다.

사졸의 건량을 주는데 사람마다 2말로 하고 흐린 날을 대비하여 건조한 곳에 둔다. 성을 지키는 사졸들은 내성의 성첩 밖에서 식사를 하도록 한다.

持水者必以布麻斗[1]革盆, 十步一. 柄長八尺, 斗大容二斗以上到三斗. 敝裕[2]新布長六尺, 中拙[3]柄, 長丈, 十步一, 必以大繩爲箭.[4] 城上十步一銚.[5]

水瓵,[6] 容三石以上, 小大相雜. 盆蠡[7]各二財.[8]

爲卒乾飯, 人二斗, 以備陰雨, 面[9]使積燥處. 令使守爲城內堞外
行餐.

- **1** 布麻斗: 물을 뜨는 기구. 두(斗)는 두(枓)의 가차.
- **2** 裕: 격(綌)으로 고쳐야 한다.
- **3** 拙: 굴(詘)과 통함.
- **4** 爲箭: 미상.
- **5** 銑: 삽의 일종.
- **6** 瓵: 부(缶)와 같다.
- **7** 蠡: 물을 길어 올리는 기구.
- **8** 財: 구(具)로 고쳐야 한다.
- **9** 面: 이(而)로 고쳐야 한다(소시학).

10

성 위에 기구를 설치하여 모래와 자갈 쇳가루를 뿌리는데 모두 괴두
(壞斗)로써 한다. 도공으로 하여금 얇은 장군을 만들게 하되 용량이 1말에
서부터 2말까지 되는 큰 것을 사용하며, 삼비는 묶어둔다.

견고하게 묶어서 성 위의 일정한 곳에 두고, 나무 말뚝을 세우는데 1장
2척이며 한쪽 끝은 뾰족하게 한다.

규문을 만드는데, 규문의 양쪽 문은 교대로 열리고 닫힐 수 있게 한다.

옹성의 문과 해자 부근의 아군을 도울 때는 불을 갖고 전투에 참여하
여 풀무질을 하며, 성첩의 안팎에서 장작더미를 울타리로 삼는다.

영정(靈丁)은 3장마다 하나를 두는데 개의 이빨처럼 어긋나게 배치한

다. 10보마다 한 사람이 장작을 모아 창고에 들여놓고, 장작의 절반은 밧줄로 둥글게 묶어서 담장 7보마다 하나씩 둔다.

置器備, 殺[1]沙礫鐵, 皆爲壞斗.[2] 令陶者爲薄㼝, 大容一斗以上至二斗, 卽用取, 三祕[3]合束.

堅爲斗[4]城上隔. 棧[5]高丈二, 剡凵一末.

爲閨門, 閨門兩扇, 令可以各自閉也.

救闉[6]池者, 以火與爭, 鼓橐,[7] 馮埴[8]外内, 以柴爲燔.[9]

靈丁,[10] 三丈一, 火耳[11]施之. 十步一人, 居柴内弩,[12] 弩[13]半, 爲狗犀[14]者環之, 牆七步而一.[15]

- **1** 殺: 살(撒)과 통함.
- **2** 壞斗: 흙이 덜 구워진 거친 용기를 가리킨다.
- **3** 三祕: 미상.
- **4** 斗: 익(弋)으로 고쳐야 한다(손이양). 익(弋)은 격(撽)과 같다.
- **5** 棧: 익(杙)으로 고쳐야 한다(손이양). 작은 나무 말뚝.
- **6** 闉: 옹성의 문.
- **7** 橐: 본래는 전대를 가리키지만 여기는 풀무의 뜻.
- **8** 馮埴: 빙(馮)은 배(陪)와 통함. 식(埴)은 원(垣)으로 고쳐야 한다(손이양). 배원(陪垣)은 성첩 밖의 작은 담장.
- **9** 燔: 번(藩)과 통함.
- **10** 靈丁: 영적(瓴甋)의 가차. 항아리의 일종.
- **11** 火耳: 견아(犬牙)로 고쳐야 한다(손이양).
- **12** 居柴内弩: 거(居)는 적(積)과 통함. 내(内)는 납(納)과 같다. 노(弩)는 탕(帑)으로 고쳐야 한다.

- **13** 弩: 시(柴)로 고쳐야 한다(손이양).
- **14** 犀: 서(犀)는 시(屍)와 통함. 밧줄의 일종.
- **15** 牆七步而一: 미상.

11

화공을 방비하는 방법은 불화살과 불덩이를 막기 위해 성문에 구멍을 뚫고 기둥을 세우고 진흙을 발라두며 물이 담긴 항아리와 가죽 주머니를 갖고 구원한다. 문짝 위에 빗장을 꽂는 곳은 모두 반 척의 구멍을 뚫고 1촌마다 한 개씩 작은 말뚝을 박는데 말뚝의 길이는 2촌으로 하고 1촌은 밖으로 보이게 하며 상하의 거리는 7촌으로 하고 진흙을 두껍게 발라서 화공에 대비한다. 성문에 뚫린 구멍으로 성문의 화재를 구원하는 곳에는 각각 물이 담긴 항아리를 두는데 용량이 3석 이상으로 하고 크고 작은 것을 섞어놓는다.

둔테와 빗장은 반드시 견고하게 하여 철로 감싼 듯이 견고한 금속으로 한다. 이중 빗장은 쇠로 감싸서 반드시 견고해야 한다. 빗장은 2척이고 빗장마다 한 개씩 자물쇠를 두고 문지기의 도장으로 봉하고 때때로 봉인의 모양을 살피게 하며 아울러 빗장이 들어간 깊이를 살핀다. 문지기는 모두 도끼, 송곳, 톱, 망치, 톱을 지닐 수 없다.

救車火,[1] 爲煙矢[2]射火城門上, 鑿扇上爲棧,[3] 塗之, 持水㯏斗革盆救之. 門扇薄[4]植, 皆鑿半尺, 一寸一涿弋,[5] 弋長二寸, 見一寸,[6] 相去七寸, 厚塗之以備火. 城門上所鑿以救門火者, 各一垂[7]水, 火[8]三石以上, 小大相雜.

門植關必環鋦, 以鋦金若鐵鍱之. 門關再重, 鍱之以鐵, 必堅. 梳[9]

關, 關¹⁰二尺, 梳關一莧,¹¹ 封以守印, 時令人行貌封, 及視關入桓淺深. 門者, 皆無得挾斧斤鑿鋸椎.

- 1 車火: 훈화(熏火)로 고쳐야 한다(손이양).
- 2 煙矢: 불을 붙인 화살. 여기서는 적의 화공을 가리킨다.
- 3 棧: 익(杙)으로 고쳐야 한다.
- 4 薄: 박(欂)과 통함.
- 5 涿弋: 탁익(椓弋). 탁(涿)은 탁(椓)과 통함.
- 6 見一寸: 밖으로 돌출된 길이를 가리킨다.
- 7 垂: 추(甀)와 통함.
- 8 火: 용(容)으로 고쳐야 한다(왕염손).
- 9 梳: 광(桄)으로 고쳐야 한다.
- 10 關: 연문.
- 11 莧: 관(管)의 가차.

12

성 위에 2보마다 거주(渠柱)를 세우는데 밑받침은 1장 3척이고 높이는 10장이며 날개의 길이는 6척이다. 2보마다 차단 막을 두는데 너비는 9척이고 길이는 12척이다.

2보마다 연정(連梃)을 두고 긴 도끼와 긴 망치를 각각 한 개씩 두고 12개의 창을 2보 중간에 고르게 펼쳐둔다.

2보마다 목노(木弩)를 두는데 반드시 사정거리가 50보 이상이어야 한다. 화살이 많이 필요할 때 가령 대나무 화살이 없다면 싸리나무, 복숭아나무, 뽕나무, 느릅나무도 쓸 수 있다. 되도록 많은 쇠 화살을 준비하여 사대와 농종(櫳樅)에 분포시킨다.

城上二步¹一渠, 渠立程,² 丈三尺, 冠長十丈, 辟長六尺.³ 二步一
苔, 廣九尺, 袤十二尺.
二步置連梃,⁴ 長斧長椎各一物, 槍二十枚, 周置二步中.
二步一木弩, 必射五十步以上. 及多爲矢, 節⁵毋以竹箭, 楛趙掖⁶楡,
可. 蓋求齊鐵夫,⁷ 播以射衕⁸及櫳樅.⁹

- 1 步: 고대인은 1보를 6척과 같다고 생각하였다.
- 2 程: 정(桯)으로 고쳐야 한다(손이양).
- 3 辟: 비(臂)와 통함.
- 4 連梃: 두 마디로 된 도리깨 모양의 나무 막대.
- 5 節: 즉(卽)과 통함.
- 6 趙掖: 도자(桃榹)로 고쳐야 한다(손이양).
- 7 蓋求齊鐵夫: '益求賚鐵矢'로 고쳐야 한다.
- 8 衕: 충(衝)으로 고쳐야 한다.
- 9 櫳樅: 적정을 살피는 건축물.

13

　2보마다 돌을 쌓아두는데 돌의 무게는 10균 이상으로 하여 500매이다.
돌로 저항할 수 없을 때는 질려와 벽돌이 모두 좋은 방법이 될 수 있다.
　2보마다 횃불을 쌓는데 큰 것은 둘레의 길이가 9촌이며, 길이는 1장으
로 총 20매이다.
　5보마다 항아리를 두고 표주박으로 물을 채우는데 표주박의 큰 용량은

1말이다.

5보마다 시구 500매를 쌓아두는데 시구의 길이는 3척이며 길이는 띠풀에 따르고 그 끝은 뾰족하게 하고 단단하게 한다.

10보마다 장작단을 쌓는데 큰 것은 둘레가 1척 8촌이며 길이가 1척 되는 것이 20매이다.

25보마다 화덕을 두는데, 화덕에는 쇠 가마솥을 두며, 용량이 1석 이상 되는 것이 하나로 끓는 물을 준비하는 것이다. 모래를 준비할 때는 천석 이하로 하지 않는다.

二步積石, 石重千鈞[1]以上者, 五百枚. 毋石以亢,[2] 疾犁[3]壁, 皆可善方.

二步積笠,[4] 大一圍,[5] 長丈, 二十枚.

五步一罌, 盛水有奚,[6] 奚蠡大容一斗.

五步積狗屍[7]五百枚, 狗屍長三尺, 喪以弟,[8] 甕[9]亓端, 堅約弋.

十步積搏, 大二圍以上, 長八尺者二十枚.

二十五步一竈, 竈有鐵鐕,[10] 容石以上者一, 戒[11]以爲湯. 及持沙, 毋下千石.

- 1 千鈞: 십균(十鈞)으로 고쳐야 한다(손이양). 30근이 1균.
- 2 亢: 항(抗)과 같다.
- 3 疾犁: 질려(蒺藜).
- 4 笠: 거(笪)로 고쳐야 한다(손이양). 거(笪)는 거(炬)와 통함.
- 5 圍: 9촌의 둘레.
- 6 奚: 해려(奚蠡)로 고쳐야 한다(왕염손). 표주박.
- 7 狗屍: 띠로 만든 밧줄의 일종.

- **8** 喪以弟: 무이모(裹以茅)로 고쳐야 한다(손이양).
- **9** 甕: 태(兌)로 고쳐야 한다. 태(兌)는 예(銳)와 같다.
- **10** 鐕: 심(鬵)의 가차. 솥의 일종.
- **11** 戒: 비(備)의 뜻.

14

30보마다 좌후루(坐候樓)를 설치한다. 망루는 성첩에서 4척을 돌출시키는데 너비는 3척이고 길이는 4척이며, 나무 판으로 3면을 두르고 진흙을 두껍게 바르며 여름에는 그 위를 덮는다.

50보마다 자거를 두는데, 자거는 반드시 쇠로 겉을 감싸야 한다.

50보마다 측간을 만드는데 사방을 두르며 높이는 8척이다.

50보마다 방을 만드는데 방에는 반드시 문과 열쇠를 만들어 지키게 한다.

50보마다 장작을 쌓아두는데 300석 이하가 되어서는 안 되며, 진흙을 잘 발라서 외부가 화공에 상하지 않도록 한다.

> 三十步置坐候樓, 樓出於堞四尺, 廣三尺, 廣[1]四尺, 板周三面, 密傅[2]之, 夏蓋元上.
> 五十步一藉車, 藉車必爲鐵纂.[3]
> 五十步一井屏,[4] 周垣之, 高八尺.
> 五十步一方,[5] 方尙[6]必爲關籥[7]守之.
> 五十步積薪, 毋下三百石,[8] 善蒙塗, 毋令外火能傷也.

- **1** 廣: 장(長)으로 고쳐야 한다(유월).

- **2** 傅: 부(附)와 같다. 여기서는 진흙을 바르는 일을 가리킨다.

- **3** 鐵緤: 철십(鐵什). 쇠로 겉을 감싸는 일을 가리킨다.

- **4** 井屛: 병측(屛厠).

- **5** 方: 호(戶)로 고쳐야 한다(손이양).

- **6** 尙: 상(上)과 통함.

- **7** 籥: 약(鑰)과 같다.

- **8** 石: 용량 단위. 장작은 용량으로 계산하기 어려우므로 묵경에서는 대체로 중량으로 계산한다. 1석은 120근에 해당한다.

15

100보마다 농종을 만드는데 지상으로부터 높이가 5장이고 3층이며 아래는 넓게 하여 앞면은 8척이고 뒷면은 13척이며 윗면은 알맞게 줄인다.

100보마다 목루를 만드는데 루를 넓게 하여 앞면은 9척이고 높이는 7척이며 루의 창문과 담장은 성보다 12척 높게 한다.

100보마다 우물을 만드는데 우물에 10개의 표주박을 두고 나무와 연결하며, 물그릇의 용량은 4말에서 6말에 이르는 것으로 100개를 둔다.

100보마다 짚단을 쌓는데 큰 것은 둘레가 1척 8촌 이상이 되는 것으로 50매를 둔다.

100보마다 큰 방패를 두는데 방패의 너비는 4척이고 높이는 8척이다. 땅굴에 대비하기 위한 것이다.

100보마다 도랑을 파는데 너비는 3척이고 높이는 4척으로 한 개를 둔다.

200보마다 누대를 세우는데 성중에서는 너비가 2장 5척이고, 길이는 2장이며 성첩과의 거리는 5척이다.

百步一櫳樅, 起地高五丈, 三層, 下廣前面八尺, 後十三尺, 亓上稱議[1]衺殺之.

百步一木樓, 樓廣前面九尺, 高七尺, 樓軵[2]居垑,[3] 出城十二尺.

百步一井, 井十罋, 以木爲系連, 水器容四斗到六斗者百.

百步一積襍秆, 大二圍以上者五十枚.

百步爲櫓, 櫓[4]廣四尺, 高八尺. 爲衝術.[5]

百步爲幽臒,[6] 廣三尺高四尺者千.[7]

二百步一立樓, 城中廣二丈五尺二,[8] 長二丈, 出樞[9]五尺.

- 1 議: 의(宜)와 통함.

- 2 軵: 창(囱)과 같다(손이양).

- 3 垑: 첩(坫)으로 고쳐야 한다(필원).

- 4 櫓: 큰 방패.

- 5 衝術: 충수(衝隧)(손이양).

- 6 臒: 독(隩)으로 고쳐야 한다.

- 7 千: 일(一)로 고쳐야 한다(손이양).

- 8 二丈五尺二: 뒤의 이(二)는 연문.

- 9 樞: 거(拒)로 고쳐야 한다(손이양). 거(拒)는 거(距)와 통함.

16

성 위의 너비는 3보에서 4보가 되어야만 전투를 할 수 있다. 비예(俾倪)는 너비가 3척이고 높이가 2척 5촌이다. 계단의 높이는 2척 5촌이고 너비와 길이는 각각 3척이며 길의 너비는 각각 6척이다. 성 위 네 모퉁이의 중루(重婁)는 높이가 5척이며 사위가 거기에 머문다.

성 위에는 7척마다 거주를 세우는데 길이는 1장 5척이고 땅에 묻는 부분은 3척이며 성첩과의 거리가 5촌이며 노출된 길이는 1장 2척이고 횡목의 길이는 6척이다. 기둥 중간에 구멍을 뚫는데 안팎의 길이가 5촌이다. 노출된 부분에 두 개의 구멍을 뚫고 거주의 꼭대기는 성첩보다 4촌이 낮게 하면 적당하다. 도랑을 파거나 구덩이를 파고 기와로 덮어두고 겨울에는 말의 똥으로 채우는데 모두 명령에 따르며 마치 기와로 구덩이를 만드는 것과 같다.

성 위에 10보마다 푯대를 세우는데 길이는 1장이며, 물을 뿌릴 때는 푯대를 잡고 흔든다. 50보마다 측간을 두는데 성 아래의 쓰레기장과 마찬가지로 측간에 가는 자는 아무것도 휴대할 수 없다.

城上廣三步到四步, 乃可以爲使斗. 俾倪[1]廣三尺, 高二尺五寸. 陛高二尺五, 廣長各三尺, 遠[2]廣各六尺. 城上四隅童異[3]高五尺, 四尉[4]舍焉.

城上七尺一渠, 長丈五尺, 貍[5]三尺, 去堞五寸, 夫[6]長丈二尺, 臂長六尺. 半植一鑿, 內后長五寸.[7] 夫兩鑿, 渠夫前端下堞四寸而適. 鑿渠鑿坎, 覆以瓦, 冬日以馬夫寒,[8] 皆待命, 若以瓦爲坎.

城上千[9]步一表, 長丈, 棄水者,[10] 操表搖之. 五十步一厠者, 與下同圂. 之厠者, 不得操.

- **1** 俾倪: 밖을 살피기 위해 구멍을 뚫은 작은 성첩.
- **2** 遠: 도(道)로 고쳐야 한다(손이양).
- **3** 童異: 중루(重婁)로 고쳐야 한다(손이양). 루(婁)는 루(樓)와 통함.
- **4** 四尉: 수성을 감찰하는 관리.
- **5** 貍: 매(埋)와 통함.

- **6** 夫: 부(膚)와 통함. 노출 부분을 가리킨다.

- **7** 內后長五寸: 내경촌(內徑寸)으로 고쳐야 한다(손이양).

- **8** 夫寒: 시색(矢塞)으로 고쳐야 한다(손이양). 시(矢)는 시(屎)와 통함.

- **9** 千: 십(十)으로 고쳐야 한다(손이양).

- **10** 棄水者: 물을 뿌리는 사람.

17

성 위 30보마다 자거를 둔다. 땅굴 부근에는 이를 제한하지 않는다.

성 위 50보마다 계단을 만드는데 높이는 2척 5촌으로 하고 길이는 10보로 한다.

성 위 50보마다 난간을 만드는데 난간은 반드시 중첩시킨다.

100보마다 목루를 만드는데 외문에 현문을 두고 좌우에 참호를 만든다. 누각에는 차단 막을 추가하고 잔도로 나아가 밖을 도와준다.

성 위에는 다른 방을 만들지 않으며 적들이 은닉할 만한 곳은 모두 제거한다.

성 아래 둘레 길에는 100보마다 장작단을 쌓아두는데 3천 석 이하로 하지 않으며 모두 진흙을 발라둔다.

성 위에 10명마다 십장을 두고 그 아래에 10명의 병졸을 두며, 100명마다 백위를 둔다.

100보마다 정자를 만드는데 정자의 높이는 1장 4척이고 담장의 두께는 4척이며 두 개의 쪽문을 두고 각각 스스로 닫힐 수 있게 한다. 정자를 지키는 사람은 반드시 믿음직하고 충성스러우면서 능력 있는 자 가운데서 선발한다.

城上三十步一藉車, 當隊[1]者不用.

城上五十步一道陞, 高二尺五寸, 長十步. 城上五十步一樓扡,[2] 扡勇勇必重.[3]

土樓[4]百步一, 外門發樓,[5] 左右渠[6]之. 爲樓加藉幕,[7] 棧上出之以救外.

城上皆毋得有室, 若也[8]可依匿者, 盡除去之.

城下州道[9]內, 百步一積薪, 毋下三千石以上, 善塗之.

城上十人一什長, 屬一[10]吏士, 一帛尉.[11]

百步一亭, 高[12]垣丈四尺, 厚四尺, 爲閨門兩扇, 令各可以自閉. 尉必取有重厚忠信可任事者.

- 1 隊: 수(隧)와 통함.

- 2 樓扡: 난간. 공(扡)은 시(撕)로 고쳐야 한다(손이양).

- 3 扡勇勇必重: '樓撕必再重'으로 고쳐야 한다(손이양).

- 4 土樓: 목루(木樓)로 고쳐야 한다.

- 5 發樓: 현문(懸門)으로 고쳐야 한다(손이양).

- 6 渠: 참호.

- 7 藉幕: 차단 막.

- 8 也: 타(他)와 통함.

- 9 州道: 성의 둘레 길.

- 10 一: 십(十)으로 고쳐야 한다(손이양).

- 11 一帛尉: '百人一百尉'로 고쳐야 한다(손이양).

- 12 高: 정(亭)으로 고쳐야 한다(손이양).

18

두 개의 숙소에는 모두 우물과 부뚜막을 두고, 재, 겨, 쭉정이, 왕겨, 말똥을 조심스럽게 저장한다,

성 위의 장비는 거석, 자거, 행잔, 행루, 도끼, 두레박, 창, 긴 도끼, 긴 망치, 긴 호미, 갈고리, 충거, 적교, 비굴 등이다.

누각은 5보마다 하나를 두고, 성첩 밑에는 구멍을 뚫으며, 3보마다 한 개의 두레박을 두는데 그 둘레가 4척 반으로 반드시 들 수 있어야 한다.

기와 돌은 무게가 2근 이상이고, 성 위에 모래는 50보마다 쌓아둔다. 부뚜막에는 가마솥을 두는데 모래와 같은 곳에 둔다.

나무는 큰 것으로 두 묶음이고 길이가 1장 2척 이상이며 그 끝을 잘 묶어놓는데 이름하여 장종(長從)이라 하고 50보마다 하나를 둔다. 목교는 길이가 3장이며 50개 이하하여서는 안 된다. 또한 사졸로 하여금 급히 성채를 수리할 때는 기왓장으로 덮는다.

二舍^{1}共一井爨, 灰康^{2}粃柸^{3}馬矢,^{4} 皆謹收藏之.
城上之備, 渠譫^{5}藉車行棧行樓到^{6}頡皋連梃長斧長椎長妓^{7}距飛衝^{8}縣
□^{9}批屈.^{10} 樓五十^{11}步一, 堞下爲爵穴,^{12} 三尺而一爲薪皋, 二^{13}圍
長四尺半必有潔.^{14}
瓦石, 重二升^{15}以上, 城上沙, 五十步一積, 竈置鐵鐕焉, 與沙同處.
木大二圍, 長丈二尺以上, 善耿^{16}亓本, 名曰長從,^{17} 五十步三十.^{18}
木橋長三丈, 毋下五十. 復使卒急爲壘壁, 以蓋瓦復^{19}之.

- **1** 二舍: 십장과 백위의 숙소(손이양).
- **2** 康: 강(糠)과 통함.

- **3** 杯: 비(秠)의 가차.

- **4** 矢: 시(屎)와 통함.

- **5** 礦: 석(碻)으로 고쳐야 한다(왕염손). 여기서는 차단 막을 가리킨다.

- **6** 到: 착(斮)으로 고쳐야 한다(손이양).

- **7** 玆: 자기(玆基).

- **8** 飛衝: 충거.

- **9** 縣□: 현량(縣梁)(손이양).

- **10** 批屈: 미상.

- **11** 十: 연문.

- **12** 爵穴: 성첩 사이의 구멍.

- **13** 二: 기(其)로 고쳐야 한다.

- **14** 潔: 설(挈)로 고쳐야 한다(필원).

- **15** 升: 근(斤)으로 고쳐야 한다(왕염손).

- **16** 耿: 련(聯)으로 고쳐야 한다(손이양).

- **17** 長從: 미상.

- **18** 五十步三十: '五十步一'로 고쳐야 한다.

- **19** 復: 복(覆)과 같다.

19

　도자기나 나무로 만든 항아리를 이용하는데 용량은 10승 이상으로 하고 50보마다 10개를 두고 물을 담아 장차 사용할 수 있도록 한다. 5두 이상 되는 것은 10보마다 2개를 둔다.

　성 아래 마을 사람들은 각자 그 전후좌우를 보호하기를 성 위에서처럼 한다. 성이 작은데 사람이 많은 경우에는 노약자를 수도나 큰 성으로 떠나보낸다.

　적이 도달하면 반드시 공격할 것을 헤아려 성주는 먼저 성에 부속된 것들을 제거하지만 불을 질러서는 안 된다. 적이 성 아래에 있을 때는 병졸들의 주둔지를 수시로 바꾸되 심부름꾼들은 바꾸지 않으며 그들이 성 위에 오르지 못하게 한다. 적이 성 아래에 있을 때는 여러 항아리를 모아서 성 아래에 쌓아두는데 100보마다 쌓아두고 한 곳에 500개를 둔다.

　성문 안쪽에는 방을 두지 않으며 칸막이가 없는 방을 만들어 관리를 세우고 키가 작은 동자를 둔다. 잔교는 안으로 잠그는데 빗장을 두 개로 하고 성첩은 하나로 한다.

　성 아래의 길을 청소하고 해자와의 거리가 100보 되는 곳의 담장과 크고 작은 나무는 모두 부수거나 베어서 없앤다. 적이 오는 곳이 사잇길이든 지름길이든 성 아래와 마찬가지로 모두 망루를 만들고 물속에 대나무 화살을 꽂아놓는다.

用瓦木罌,¹ 容十升以上者, 五十步而十, 盛水, 且用之. 五十二者十步而二.²

城下里³中家人, 各葆⁴亓左右前后, 如城上. 城小人衆, 葆離鄕老弱國中及也⁵大城.

寇至, 度必攻, 主人先削城編, 唯勿燒. 寇在城下, 時換吏卒署,⁶ 而毋換亓養, 養毋得上城. 寇在城下, 收諸盆甕, 耕⁷積之城下, 百步一積, 積五百.

城門內不得有室, 爲周官桓吏,⁸ 四尺爲倪.⁹ 行棧內閇, 二關一堞.

除城場¹⁰外, 去池百步, 牆垣樹木小大俱壞伐, 除去之. 寇所衆來若昵道奚¹¹近, 若城場, 皆爲扈¹²樓, 立竹箭天中.¹³

- 1 瓦木罌: 도자기나 나무로 만든 물병.

- 2 五十二者十步而二: '五斗以上者, 十步而二'로 고쳐야 한다.

- 3 里: 5가(家)가 1린(隣)이고, 5린이 1리(里)가 된다.

- 4 葆: 보(保)와 같다.

- 5 也: 타(他)와 같다.

- 6 署: 주둔지.

- 7 耕: 구(韝)로 고쳐야 한다(필원). 구(韝)는 구(構)와 같다.

- 8 周官桓吏: '周宮植吏'로 고쳐야 한다(손이양). 주궁(周宮)은 칸막이가 없는 방. 치(植)는 치(置)의 가차.

- 9 倪: 동자(童子).

- 10 場: 성 아래의 길.

- 11 奚: 혜(蹊)와 통함.

- 12 扈: 크고 넓음.

- 13 天中: 수중(水中)으로 고쳐야 한다(손이양).

20

  건물 아래를 지키는 곳에 큰 누각을 만드는데 높이는 성과 같도록 하고, 건물 아래는 사방을 넓게 하여 길 가운데에서 적을 응대하고 적은 만남을 기다릴 수 있도록 한다. 수시로 건물을 관리하는 사람들 가운데 세 명의 원로를 불러서 함께 일의 득실을 논의한다. 서로의 뜻이 합치되면 관리에 참고한다. 관리자가 된 사람은 성내를 돌아다니지 않게 하고 숙소를 떠나지 않게 한다. 여러 수비자들은 낮은 성과 얕은 연못을 잘 살피면서 그곳을 지켜야 한다. 새벽이나 저녁에는 사졸이 노래를 부르는 것을 기준으로 하면 사람을 적게 쓰면서도 쉽게 지킬 수 있다.

지키는 방법은 50보마다 장정 10명, 여자 20명, 노인과 어린이 10명으로 하는데, 계산하면 50보마다 40명이다. 성 아래의 사졸은 일률적으로 1보마다 1명으로 하여 20보에 20명이다. 성의 크고 작음에 따라 이러한 비율로 하면 충분히 방어할 수 있다.

적이 성벽에 의지하여 개미처럼 타고 올라오면 아군이 먼저 알 수 있고, 아군은 이롭고 적은 불리하게 된다. 적이 분산해서 공격하면 10만의 군대라도 불과 네 가지 대열이며 가장 넓은 대열이 500보이고, 중간은 300보이고, 최하는 50보이다. 150보가 되지 않는 것은 아군이 이롭고 적이 불리하다. 너비 500보의 대열은 장부 천 명, 여자 2천 명, 노인과 어린이 천 명으로 총 4천 명이면 충분히 대응할 수 있으니, 이것이 지키는 방법이다. 노인과 젊은이를 일하지 않게 하고 성 위에서 지키게 하는 것은 적당한 방법이 아니다.

守堂下爲大樓，高臨城，堂下周散，道中應客，客待見．時召三老在葆宮中者，與計事得先．[1] 行德[2]計謀合，乃人葆．葆入守，無行城，無離舍．諸守者，審知卑城淺池，而錯[3]守焉．晨暮卒歌以爲度，用人少易守．

守法，五十步丈夫十人，丁女[4]二十人，老小十人，計之五十步四十人．城下樓卒，率一步一人，二十步二十人．城小大以此率之，乃足以守圉．[5]

客馮面而蛾傅之，主人則先之知，主人利，客適．[6] 客攻以遂，十萬物[7]之衆，攻無過四隊者，上術[8]廣五百步，中術三百步，下術五十步．諸不盡百五步[9]者，主人利而客病．廣五百步之隊，丈夫千人，丁女子二千人，老小千人，凡四千人，而足以應之，此守術之數也．使老小不事者，守於城上不當術者．

- **1** 先: 시(失)로 고쳐야 한다.
- **2** 德: 득(得)과 같다.
- **3** 錯: 차(措)와 통함.
- **4** 丁女: 성년의 여자.
- **5** 圉: 어(禦)와 통함.
- **6** 客適: 객병(客病)으로 고쳐야 한다(손이양). 적이 불리함을 가리킨다.
- **7** 物: 연문.
- **8** 術: 도로.
- **9** 百五步: '百五十步'로 고쳐야 한다(손이양).

21

성의 장수가 외출할 때는 반드시 깃발을 보여 관리와 백성이 모두 알게 해야 한다. 한 명을 따르는 사람이 100명 이상일 때는 장수가 외출할 때 깃발을 지니지 않는다. 따르는 이들이 아는 사람이 아니거나 그 깃발이 아니면 가령 천 명 이상이 따르는 장수라 하더라도 저지하여 나가지 못하게 한다. 여기에 따르지 않는 관리는 참수하고 상사에게 보고한다. 이것은 성을 지키는 데 중요한 규칙이다. 간첩이 생길 수 있으므로 살피지 않을 수 없기 때문이다.

성 위에 작혈을 파는데 성첩 아래로 3척이고 바깥쪽을 넓게 하며, 5보마다 하나이다. 작혈의 크기는 횃불을 꽂을 수 있도록, 높은 것은 6척 높이로 낮은 것은 3척 높이로 하고 밀도는 적절하게 만든다. 성 밖에 구덩이를 팔 때는 성과의 거리를 7척으로 하고 다리를 걸쳐놓는다. 성 밖의 지면이 좁아서 구덩이를 팔 수 없을 때는 구덩이를 파지 말아야 한다. 성 위에 30보마다 부뚜막을 두고, 사람들이 소지하는 횃불의 길이는 5척으로 한다. 적이 성 아래에 있을 때 북소리를 들으면 횃불을 점화하고 재차 북소리를 들으면 횃불을 작혈 가운데로 집어넣어 밖을 비추게 한다.

城持[1]出必爲明塡,[2] 令吏民皆智知[3]之. 從一人百人以上, 持出不操塡
章. 從人非亓故人, 乃[4]亓積章也, 千人之將以上止之, 勿令得行. 行
及吏卒從之, 皆斬, 具以聞[5]於上. 此守城之重禁之. 夫奸之所生也,
不可不審也.
城上爲爵穴,[6] 下堞三尺, 廣亓外, 五步一. 爵穴大容苣,[7] 高者六尺,
下者三尺, 疏數自適爲之. 塞[8]外塹, 去格七尺, 爲縣梁. 城圶陜不
可塹者, 勿塹. 城三十步一聾[9]竈, 人擅苣長五節.[10] 寇在城下, 聞鼓
音, 燔苣, 復鼓, 內[11]苣爵穴中, 照外.

- 1 持: 장(將)으로 고쳐야 한다(손이양). 병졸 천 명을 거느리는 장수.
- 2 塡: 기(旗)로 고쳐야 한다(손이양). 아래도 이와 같다.
- 3 知: 연문.
- 4 乃: 급(及)으로 고쳐야 한다(필원).
- 5 聞: 보고(報告).
- 6 爵穴: 술잔만 한 구멍.
- 7 苣: 거(苣)로 고쳐야 한다(왕인지). 거(苣)는 거(炬)와 같다.
- 8 塞: 천(穿)으로 고쳐야 한다(손이양).
- 9 聾: 롱(壟)과 통함.
- 10 節: 척(尺)으로 고쳐야 한다(손이양).
- 11 內: 납(納)과 같다.

22

    각종 자거는 모두 쇠로 겉을 감싸는데, 자거의 기둥 길이는 1장 7척으로 하고 땅에 묻는 부분은 4척으로 한다. 땅에 닿는 부분의 길이는 3장 이상에서 3장 5척으로 하고 마협의 길이는 2척 8촌으로 한다. 자거의 힘을 시험하여 말뚝을 만드는데 땅에 닿는 부분이 4분의 3 이상이 되도록 한다. 자거에서 땅에 닿는 부분의 길이는 3장이고 4분의 3이 위에 있게 하며 마협은 3등분 가운데 중앙에 있게 한다. 마협의 길이는 2척 8촌이고, 땅에 닿는 부분의 길이는 24척이며 그 이하는 쓰지 않는다. 큰 수레바퀴로 말뚝을 고정한다. 자거의 말뚝 길이는 1장 2척 반이며 각종 자거는 모두 쇠로 겉을 감싸고 뒤에 있는 수레가 보좌한다.

    적이 해자를 메우고 공격해 오면 나무 물통을 만드는데 깊이는 4척이고, 견고하게 막아서 매설하는데 10척마다 하나이고 기와로 덮어서 명령을 기다린다. 나무 둘레의 길이가 2척 4촌 되는 것에 중간에 구멍을 내고, 그 가운데 숯을 설치하여 함께 막은 다음 자거를 이용하여 투척한다. 질려를 만들어 투척하는데 길이는 2척 5촌이고 큰 것은 2위 이상이다. 문정은 길이가 7촌이며 문정의 간격은 6촌으로 하고 그 끝은 뾰족하게 한다. 구주는 너비가 7촌이고 길이는 1척 8촌이며 갈고리의 길이는 4촌으로 개의 이빨처럼 교차시켜 놓는다.

> 諸藉車皆鐵什,[1] 藉車之柱長丈七尺, 亓貍者四尺. 夫[2]長三丈以上, 至三丈五尺, 馬頰[3]長二尺八寸, 試藉車之力, 而爲之困,[4] 失[5]四分之三在上. 藉車, 夫長三尺,[6] 四二三[7]在上, 馬頰在三分中. 馬頰長二尺八寸, 夫長二十四尺, 以下不用, 治困以大車輪. 藉車桓[8]長丈二尺半, 諸藉車皆鐵仁, 復車者在之.[9]

寇闉池來, 爲作水甬, 深四尺, 堅慕^{10}貍之, 十尺一, 覆以瓦而待令. 以木大圍長二尺四分而早^{11}鑿之, 置炭火亓中, 而合慕之, 而以藉車投之. 爲疾犂投, 長二尺五寸, 大二圍以上. 涿弋,^{12} 弋長七寸, 弋間六寸, 剡亓末. 狗走,^{13} 廣七寸, 長尺八寸, 蚤長四寸, 犬耳^{14}施之.

- 1 鐵什: 철섭(鐵鍱). 쇠로 겉을 감싸는 것.
- 2 夫: 부(膚)와 같다. 지면에 닿는 부분.
- 3 馬頰: 말의 광대뼈처럼 돌출된 부분.
- 4 困: 곤(梱)과 통함.
- 5 失: 부(夫)로 고쳐야 한다(손이양).
- 6 尺: 장(丈)으로 고쳐야 한다.
- 7 四二三: 사지삼(四之三)으로 고쳐야 한다.
- 8 桓: 기둥의 뜻.
- 9 復車者在之: '後車者左之'로 고쳐야 한다(손이양). 좌(左)는 좌(佐)와 같다.
- 10 慕: 멱(冪)으로 고쳐야 한다.
- 11 早: 중(中)으로 고쳐야 한다(손이양).
- 12 涿弋: 문정(門丁).
- 13 狗走: 손톱 모양의 갈고리.
- 14 耳: 아(牙)로 고쳐야 한다(손이양).

23

묵자가 말하였다.

"성을 지키는 방법으로는 반드시 성안에 있는 나무를 계산하여야 하는

데, 10명이 들 수 있는 것이 10설이고, 5명이 들 수 있는 것이 5설이며 모든 설의 경중은 사람 숫자와 비례한다. 장작을 만드는 설을 헤아릴 때 건장한 사람의 설이 있고 약한 사람의 설이 있어서 모두 그 임무에 알맞게 해야 한다. 모든 설의 경중은 사람마다 그 임무를 행할 수 있도록 한다. 성안에 먹을 것이 없을 때는 크게 줄인다. 성문과의 거리가 5보 되는 곳에 크게 도랑을 파는데 지면과의 높이가 1장 5척인데 아래로 샘에 이르면 3척으로 멈춘다. 그 가운데에 잔도를 설치하고 위에 적교를 만들어 기관으로 조절하며, 장작과 흙으로 덮어서 통행할 수 있도록 하고 양쪽에 난간을 두어 넘어가지 않도록 한다. 그리고 나아가 도전하여 장차 패한 척하여 적들이 마침내 들어오면 기관으로 적교를 당기면 적들을 사로잡을 수 있다. 적이 두려워하고 의심을 품으면 이 때문에 물러날 수 있다."

子墨子曰, 守城之法, 必數城中之木, 十人之所擧爲十挈,[1] 五人之所擧爲五挈, 凡輕重以挈爲人數. 爲薪蕉[2]挈, 壯者有挈, 弱者有挈, 皆稱亓任. 凡挈輕重所爲, 吏[3]人名得亓任. 城中無食則爲大殺.[4] 去城門五步大塹之, 高地三丈下地至,[5] 施賊[6]亓中, 上爲發梁,[7] 而機巧之, 比傅[8]薪土, 使可道行, 旁有溝壘, 毋可踰越, 而出佻[9]且比,[10] 適人遂人, 引機發梁, 敵人可禽.[11] 敵人恐懼而有疑心, 因而離.

- 1 挈: 개인의 힘으로 들 수 있는 무게.
- 2 蕉: 초(樵)와 같다.
- 3 吏: 사(使)로 고쳐야 한다(소시학).
- 4 殺: 감소.
- 5 高地三丈下地至: '高地丈五尺, 下地至泉, 三尺而止'로 고쳐야 한다(왕인지).
- 6 賊: 잔(棧)으로 고쳐야 한다.

- 7 發梁: 적교(吊橋).

- 8 傅: 부(敷)와 통함.

- 9 佻: 도(挑)와 통함.

- 10 比: 배(北)로 고쳐야 한다. 패배의 뜻.

- 11 禽: 금(擒)과 통함.

53. 비고림(備高臨)

이 편은 흙으로 산을 만들어 높은 곳에서 성내를 내려다보며 공격해 올 때의 대응 방법을 서술하였다. 묵자는 두 가지 방어 전술을 제시하고 있다. 첫째는 성 위에 다시 행성을 만들어 아래로 내려다보면서 적을 압박하는 것이고, 둘째는 성상에 강시를 발사할 수 있는 뇌거를 장치하고 집중적으로 화살을 발사하는 것이다. 묵자는 아울러 각각의 장비에 대한 치수와 기능에 대하여 설명하였다.

1

금골리가 두 번 절하면서 말하였다.

"감히 묻겠습니다. 적이 흙을 쌓아 높게 만들어 우리 성을 내려다보며, 나무와 흙을 위에 더하여 양검을 만들고 큰 방패를 앞에 갖추어두며, 마침내는 우리 성과 인접하여 병졸과 쇠뇌를 위에 놓고 있다면, 어떻게 해야 할까요?"

묵자가 말하였다.

"자네는 양검에 대한 수비를 묻는 것인가? 양검은 장수로서는 졸렬한 방법으로 병졸을 지치게 할 수 있으나 성을 해칠 수는 없는 것이네. 수비

할 때는 대성을 쌓아 양검을 내려다보면서 좌우로 나무를 엮는데 각각 20척이며, 행성은 30척으로 하고 강한 쇠뇌로 화살을 쏘면서 기계로 압박하고 기묘한 방법을 사용한다네. 그렇게 한다면 양검의 공격은 실패할 것이네."

禽子再拜再拜曰, 敢問適¹人積土爲高, 以臨吾城, 薪土俱上, 以爲羊黔,² 蒙櫓³俱前, 逐屬之城, 兵弩俱上, 爲之奈何. 子墨子曰, 子問羊黔之守邪. 羊黔者, 將之拙者也, 足以勞卒, 不足以害城. 守爲臺城,⁴ 以臨羊黔, 左右出巨,⁵ 各二十尺, 行城三十尺, 强弩之,⁶ 技機藉⁷之, 奇器□□⁸之, 然則羊黔之攻敗矣.

- 1 適: 적(敵)과 통함. 아래도 이와 같다.
- 2 羊黔: 적들이 흙을 쌓아 만든 기지.
- 3 蒙櫓: 큰 방패.
- 4 臺城: 행성(行城).
- 5 巨: 거(距)의 가차(손이양).
- 6 强弩之: '强弩射之'로 고쳐야 한다(손이양).
- 7 藉: 착(笮)으로 읽어야 한다. 압박의 뜻.
- 8 □□: 미상.

2

적이 아군을 내려다볼 때의 수비는 연노거로써 하는데 나무의 크기는 사방 1척이며 길이는 성벽의 두껍고 얇음에 따른다. 두 개의 축과 네 개의 바퀴는 수레의 몸통 중앙에 장치하고 몸통은 위아래 두 겹이다. 좌우

옆에는 두 개의 기둥을 세우고 좌우로 횡목이 있으며, 횡목의 좌우엔 모두 둥근 빗장이 끼워져 있는데, 빗장은 직경이 4촌이다. 좌우로 쇠뇌를 기둥에 묶어 매고 노아에 줄을 걸어서 큰 시위에 연결한다. 쇠뇌의 자루는 수레의 몸통과 같게 하는데, 몸통의 높이는 8척이고 쇠뇌의 축과 아래 몸통의 거리는 3척 5촌이다. 연노거의 겉면은 구리를 쓰는데 150근이다. 줄을 당길 때는 도로래를 이용한다. 수레 몸통은 큰 것은 3위 반이고 좌우에 노아가 있으며 사방 3촌이고 수레바퀴의 두께는 1척 2촌이며 노아의 자루 너비는 1척 4촌이고 두께는 7촌이고 길이는 6척이다. 횡목은 수레의 몸통과 겉으로 나란하며 갈고리의 길이는 1척 5촌이며 가로로 되어 있는데 너비가 6촌이고 두께가 3촌이며 길이가 6척이며 길이는 수레의 몸통과 같은데 푯대가 있어서 접고 펴며 올리고 내릴 수 있다. 쇠뇌의 중심 부분의 무게는 120근이고 5위의 큰 목재를 이용하여 만든다. 화살의 길이는 10척이고 밧줄로 화살의 끝을 매어 주살처럼 쏘는데 도로래로 감아서 회수한다. 화살을 쏠 때는 쇠뇌 자루보다 3척을 높이 하고 쇠뇌에는 정해진 숫자는 없으며 60매를 쏘고 회수하며 작은 화살은 남겨두지 않는다. 10명이 연노거를 담당한다. 마침내 적이 오는 것을 보면 높은 누대에서 적을 쏘고, 성 위에서는 대나무로 엮은 그물로 화살을 막아야 한다.

備臨以連弩之車, 材大方一方一[1]尺, 長稱城之薄厚. 兩軸三[2]輪, 輪居筐中, 重下上筐. 左右旁二植, 左右有衡植, 衡植左右皆圜內, 內徑四寸. 左右縛弩皆於植, 以弦[3]鉤弦, 至於大弦. 弩臂前后與筐齊, 筐高八尺, 弩軸去下筐三尺五寸. 連弩機郭同[4]銅, 一石三十鈞.[5] 引弦鹿長奴.[6] 筐大三圍半, 左右有鉤距, 方三寸, 輪厚尺二寸, 鉤距臂博尺四寸, 厚七寸, 長六尺. 橫臂齊筐外, 蚤[7]尺五寸, 有距, 博六寸, 厚三寸, 長如筐有儀, 有詘勝,[8] 可上下. 爲武重一石, 以材大圍五寸. 矢長十尺, 以繩□□⁹矢端, 如如戈¹⁰射, 以磨鹿¹¹卷收. 矢高弩臂三尺, 用¹²弩無數, 出入六十枚, 用小矢無留. 十人主此車. 遂具¹³寇, 爲高樓以射道,¹⁴ 城上以笤, 羅矢.

- 1 方一方一: 하나의 방일(方一)은 연문(소시학).
- 2 三: 사(四)로 고쳐야 한다(유월).
- 3 以弦: 이거(以距)로 고쳐야 한다(손이양). 거(距)는 노아(弩牙). 쇠뇌의 시위를 거는 곳.
- 4 同: 용(用)으로 고쳐야 한다.
- 5 鈞: 근(斤)으로 고쳐야 한다. 30근이 1균이며, 4균이 1석이다.
- 6 鹿長奴: 녹로수(鹿盧收)로 고쳐야 한다(손이양). 녹로(鹿盧)는 녹로(轆轤)와 같다. 도르래의 일종.
- 7 蚤: 조(爪)와 통함.
- 8 詘勝: 굴신(屈伸).
- 9 □□: 미상.
- 10 戈: 익(弋)으로 고쳐야 한다(손이양).
- 11 磨鹿: 녹로(轆轤)와 같다(왕인지).
- 12 用: 연문.
- 13 具: 견(見)으로 고쳐야 한다.
- 14 道: 적(適)으로 고쳐야 한다. 적(適)은 적(敵)과 통함.

54. □□ (缺)

55. □□ (缺)

56. 비제(備梯)

이 편은 적이 운제(구름사다리)를 이용하여 공격할 때의 대비책을 서술한 것이다. 묵자는 우선 운제가 무겁기 때문에 이동이 어렵다는 단점을 역이용하는 방식을 제시하였다. 중요한 대응 방식은 「비고림」편과 마찬가지로 행성을 이용하여 화살, 돌, 모래 등을 비가 오듯 투하하며 장작불과 뜨거운 물을 보조적으로 사용하는 것이다. 아울러 신상필벌을 전제로 다급한 상황이더라도 침착하게 대응하여 돌발 사고가 야기되지 않도록 주의할 것을 당부하고 있다.

1

금골리(금자)가 묵자를 섬긴 지 삼 년이 되자 손발에 굳은살이 생기고 얼굴은 까맣게 되었는데 몸을 바쳐 열심히 일할 뿐 감히 자기가 바라는 것을 묻지 못하였다. 묵자는 그것을 매우 측은하게 여겨 술과 건포를 준비하여 태산에 이르러 띠풀을 뽑고 앉아 금자에게 술을 권하였다. 금자가 두 번 절하고 한숨을 쉬었다.

묵자가 말하였다.

"또한 무엇을 바라는가?"

금자가 두 번 절하고 말하였다.

"막는 방법을 감히 묻고자 합니다."

묵자가 말하였다,

"그만두세! 그만두세! 옛날에 그 기술을 지녔던 사람이 있었는데, 안으로는 백성을 사랑하지 않고 밖으로는 관리를 하지 못하였으며, 소수로써 다수를 업신여기고 약자로써 강자를 경시하여 자신은 죽고 나라는 망하여 천하의 웃음거리가 되었네. 자네도 이 점을 삼가야 하네. 혹시라도 신세를 망칠까 두렵네."

금자가 두 번 절하고 머리를 조아리며 마침내 막는 방도를 묻고자 말하였다,

"감히 묻습니다. 많은 적이 용감하게 우리 해자를 메우고 군졸이 진격해 오며, 운제를 설치하고 공격 장비가 이미 갖추어졌으며, 무사도 많은데 우리 성을 다투어 오른다면, 어떻게 해야 합니까?"

묵자가 말하였다.

"운제를 막는 방법을 묻는 것인가? 운제는 무거운 기구이므로 그것을 이동하기가 매우 어렵다. 수비하는 쪽에서 행성을 만들고 사이에 여러 누대를 세워서 그 가운데를 둘러쌓는다. 넓고 좁음에 따라 적당하게 간격을 두고 중간에는 차단 막을 두는데 너무 넓게 해서는 안 된다. 행성의 방법은 높은 성은 12척으로 하고 위에 성첩을 추가하며 너비는 10척으로 하고 좌우의 횡목은 20척으로 하는데 기타 누대의 높이와 너비는 행성의 법과 같다. 성첩에 작혈과 작은 구멍을 뚫고 밖을 물건으로 가린다. 기계, 충돌기, 잔교, 행성은 넓게 대열과 같게 하고 그 사이에 송곳과 검을 배치하며 충격기를 지닌 10명, 검을 쥔 5명은 모두 힘 있는 자로써 한다. 시력이 좋은 자로 하여금 적을 관찰하여 북으로 알리게 하고 양쪽에서 활을 쏘며 집중 사격을 하고 기관을 작동시킨다. 성 위에서 아래로 비가 내리듯 화살, 돌, 모래, 숯을 던지고, 장작불과 뜨거운 물을 부수적으로 사용

한다. 상을 살피고 벌을 행할 때에는 침착하게 처리하고 급하게 하더라도 돌발적인 사건이 생기지 않도록 해야 한다. 이렇게 한다면 운제의 공격은 실패할 것이다.

禽滑釐子事子墨子三年, 手足胼胝,[1] 面目黧黑, 投身給使, 不敢問欲, 子墨子其[2]哀之, 乃管酒塊[3]脯, 寄[4]於大山,[5] 昧葇[6]坐之, 以樵[7] 禽子. 禽子再拜而嘆. 子墨子曰, 亦何欲乎. 禽子再拜再拜曰, 敢問守道. 子墨子曰, 姑亡, 姑亡. 古有亓術者, 內不親民, 外不約治, 以少閒衆, 以弱輕强, 身死國亡, 爲天下笑. 子亓愼之, 恐爲身薑.[8] 禽子再拜頓首, 願遂問守道. 曰, 敢問客衆而勇, 煙[9]資吾池, 軍卒并進, 云梯旣施, 攻備已具, 武士又多, 爭上吾城, 爲之奈何. 子墨子曰, 問云梯之守邪. 云梯者, 重器也, 亓動移甚難. 守爲行城雜樓相見,[10] 以環亓中. 以適廣陜爲度, 環中藉幕, 毋廣亓處. 行城之法, 高城二十尺, 上加堞, 廣十尺, 左右出巨各二十尺, 高廣如行城之法.[11] 爲爵穴煇偑,[12] 施苔亓外, 機衝錢城, 廣與隊等, 雜亓閒以鐫劍, 持衝十人, 執劍五人, 皆以有力者. 令案目者視適, 以鼓發之, 夾而射之, 重而射, 披[13]機藉之. 城上繁下矢石沙炭以雨之, 薪火水湯以濟之, 審賞行罰, 以靜爲故, 從之以急, 毋使生慮. 若此, 則云梯之攻敗矣.

- **1** 胼胝: 굳은살.
- **2** 其: 심(甚)으로 고쳐야 한다.
- **3** 塊: 괴(槐)와 같다. 괴(槐)는 회(懷)와 통함.
- **4** 寄: 지(至).
- **5** 大山: 태산(泰山).

- **6** 昧茅: 멸모(滅茅)로 읽어야 한다(손이양).

- **7** 醮: 초(醮)의 가차(왕인지). 수작(酬酢)의 뜻.

- **8** 薑: 강(僵)과 같다. 망(亡)의 뜻.

- **9** 煙: 인(堙)으로 고쳐야 한다.

- **10** 見: 간(間)과 통함.

- **11** 高廣如行城之法: 이 구절 앞에 잡루(雜樓) 두 글자를 보충해야 한다(유월).

- **12** 輝鼶: 작은 구멍. 휘(輝)는 훈(熏)으로 읽어야 한다(손이양). 서(鼶)는 서(鼠)와 같다.

- **13** 披: 교(校)로 고쳐야 한다.

2

행성의 성첩으로 수비할 때는 성첩의 높이는 6척으로 같게 하고 곁에 화살을 설치하고 기계로 발사한다. 충격기가 다가오면 화살을 거두고 오지 않으면 장착한다. 작혈은 3척마다 하나를 두고 질려를 던질 때는 반드시 대열에 따라 세우고 수레로 밀거나 당겨야 한다.

성 밖에 울타리를 설치하는데 성과의 거리는 10척이고 울타리의 두께는 10척이다. 나무를 베어 울타리를 만들 때는 크고 작은 나무의 뿌리까지 자르는데 10척으로 자르고 뒤섞어 깊이 매설하고 견고하게 흙을 쌓아서 뽑히지 않도록 한다. 20보마다 저격소를 만들고 저격소에는 격장을 두는데 격장의 두께는 10척이다. 저격소에는 두 개의 문을 두는데 문의 너비는 5척이다. 울타리에는 한 개의 문을 두는데 얕게 매설하고 흙을 쌓지 않아서 쉽게 뽑힐 수 있도록 한다. 성에서 울타리 문 쪽으로 직접 투척할 수 있게 한다.

현화는 밧줄의 4척마다 갈고리로 건다. 5보마다 부뚜막을 두고 아궁이에는 화로와 숯을 둔다. 적들을 모두 진입하도록 하여 불을 피워 문을 태운 다음 현화를 이어서 사용한다. 각종 장비를 내어 세울 때에는 그 너비를 대열의 끝까지 되게 한다. 두 가지 장비 사이에 한 개의 불을 두고 모두 서서 북소리를 기다리다가 점화되면 일제히 발사한다. 적이 불을 제거하고 다시 공격하면 현화를 다시 아래로 던지면 적들이 몹시 불리하여 군대를 이끌고 떠난다. 이렇게 되면 아군의 죽음을 무릅쓴 병사로 하여금 좌우의 돌문을 열고 나아가 잔류한 적을 공격하고 용감한 병사와 장수는 성 위의 북소리에 따라서 나오고 성 위의 북소리에 따라서 들어간다. 본래 출병하여 잠복한 것처럼 야반에 성 위의 사방에서 북소리가 소란스러우면 적들이 반드시 헷갈리며, 이럴 때에는 반드시 적군을 격파하고 장수를 죽일 수 있다. 흰 옷으로 군복을 만들고 신호로 연락한다면 운제의 공격은 실패할 것이다.

守爲行堞, 堞高六尺而一等, 施劍[1]亓面, 以機發之. 衝至則去之, 不至則施之. 爵穴三尺而一, 蒺藜投, 必邃而立, 以車推引之.

裾[2]城外, 去城十尺, 裾厚十尺. 伐裾,[3] 小大盡本斷之, 以十尺爲傳,[4] 雜而深埋之堅築, 毋使可拔. 二十步一殺,[5] 殺有一鬲,[6] 鬲厚十尺. 殺有兩門, 門廣五尺. 裾門一, 施淺埋, 弗築, 令易拔. 城希裾門而直築.[7]

縣[8]火, 四尺一鉤弋,[9] 五步一竈, 竈門有爐炭. 令適人盡入, 輝火燒門, 縣火次之. 出載[10]而立, 亓廣終隊. 兩載之閒一火, 皆立而待鼓而然[11]火, 卽具發之. 適人除火而復攻, 縣火復下, 適人甚病, 故引兵而去. 則令我死士左右出穴門,[12] 擊遺師, 令賁士[13]主將, 皆聽城鼓之音而出, 又聽城鼓之音而入. 因素出兵施伏, 夜半城上四面鼓噪, 適人必或,[14] 有此, 必破軍殺將. 以白衣爲服, 以號相得, 則云梯之攻敗矣.

- 1 劍: 전(箭)과 통함.

- 2 裾: 거(椐)로 고쳐야 한다(손이양). 울타리의 뜻.

- 3 伐裾: 나무를 베어 울타리를 만드는 일.

- 4 傳: 단(斷)으로 고쳐야 한다(필원).

- 5 殺: 적을 저격하는 곳.

- 6 鬲: 격(隔)과 통함. 목재로 만든 격장(隔墻).

- 7 桀: 투척.

- 8 顯: 현(懸).

- 9 鉤弋: 갈고리에 횃불을 매단 것.

- 10 載: 각종 장비.

- 11 然: 연(燃).

- 12 穴門: 돌문(突門)으로 고쳐야 한다. 돌문은 성 아래의 비밀 문.

- 13 貴士: 용사.

- 14 或: 혹(惑)과 통함.

57. □□ (缺)

58. 비수(備水)

이 편은 적의 수공에 대한 대비책을 서술한 것이다. 대부분의 내용이 일실되어 일부만 남아 있다. 또한 장비의 일부 수치는 앞뒤가 모순되어 후인들이 원문과 그에 대한 주석을 뒤섞은 결과로 보인다.

1

성안의 참호 밖에 둘레 길을 만드는데 너비는 8보이다. 수공에 대비할 때는 사방의 높고 낮음을 신중히 헤아려야 한다. 성안의 지대가 낮은 쪽에 안으로 도랑을 내게 한다. 가장 낮은 곳에 땅속을 깊이 뚫어서 샘으로 흐르게 한다. 우물 속에 계측용 기와를 설치하여 밖의 수심이 1장 이상이면 성내에 물도랑을 뚫는다.

두 개의 배로 10개의 임(臨)을 만드는데 임마다 30명이 탄다. 사람마다 쇠뇌를 갖는데 14명은 호미를 지니며 반드시 잘 배로 충격기를 삼을 수 있어야 한다. 20척의 배가 한 대열이 되고 재간이 있고 힘이 센 자 30명을 선발하여 함께 승선하는데, 그 가운데 20명은 호미를 쥐고 갑옷과 투구를 쓰며 18명은 창을 쥔다. 별도의 숙소를 만들어 미리 재간 있는 병사를 배양하고 그들의 부모와 처자를 먹여 살리는 것으로써 인질을 삼는다. 물을 터트릴 때가 되면 임으로 충돌시켜 제방을 터트리고 성 위에서는 화살이나 기계로 빠르게 돕는다.

城內塹外周道, 廣八步備水, 謹度四旁高下. 城地中徧[1]下, 令耳[2]亓內, 及下地, 地深穿之令漏泉. 置則[3]瓦井中, 視外水深丈以上, 鑿城內水耳.

幷船以爲十臨, 臨三十人. 人擅弩, 計四[4]有方,[5] 必善以船爲輣轊.[6] 二十船爲一隊, 選材士有力者三十人共船, 亓二十人[7]人擅有[8]方, 劍甲[9]鞻督,[10] 十人人[11]擅苗.[12] 先養材士爲異舍, 食亓父母妻子以爲質. 視水可決, 以臨輣轊, 決外隄,[13] 城上爲射㩻[14]疾佐之.

- 1 徧: 편(偏)과 같다.
- 2 耳: 거(巨)로 고쳐야 한다(손이양). 거(巨)는 거(渠)와 통함. 도랑의 뜻.
- 3 則: 측(測)과 통함.
- 4 計四: 십사(什四)로 고쳐야 한다.
- 5 方: 방(鎊)과 통함. 호미의 일종.
- 6 輣轊: 본래 성벽에 충돌시키는 전차를 붙온거라고 한다.
- 7 二十人: 십이인(十二人)으로 고쳐야 한다(손이양).
- 8 有: 연문.
- 9 劍甲: 개갑(鎧甲).
- 10 鞻督: 투구의 일종.
- 11 十人人: 십팔인(十八人)으로 고쳐야 한다(손이양).

- **12** 苗: 모(矛)와 통함.

- **13** 隄: 제(堤).

- **14** 射撽: 사기(射機)로 고쳐야 한다(손이양).

59. ☐☐ (缺)

60. ☐☐ (缺)

61. 비돌(備突)

이 편은 적이 돌문(突門)을 이용하여 급습할 때의 대비책을 서술하
였다. 돌문은 본래 아군이 적을 정탐하거나 급습하기 위해서 만든 것
인데, 적이 이것을 이용하여 선공하는 경우 불을 피워 연기로 막는
방법을 제시한 것이다. 대부분의 내용이 일실되고 일부분만 남아
있다.

1

성에는 100보마다 한 개의 돌문을 만든다. 돌문에는 각각 아궁이를 만
드는데 아궁이 입구는 4~5척으로 하고 문 위에는 기와지붕으로 만들어
물이 문 안으로 들어가지 못하도록 한다. 관리가 돌문을 막는 책임을 맡
으며 수레의 두 바퀴를 나무로 연결하여 묶고 그 위에 진흙을 바르며, 돌
문 안에 밧줄로 걸어두는데 문의 넓고 좁음을 헤아려서 문 가운데 4~
5척에 둔다. 아궁이를 설치하고 문 곁에 풍로를 두며 아궁이 안에는 장작
이나 마른풀을 채워서 적이 들어오면 수레바퀴를 떨어트려 메우고 풍로
를 돌려서 불을 지핀다.

城百步, 一突門,[1] 突門各爲窯竈, 竇[2]入門四五尺, 爲元門上瓦屋, 母令水潦能入門中. 吏主塞突門, 用車兩輪, 以木束之, 塗其上, 維置突門內, 使度門廣狹, 令之入門中四五尺. 置窯竈, 門旁爲橐, 充竈伏[3]柴艾, 寇卽入, 下輪而塞之, 鼓橐而熏之.

- 1 突門: 성내에서 적의 진영 쪽으로 굴을 뚫어서 야간 등에 불시 공격하기 위해 만든 문.
- 2 竇: 조(竈)로 고쳐야 한다.
- 3 伏: 상(狀)으로 고쳐야 한다(손이양). 충실의 뜻.

62. 비혈(備穴)

이 편은 적이 땅굴을 이용하여 공격해 올 때의 대비책을 서술한 것
이다. 묵자는 우선 적이 땅굴을 파고 있다는 조짐을 미리 살피는 것
이 중요함을 강조하였다. 일단 적이 평소와 달리 담장을 쌓거나 혼탁
한 물이 흐르는 경우 성내에 우물을 파면서 땅굴의 소재를 확인하고
대비해야 한다. 땅굴이 확인되면 그쪽으로 향하는 굴을 파서 불을 피
우고 연기로 적을 막는 방법을 구체적으로 제시하였다. 특히 굴 안에
서 적을 만나면 유인하면서 방어하고 추격하지 않도록 당부하고 있
다. 다른 병서에서 찾아볼 수 없는 땅굴 공격에 대한 대비책으로서
귀중한 자료이다.

1

금자가 두 번 절하고 난 다음 말하였다,

"감히 묻겠습니다. 옛날 공격을 잘하는 자가 땅굴을 파고 들어와서 기
둥 둘레에 불을 질러서 우리 성을 파괴한 일이 있었는데, 성이 파괴되면
성 안에 있는 사람들은 어찌해야 합니까?"

묵자가 대답하였다.

"땅굴에 대한 대비책을 묻는 것인가? 땅굴에 대비할 때는 성내에 높은
누각을 만들어서 적들을 잘 살펴야 한다. 적들이 평소와 달리 담장을 쌓
거나 흙을 모으고, 평소와 달리 혼탁한 물이 생기면 이것은 땅굴을 파는

것이니 급히 성내에 참호를 만들고 그쪽으로 굴을 파서 맞서야 한다. 성내에 우물을 파는데 5보마다 한 개의 우물을 두며 성벽에 가깝게 한다. 지면이 높은 곳은 5척으로 하고 낮은 곳은 샘을 얻을 수 있는 3척이면 멈춘다. 도공을 시켜 항아리를 만드는데 용량은 40두 이상으로 하고 얇은 생가죽으로 견고하게 덮어서 우물 가운데 두고 귀가 밝은 자로 하여금 항아리에 엎드려 듣게 하여 땅굴의 소재를 살피게 하고 땅굴을 파서 대응한다."

禽子再拜再拜曰, 敢問古人有善攻者, 穴土而入, 縛柱施火, 以壞吾城, 城壞, 或¹中人爲之奈何. 子墨子曰, 問穴土之守邪, 備穴者城內爲高樓, 以謹候望適²人. 適人爲變築垣聚土非常者, 若彭³有水濁非常者, 此穴土也. 急漸⁴城內, 穴亓土直之. 穿井城內, 五步一井, 傅城足. 高地, 丈五尺, 下地, 得泉三尺而止. 令陶者爲罌, 容四十斗以上, 固順⁵之以薄鞈革,⁶ 置井中, 使聰耳者伏罌而聽之, 審知穴之所在, 鑿穴迎之.

- 1 　或: 성(城)으로 고쳐야 한다.
- 2 　適: 적(敵)과 통함.
- 3 　若彭: 약(若)은 유(猶)와 같고, 팽(彭)은 방(旁)과 통함(왕염손).
- 4 　漸: 참(塹)과 통함.
- 5 　順: 멱(幎)으로 고쳐야 한다(손이양).
- 6 　鞈革: 생가죽.

2

　도공으로 하여금 와두를 만드는데 길이는 2장 5척이고 크기는 6춰로 하며 중간은 갈라지고 합쳐서 땅굴 안에 설치하는데 하나는 깔고 하나는 덮고 구멍 주변에 진흙을 잘 발라서 틈이 생기지 않도록 한다. 양쪽을 모두 이와 같이 하여 땅굴과 나란히 전진시킨다. 아래로 땅과 붙이고 중간에 겨와 숯을 설치하되 꽉 채우지는 않는다. 겨와 숯을 와두에 길게 깔며 좌우 고르게 섞이도록 한다. 땅굴 안쪽 입구에는 아궁이를 만드는데 가마처럼 하고, 7~8개의 쑥 다발이 들어갈 수 있도록 하며 좌우의 와두 모두 이와 같이 하고 아궁이에는 4개의 풍로를 쓴다. 땅굴 안에서 장차 적을 만나게 될 때는 기중기로 충격을 가하고 급히 풀무질을 하여 연기를 피우는데, 반드시 풀무질에 익숙한 자로 하여금 아궁이 입구를 벗어나지 않도록 한다. 굴의 높고 낮음, 넓음과 좁음을 척도로 나무 판을 엮어서 굴을 파는 자로 하여금 판자와 함께 나아가게 하는데, 나무 판에 구멍을 뚫어서 창이 들어갈 수 있게 하되 그 밀도를 참작하여 와두가 지탱될 수 있도록 해야 한다. 굴에서 적을 만나면 판자로 저지하고 창으로 와두를 소통시켜서 와두가 막히지 않도록 해야 한다. 와두가 막히면 판자를 당기면서 물러나고, 일단 와두가 막히면 와두를 뚫어서 연기를 통하게 하고, 연기가 통하면 급히 풀무질을 해서 연기를 내야 한다. 굴 안에 있을 때 굴의 좌우에서 소리가 들리면 급히 전진을 멈추고 나아가지 않도록 한다. 만일 아군이 적의 굴에 모여 있다면 나무와 흙으로 막아서 나무 판을 태우지 못하도록 해야 한다. 그렇게 하면 땅굴로 공격하는 것은 실패할 것이다.

　令陶者爲月明,[1] 長二尺五寸六圍,[2] 中判之, 合而施之穴中, 偃一, 覆一. (柱之外善周塗, 亓傅柱者勿燒. 柱者勿燒柱)[3] 善塗亓實際,勿令泄. 兩旁皆如此, 與穴俱前. 下迫地, 置康[4]若[5]灰[6]亓中, 勿滿. 灰康長五[7]竇, 左右俱雜相如也. 穴內口爲竈, 令如窯, 令容七八員[8] 艾, 左右竇皆如此, 竈用四橐. 穴且遇, 以頡皐衝之, 疾鼓橐熏之, 必令明習橐事者勿令離竈口. 連版以穴高下, 廣陜爲度, 令穴者與 版俱前, 鑿亓版令容予, 參分亓疏數, 令可以救竇. 穴則遇, 以版當 之, 以予救竇, 勿令塞竇. 竇則塞, 引版而郄,[9] 過[10]一竇而塞之, 鑿 亓竇, 通亓煙, 煙通, 疾鼓橐以熏之. 從穴內聽穴之左右, 急絕亓前, 勿令得行. 若集客穴, 塞之以柴塗, 令無可燒版也. 然則穴土之攻敗 矣.

- 1 月明: 와두(瓦竇)로 고쳐야 한다. 기와 모양의 도자기를 결합시켜 연기가 통할 수 있게 만든 관.
- 2 六圍: 대육위(大六圍)로 고쳐야 한다(왕인지).
- 3 ( ) 부분은 연문(손이양).
- 4 康: 강(糠).
- 5 若: 여(與)와 같다.
- 6 灰: 탄(炭)으로 고쳐야 한다.
- 7 五: 와(瓦)로 고쳐야 한다.
- 8 員: 환(丸). 묶음.
- 9 郄: 극(郤)과 통함.
- 10 過: 우(遇)로 고쳐야 한다.

3

적이 우리 성에 이르면 사태가 긴급해지니, 적의 땅굴에 대비를 신중히 해야 한다. 굴이 있다는 의심이 들면 땅굴에 급하게 대응해야 한다. 땅굴을 찾지 못했다면 신중히 하면서 무작정 앞으로 나아가서는 안 된다. 무릇 땅굴 공격을 타파하기 위해서는 20보마다 굴을 파는데 굴의 높이는 10척이고, 너비도 10척이다. 앞으로 향해서 팔 때는 발 아래로 3척을 파고, 10보마다 옹혈을 만드는데 좌우를 나란히 하며 높이와 너비는 각각 10척이다.

적을 타파하면서 두 개의 항아리를 묻는데 깊이는 성의 지면과 나란하게 하고 그 위에 판자를 설치하고 판자를 통해서 소리를 듣는다. 우물은 5보마다 둔다. 굴에는 오동나무나 소나무로 굴의 문을 만들고 문에는 두 개의 질려를 꽂는데 모두 문의 길이와 같게 하고 문은 고리를 두고 외곽에 자갈을 쌓는데 높이는 7척이고 그 위에 성첩을 더한다. 계단을 만들지 않고 사다리를 걸어 위아래로 출입한다. 부뚜막과 풀무를 갖추는데 풀무는 소가죽으로 만들고 부뚜막에 두 개의 항아리를 두고 도르래로 풀무질을 하는데 무게는 100근이며 최소 40근 이상이어야 한다. 연탄으로 채우고 아궁이가 차면 뚜껑을 덮어서 연기가 새지 않도록 해야 한다. 적들이 빠르게 우리 굴에 접근하더라도 굴이 높거나 낮으면 우리 굴에 이르지 못하니 비스듬히 뚫어서 소통시킨다. 굴 안에서 적을 만나면 모두 막기만 하고 쫓지 말고 싸우다 패한 척하여 아궁이의 연기에 의지하고 옹혈로 들어간다. 쥐구멍을 두고 문과 자물쇠와 열쇠를 만들어 그 가운데로 왕래한다. 굴마다 개 한 마리를 두어 개가 짖으면 사람이 있다는 신호가 된다.

寇至吾城, 急非常也, 謹備穴穴疑有應寇急穴.[1] 穴未得, 愼毋追.

凡殺[2]以穴攻者, 二十步一置穴, 穴高十尺, 鑿[3]十尺. 鑿如前, 步下三尺, 十步擁穴, 左右橫行, 高廣各十尺.

殺俚兩罍, 深平城, 置板亓上, 姍板以井聽. 五步一密. 用揂若松爲

穴戶,[4] 戶穴有兩葭藜, 皆長極亣戶, 戶爲環, 壘石外埻,[5] 高七尺,
加堞亣上. 勿爲陛與石, 以縣陛上下出入. 具爐橐, 橐以牛皮, 爐有
兩缻, 以橋[6]鼓之百十,[7] 每亦熏四十什.[8] 然[9]炭杜之, 滿爐而蓋之,
毋令氣出. 適人疾近五百[10]穴, 穴高若下, 不室吾穴, 卽以伯[11]鑿而
求通之. 穴中與適人遇, 則皆圉[12]而毋逐, 且戰北, 以須爐火之然也,
卽去而入雍穴殺. 有偠隘,[13] 爲之戶及關籥[14]獨順,[15] 得往來行亣中.
穴壘之中各一狗, 狗吠卽有人也.

- 1 謹備穴穴疑有應寇急穴: '謹備寇穴, 疑有穴, 應急穴'로 고쳐야 한다.
- 2 殺: 타파(打破)의 뜻.
- 3 鑿: 광(廣)으로 고쳐야 한다.
- 4 賵板以井聽. 五步一密. 用挩若松爲穴戶: '賵板以聽. 井五步一, 密用挩若松爲穴 戶'로 고쳐야 한다(소시학). 책(賵)은 책(冊), 밀(密)은 혈(穴)의 뜻. 태(挩)는 동(桐)으로 고쳐야 한다(소시학). 호(戶)는 문(門)의 뜻.
- 5 埻: 준(墫)으로 고쳐야 한다. 주변의 뜻.
- 6 橋: 도르래(필원).
- 7 百十: 중백근(重百斤)으로 고쳐야 한다(손이양).
- 8 每亦熏四十什: '毋下重四十斤'으로 고쳐야 한다(손이양).
- 9 然: 연(燃).
- 10 五百: 오(吾)로 고쳐야 한다.
- 11 伯: 의(倚)로 고쳐야 한다(손이양).
- 12 圉: 어(禦)와 통함.
- 13 偠隘: 서찬(鼠竄)으로 고쳐야 한다(손이양). 쥐구멍.
- 14 關籥: 자물쇠와 열쇠.
- 15 獨順: 승멱(繩冪)으로 고쳐야 한다(손이양).

4

쑥과 장작을 길이 1척으로 잘라서 아궁이에 놓아두고 부뚜막 앞에서 연판으로 적을 맞이한다.

성 바로 아래에 우물을 파는데 3장마다 하나를 판다. 성 밖의 넓고 좁음에 맞추어 우물을 파는데 조심스럽게 하며 실수해서는 안 된다. 만일 성이 낮고 굴이 높으면 굴을 파기 어렵다. 성내에 우물을 파는데 3~4개로 하고 그 안에 항아리를 넣고 엎드려서 소리를 들어서 적의 땅굴의 소재를 알고 굴을 파서 맞이한다. 굴을 파서 적을 만나면 도르래를 이용하여 반드시 단단한 나무를 받침대로 삼고 예리한 도끼를 설치하고 힘이 센 세 명에게 명하여 도르래로 충격을 가하고 더러운 물 10여 석을 붓는다.

급하게 아궁이에 장작을 넣고 그 위에 쑥을 7~8단 놓고 그 입구를 막고 연기가 위로 새지 않도록 하고 풀무 구멍으로 빠르게 바람을 넣는다.

수레바퀴로 충격기를 삼는데 한 묶음의 장작과 함께 진흙을 바른 밧줄로 묶는다. 쇠사슬을 적의 굴 입구에 매달아두는데, 쇠사슬의 길이는 3장이며 끝은 원형이고 한쪽은 갈고리로 만든다.

斬艾與柴長尺, 乃置窯竈中, 先壘窯壁迎穴爲連.[1]

鑿井傅城足三丈一, 視外之廣陿, 而爲鑿井, 愼勿失. 城卑穴高從穴難. 鑿井城上,[2] 爲三四井, 內新斷[3]井中, 伏而聽之, 審之[4]知穴之所在, 穴而迎之. 穴且遇, 爲頡皋, 必以堅材爲夫,[5] 以利斧施之, 命有力者三人, 用頡皋衝之, 灌以不潔十餘石.

趣伏此井中,[6] 置艾亓上七分,[7] 盆蓋井[8]口. 毋令煙上洩, 旁亓橐口, 疾鼓之. 以車輪輨, 一束椎, 染麻索塗中, 以束之. 鐵鎖, 縣正當寇穴口. 鐵鎖長三丈, 端環, 一端鉤.

- 1　連: 연판(連版)으로 고쳐야 한다.
- 2　上: 내(內)로 고쳐야 한다.
- 3　甀: 추(甀)로 고쳐야 한다. 항아리의 일종.
- 4　之: 연문.
- 5　大: 부(趺)와 같다.
- 6　趣伏此井中: '趣狀柴其中'으로 고쳐야 한다(필원, 손이양). 취(趣)는 촉(促)과 같다.
- 7　七分: 칠팔원(七八員)으로 고쳐야 한다(손이양).
- 8　井: 기(其)로 고쳐야 한다.

5

　서혈의 높이는 7척 5촌이고 너비와 기둥의 간격은 7척이며, 2척마다 한 개의 기둥을 세우고 기둥 아래에는 주춧돌을 두며, 두 기둥에는 모두 부토를 쌓는다. 두 기둥은 같은 주춧돌을 쓰고 횡으로 부토를 쌓으며, 기둥의 크기는 2위 반이고 반드시 그 부토를 견고하게 하여 기둥과 기둥이 교차하지 않도록 한다.

　굴에는 두 개의 아궁이를 두고 아궁이 입구는 기와로 덮으며, 관리와 사인을 두고 각각 한 사람은 반드시 물을 준비한다. 수레의 두 바퀴로 굴의 입구를 막아서 충격기로 삼는데 그 위에 진흙을 바르며 굴의 높이와 너비를 척도로 하여 사람을 시켜 굴에서 4~5척 되는 곳에 밧줄로 설치한다. 굴을 파는 자가 적과 싸울 때는 빠르게 아궁이를 채우는데 세 단의 쑥을 빠르게 집어넣는다. 부뚜막 한편에 잠복하여 두 개의 풀무로 지키면서 떠나지 않아야 한다. 굴을 파는 창은 쇠로 만드는데 길이는 4척 반이고 크기는 부월과 같으며 양날의 창이다. 굴의 입구와 1척이 될 때에는 비스듬히 파면서 아래로 지면에 이르게 하는데 그 창의 길이는 7척이다. 굴 안에서는 도르래를 만들어 굴을 오르내린다.

> 僠穴[1]高七尺, 五寸廣, 柱閒也尺,[2] 二尺一柱, 柱下傳舄,[3] 二柱共一員十一.[4] 兩柱同質,[5] 橫員土,[6] 柱大二圍半, 必固亓員土, 無柱與柱交者.
>
> 穴二窯, 皆爲穴月屋,[7] 爲置吏舍人, 各一人, 必置水. 塞穴門以車兩走, 爲蒀,[8] 塗亓上, 以穴高下廣陝爲度, 令人穴中四五尺, 維置之. 當穴者客爭伏門,[9] 轉而塞之爲窯, 容三員[10]艾者, 令亓突入伏尺.[11] 伏傳突一旁, 以二橐守之, 勿離. 穴矛以鐵, 長四尺半, 大如鐵服說卽刃之二矛,[12] 內[13]去竇尺, 邪鑿之, 上[14]穴當心, 亓矛長七尺, 穴中爲環利率,[15] 穴二.[16]

- 1 僠穴: 굴 양쪽의 작은 굴.
- 2 也尺: 칠척(七尺)으로 고쳐야 한다.
- 3 傳舄: 부(傳)는 부(附)와 같고, 석(舄)은 석(磶)과 통함.
- 4 員十一: 부토(負土)로 고쳐야 한다(손이양). 주춧돌 밑의 흙.
- 5 質: 질(礩)과 통함.
- 6 員土: 부토(負土)로 고쳐야 한다.
- 7 皆爲穴月屋: '皆爲穴門上瓦屋'으로 고쳐야 한다(왕인지).
- 8 蒀: 온(轀).
- 9 門: 투(鬪)로 고쳐야 한다(손이양).
- 10 員: 환(丸)과 통함.
- 11 伏尺: 연문.
- 12 二矛: 날이 두 개인 창.

- **13** 內: 혈(穴)로 고쳐야 한다.

- **14** 上: 하(下)로 고쳐야 한다.

- **15** 環利率: 물건을 오르내리는 도르래.

- **16** 穴二: 혈상하(穴上下)로 고쳐야 한다.

6

성 아래에 우물을 파는데 샘이 장차 솟아나기를 기다릴 때는 몸을 판자 위에 두고 한쪽을 파고, 그것이 끝나면 판자를 옮기고 다른 한편을 판다. 도르래를 양단으로 만들고 주변에 기둥을 묻으며 그 양끝에 갈고리를 매단다. 굴을 파는 사람은 50명인데 남녀 반반이다. 굴을 팔 때 흙을 나르는 도구를 만드는데 6개의 삼태기로 받아서 밧줄로 이어 무더기씩 받아서 밧줄을 이어 아래로 옮기고 적당한 분량이 되면 들어서 던진다. 작업이 끝나면 7명이 남아서 지키고 누대의 큰 문 가운데 하나에 굴 작업 장비를 감춘다. 굴을 막을 때는 성의 양변에 나무와 자갈을 흩어놓는다. 참호를 팔 때의 깊이는 샘에 도달하면 그친다. 굴에 가까운 적을 처리할 때는 도끼로 한다. 도끼와 자루의 길이는 합쳐서 4척이면 충분하다. 적이 땅굴로 공격하면 또한 땅굴로 대응한다.

鑿井城上,[1] 俟亓身[2]井且通, 居版上, 而鑿亓一徧,[3] 已而移版, 鑿一徧. 頡皐爲兩夫,[4] 而旁貍[5]亓植, 而數[6]鉤亓兩端. 諸作穴者, 五十人, 男女相半. 五十人.[7] 攻內爲傳士之□,[8] 受六參,[9] 約枲繩以牛[10]亓下, 可提而與[11]投. 已則穴七人守退, 壘[12]之中爲大庮一, 藏穴具亓中. 難穴, 取城外池脣木月散之什,[13] 斬亓穴,[14] 深到泉. 難近穴爲鐵鈇. 金與扶林[15]長四尺, 財[16]自足. 客卽穴, 亦穴而應之.

- **1** 上: 하(下)로 고쳐야 한다.

- **2** 身: 천(穿)으로 고쳐야 한다(왕염손).

- **3** 徧: 편(偏)과 통함.

- **4** 兩夫: 도르래의 양 끝.

- **5** 狸: 매(埋)와 통함.

- **6** 數: 부(籔)로 고쳐야 한다.

- **7** 五十人: 연문.

- **8** 攻內爲傳士之□: '攻穴爲傳土具'로 고쳐야 한다(손이양, 소시학).

- **9** 參: 류(絫)로 고쳐야 한다.

- **10** 牛: 반(絆)으로 고쳐야 한다(소시학).

- **11** 與: 거(擧).

- **12** 壘: 모여 쉴 수 있는 곳.

- **13** 月散之什: '瓦散之外'로 고쳐야 한다(손이양).

- **14** 斬亓穴: 참기내(塹其內)로 고쳐야 한다(손이양).

- **15** 金與扶林: 부여병(釫與柄)으로 고쳐야 한다.

- **16** 財: 재(才)와 통함.

7

길이가 4척 되는 쇠갈고리를 만들어 쓰기에 충분하도록 하고 적의 굴
과 통하면 갈고리로 적을 낚아챈다. 짧은 창, 짧은 극, 짧은 쇠뇌, 짧은 화
살을 만들어 쓰기에 충분하게 하고 적의 굴과 통하면 싸운다. 검의 날은
청동으로 만들어 적에 대항하는데 길이는 5척이고 구멍과 나무 자루를
만들며 나무 자루에 쇠톱을 달아서 적을 좌절시킨다.

항아리를 비치하는데 용량은 30두 이상으로 굴 안에 매장하는데 3장

마다 하나씩 두어 적의 굴에서 나는 소리를 듣는다.

굴을 파는데 높이는 8척이고 너비는 10척이며 양쪽의 기둥에 진흙을
잘 바른다. 풀무와 튜브를 갖추고 와두에 이르게 하고 굴마다 두 개를 두
는데 콩잎과 쑥을 진설하여 적굴과 통하게 되면 연기를 피운다.

爲鐵鉤鉅長四尺者, 財自足, 穴徹, 以鉤客穴者. 爲短矛短戟短弩虵
矢,[1] 財自足, 穴徹以斗. 以金劍爲難,[2] 長五尺, 爲銎[3]木㞕,[4] 㞕有
慮[5]枚, 以左[6]客穴.
戒持罷, 容三十斗以上, 貍穴中, 丈一,[7] 以聽穴者聲.
爲穴, 高八尺, 廣,[8] 善爲傅置. 具全牛交橐,[9] 皮及坫,[10] 衛[11]穴二,
蓋[12]陳霍及艾, 穴徹熏之以.[13]

- **1** 虵矢: 단시(短矢).
- **2** 以金劍爲難: '斷以金爲斫'으로 고쳐야 한다(손이양).
- **3** 銎: 도끼 자루를 꿰는 구멍.
- **4** 㞕: 병(柄)과 같다.
- **5** 慮: 려(鑢).
- **6** 左: 좌(挫)와 통함.
- **7** 丈一: 삼상일(三丈一)로 고쳐야 한다(손이양).
- **8** 廣: 단위가 빠져 있다(손이양). 여기서는 '高八尺廣十尺'으로 고쳐 해석하였다.
- **9** 具全牛交橐: '具爐牛皮橐'으로 고쳐야 한다(손이양).
- **10** 皮及坫: 급와부(及瓦缶)로 고쳐야 한다.
- **11** 衛: 매(每).
- **12** 蓋: 익(益)으로 고쳐야 한다.
- **13** 熏之以: 이훈지(以熏之)로 고쳐야 한다.

8

도끼날은 청동으로 만드는데 자루의 길이는 3척이고 굴마다 4개를 둔다. 삼태기를 만드는데 굴마다 40개를 두고 호미는 4개를 둔다. 도끼날과 도끼, 톱, 끌, 큰 호미를 만들어 쓰기에 충분하게 한다. 철교를 만드는데 굴마다 4개를 둔다.

중간 크기의 방패를 만드는데 높이는 10척 반이고 너비는 4척이다. 굴을 가로지르는 큰 방패를 만드는데 쑥이나 삼을 비치하여 쓰기에 충분하게 하고 굴 안을 밝힌다.

식초를 준비하여 적들이 연기를 쐴 때 눈을 보호하고 눈을 보호하면서 굴의 방향을 분별하는데 굴 안에 식초를 담은 대야를 두고 대야의 크기는 4두 이상으로 한다. 연기에 쐬면 눈을 대야에 대고 눈을 씻는다.

斧金爲斫, 尻長三尺, 衛[1]穴四. 爲壘,[2] 衛穴四十, 屬四. 爲斤斧鋸鑿钁,[3] 財自足. 爲鐵校, 衛穴四.

爲中櫓, 高十丈[4]半, 廣四尺. 爲橫穴八[5]櫓, 蓋[6]具槀皋, 財自足, 以燭穴中.

蓋[7]持醯, 客卽熏, 以救目, 救目分方鑿[8]穴, 以益[9]盛醯置穴中, 文[10]盆毋少四斗. 卽熏, 以自[11]臨醯上, 及以泔[12]目.

- **1** 衛: 매(每)와 통함.
- **2** 壘: 류(虆)로 고쳐야 한다. 삼태기의 일종.
- **3** 钁: 큰 호미.
- **4** 丈: 척(尺)으로 고쳐야 한다(손이양).
- **5** 八: 대(大)로 고쳐야 한다(손이양).

- 6 蓋: 익(益)으로 고쳐야 한다(손이양).

- 7 蓋: 익(益)으로 고쳐야 한다(손이양).

- 8 鏊: 착(鑿)으로 고쳐야 한다(소시학).

- 9 益: 분(盆)으로 고쳐야 한다(소시학).

- 10 文: 대(大)로 고쳐야 한다(손이양).

- 11 自: 목(目)으로 고쳐야 한다.

- 12 洇: 쇄(洒)로 고쳐야 한다(손이양).

63. 비아부(備蛾傅)

이 편은 적이 개미처럼 성벽을 기어오를 때의 대비책을 서술한 것이다. 묵자는 이러한 방식의 공격은 적장이 흥분한 것이므로 침착하게 대응할 필요가 있음을 역설하였다. 성을 방어할 때의 기본 전술은 높은 곳에서 낮은 곳을 내려다보는 것이다. 성벽을 기어오르는 적을 공격할 때는 뜨거운 물을 쏟아붓고 화공을 쓰는 것이 가장 효과적이라고 하면서, 무기로 사용할 수 있는 여러 기구를 소개하고 있다. 후반부는 「비제」편의 내용과 대동소이하다. 따라서 묵가의 군사학 자료집 부분은 특히 여러 제자들의 집록을 거치면서 착간이 심해졌음을 확인할 수 있다.

1

금자가 두 번 절하고 말하였다.

"적군이 용감하게 이미 성벽에 달라붙어서 뒤에 오르는 자를 먼저 참수하는 것으로 법령을 삼고 성 밑에 참호를 만들어 기지로 삼으며 땅을 파서 방을 만들고, 앞에서는 오르는 것을 그치지 않으며 뒤에서는 활쏘기를 빠르게 하면 어떻게 해야 합니까?"

묵자가 말하였다.

"자네는 개미처럼 성벽을 기어오르는 것에 대한 대비책을 묻는 것인가? 개미처럼 성벽을 기어오르는 것은 장수가 분노하였기 때문이다. 수비할 때는 높은 곳에서 활을 쏘고 기계를 던져서 적군의 기계를 뽑아버리며, 뜨거운 물로 압박하고 불이 붙은 차단 막으로 덮으며 자갈을 비가 내리듯 던지면, 개미처럼 성벽을 기어오르는 공격은 실패할 것이다.

禽子再拜再拜曰, 敢問適人強弱,[1] 遂以傅城, 后上先斷,[2] 以爲澣[3]程, 斬[4]城爲基, 掘下爲室, 前上不止, 后射旣疾, 爲之奈何. 子墨子曰, 子問蛾傅之守邪. 蛾傅者, 將之忿者也. 守爲行臨[5]射之, 校機[6]藉之, 擢[7]之, 太汜[8]迫之, 燒荅[9]覆之, 沙石雨之, 然則蛾傅之攻敗矣.

- **1** 強弱: 강량(強梁)으로 고쳐야 한다(왕기운).
- **2** 斷: 참(斬)의 뜻.
- **3** 澣: 법(法)으로 고쳐야 한다.
- **4** 斬: 참(塹)과 통함.
- **5** 行臨: 고림(高臨)의 뜻. 위에서 아래를 내려다봄.
- **6** 校機: 지기(枝機).
- **7** 擢: 발(拔)의 뜻.
- **8** 太汜: 화탕(火湯)으로 고쳐야 한다(손이양).
- **9** 荅: 대나무로 만든 차단 막.

2

개미처럼 성벽을 기어오르며 공격하는 것에 대비하기 위하여 '현비'를 만드는데, 나무 판의 두께는 2촌으로 하고, 앞뒤의 너비는 3척으로 하며, 양변의 너비는 5척으로 하고, 상자의 높이는 5척으로 하며 '하마거'에 매달아놓는데 바퀴의 직경은 1척 6촌으로 한다. 한 사람으로 하여금 2장 4척의 창을 쥐게 하는데 창의 양끝을 예리하게 하며 현비 가운데 있게 하고 쇠갈고리를 현비의 가로대에 매달아서 도르래로 삼으며 힘이 센 4명으로 하여금 올리고 내리게 하며 그곳을 벗어나지 않도록 한다. 현비를 배치할 때는 대개 20보마다 하나를 두고 공격을 받는 곳에는 6보마다 하나를 둔다.

뇌석을 만드는데 차단 막은 너비와 길이를 각각 2척으로 하고 나무로 위의 가로대로 삼고 커다란 삼베 동아줄로 감는데 동아줄은 진흙을 바르고 쇠갈고리를 만들어 양 끝에 걸어둔다. 적이 개미처럼 성을 기어오르면 차단 막에 불을 붙여 덮고 연정으로 타격하고 사석과 불로 저지한다. 수레의 두 바퀴를 굴리는데 축 사이를 크게 하여 둥근 바퀴가 그들을 범하게 한다. 그 양 끝을 뾰족하게 한 것을 바퀴에 묶고 그 위에 진흙을 고르게 바른다. 타기 쉬운 느릅나무와 같은 것으로 중간을 채우고 주변에 가시덤불을 놓는데, 이름하여 '화졸'이라 하고 한편으로 '전탕'이라고도 하는데 적 부대를 상대하는 것이다. 적이 대열을 갖추면 전탕에 불을 붙여 밧줄을 잘라서 떨어트리고 용사에게 명하여 진격하여 용사들이 전진할 수 있도록 하고 성 위에서는 즉시 훼손된 성벽을 수리해야 한다.

備蛾傳爲縣[1]脾, 以木板厚二寸, 前后三尺, 旁廣五尺, 高五尺, 而折爲下磨車,[2] 轉徑尺六寸. 令一人操二丈四方,[3] 刃其兩端, 居縣脾中, 以鐵璍[4]敷縣二[5]脾上衡, 爲之機, 令有力四人, 下上之, 弗離. 施縣脾大數,[6] 二十步一, 攻隊所在六步一.

爲纍,[7] 荅廣從[8]丈各二尺, 以木爲上衡, 以麻索大徧之,[9] 染其索塗中, 爲鐵鏁, 鉤其兩端之縣. 客則蛾傳城, 燒荅以覆之, 連莛,[10] 抄大[11]皆救[12]之. 以車兩走, 軸閒廣大以圍,[13] 犯之.[14] 䖡[15]其兩端. 以束輪, 徧徧塗其上. 室¹⁶中以楡若¹⁷蒸,¹⁸ 以棘爲旁, 命曰火捽, 一
日傳湯,¹⁹ 以當隊. 客則乘隊, 燒傳湯, 斬維而下之, 令勇士隨而擊
之, 以爲勇士前行, 城上輒塞壞城.

- 1 縣: 현(懸)과 같다.
- 2 下磨車: 도르래.
- 3 方: 모(矛)로 고쳐야 한다(필원).
- 4 璪: 쇄(璅)로 고쳐야 한다.
- 5 二: 연문.
- 6 大數: 대개(大槪).
- 7 纍: 뢰(礧)와 통함.
- 8 從: 종(縱)과 같다.
- 9 以麻索大徧之: '以大麻索編之'로 고쳐야 한다(손이양).
- 10 連筵: 연정(連梃)으로 고쳐야 한다(오민강). 성첩 밖으로 기어오르는 적을 타
격하는 도구.
- 11 抄大: 사화(沙火)로 고쳐야 한다.
- 12 救: 지(止)와 같다.
- 13 圍: 위(圍)로 고쳐야 한다(손이양).
- 14 犯之: 미상.
- 15 鮕: 동(狪)으로 고쳐야 한다(손이양).
- 16 室: 질(窒)과 통함.
- 17 若: 혹(或)과 같다.
- 18 蒸: 작은 나무의 뜻.
- 19 傳湯: 수레바퀴 사이에 장작을 넣고 불을 불여서 적에게 떨어트리는 도구.

3

성벽 아래에 예리한 나무쐐기를 박는데, 길이는 5척으로 하고 크기는 1위 반 이상으로 하며 모두 그 끝을 뾰족하게 하고 5줄로 배열하는데 줄 사이의 너비는 3척으로 하고 3척은 파묻으며 어긋나게 박아놓는다. 긴 창을 만드는데 길이는 5척으로 하고 큰 것은 10척으로 한다. 창의 길이는 2척으로 하고 크기는 6촌으로 하며 밧줄의 길이는 2척으로 한다. 망치 자루의 길이는 6척으로 하고 머리의 길이는 5촌으로 한다. 도끼 자루의 길이는 6척으로 하고 날은 반드시 예리해야 한다. 차단 막의 너비는 1장 2척으로 하고 길이는 1장 6척으로 하여 앞쪽의 가로대는 4척으로 하고 양 끝이 1척씩 겹치게 하고 물고기 비늘처럼 들쑥날쑥하게 해서는 안 되 며 뒤쪽의 가로대에 붙여둔다. 중간에 커다란 밧줄 하나를 매는데 길이는 2장 6척으로 하고 차단 막이 성긴 곳은 나무 판으로 채우는데 여러 번 말 리고 차단 막 사이는 간격을 두어 바람이 위아래로 통하게 한다. 성첩이 파괴되는 것을 막기 위해 먼저 10척 길이의 나무 하나를 파묻고, 성첩이 파괴되면 나무를 잘라서 횡으로 거는데 가로대의 길이는 8척으로 하고 너비는 7촌으로 하며 직경은 1척으로 하고 여러 차례 가격하여 위아래로 못질하여 고정한다.

城下足爲下說[1]鑱杙, 長五尺, 大圍[2]半以上, 皆剡其末, 爲五行, 行閒廣三尺, 貍[3]三尺, 大耳[4]樹之. 爲連殳, 長五尺, 大十尺. 梃長二尺, 大六寸, 索長二尺. 椎, 柄長六尺, 首長尺五寸. 斧, 柄長六尺, 刃必利, 皆葬其一後.[5] 荅廣丈二尺, □□[6]丈六尺, 垂前衡四寸,[7] 兩端接尺相覆, 勿令魚鱗三,[8] 著其后行.[9] 中央木[10]繩一, 長二丈六尺, 荅樓不會者, 以牒塞, 數暴乾, 荅爲格, 令風上下. 堞惡疑壞者,先貍木十尺一枚一,[11] 節[12]壞, 鄧[13]植以押慮盧[14]薄於木, 盧薄表[15]八尺, 廣七寸, 經[16]尺一, 數施一擊而下之, 爲上下釘[17]而鄧[18]之.

- 1 說: 예(銳)로 고쳐야 한다.
- 2 囿: 위(圍)로 고쳐야 한다.
- 3 貍: 매(埋)와 통함.
- 4 大耳: 견아(犬牙)로 고쳐야 한다(손이양).
- 5 皆葬其一後: 미상.
- 6 □□: 기장(其長)으로 보충해야 한다.
- 7 寸: 척(尺)으로 고쳐야 한다.
- 8 三: 참(參)과 같다. 들쑥날쑥한 모양.
- 9 行: 형(衡)으로 고쳐야 한다.
- 10 木: 대(大)로 고쳐야 한다(손이양).
- 11 一: 연문.
- 12 節: 즉(卽)으로 고쳐야 한다.
- 13 鄧: 작(斫)과 같다(필원).
- 14 慮: 연문.
- 15 表: 장(長)으로 고쳐야 한다.
- 16 經: 경(徑)과 통함. 직경.
- 17 釘: 정(釘)으로 고쳐야 한다.
- 18 鄧: 작(斫)과 같다.

4

목루와 큰 돌과 차단 막은 기둥 안쪽에 설치하며 바깥쪽에 두지 않는다.

두격은 4척을 땅에 묻는데 높이는 10장이며 나무의 길고 짧은 것이 섞이게 하고 위는 뾰족하게 하고 안팎을 진흙으로 두껍게 바른다.

앞으로 나아가기 위해 잔교와 차단 막을 둔다. 성의 모퉁이에 누각을 세우는데 누각은 반드시 2층으로 한다. 흙은 5보마다 하나씩 두는데 20삼태기 이상으로 한다. 작혈은 10척마다 하나를 두고 성첩 아래로 3척이며 바깥쪽을 넓게 한다.

무릇 개미처럼 성벽을 기어오르는 공격을 타파하는 법은 성 밖에 나무 울타리를 세우는데 성과의 거리를 10척으로 하고 두께는 10척으로 한다. 나무를 베는 법은 크고 작은 나무를 모두 베어 10척으로 자르고 거리를 두어 깊이 묻어서 견고하게 구축하여 뽑히지 않도록 해야 한다.

經一鉤,[1] 禾[2]樓, 羅石,[3] 縣苔, 植內毋植外.
杜格,[4] 貍四尺, 高者十丈, 木長短相雜, 兌[5]其上, 而外內厚塗之.
爲前行[6]行棧縣苔. 隅爲樓, 樓必曲裏.[7] 土五步一, 毋其[8]二十畾. 爵穴[9]十尺一, 下堞三尺, 廣其外. (轉脯城上, 樓及散與池革盆. 若轉, 攻卒擊其后, 煖失治. 車革火.)[10]
凡殺[11]蛾傅而攻者之法, 置薄[12]城外, 去城十尺, 薄厚十尺. 伐操[13]之法, 大小盡木斷之, 以十尺爲斷, 離而深貍堅築之, 毋使可拔.

- **1**　經一鉤: 연문.
- **2**　禾: 목(木)으로 고쳐야 한다(손이양).
- **3**　羅石: 뇌석(礧石).
- **4**　杜格: 두작(杜柞). 나무를 쌓아 만든 장애물.
- **5**　兌: 예(銳)와 같다.
- **6**　爲前行: 미상.

- **7** 曲裏: 재중(再重)으로 고쳐야 한다(손이양).

- **8** 其: 하(下)로 고쳐야 한다(손이양).

- **9** 爵穴: 성첩 사이의 구멍.

- **10** ( ) 부분은 미상.

- **11** 殺: 파(破)의 뜻.

- **12** 薄: 주(柱). 장애물로 쓰는 기둥.

- **13** 操: 박(薄)으로 고쳐야 한다(필원).

5

　20보마다 살을 설치하고 안에 격장을 두는데 두께는 10척으로 한다. 살에는 두 개의 문을 두는데 문의 너비는 5보로 하고 기둥과 문짝은 묻는데 견고하지 않게 하여 쉽게 뽑힐 수 있도록 한다. 성 위에 기둥 문을 향하여 나무 울타리를 설치한다.

　햇불을 매달아두는데 4척마다 하나를 둔다. 5보마다 부뚜막을 두는데 아궁이에는 숯을 넣어둔다. 적이 모두 들어왔다는 소식이 전해지면 수레에 불을 붙여 문을 태우고 이어서 햇불을 던지고 각종 전투 기구의 배열은 빈드시 적군이 진겨해 오는 범위와 일치시켜야 하며, 두 개의 전투 기구 사이에 불을 놓아두고 모두 서서 북소리를 기다려 불을 지르면 모두 발사한다. 적들이 불을 피한 뒤에 다시 공격하면 햇불을 다시 떨어트리면 적들이 아주 곤란해질 것이다.

　적군이 숨거나 퇴각하면 아군의 사수대로 하여금 좌우의 혈문에서 나와 잔병들을 공격하게 하고, 용사와 장수는 모두 성 위의 북소리를 듣고 나가며, 또한 성 위의 북소리를 듣고 들어온다. 평소대로 출병하거나 매복하고 야반에는 성 위의 사방에서 북을 치고 소란을 피우면 적들은 반드시 의혹할 것이니 적군을 격파하고 장수를 죽일 수 있다. 흰 옷으로 표시를 삼고 구호에 따라 연락한다.

二十步一殺,[1] 有壙,[2] 厚十尺. 殺有兩門, 門廣五步, 薄[3]門板梯, 貍之勿築, 令易拔. 城上希薄門而置搞.[4]

縣火, 四尺一椅.[5] 五步一竈, 竈門有爐炭. 傳令敵人盡入, 車[6]火燒門, 縣火次之, 出載而立, 其廣終隊, 兩載之閒一火, 皆立而待, 鼓音而然, 即俱發之. 敵人鬪火而復攻, 縣火復下, 敵人甚病.

敵引哭[7]而楡,[8] 則令吾死士, 左右出穴門擊遺[9]師, 令賁士主將, 皆聽城鼓之音而出, 又聽城鼓之音而入. 因素出兵將施伏, 夜半, 而城上四面鼓噪, 敵人必或,[10] 破軍殺將. 以白衣爲服, 以號相得.

- 1 殺: 여기서는 적을 공격하기 위한 예비 장소를 가리킨다.
- 2 壙: 격(鬲)으로 고쳐야 한다(손이양).
- 3 薄: 주(柱).
- 4 搞: 갈(楬)로 고쳐야 한다(왕인지). 나무로 만든 울타리.
- 5 椅: 지(檥)로 고쳐야 한다(손이양). 갈고리에 줄을 연결하여 물건을 매다는 도구.
- 6 車: 훈(熏)으로 고쳐야 한다(손이양).
- 7 哭: 사(師)로 고쳐야 한다(유월).
- 8 楡: 거(去)로 고쳐야 한다(필원).
- 9 遺: 둔(遁)으로 고쳐야 한다(손이양).
- 10 或: 혹(惑)과 통함.

64. □□ (缺)

65. □□ (缺)

66. ☐☐ (缺)

67. □□ (缺)

68. 영적사(迎敵祠)

이 편은 전쟁 이전에 신에게 제사하는 법, 기운을 읽는 법, 맹세하는 법을 기록한 것으로 고대 군중의 각종 의식을 살필 수 있는 자료이다. 적이 공격의 조짐을 보이면 아군은 즉시 신명에게 고하고 승리를 기원하는 의식을 거행하고, 적들이 다가오면 제단에 희생을 올리고 무축에게 명하여 여러 가지 조짐을 판단하여 승패 길흉을 예지하게 하며, 각종 전문 집단의 장을 소집하여 물자를 준비한다. 특히 군주는 전쟁 이전에 백관 및 군장을 인솔하여 사당 앞에서 서약 의식을 엄중하게 하여 적개심을 불러일으키는 것이 중요함을 역설하였다. 본문에는 수성법과 관련된 내용도 있는데 이것은 「영적사」 편과 무관하며 착간으로 보인다.

1

적이 동쪽으로 오면 동쪽의 단에서 제사를 올리는데, 단의 높이는 8척이고 사당의 깊이도 8척이다. 나이 80세인 8명이 제주가 되어 푸른 깃발의 제사를 올린다. 푸른 깃발 신의 길이는 8척이고 8개인데, 8개의 쇠뇌로 8발씩 쏘고는 그친다. 장수는 반드시 청색의 옷을 입으며 그 희생은 닭이다.

적이 남쪽으로 오면 남쪽의 단에서 제사를 올리는데, 단의 높이는 7척이고 사당의 깊이도 7척이다. 나이 70세인 7명이 제주가 되어 붉은 깃발의 제사를 올린다. 붉은 깃발 신의 길이는 7척이고 7개인데, 7개의 쇠뇌로 7발씩 쏘고는 그친다. 장수는 반드시 붉은색의 옷을 입으며 그 희생은 개이다.

적이 서쪽으로 오면 서쪽의 단에서 제사를 올리는데, 단의 높이는 9척이고 사당의 깊이도 9척이다. 나이 90세인 9명이 제주가 되어 흰 깃발의 제사를 올린다. 흰 깃발 신의 길이는 9척이고 9개인데, 9개의 쇠뇌로 9발씩 쏘고는 그친다. 장수는 반드시 흰색의 옷을 입으며 그 희생은 양이다.

적이 북쪽으로 오면 북쪽의 단에서 제사를 올리는데, 단의 높이는 6척이고 사당의 깊이도 6척이다. 나이 60세인 6명이 제주가 되어 검은 깃발의 제사를 올린다. 검은 깃발 신의 길이는 6척이고 6개인데, 6개의 쇠뇌로 6발씩 쏘고는 그친다. 장수는 반드시 검은색의 옷을 입으며 그 희생은 돼지이다.

성 밖의 유명한 큰 사당에서는 영험한 무축이 기도를 드리게 하고 희생을 제공한다.

> 敵以東方來, 迎之東壇, 壇高八尺, 堂密[1]八. 年八十者八人, 主祭靑旗. 靑神長八尺者八, 弩八, 八發而止. 將服必靑, 其牲以雞. 敵以南方來, 迎之南壇, 壇高七尺, 堂密七. 年七十者七人, 主祭赤旗. 赤神長七尺者七, 弩七, 七發而止. 將服必赤, 其牲以狗. 敵以西方來, 迎之西壇, 壇高九尺, 堂密九. 年九十者九人, 主祭白旗. 素神長九尺者九, 弩九, 九發而止. 將服必白, 其牲以羊. 敵以北方來, 迎之北壇, 壇高六尺, 堂密六. 年六十者六人, 主祭黑旗. 黑神長六尺者六, 弩六, 六發而止. 將服必黑, 其牲以彘. 從外宅諸名大祠, 靈巫或禱焉, 給禱牲.

• 1   密: 심(深)으로 고쳐야 한다(유월).

2

무릇 기운을 살피면, 대장의 기운이 있고 소장의 기운이 있으며, 가는 기운이 있고 오는 기운이 있으며 패망의 기운이 있으니 이것을 분명히 할 수 있다면 성패와 길흉을 알 수 있다. 능력이 있는 무당, 의원, 점쟁이를 천거하여 약을 갖추게 하고 건물을 제공하며 숙소를 잘 안배한다. 무당은 반드시 신사와 가깝게 하고 반드시 신을 공경하게 한다. 무당과 점쟁이는 정보를 수신에게 보고하고, 수신은 홀로 무당과 점쟁이가 기운을 살핀 정보를 알고 있어야 한다. 그들이 출입할 때 말을 퍼트리면 관리와 백성을 두렵게 할 것이니 조심스럽고 은밀하게 살펴서 참수하고 죄를 사면하지 않는다. 기운을 살피는 집은 수관과 가까워야 한다. 현대부와 기예를 지닌 자 및 백공을 소집하여 등급에 따라 임용한다. 백정과 요리사를 주방에 배치하여 일을 부여하며 등급에 따라 임용한다.

凡望氣, 有大將氣, 有小將氣, 有往氣, 有來氣, 有敗氣, 能得明此者, 可知成敗吉凶, 舉巫醫卜有所長, 具藥, 宮之, 善爲舍. 巫必近公社,[1] 必敬神之. 巫卜以請守,[2] 守獨智巫卜望氣之請而已. 其出入爲流言, 驚駭恐吏民, 謹微察之, 斷,[3] 罪不赦. 望氣舍近守官. 牧[4] 賢大夫及有方技者若[5]工, 弟[6]之. 舉屠酤者置廚給事, 弟之.

- 1 公社: 토지신을 모시는 신사.
- 2 請守: 수(守)는 보수(報守)로 고쳐야 한다(손이양). 청(請)은 정(情)과 통함.
- 3 斷: 참(斬)의 뜻.
- 4 牧: 수(收)로 고쳐야 한다(손이양).
- 5 若: 급(及)과 같다.

• 6 弟: 제(第)와 같다(필원).

3

    무릇 성을 지키는 방법으로는 현사가 일을 맡아 보루에 나가 도랑과 제방을 순찰하고 막힌 곳을 소통시키며 성을 수리한다. 백관이 재원을 제공하고 백공은 일을 하며 사마는 성을 시찰하면서 병졸들을 정돈한다. 문지기를 배치하는데 두 사람은 오른쪽 문을 담당하고 두 사람은 왼쪽 문을 담당하며 네 명이 함께 성문의 개폐를 담당하고 백 명의 갑사가 앉아서 지킨다. 성 위에는 1보마다 갑사를 두어 창을 들게 하고 그를 돕는 세 사람을 둔다. 5보마다 오장을 두고 10보마다 십장을 두며 100보마다 백장을 두고 사방에 장수를 두며 가운데에는 대장을 두어 모두 유사가 장졸을 관리하게 한다. 성 위의 계단 앞에는 유사가 지키고 공문서를 적당한 곳으로 옮기고 긴급할 때에는 위에 알린다. 관리들은 모두 직책을 갖게 한다. 성 밖의 화살이 미치는 곳의 작은 담장은 허물어서 적들이 차단막으로 쓸 수 없게 한다. 30리 이내의 작은 나무와 큰 나무는 모두 안으로 들이고 개, 새끼 돼지, 돼지, 닭은 그 고기를 먹고 뼈는 모아서 젓갈을 만들며 병자를 회복시켜서 일어나게 한다. 성안의 장작과 집 가운데 화살이 미치는 곳에는 모두 진흙을 바른 차단 막을 만든다. 저녁에는 개와 말을 잘 묶어서 견고하게 연결하도록 명하고 고요한 밤에 북소리가 들리면 함성을 지르니, 적들의 기세를 차단하기 위한 것이고, 백성의 의지를 견고하게 하기 위한 것이다. 따라서 때에 알맞게 함성을 지르면 백성이 걱정하지 않는다.

    凡守城之法, 縣師[1]受事, 出葆,[2] 循[3]溝防, 築薦通塗, 修城. 百官共⁴財, 百工卽事, 司馬視城修卒伍. 設守門, 二人掌右闔,⁵ 二人掌左闔, 四人掌閉, 百甲坐之. 城上步一甲一戟, 其贊三人. 五步有五長, 十步有什長, 百步有百長, 旁有大率,⁶ 中有大將, 皆有司吏卒長. 城上當階, 有司守之, 移中⁷中處, 澤⁸急而奏之. 士皆有職. 城之外, 矢之所遝⁹壞其牆, 無以爲客菌.¹⁰ 三十里之內, 薪蒸水¹¹皆入內, 狗彘豚雞食其肉, 斂其骸以爲醢, 腹¹²病者以起. 城之內, 薪蒸廬室, 矢之所遝, 皆爲之塗菌. 令命昏緯狗纂馬, 掔緯, 靜夜聞鼓聲而謲,¹³ 所以閽客之氣也, 所以固民之意也, 故時謲則民不疾矣.

- **1** 縣師: 군중의 동원과 시찰을 담당하는 관직으로 사마(司馬)의 관할을 받는다.
- **2** 葆: 보(堡)와 통함.
- **3** 循: 순(巡)과 통함.
- **4** 共: 공(供)과 통함.
- **5** 闔: 합(闔)의 가차(손이양). 좌우의 쪽문.
- **6** 大率: 장수.
- **7** 移中: 공문서를 옮김. 중(中)은 공문서를 가리킨다.
- **8** 澤: 택(擇)과 통함.
- **9** 遝: 급(及).
- **10** 菌: 곤(梱)과 통함(소시학).
- **11** 水: 목(木)으로 고쳐야 한다.
- **12** 腹: 복(復)과 통함.
- **13** 謲: 조(譟)와 같다.

4

태축과 태사가 전쟁에 앞서 사방 산천과 사직에 제사를 올리고 물러난다. 군주가 흰 옷을 입고 태묘에서 맹세한다.

"적들이 무도하여 인의를 닦지 않고 오직 무력을 숭상하며 말하기를, '나는 반드시 너의 나라를 없애고, 너의 백성을 멸하려고 한다'고 합니다. 저의 여러 신하가 밤낮으로 노력하여 과인을 위하고 마음과 힘을 합하여 좌우로 도와주면서 각자 죽음으로써 지키고자 합니다."

맹세가 끝난 뒤 군주는 물러나 식사하고 중앙의 태묘 오른쪽에 와서 머물고 태축과 태사는 사당에 머문다. 백관이 함께 호위하면서 사당에 올라 문에서 북을 치고 문의 오른쪽에 깃발[旅]을 설치하고 왼쪽에는 깃발[旌]을 설치하는데 깃발의 모퉁이에는 장수의 이름을 새긴다. 화살을 세 번 쏘아 승리를 기원하며 오병이 모두 갖추어지면 내려가서 명령을 기다리고 군주는 누대에 올라서 교외를 바라본다. 이어서 북을 치라는 명령이 내리면 잠시 동안 지속하고, 역사마가 문의 오른쪽에서 쑥으로 만든 화살을 쏘고 창으로 땅을 내려찍으면 이어서 활과 쇠뇌를 펼치고, 교리가 문의 왼쪽에서 먼저 손을 흔들면 나무와 돌을 펼친다. 태축, 태사, 종백이 사당에 고유하고 시루를 엎어놓는다.

祝史[1]乃告於四望山川社稷, 先於戎, 乃退. 公[2]素服誓於太廟曰, 其人[3]爲不道, 不修義詳,[4] 唯乃是王,[5] 曰, 予必懷亡爾社稷, 滅爾百姓. 二參子尙[6]夜自廈,[7] 以勤寡人, 和心比力兼左右, 各死而守. 旣誓, 公乃退食, 舍於中太廟之右, 祝史舍於社. 百官具御, 乃斗,[8] 鼓於門, 右置旅, 左置旌, 於隅練名.[9] 射參發告勝, 五兵[10]咸備, 乃下出挨,[11] 升望我郊. 乃命鼓俄升, 役司馬射自門右, 蓬矢射之, 茅[12]

參發, 弓弩繼之, 校自門左, 先以揮, 木石繼之. 祝史宗人¹³告社, 覆之以甑.

- 1 祝史: 태축(太祝)과 태사(太史)를 가리킨다.
- 2 公: 제후.
- 3 其人: 적을 가리킨다.
- 4 義詳: 인의(仁義)의 뜻.
- 5 唯乃是王: '唯力是正'으로 고쳐야 한다(손이양).
- 6 尙: 숙(夙)으로 고쳐야 한다(소시학).
- 7 厦: 려(屬)로 고쳐야 한다(필원).
- 8 斗: 승(升)으로 고쳐야 한다(손이양).
- 9 名: 명(銘)과 같다.
- 10 五兵: 다섯 가지의 무기, 즉 궁(弓)·수(殳)·모(矛)·과(戈)·극(戟).
- 11 挨: 사(俟)로 고쳐야 한다.
- 12 茅: 모(矛)와 통함.
- 13 宗人: 종백(宗伯). 종묘를 담당하는 예관.

69. 기치(旗幟)

이 편은 성을 지킬 때 깃발을 이용하여 서로 신호를 주고받는 방법을 서술한 것이다. 깃발의 색깔과 상징으로 지시하는 사물을 구별하며, 규정된 깃발이 없을 경우에는 명칭으로 깃발을 만드는 방식을 취한다. 또한 사용자의 계급이 다른 경우에는 사용하는 깃발의 색과 크기를 달리한다. 아울러 관리와 병졸들은 임무와 배치 지역에 따라 신체의 일부에 표시를 하여 구분하며, 유사시에는 깃발과 함께 북과 횃불을 이용하여 신호를 주고받는다.

1

성을 지키는 법에서는 나무는 푸른 깃발, 불은 붉은 깃발, 땔감은 누런 깃발, 돌은 흰 깃발, 물은 검은 깃발, 먹을 것은 버섯 깃발, 결사대는 송골매의 깃발, 정예 군사는 호랑이 깃발, 많은 졸병은 쌍토끼 깃발, 어린아이는 어린아이 깃발, 여자는 자매 깃발, 쇠뇌는 개 깃발, 창은 정기, 검과 방패는 깃털 깃발, 수레는 용 깃발, 전마는 새 깃발로써 한다. 무릇 찾는 깃발 이름이 책에 없는 경우에는 모두 명칭으로 깃발을 만든다. 성 위에 깃발을 걸면 군수 관리가 재물을 보내주고 충분해지면 깃발을 내린다.

守城之法, 木爲蒼旗, 火爲赤旗, 薪樵爲黃旗, 石爲白旗, 水爲黑旗, 食爲菌旗, 死士爲倉英[1]之旗, 竟士爲雩[2]旗, 多卒爲雙免之旗, 五尺童子[3]爲童旗, 女子爲梯末[4]之旗, 弩爲狗旗, 戟爲菹[5]旗, 劍盾爲羽旗, 車爲龍旗, 騎爲鳥旗. 凡所求索旗名不在書者, 皆以其形名爲旗, 城上擧旗, 備具之官致財物, 之足而下旗.

- 1 倉英: 창응(蒼鷹)으로 고쳐야 한다(소시학).
- 2 雩: 호(虎)로 고쳐야 한다(왕염손).
- 3 五尺童子: 14세 이하의 아동.
- 4 梯末: 자매(姉妹)로 고쳐야 한다.
- 5 菹: 정(旌)으로 고쳐야 한다(손이양).

2

무릇 성을 지키는 방법에서 비축할 것은 돌, 땔감, 띠풀, 갈대, 나무, 숯, 모래, 소나무와 잣나무, 쑥, 삼과 기름, 자금, 곡식 등이며, 우물과 아궁이가 일정한 곳에 있어야 하고 중요한 인질들은 일정한 거처가 있어야 한다. 여러 가지 무기는 각기 깃발의 표시가 있어야 하고 부절은 분별될 수 있어야 하며, 법령이 각기 정해져야 하고 경중과 분수는 각각의 정황이 있어야 하며 도로를 순찰하는 자는 구역이 있어야 한다.

정위는 각각 깃발을 지니는데, 깃대의 길이는 2장 5척이고, 비단의 길이는 1장 5척이며 너비는 반 폭으로 총 6개이다. 적이 떼를 지어 진공하여 해자의 바깥쪽에 이르면, 성 위의 담당 부대에서는 북을 세 번 치고 한 개의 깃발을 올리고, 해자의 가운데에 이르면 북을 네 번 치고 두 개의 깃발을 올리며, 울타리에 이르면 북을 다섯 번 치고 세 개의 깃발을 올리고,

성벽 부근에 이르면 북을 여섯 번 치고 네 개의 깃발을 올리며, 성첩에 이르면 북을 일곱 번 치고 다섯 개의 깃발을 올리고, 대성에 이르면 북을 여덟 번 치고 여섯 개의 깃발을 올리며, 대성의 반 이상을 올라오면 북을 치는 것을 그치지 않는다. 밤에는 불로써 하는 숫자는 이와 같다. 적이 퇴각하고 흩어지면 부서에서 진공할 때의 숫자에 따라서 하되 북은 치지 않는다.

凡守城之法, 石有積, 樵薪有積, 菅茅有積, 蔰葦有積, 木有積, 炭有積, 沙有積, 松柏有積, 蓬艾有積, 麻脂有積, 金鐵[1]有積, 粟米有積, 井竈有處, 重質有居. 五兵各有旗, 節各有辨, 法令各有貞, 輕重分數各有請, 主愼道路者有經.

亭尉各爲幟, 竿長二丈五, 帛長丈五, 廣半幅者大.[2] 寇傅攻前池外廉,[3] 城上當隊鼓三, 舉一幟. 到水中周,[4] 鼓四舉二幟. 到藩, 鼓五, 舉三幟. 到馮垣, 鼓六, 舉四幟. 到女垣, 鼓七, 舉五幟. 到大城, 鼓八, 舉六幟. 乘大城半以上, 鼓無休. 夜以火, 如此數. 寇卻解, 輒部幟, 如進數, 而無鼓.

- 1 鐵: 전(錢)으로 고쳐야 한다(왕염손).
- 2 大: 육(六)으로 고쳐야 한다(손이양).
- 3 廉: 변(邊)의 뜻.
- 4 周: 주(洲)와 통함.

3

성안의 대장은 진홍색의 깃발을 쓰는데, 길이는 50척으로 한다. 사방의 네 성문의 장수는 40척으로 하고, 다음은 30척, 다음은 25척, 다음은 20척, 다음은 15척으로 하여, 높이는 15척 이하로 하지 않는다.

성 위의 관리들은 등에 표시하고 졸병들은 머리에 표시하며, 성 아래 관리와 졸병들은 어깨에 표시하는데 좌군은 왼쪽 어깨에 표시하고 우군은 오른쪽 어깨에 표시하며 중군은 가슴에 표시한다. 각각 한 개의 북을 갖는데 중군은 세 개를 갖고 매번 북을 칠 때는 세 번에서 열 번을 치며, 북을 담당하는 모든 관리는 삼가 차례에 따라서 응해야 하고 응당 북을 쳐야 하는데 치지 않거나 북을 치지 않아야 할 때 북을 치면 담당자를 참한다.

> 城爲隆,^{1} 長五十尺. 四面四門將門四十尺, 其次三十尺, 其次二十五尺, 其次二十尺, 其次十五尺, 高無下四^{2}十五尺.
> 城上吏卒^{3}置之背, 卒於頭上, 城下吏卒置之肩, 左軍於左肩,^{4} 中軍置之胸. 各一鼓, 中軍一^{5}三, 每鼓三十擊之, 諸有鼓之吏, 謹以次應之, 當應鼓而不應, 不當應而應鼓, 主者斬.

- **1** 城爲隆: '城將爲絳幟'로 고쳐야 한다(손이양).
- **2** 四: 연문(손이양).
- **3** 卒: 연문(왕인지).
- **4** 左軍於左肩: 이 구절 아래에 '右軍於右肩'이 있어야 한다.
- **5** 一: 연문(손이양).

4

길의 너비는 30보로 하고, 성 아래 양쪽 계단을 끼고 두 개의 우물이 있는데 우물에 쇠로 만든 두레박을 둔다. 길 밖으로 벽을 만드는데 30보마다 둥글게 만들며 높이는 1장이다. 백성의 변소를 만드는데 담의 높이는 12척 이상이다. 마을과 큰길에는 반드시 문을 만들고 문은 두 사람이 지키고 신분증을 지닌 자가 아니면 지날 수 없으며 명령을 따르지 않는 자는 참한다.

성안에 있는 관리와 병졸, 백성 중의 남녀는 모두 의복에 휘장을 달리하며 남녀를 알 수 있게 한다.

나무 울타리를 지키는 자는 세 번 나가서 적을 퇴각시키면 관리가 소환하여 음식을 하사하고 큰 깃발을 주고 백 호의 마을을 관리하게 하거나 혹은 다른 재물을 주고 관리하는 곳에 깃발을 세워서 모두가 분명히 알도록 하는데, 말하자면 '누구의 깃발'이라고 한다. 나무 울타리 안의 너비는 25보이고 밖의 너비는 10보이며 길이는 지형을 척도로 삼는다.

병졸을 훈련시킬 때는 가운데에서 전후좌우의 행동을 가르치며 병졸이 지치면 교대로 쉬게 한다.

道廣三十步, 於城下夾階者, 各二其井, 置鐵瓁. 於道之外爲屛,
三十步而爲之圜, 高丈. 爲民圂, 垣高十二尺以上. 巷術[1]周道者, 必
爲之門, 門二人守之, 非有信符勿行, 不從令者斬.
城中吏卒民男女, 皆荷[2]異衣章微, 令男女可知.
諸守牲格[3]者, 三出却適, 守以令召賜食前, 予大旗, 署百戶邑, 若[4]
他人財物, 建旗其署, 令皆明白知之, 曰某子旗. 牲格內廣二十五步,
外廣十步, 表[5]以地形爲度.
斬[6]卒, 中敎解前后左右, 卒勞者更休之.

• 1   巷術: 마을 길.

- 2   荇: 변(辨)으로 고쳐야 한다(왕인지).
- 3   牲格:「비아부」편의 두격(杜格)과 같다. 나무 울타리.
- 4   若: 혹(或).
- 5   表: 무(裒)로 고쳐야 한다.
- 6   靳: 륵(勒)으로 고쳐야 한다(손이양).

70. 호령(號令)

이 편은 지형에 따른 전술을 서술하였는데 엄격한 군기 확립과 명령 집행이 승리를 위한 근본 조건이라고 보았다. 나아가 지리적 조건의 이용에 앞서 관리와 병졸과 민심이 통일되어야만 효과적으로 성을 지킬 수 있다고 보고 상벌 시행과 조치는 모두 군주로부터 비롯되어야 한다고 강조하였다. 이처럼 묵자는 크게는 수성 방법을 말하고 있지만 각자의 구체적 행위 규범까지도 세세하게 언급하고 있다. 다만 묵자의 제자와 후학이 집록한 것이기에 중복 서술되거나 오·탈자로 인하여 상세하지 않은 부분이 있다.

1

나라를 안전하게 하는 방법은 지리적 조건을 이용하는 것으로부터 시작되니, 지리적 조건을 이용할 수 있으면 공이 이루어지고, 지리적 조건을 이용하지 못하면 수고롭기만 하고 공이 없게 된다. 사람 또한 이와 같으니, 미리 대비를 갖추지 않으면 군주를 안전하게 할 방법이 없고 관리와 병졸, 민심이 다른 마음을 가져 통일되지 않는 것은 모두 장수와 우두머리에게 달려 있다. 여러 상벌을 행하고 조치는 반드시 군주로부터 나와야 한다. 자주 사람을 보내 변경의 성과 관문을 지키거나 오랑캐를 대비하기 위해 수고하는 자들을 위로하고 수비병들의 재용이 여유가 있는가,

지형이 변경을 지키는 데 합당한가, 그 무기와 장비가 항상 많은가를 보고하게 한다. 변경의 현읍에서 수목이 모자란 것을 보면 쓰임을 적게 하고, 토지가 개척되지 않으면 먹는 것을 줄이며, 큰 집에 초가지붕이 없다면 뽕나무를 적게 쓴다. 재물이 많으면 백성은 잘 먹을 수 있다. 성내에는 성첩을 설치하고 그 안에 잔교를 두고 그 위에 기구를 설치하며, 성 위의 관리와 취사병은 모두 길 안에 머물면서 각각의 구역을 감당한다. 취사병은 10명당 2명을 두고, 증빙서를 만드는 사람인 양리 한 명을 두어 여러 문을 감독하게 한다. 문지기 및 금령을 지키는 자들은 특별한 임무가 없는 자들이 부근에 머물지 못하도록 하고 명령을 따르지 않는 자는 죽인다. 일단 적이 도착하면 성의 둘레가 천 길에 이르는 큰 성에서는 반드시 외성에서 적을 맞이하는 것이 아군에게 이롭다. 성의 둘레가 천 길에 이르지 않는 작은 성에서는 적을 맞이하지 않고 적의 병력을 헤아려 많고 적음에 따라 대응하니, 이것이 성을 지키는 대체이다. 여기에 없는 사항은 모두 도로와 인사를 참작한다. 무릇 성을 지킬 때는 빠르게 적을 해치는 것이 최상이며, 날을 계속하여 지구전으로 구원병을 기다리는 것은 수비에 밝은 것이니, 반드시 이렇게 할 수 있어야만 성을 지킬 수 있다.

安國之道, 道任地始, 地得其任, 則功成, 地不得其任, 則勞而無功. 人亦如此, 備不先具者無以安主, 吏卒民多心不一者, 皆在其將長. 諸行賞罰及有治者, 必出於王公. 數使人行勞賜守邊城關塞, 備蠻夷之勞苦者, 舉其守卒之財用有餘不足, 地形之當守邊者, 其器備常多者. 邊縣邑, 視其樹木惡, 則少用, 田不闢, 少食, 無大屋草蓋, 少用桑. 多財, 民好食. 爲內牒,[1] 內行棧, 置器備其上, 城上吏卒養,[2] 皆爲舍道內, 各當其隔部. 養什二人,[3] 爲符者曰養吏一人, 辨護諸門. 門者及有守禁者, 皆無令無事者, 得稽留止其旁, 不從令者

戮. 敵人但至, 千丈之城,⁴ 必郭⁵迎之, 主人利. 不盡千丈者勿迎也,
視敵之居曲,⁶ 衆少而應之, 此守城之大體也. 其不在此中者, 皆心⁷
術與人事參之. 凡守城者, 以亟傷敵爲上, 其延日持久, 以待救之至,
明於守者也, 不能此, 乃能守城.

- 1 牒: 첩(堞)으로 고쳐야 한다.
- 2 養: 취사병.
- 3 什二人: 10명당 2명.
- 4 千丈之城: 성의 둘레 길이가 천 길에 이르는 큰 성.
- 5 郭: 외성(外城).
- 6 居曲: 곡(曲)은 부곡(部曲)과 같다(손이양). 적의 주둔지에 있는 병력을 가리킨다.
- 7 心: 이(以)로 고쳐야 한다(손이양).

2

성을 지키는 방법에서 적이 성읍에서 백 리 이상 떨어져 있을 때, 성의
대장은 명을 내려 여러 관리와 우두머리, 부자와 귀족의 친족들을 소집하
여 관부에서 머물게 하고 믿을 만한 사람을 시켜 보호하고 신중하고 비밀
스럽게 처리해야 한다.

적이 성을 기어오르면 수비 대장이 운용하는 병력은 300명 이하여서
는 안 된다. 사방의 성문의 장수는 반드시 공로가 있는 신하와 열사의 후
예를 선택하게 하고 각각 졸병 100명이 따른다. 한 성문의 장수가 다른
성문도 겸해서 지킬 때는, 다른 성 위 양쪽에 높은 누대를 세우고 활을 잘
쏘는 자를 거기에 머물게 한다. 외성의 성첩과 작은 담장은 한 사람이 지
키고 50보 간격으로 망루를 지어 귀족의 자제들이 지키게 한다. 성 안의

마을을 8부로 나누어 부마다 관리 한 명을 두고 관리에게 각각 4명이 따르게 하여 도로와 마을을 순찰한다. 마을에서 연장자와 젊은이 가운데 수비와 회계에 참여하지 않는 백성을 4부로 나누고 부마다 우두머리를 두어 왕래하는 사람들을 살피게 하여, 때에 맞지 않게 다니거나 의심스러운 자를 찾게 한다. 관리 중에 졸병 4명 이상을 거느리고 직분을 지닌 자는 대장이 반드시 증빙서를 만들어 주고, 대장은 사람을 시켜 순찰하고 수비를 맡은 자는 증빙서를 소지해야 하며, 신분증이 합치되지 않거나 불러도 호응하지 않는 자는 백장 이상의 장군은 즉시 저지할 수 있도록 하고 정황을 장군에게 보고한다. 저지해야 할 경우에 저지하지 않거나 이졸로부터 도망치는 자는 모두 참한다. 죽을 죄 이상의 죄를 지은 자는 모두 부모, 처자, 형제까지 처벌한다.

守城之法, 敵去邑百里以上, 城將如今,[1] 乃能盡召五官及百長, 以富人重室之親, 舍之官府, 謹令信人守衛之, 謹密爲故.

及傅城, 守將營無下三百人, 四面四門之將, 必選擇之有功勞之臣, 及死事之后重者, 從卒各百人. 門將幷守他門, 他門之上, 必夾爲高樓, 使善射者居焉. 女郭馮垣[2]一人, 一人[3]守之, 使重室子, 五十步一擊.[4] 因城中里爲八部, 部一吏, 吏各從四人, 以行衝術及里中. 里中父老小, 不擧守之事, 及會計者, 分里以爲四部, 部一長, 以苟往來不以時行, 行而有他異者, 以得其奸. 吏從卒四人以上有分者, 大將必與爲信符, 大將使人行, 守操信符, 信不合, 及號不相應者, 伯長以上輒止之, 以聞大將. 當止不止, 及從吏卒縱之, 皆斬. 諸有罪, 自死罪以上, 皆逮父母妻子同産.

• 1   今: 령(令)으로 고쳐야 한다(필원).

3

성 위에서 수비를 담당한 여러 남자 가운데 10분의 6은 쇠뇌를 갖고, 10분의 4는 무기를 들게 한다. 성년 여자와 노인과 어린아이는 창을 갖게 한다.

갑자기 급한 일이 생기면 중군에서는 급히 세 번 북을 쳐서 성 위의 도로와 마을 안의 거리에서 모두 통행을 금지하고 통행하는 자는 참한다. 여자가 군중에 들어와서 명령을 수행할 때에는 남자는 왼편을 걷고 여자는 오른편을 걸어서 남녀가 나란히 걸어서는 안 되고 모두 지키는 곳으로 나가며 명령에 따르지 않는 자는 참한다. 지키는 곳을 벗어난 사람에 대해서는 사흘에 한 차례씩 순찰하는데, 이것은 간자를 대비하기 위한 것이다. 이장과 모든 수비자는 마을의 문에서 숙직하고, 관리가 부를 순찰하다 마을의 문에 이르면 이장이 문을 열어 관리를 맞이하고 함께 원로들이 지키는 곳이나 외지고 사람이 없는 곳을 순찰한다. 간사한 백성이 딴마음을 먹고 일을 꾀하면 그 죄는 거열형에 처한다. 이장과 원로들 및 부를 주관하는 관리가 간사한 자를 잡지 못하면 참하며, 잡으면 죄를 면죄하고 또한 황금을 상으로 주는데 사람마다 이틀이다. 대장은 믿을 만한 자를 시켜 수비하는 곳을 순찰하게 하되, 밤이 긴 날에는 다섯 번 순찰케 하고 밤이 짧은 날에는 세 번 순찰하도록 한다. 사방의 관리 또한 모두 스스로 지키는 곳을 순찰하는데 대장의 순찰과 같게 하며 명을 따르지 않는 자는 모두 참한다.

諸男女[1]有守於城上者, 什, 六弩四兵. 丁女子[2]老少, 人一矛.
卒[3]有驚事, 中軍疾擊鼓者三, 城上道路, 里中巷街, 皆無得行, 行者斬. 女子到大軍令行者, 男子行左, 女子行右, 無並行, 皆就其守, 不從令者斬. 離守者三日而一徇, 而[4]所以備姦也. 里正與皆守, 宿里門, 吏行其部, 至里門, 正與[5]開門內[6]吏, 與行父老之守及窮巷幽閒無人之處. 奸民之所謀爲外心, 罪車裂. 正與父老及吏主部者不得, 皆斬, 得之, 除, 又賞之黃金,[7] 人二鎰[8]. 大將使使人[9]行守, 長夜五循行, 短夜三循行. 四面之吏亦皆自行其守, 如大將之行, 不從令者斬.

- **1** 女: 자(子)로 고쳐야 한다.
- **2** 丁女子: 성년 여자.
- **3** 卒: 졸(猝)과 통함.
- **4** 而: 차(此)로 고쳐야 한다(손이양).
- **5** 與: 위(爲)와 같다.
- **6** 內: 납(納)과 같다.
- **7** 黃金: 일부 학자는 선진 문헌에 보이는 황금을 구리라고 보지만, 『사기』의 기록이나 고고학의 연구에 의하면 춘추 후기부터 황금을 상으로 내렸다.
- **8** 鎰: 중량 단위. 20량 혹은 24량.
- **9** 使人: 신인(信人)으로 고쳐야 한다(손이양).

4

　모든 아궁이에는 반드시 가리개를 만들고, 굴뚝의 높이는 지붕 위로
4척이다. 조심하여 감히 화재가 나는 일이 없도록 하고, 화재를 낸 자는
참하며 화재의 단서를 제공하여 일을 어지럽힌 자는 거열형에 처한다. 같
이 대열에 있었던 사람으로서 보고하지 않은 자는 참하며 보고한 자는 죄
를 면해준다. 불을 끄는 사람들은 감히 떠들어서는 안 되며, 수비 지역을
벗어나 마을을 떠나서 불을 끈 자는 참한다. 이장 및 원로와 그곳을 지키
던 마을의 관리는 모두 불을 끌 수 있으며, 부리는 급히 사람을 시켜서 대
장에게 보고하고, 대장은 믿을 만한 사람을 시켜서 좌우를 인솔하여 불
을 끄도록 하고 부리가 실수로 말을 하지 않은 경우는 참한다. 여자가 죽
을죄를 범하거나 화재를 내었더라도 다른 사람에게 손해를 입히지 않은
경우나 화재로 일을 어지럽힌 자는 법에 따라 처리한다. 성이 포위되었을
경우에는 더욱 화재를 막아야 한다.

> 諸竈必爲屛, 火突高出屋四尺. 愼無敢失火, 失火者斬, 其端失火以
> 爲事者,[1] 車裂. 伍人不得, 斬. 得之, 除. 救火者無敢讙譁, 及離守
> 絶巷救火者斬. 其正及父老有守此巷中部吏, 皆得救之, 部吏亟令人,
> 謁之大將, 大將使信人將左右救之, 部吏失不言者斬. 諸女子有死罪,
> 及坐失火, 皆無有所失逮, 其以火爲亂事者如法. 圍城之重禁.

• 1　以爲事者: '以爲亂事者'로 고쳐야 한다(손이양).

5

적이 갑자기 들이닥쳤을 때 관리와 백성이 큰 소리를 내지 않도록 엄명하고, 여럿이 모이거나, 둘이 나란히 가거나, 서로 마주 보고 앉아서 울거나, 눈물을 흘리며 바라보거나, 손을 들어 서로 찾거나, 서로 손짓하며 부르거나, 서로 깃발을 휘두르며 뒤쫓거나, 서로 던지며 공격하거나, 몸과 옷을 서로 마찰하거나, 말로 다투면서 명령을 따르지 않거나, 적의 동정을 살피면서 이동하는 자는 참한다. 같은 대열에 있는 자로서 보고하지 않은 자는 참하며, 보고한 자는 죄를 면해준다. 같은 대열에 있는 자가 성을 넘어 적에 귀복한 경우 같은 대열에 있는 자가 보고하지 않으면 참하고, 우두머리가 적에게 귀복한 경우 대리를 참하며, 대리가 적에게 귀복한 경우 대장을 참한다. 적에게 귀복한 자는 부모, 처자, 형제를 모두 거열형에 처한다. 먼저 발각하여 보고한 경우 죄를 면해준다. 적이 두려워 지역을 벗어난 경우 참한다. 같은 대열에 있는 자가 보고하지 않으면 참하고, 보고한 자는 죄를 면해준다.

敵人卒而至, 嚴令吏命無敢讙囂, 三最,[1] 并行, 相視坐泣, 流涕若視, 擧手相探, 相指, 相呼, 相麾相踵, 相投相擊, 相靡[2]以身及衣, 訟駮[3]言語及非令也, 而視敵動移者, 斬. 伍人不得, 斬. 得之, 除. 伍人逾城歸敵, 伍人不得, 斬. 與伯歸敵, 隊吏斬. 與吏歸敵, 隊將斬. 歸敵者, 父母妻子同産, 皆車裂. 先覺之, 除. 當術需敵離地, 斬. 伍人不得, 斬, 得之, 除.

- 1 最: 취(冣)로 고쳐야 한다(왕인지). 취(冣)는 취(聚)와 통함.
- 2 靡: 마(摩)로 고쳐야 한다.

• 3 駮: 박(駁)으로 고쳐야 한다.

6

전장에서 용감하게 싸워 적을 물리치거나, 적이 아래에서 끝내 다시 오르지 못하게 된 경우에 용감하게 싸운 부대에서 두 사람씩 최상의 봉록을 내린다. 만일 적의 포위를 물리쳐서 성 주변에서 1리 이상을 떨어지게 하였다면 성의 장수에게 30리의 땅으로 관내후에 봉하고, 부장은 법령에 따라 상경을 하사하며, 승위 및 승위에 비견되는 관리에게는 오대부의 벼슬을 내리고, 관리와 호걸, 그리고 굳게 지키는 꾀를 낸 자 가운데 10명과 성 위의 오관에 비견되는 자에게는 모두 공승을 하사한다. 남자 수비수는 사람마다 작위를 2급 올려주고, 여자에게는 5천 전을 하사하며, 수비에 참여하지 않은 남녀노소에게는 사람마다 1천 전을 하사하고 3년 동안 부역을 면제하며 낼 것이 없는 사람에게는 조세를 부과하지 않는다. 이것이 관리와 백성으로 하여금 굳게 지키고 적의 포위를 물리칠 수 있도록 권하는 방법이다.

其疾鬪卻敵於術,[1] 敵下終不能復上, 疾鬪者隊二人, 賜上奉.[2] 而[3]勝圍, 城周里以上, 封城將三十里地爲關內侯,[4] 輔將如令賜上卿, 丞[5] 及吏比於丞者, 賜爵五大夫, 官吏豪傑與計堅守者, 十人, 及城上吏比五官者, 皆賜公乘.[6] 男子有守者, 爵人二級, 女子賜錢五千, 男女老小, 先[7]分守者, 人賜錢千, 復[8]之三歲, 無有所與, 不租稅. 此所以勸吏民堅守勝圍也.

• 1 術: 도(道)의 뜻. 여기서는 전장을 가리킨다.

- **2** 奉: 봉록(俸祿).
- **3** 而: 여(如)와 통함.
- **4** 關內侯: 선진 시기에 공신에게 내리는 작위의 일종.
- **5** 丞: 승위(丞尉). 현령의 참모.
- **6** 公乘: 선진 시기 작위의 일종.
- **7** 先: 무(無)로 고쳐야 한다.
- **8** 復: 면제(免除)의 뜻.

7

　대문 안을 관리하는 병졸은 부서마다 두 사람을 넘지 않게 한다. 용감한 자는 앞에 배열하고 다섯 사람이 함께 앉아서 그들로 하여금 각각 좌우와 전후를 알 수 있게 한다. 멋대로 관서를 벗어나면 참한다. 문위가 낮에는 세 번 검열하고 저녁에는 북을 쳐서 문을 닫게 하고 한 번 검열하며, 수비 대장은 때때로 사람을 보내 조사하도록 하여 부서를 벗어난 사람의 명단을 올리도록 한다. 음식은 모두 관서에서 먹고 밖에서 먹을 수 없다. 수비 대장은 반드시 알자, 위사, 연락병 및 앞에서 시중드는 부녀자의 의시, 안색, 임무와 말하는 정황을 세밀하게 살펴야 한다. 음식을 올릴 때는 반드시 사람을 시켜 맛보게 하고 만일 이상한 정황이 있으면 즉시 구속하여 원인을 파악한다. 수비 대장이 알자, 위사, 연락병 및 앞에서 시중드는 부녀자에 대해서 불만이 있는 경우, 수비 대장은 그들을 참하거나 곤장을 치거나 구속하라고 말하고 명대로 하지 않거나 나중에 구속하는 자는 모두 참한다. 반드시 평소에 경계해야 할 일이다. 여러 문하의 시종들이 아침저녁으로 서거나 앉을 때에는 각각 연령의 많고 적음에 따르게 하고 자리에 나갈 때도 선후를 두게 하며 유공자와 유능한 자를 상좌에 앉히고 그 나머지도 모두 차례를 정한다. 매일 다섯 차례 검열하여 놀기 좋아하거나 태도가 바르지 않거나 남을 능멸하는 자의 명단을 보고하게 한다.

吏卒侍大門中者, 曹¹無過二人. 勇敢爲前行伍坐, 令各知其左右前后. 擅離署, 戮. 門尉晝三閱之, 莫²鼓擊門閉一閱, 守時令人參³之, 上逋者名. 鋪⁴食皆於署, 不得外食, 守必謹微察視謁者執盾⁵中涓⁶及婦人侍前者, 志意顔色使令言語之請.⁷ 及上飮食, 必令人嘗, 皆⁸非請也, 擊而請故.⁹ 守有所不說謁者執盾中涓及婦人侍前者, 守曰斷之衝之若縛之, 不如令及后縛者, 皆斷. 必時素誠之. 諸門下朝夕立若¹⁰坐, 各令以年少長相次, 旦夕就位, 先佑¹¹有功有能, 其餘皆以次立, 五日官各上喜戲,¹² 居處不莊, 好侵侮人者一.

- 1 曹: 고대 부서의 하나. 지금의 처(處)나 과(科)에 해당된다.
- 2 莫: 모(暮)와 같다.
- 3 參: 참험(參驗).
- 4 鋪: 포(舖)로 고쳐야 한다.
- 5 執盾: 위사(衛士).
- 6 中涓: 연락병을 가리킨다.
- 7 請: 정(情)과 통함.
- 8 皆: 약(若)으로 고쳐야 한다(손이양).
- 9 擊而請故: '繫而詰故'로 고쳐야 한다(손이양).
- 10 若: 혹(或).
- 11 佑: 상좌(上座).
- 12 이 구절 이하는 '日五閱之, 各上喜戲, 居處不莊, 好侵侮人者名'으로 고쳐야 한다(손이양).

8

　모든 사람과 외부의 사신이 오면 반드시 증빙서를 갖게 한다. 장수가 외출해서 돌아올 때나 현을 순시할 때처럼 반드시 믿을 만한 사람을 시켜 가속에게 알리고 가속이 영접할 수 있게 하고 문지기에게 알리고 귀가한다. 하급 관리는 항상 상사가 가는 곳을 살펴서 수행한다.

　외성의 병졸이 본성의 병졸을 지켜주고 수비할 때는 본성의 병졸 또한 외성의 병졸을 지켜준다. 성중의 수비병 가운데 그의 읍이 혹시라도 적의 침입을 받으면 삼가 경계하고 자주 그의 명부를 검토하고 같은 읍에 있는 자들은 함께 수비하지 않도록 한다. 계단의 문을 지키는 관리에게 부절을 주어 그것에 부합하면 들어오게 하고 위로하며 부합되지 않으면 몰수하고 수비대에게 알린다.

　　諸人士外使者來, 必令有以執,[1] 將出而還, 若行縣, 必使信人先戒舍室, 乃出迎, 門[2]守乃入舍. 爲人下者常司[3]上之, 隨而行. 松上不隨下,[4] 必須□□隨.
　　客卒[5]守主人,[6] 及以爲守衛, 主人亦守客卒. 城中戌卒, 其邑或以下寇, 謹備之, 數錄其署,[7] 同邑者, 弗令共所守. 與階門吏爲符, 符合入, 勞. 符不合, 牧,[8] 守言.[9] 若城上者,[10] 衣服, 他不如令者.

- **1** 執: 증빙서.
- **2** 門: 문(聞)으로 고쳐야 한다(손이양).
- **3** 司: 사(伺)와 같다.
- **4** 이 구절 이하는 미상.
- **5** 客卒: 외성의 병졸.

- **6** 主人: 아군의 병졸.
- **7** 署: 명부.
- **8** 牧: 수(收)로 고쳐야 한다.
- **9** 守言: 언수(言守)로 고쳐야 한다.
- **10** 이 구절 이하는 미상.

9

야간 경계용 북을 수비대의 문 가운데 두고, 저녁에 기병이나 사자로 하여금 성문을 닫게 할 때는 모두 증빙서를 휴대하게 한다. 저녁에는 북으로 신호를 하는데 북을 열 번 치면 여러 문을 모두 닫는다. 통행하는 자는 단죄하는데 통행자는 반드시 억류하고 통행하는 이유를 묻고 그 죄를 집행한다. 새벽에 손금이 보일 정도가 되면 북소리로 통행을 자유롭게 하고 여러 성문의 관리는 각각 열쇠를 수납하여 문을 열고 즉시 열쇠를 다시 반납한다. 부절을 지닌 자는 이러한 금령에 따르지 않는다. 적이 이르면 성루에서 북을 다섯 번 치고 또한 사방에서도 북을 치며 작은 북을 함께 치면서 호응한다. 작은 북소리 다섯 번 이후에 종군하는 자는 단죄한다. 명령은 반드시 두렵게 하고 상은 반드시 이롭게 해야 하며 명령은 반드시 집행되어야 하고 명령이 내리면 즉시 사람을 보내서 시행되는가 안 되는가를 살핀다. 구호 가운데 저녁의 구호가 있는데 구호에 맞지 않으면 단죄한다. 수비를 위한 규정을 만들어 표제하기를 '모 규정'이라 하고 길거리와 계단과 문에 공포하여 왕래하는 자들이 모두 보아서 알게 한다. 이졸과 백성 가운데 자신들의 장수와 우두머리를 살상하려고 꾀하는 자는 반란죄와 같은 죄로 하고, 반란자를 체포하여 보고할 수 있는 자에게는 황금 20근을 하사하고 죄를 면제해준다. 자신의 직분이 아닌데 함부로 취하거나 자신이 다스려야 할 것이 아닌데 멋대로 다스렸다면 단죄한다. 이졸과 백성 가운데 자기 구역을 벗어나서 멋대로 다른 구역에 들어가면 구속하여 도사공후에게 넘기고, 도사공후는 수비 대장에게 알리는데 구속하지 못하고 멋대로 처리하였다면 단죄한다. 모반자나 성의 정보를 넘긴 자나 성을 넘어 적에게 투항한 자를 체포한 사람에게는 규정에 따라 그 가족의 두 사람에 대해 죽을죄를 면해주고 4명에 대해 성단의 죄를 면해준다.

宿鼓[1]在守大門中, 莫[2]令騎若使者操節閉城者, 皆以執龜.[3] 昏鼓, 鼓十, 諸門亭皆閉之. 行者斷, 必擊[4]問行故, 乃行其罪. 晨見掌文,[5] 鼓縱行者, 諸城門吏各入請籥開門已, 輒復上籥. 有符節不用此令. 寇至, 樓鼓五, 有[6]周鼓, 雜小鼓乃應之. 小鼓五后從軍, 斷. 命必足畏, 賞必足利, 令必行, 令出輒人隨, 省其可行不行. 號, 夕有號, 失號, 斷. 爲守備程, 而署之曰某程, 置署[7]街街衢階若門, 令往來者皆視而放.[8] 諸吏卒民有謀殺傷其將長者, 與謀反同罪, 有能捕告, 賜黃金二十斤, 謹罪. 非其分職, 而擅取之, 若非其所當治, 而擅治爲之, 斷. 諸吏卒民, 非其部界, 而擅入他部界, 輒收, 以屬都司空若侯, 侯以聞守, 不收而擅縱之, 斷. 能捕得謀反賣城踰城敵者一人, 以令爲除死罪二人, 城旦[9]四人. 反城事父母去者,[10] 去者之父母妻子.

- 1 宿鼓: 야간 경계용 북.
- 2 莫: 모(暮)와 같다.
- 3 龜: 주(圭)로 고쳐야 한다.
- 4 擊: 계(繫)로 고쳐야 한다.

- 5 晨見掌文: 손금이 보일 정도로 날이 밝음을 가리킨다.
- 6 有: 우(又)와 통함.
- 7 置署: 공포(公布)의 뜻.
- 8 放: 지(知)로 고쳐야 한다(손이양).
- 9 城旦: 고대 형벌의 하나. 아침에 일어나 성을 수리하는 일로서 4년 형.
- 10 이하 미상.

10

민간의 재목과 기와와 큰 돌의 수량을 조사하여 장단 대소를 기록하고, 마땅히 조사해야 할 것을 조사하지 않은 경우에는 관리에게 죄를 묻는다. 성 위에 있는 병졸과 백성은 각각 좌우를 보호해야 하고, 좌우에 죄가 있는데도 모르면 인접한 대열에도 죄를 묻는다. 만일 죄인을 체포하거나 관리에게 보고한 자는 모두 상을 준다. 만일 같은 대열이 아닌데 다른 대열의 죄를 먼저 알리면 모두 두 배의 상을 준다.

성 밖은 현령이 담당하고 성내는 수비 대장이 담당하는데 각급의 관리 (영, 승, 위) 아래의 도망자가 있으면 보충할 수 있지만 열 명이 넘을 경우 그들의 작위를 각각 2급씩 낮추고 백 명이 넘을 경우 파면하여 수비병으로 배치한다. 보충하는 경우에는 반드시 적의 포로에서 취해야만 허가한다.

悉擧民室材木瓦若藺石[1]數, 署長短小大, 當擧不擧, 吏有罪. 諸卒民居城上者, 各葆[2]其左右, 左右有罪而不智也, 其次伍有罪. 若能身捕罪人若告之吏, 皆構[3]之. 若非伍而先知他伍之罪, 皆倍其構賞.

城外令任, 城內守任, 令丞尉亡, 得入當, 滿十人以上, 令丞尉奪爵各二級, 百人以上, 令丞尉免以卒戌. 諸取當者, 必取寇虜, 乃聽之.

- **1** 藺石: 뇌석(礌石).
- **2** 葆: 보(保)와 통함.
- **3** 構: 구(購)와 통함.

11

재물과 곡식을 여러 기구로 바꾸려는 백성을 모아서 공평한 가격으로
교환한다. 읍인 가운데 알고 있는 사람이나 형제에게 죄가 있을 경우 비
록 현 안에 살고 있지 않더라도 벌금을 내고 죄를 면하거나 혹은 곡식, 금
전, 비단 등 기타 재물로 죄를 면하고자 하는 경우 허락한다. 전령을 10보
마다 하나씩 두고 말을 계류하거나 전달하지 않는 자는 단죄한다. 일을
편리하게 할 수 있도록 빠르게 서면으로 수비 대장에게 전해야 한다. 이
졸과 백성 가운데 진언하고자 하는 자는 빠르게 정황을 전달하는데, 관리
가 계류하고 정황을 말하지 않는 경우 단죄한다.

각 현에서는 그 현의 호걸, 책사, 대부, 부자 등 숫자의 다소를 위에 보
고해야 한다.

관부, 성하의 이졸과 백성은 모두 전후좌우로 서로 화재에 대비한다.
화재가 발생하여 자기 집을 태우거나 화재가 번져 남을 집을 태운 자는
단죄한다. 다수가 소수를 핍박하거나 강자가 약자를 능멸하거나 부녀자
를 강간함으로써 소란을 피우는 자는 모두 단죄한다.

募民欲財物粟米, 以貿易凡器者, 卒¹以賈予. 邑人知識昆弟有罪, 雖
不在縣中, 而欲爲贖, 若以粟米錢金布帛他財物免出者, 令許之. 傳

言者十步一人, 稽留言及乏傳者, 斷. 諸可以便事者, 亟以疏傳言守.
吏卒民欲言事者, 亟爲傳言請之吏, 稽留不言諸[2]者, 斷.
縣各上其縣中豪傑若謀士, 居[3]大夫, 重厚口數多少.
官府城下吏卒民家, 前後左右相傳保火. 火發自燔, 燔蔓延燔人, 斷.
諸以衆强凌弱少及强奸人婦女, 以讙譁者, 皆斷.

- 1 卒: 평(平)으로 고쳐야 한다(손이양).
- 2 諸: 청(請)으로 고쳐야 한다(필원). 청(請)은 정(情)과 통함.
- 3 居: 약(若)으로 고쳐야 한다(유월).

12

성내의 문정에서는 왕래하는 사람들의 증빙서를 엄밀하게 살펴서 증빙서가 의심스럽거나 증빙서가 없는 경우는 모두 현정에 알리고 그렇게 된 이유를 심문한다. 증빙서를 지닌 자는 관부에 잘 머물 수 있도록 한다. 그가 알고 있는 형제를 보고자 하는 경우에는 대신 불러주며 향리로 가게 하지 않는다. 삼로와 문지기는 자신의 요리사를 시켜 대접할 수 있게 한다. 기타 사소한 일을 하는 자는 향리로 들어갈 수 없다. 삼로는 평민의 집에 들어갈 수 없다. 향리에 명령을 전할 때는 우서로써 하고, 우서는 삼로의 거처에 보관하며 일반 백성에게는 그 집으로 명령을 전하고, 명령을 전하지 않거나 명령을 계류한 자는 단죄한다. 이졸과 백성이 증빙서 없이 멋대로 향리와 관부에 들어왔는데 관리와 삼로와 문지기가 제지하지 못한 경우에는 모두 단죄한다.

수성의 기계와 재물을 훔치거나 서로 도둑질한 것이 1전 이상의 가치가 되면 모두 단죄한다. 이졸과 백성은 각각 자신의 성명을 큰 글씨로 게시하고 관서에 부착하며 수비 대장이 관서를 순찰하여 함부로 들어온 자는 단죄한다. 성 위에서는 하루에 한 번 자리를 들어서 서로 바꾸어 사용하게 하고, 금지된 물건을 숨기고 말하지 않은 자는 단죄한다.

諸城門若亭, 謹候視往來行者符, 符傳疑, 若無符, 皆詣縣廷言, 請問其所使. 其有符傳者, 善舍官府. 其有知識兄弟欲見之, 爲召, 勿令里巷中. 三老[1]守閭令屬[2]繕夫爲答. 若他以事者微者, 不得入里中. 三老不得入家人. 傳令里中有以羽,[3] 羽在三所差,[4] 家人各令其官中,[5] 失令若稽留令者, 斷. 家有守者治食.[6] 吏卒民無符節, 而擅入里巷官府, 吏三老守閭者失苛止, 皆斷.

諸盜守器械財物, 及相盜者, 直[7]一錢以上, 皆斷. 吏卒民各自大書於桀,[8] 著之其署同,[9] 守案其署, 擅入者, 斷. 城上日臺廢席蓐, 令相錯發, 有匿不言人所挾藏在禁中者, 斷.

- 1　三老: 고대의 향관.
- 2　屬: 속(屬)으로 고쳐야 한다(손이양).
- 3　有以羽: 유(有)는 자(者)로 고쳐야 한다(소시학). 우(羽)는 우서(羽書)로 군중의 긴급 문서를 가리킨다.
- 4　所差: 노소(老所)로 고쳐야 한다(소시학).
- 5　官中: 집안. 관(官)은 궁(宮)으로 고쳐야 한다(소시학).
- 6　선부(繕夫)에 대한 주석으로 보인다.
- 7　直: 치(値)와 통함.
- 8　桀: 게(揭)와 통함.
- 9　同: 격(隔)으로 고쳐야 한다(손이양).

13

이졸과 백성 중에 죽은 자가 있으면 곧 그 가족들을 오게 하여 사공과 함께 매장하고 오랫동안 곡을 하지 못하게 한다. 상처가 심한 자는 귀가 해서 병을 다스리고 잘 요양하게 하고 의원과 약을 제공하며 하루에 술 2되와 고기 2근을 하사하고 관리로 하여금 자주 집에 가서 병이 나은 것을 보면 곧 귀대시킨다. 거짓으로 자신을 상하게 하여 일을 피한 자는 삼족을 멸한다. 전사자가 매장된 후에는 수비 대장은 관리를 시켜 직접 죽거나 다친 자의 집에 보내 위로하고 애도를 표시한다.

적들이 물러가고 전쟁이 그치면 신에게 제사한다. 수비 대장은 읍 가운데 호걸과 힘써 싸워서 공이 있는 자에게 상을 내리도록 하고, 반드시 사상자의 집에 직접 가서 조문하고 위로하며 직접 사망자의 유족을 만난다. 성의 포위가 풀리면 성주는 급히 사자를 보내 노고를 위로하고 공이 있는 자 및 사상자의 숫자를 보고하게 하여 작록을 내리고 수비 대장은 직접 그들을 높이고 총애하며 중시하고 있음을 밝혀서 적에 대한 원한이 맺히도록 한다.

吏卒民死者, 輒召其人, 與次司空葬之, 勿令得坐泣. 傷甚者令歸治病家善養, 予醫給藥, 賜酒日二升, 肉二斤, 令吏數行閒, 視病有廖, 輒造事上.[1] 詐爲自賊傷以辟[2]事者, 族之.[3] 事已, 守使吏, 身行死傷家, 臨戶而悲哀之.
寇去事已, 塞禱.[4] 守以令盆[5]邑中豪傑, 力斗諸有功者, 必身行死傷者家, 以弔哀之, 身見死事之后. 城圍罷, 主亟發使者往勞, 有功及死傷者數, 使爵祿, 守身尊寵明白貴之, 令其怨結於敵.

- 1 造事上: 귀대(歸隊)의 뜻.

- 2 辟: 피(避)와 통함.

- 3 族之: 연좌로서 삼족을 멸함을 가리킨다.

- 4 塞禱: 신의 도움에 보답하기 위한 제사.

- 5 益: 상(賞)의 뜻.

14

성 위의 병졸과 관리는 각각 그 좌우를 보호하여 만일 성의 정보를 밖의 첩자에게 제공하면 부모, 처자, 형제를 모두 단죄한다. 좌우에서 알면서도 체포하지 않고 알리지 않은 경우에도 모두 같은 죄로 다룬다. 성 아래 마을의 백성도 모두 서로 보호하며 성 위의 규정과 같게 한다. 그들을 체포하거나 알린 자에게는 1천 가의 읍을 봉지로 준다. 만일 자신의 좌우가 아닌 다른 대열의 범죄자를 체포하거나 알린 자에게는 2천 가의 읍을 봉지로 준다.

성의 금기: 이졸과 백성이 적의 휘장과 깃발을 모방한 경우에는 단죄한다. 명을 따르지 않는 자는 단죄한다. 멋대로 명령을 내리는 자는 단죄한다. 명령을 잘못 전달한 자는 단죄한다. 창에 의지하여 성에서 뛰어내리거나 오르고 내림에 무리와 함께하지 않는 자는 단죄한다. 응답이 필요하지 않을 때 함부로 소리를 지르는 자는 단죄한다. 죄인을 풀어주거나 공물을 분실한 자는 단죄한다. 적을 칭찬하면서 내부를 헐뜯는 자는 단죄한다. 부서를 벗어나 모여서 말하는 자는 단죄한다. 북소리를 듣고 다섯 번 지난 뒤에 부서에 오르는 자는 단죄한다. 사람들은 스스로 큰 서판을 만들어 부서에 부착하고 수비 대장은 반드시 스스로 그 선후를 순찰하여 자기 부서가 아닌데 함부로 들어온 자는 단죄한다. 좌우의 부서를 떠

나 함께 다른 부서에 들어갔는데 좌우에서 체포하지 않는 자나, 사적인
문건을 갖고 만나기를 청하거나 편지를 보내는 자나, 수비하는 일을 버려
두고 사적으로 가사를 돌보거나, 병졸과 백성이 처자를 훔치는 자는 모두
단죄하여 용서하지 않는다. 사람들이 보고한 것은 기록으로 남긴다. 부절
을 지니지 않고 멋대로 군중을 다니는 자는 단죄한다. 적이 성 아래에 있
을 때는 규정에 따라서 부서를 바꿀 수 있지만 취사병은 바꾸지 않는다.
적을 칭송하면서 숫자가 적은데도 많다고 하거나 적이 혼란스러운데 질
서가 있다고 하거나 적의 공격이 서툰데도 교묘하다고 하는 자는 단죄한
다. 피아 쌍방은 더불어 말하거나 물건을 빌려줄 수 없고, 적이 활로 글을
보내오면 집지 않으며, 겉으로 호감을 표시하더라도 호응해서는 안 되며,
명을 따르지 않은 자는 모두 단죄한다. 화살로 글을 보내는 것은 금지하
며, 만일 적에게 편지를 보내면 명령 어긴 자의 부모와 처자를 모두 단죄
한다. 당사자는 성문 위에 효시한다. 체포하거나 알린 자는 상으로 황금
20근을 준다. 규정한 때가 아닌데 통행할 수 있는 자는 오직 수비 대장과
태수의 증빙서를 지닌 사자이다.

城上卒若吏各保其左右, 若欲以城爲外謀者, 父母妻子同産皆斷. 左
右知不捕告, 皆與同罪. 城下里中家人皆相葆, 若城上之數. 有能捕
告之者, 封之以千家之邑. 若非其左右及他伍捕告者, 封之二千家之
邑.
城禁, 使[1]卒民不[2]欲寇微職[3]和旌者斷. 不從令者, 斷. 非[4]擅出令者,
斷. 失令者, 斷. 倚戟縣下城, 上下不與衆等者, 斷. 無應而妄讙呼
者, 斷. 總[5]失者, 斷. 譽客內毁者, 斷. 離署而聚語者, 斷. 聞城鼓
聲而伍后上署者, 斷. 人自大書版, 著之其署隔, 守必自謀[6]其先后,
非其署而妄入之者, 斷. 離署左右, 共入他署, 左右不捕挾私書, 行

請謁, 及爲行書者釋守事而治私家事, 卒民相盜家室嬰兒, 皆斷無赦.
人擧而藉之. 無符節而柄行軍中者, 斷. 客在城下, 因數易其數而無
易其養. 譽敵, 少以爲衆, 亂以爲治, 敵攻拙以爲巧者, 斷. 客主人
無得相與言及相藉,⁷ 客射以書, 無得譽,⁸ 外示內以善, 無得應, 不
從令者, 皆斷. 禁無得擧矢書, 若以書射寇, 犯令者, 父母妻子皆斷.
身梟城上. 有能捕告之者, 賞之黃金二十斤. 非時而行者, 唯守, 及
摻太守之節而使者.

- 1　使: 리(吏)로 고쳐야 한다.
- 2　不: 연문.
- 3　微職: 휘치(徽識)의 가차.
- 4　非: 연문.
- 5　總: 종(縱)으로 고쳐야 한다(손이양).
- 6　謀: 과(課)로 고쳐야 한다(손이양).
- 7　藉: 차(借)와 같다.
- 8　譽: 거(擧)로 고쳐야 한다(유월).

15

　수비 대장이 성에 부임해서는 반드시 삼가 원로와 관리 대부들을 방문
하여 원수가 되어 풀 수 없는 자가 있는지 물어보고 그 사람을 불러서 분
명하게 그로 하여금 해명하게 한다. 수비 대장은 반드시 그 사람들을 구
별하여 기록하고 격리하며, 사사로운 원한으로 성에 해를 끼치는 사람 가
운데 관리로 일하는 자라면 부모와 처자를 모두 단죄한다. 성 밖의 간첩
과 내통하는 자는 삼족을 멸한다. 그들을 체포하거나 알리는 자에게는 그

들이 지키는 읍의 대소에 따라서 봉지를 주며, 수비 대장은 또한 관인을 수여하고 관직을 특별히 높여주며 관리와 대부, 병졸과 백성으로 하여금 모두 분명히 알 수 있게 한다. 밖으로 제후와 교분이 많은 호걸들을 항상 초청하여 상급 관리로 하여금 알게 하고, 그들이 거주하는 곳의 관리에게 음식을 공급하도록 조치하며, 함부로 출입할 수 없도록 하고 인질로 삼아야 한다. 양리의 장로, 원로, 호걸의 친척 및 부모와 처자는 반드시 특별히 높이고 만일 가난한 자로서 음식을 공급받지 못한 자는 위에서 먹여준다. 용사의 부모와 친척, 처자에 대해서는 모두 때때로 술과 고기를 공급하여 반드시 공경하며 사는 곳은 반드시 태수와 가깝게 둔다. 수비 대장의 누각은 인질의 집을 마주하여 잘 배치하고 반드시 진흙을 골고루 바르며, 아래에서는 위를 볼 수 없고 위에서는 아래를 볼 수 있게 하고, 아래에서 위에 사람이 있는지 없는지 알 수 없게 해야 한다.

守入臨城, 必謹問父老吏大夫, 請有怨仇讐不相解者, 召其人, 明白爲之解之. 守必自異其人而藉之, 孤之, 有以私怨害城, 若吏事者, 父母妻子皆斷. 其以城爲外謀者, 三族. 有能得若捕告者, 以其所守邑, 小大封之, 守還授其印, 尊寵官之, 令吏大夫及卒民, 皆明知之. 豪傑之外多交諸侯者, 常請之, 令上[1]通知之, 善屬[2]之所居之吏上[3]數選[4]具之, 令無得擅出入, 連質之. 術鄕長者父老豪傑之親戚父母妻子, 必尊寵之, 若貧人食[5]不能自給食者, 上食之. 及勇士父母親戚妻子, 皆時酒肉, 必敬之, 舍之必近太守. 守樓臨質宮, 而善周, 必密塗樓, 令下無見上, 上見下, 下無知上有人無人.

- 1 上: 상급 관리.
- 2 善屬: 조치(措置)의 뜻.

- 3　吏上: 관리.
- 4　選: 찬(饌)과 같다.
- 5　食: 연문.

16

　수비 대장의 주변에는 청렴하고 충성스러우면서 능력이 있는 자를 천거하고 그들의 음식과 술과 고기는 금하지 않으며, 금전·포백·재물은 각자 지켜서 삼가 서로 훔치지 않도록 해야 한다. 보궁의 담장은 반드시 삼중으로 하고 바깥 담장의 수비자는 모두 담장 위에 자갈을 올려놓는다. 성문에는 관리를 두는데 성문과 마을의 문을 주관하고 열고 닫는 것은 반드시 태수의 부절에 따른다. 보궁의 위사는 반드시 수비병 가운데 믿음직한 자를 쓰고, 관리 가운데 충성스럽고 능력이 있는 자를 신중히 선택한다.

　장수를 보위할 때는 10척의 바깥 울타리를 쌓고 사방은 둥글게 담장을 두르며, 규문을 지키는 자가 아울러 사마의 문도 지키게 한다.

　망기자는 반드시 태수와 가깝게 머물러야 하고 무당의 숙소는 반드시 사당과 가깝게 하며 반드시 신을 공경해야 한다. 무축과 망기자는 반드시 좋은 말로 백성에게 알리고 수비 대장만이 진실한 정황을 알아야 한다. 무당과 망기자 가운데 함부로 좋지 않은 말을 하여 백성을 놀라게 하면 단죄하고 사면하지 않는다.

　守之所親, 擧吏貞廉忠信無害可任事者, 其飮食酒肉勿禁, 錢金布帛財物, 各自守之, 愼勿相盜. 葆宮[1]之牆必三重, 牆之垣守者皆累瓦釜牆上. 門有吏, 主者門里, 篕[2]閉, 必須太守之節. 葆衛必取戍卒有重厚者, 請[3]擇吏之忠信者,[4] 無害可任事者.

令將衛, 自築十尺之垣, 周還⁵牆, 門閨者, 非⁶令衛司馬門.

望氣者, 舍必近太守, 巫舍必近公社, 必敬神之. 巫祝史與望氣者,
必以善言告民, 以請上報守, 守獨知其請而已. 無⁷與望氣, 妄爲不善
言驚恐民, 斷弗赦.

- **1** 葆宮: 인질들의 집.
- **2** 筦: 관(管)과 같다. 관(管)은 관(關)과 통함.
- **3** 請: 근(謹)으로 고쳐야 한다(손이양).
- **4** 者: 연문.
- **5** 還: 환(環)과 통함.
- **6** 非: 병(幷)으로 고쳐야 한다(손이양).
- **7** 無: 무(巫)로 고쳐야 한다(왕인지).

17

 식량이 부족함을 고려하여 백성이 각자 헤아려 집마다 오곡의 수량을
보고하는 기한을 정하고 장부에 기록하여 관리가 그에 상응하는 물자를
상환하는데, 기간이 다 되었는데 숨기고 헤아리지 않거나 헤아린 것이 확
실하지 않으면 관리로 하여금 사찰하게 하여 모두 단죄한다. 체포하거나
알리는 사람에게는 10분의 3을 상으로 준다. 거두어들인 곡식, 포백, 금
전과 축산품은 모두 공정한 가격을 정하여 주인에게 영수증을 써서 준다.
전쟁이 끝나면 모두 각각 그 가격에 따라 배상한다. 또한 그 가격의 높고
낮음과 물건의 많고 적음에 따라 벼슬을 내리고 관리가 되기를 원하는 자
는 허락하고, 관리를 원하지 않고 작록을 받기를 바라는 자나 친척이나
지인을 사면해주길 바라는 자는 허락해준다. 상을 받은 자들은 보궁에 얼

굴을 보이게 하여 그의 친척들과 함께한다. 물자를 다시 진상하려는 자는 모두 두 배의 작록을 상으로 준다. 어떤 현의 어떤 마을에 어떤 자의 식구는 2명인데 쌓아둔 곡식이 600석이고, 어떤 마을 어떤 자의 식구는 10명인데 쌓아둔 곡식이 100석이라고 기록한다. 곡식을 송출하는 기일을 두고, 기일이 지났는데 송출하지 않는 경우에는 몰수하여 왕공이 소유하며 정보를 알려주는 자에게는 10분의 3을 상으로 준다. 신중히 처리하여 백성이 아군 군량미의 많고 적음을 알 수 없게 한다.

度食不足, 食民各自占, 家五種[1]石升數, 爲期, 其在蓴害,[2] 吏與雜訾,[3] 期盡匿不占, 占不悉, 令吏卒䑛[4]得, 皆斷. 有能捕告, 賜什三. 收粟米布帛錢金, 出內畜産, 皆爲平直其賈, 與主劵人書之. 事已, 皆各以其賈倍償之. 又用其賈貴賤多少賜爵, 欲爲吏者許之, 其不欲爲吏, 而欲以受賜賞爵祿, 若贖出親戚所知罪人者, 以令許之. 其受構[5]賞者令葆宮見, 以與其親. 欲以復佐上者, 皆倍其爵賞. 某縣某里某子, 家食口二人, 積粟六百石, 某里某子, 家食口十人, 積粟百石. 出粟米有期日, 過期不出者, 王公有之, 有能得, 若告之, 賞之什三. 愼無令民知吾粟米多少.

- 1 五種: 오곡(五穀).
- 2 蓴害: 박자(薄者)로 고쳐야 한다(손이양). 박(薄)은 부(簿)와 같다.
- 3 訾: 자(貲)와 통함. 자(貲)는 자(資)와 같다.
- 4 䑛: 미(微)로 고쳐야 한다(왕인지).
- 5 構: 구(購)와 통함.

18

수비 대장이 성에 들어와서는 먼저 정탐으로부터 시작하는데, 정탐꾼을 얻으면 보궁에서 훈련시키면서 아군의 수비에 대해 알 수 없도록 한다. 정탐꾼은 서로 다른 집에서 살게 하며 부모, 처자와 모두 같은 집에서 살게 하고 의식과 술과 고기를 내리고 믿을 만한 관리가 그들을 잘 대하게 한다. 정탐꾼이 돌아와 아뢰면 심문한다. 수비 대장의 집은 세 겹으로 하는데 바깥 둘레 모퉁이에 누각을 짓고 안쪽 둘레에도 누각을 지으며 누각에서 보궁으로 들어가는 데에는 1장 5척의 복도를 만든다. 보궁에는 내실을 두지 않으며 사흘마다 한 차례 풀 자리를 들어서 대략 살피고 띠풀을 실내에 까는데 두께는 3척 이상이다. 정탐꾼을 파견할 때는 반드시 향읍의 충성스럽고 믿음직한 사람을 부리고 친척과 처자가 있는 경우에는 좀더 봉록을 제공한다. 반드시 반복해서 정탐꾼을 파견해야 하며 그들의 친척과 처자를 위해서 별도의 숙소를 만들어 대중과 함께하지 않도록 하고 술과 고기를 먹을 수 있게 한다. 다른 곳에 정탐꾼을 파견할 때에는 이전의 정탐꾼과 마찬가지로 봉록을 제공한다. 돌아오면 비교하여 살펴보고 후하게 상을 내리고 정탐을 세 번 나가서 세 번 신뢰할 만하면 더욱 후하게 상을 내린다. 상록을 받지 않고 관리가 되기를 바라는 자는 200석의 관리를 허락하고 수비 대장이 관인을 수여한다. 그가 관리가 되기를 바라지 않고 상록을 받기를 바란다면 모두 이전과 같게 한다. 깊이 들어가 적의 수도에 도달한 정탐꾼이 있을 경우 심문하여 믿을 만한 정보라면 다른 정탐꾼보다 두 배의 상을 준다. 그가 상을 받기를 바라지 않고 관리가 되고자 한다면 300석의 관리를 허가한다. 위사가 상을 받는 경우 수비 대장이 반드시 직접 그의 친척이 있는 곳에 가서 그가 수비 대장이 신임하고 있음을 보인다. 만일 그가 다시 기부한다면 그들의 작록과 사면할 수 있는 죄인의 숫자를 배가한다.

守入城, 先以候爲始, 得輒宮養之, 勿令知吾守衛之備. 候者爲異宮,
父母妻子, 皆同其宮, 賜衣食酒肉, 信吏善待之. 候來若復就閒. 守
宮三難,[1] 外環隅爲之樓, 內環爲樓, 樓入葆宮丈五尺爲復道. 葆不得
有室, 三日一發席蓐, 略視之, 布茅宮中, 厚三尺以上. 發候, 必使
鄕邑忠信善重士, 有親戚妻子, 厚奉資之. 必重發候, 爲養其親, 若
妻子, 爲異舍, 無與員同所, 給食之酒肉. 遣他候, 奉資之如前候.
反, 相參審信, 厚賜之, 候三發三信, 重賜之. 不欲受賜而欲爲吏者,
許之二百石之吏, 守珮授之印. 其不欲爲吏而欲受構賞祿, 皆如前.
有能入深至主國者, 問之審信, 賞之倍他候. 其不欲受賞, 而欲爲吏
者, 許之三百石之吏. 扞士受賞賜者, 守必身自致之其親之其親之[2]
所, 見其[3]見守之任. 其復以佐上者, 其構賞爵祿, 罪人倍之.

- **1** 難: 잡(雜)으로 고쳐야 한다(손이양). 잡(雜)은 잡(匝)과 통함.
- **2** 其親之: 연문.
- **3** 見其: 영기(令其)로 고쳐야 한다(소시학).

19

경계병의 파견은 10리를 넘지 않도록 하며 높은 곳의 편리한 곳에 표
지를 세우고 표지는 세 사람이 지킨다. 성까지 도달하는 데 세 개의 표지
를 세우고 성 위의 봉수대와 서로 바라볼 수 있게 하고, 낮에는 봉화를 올
리고 밤에는 횃불을 든다. 적이 온다는 소식을 들으면 적의 형태와 공격
여부를 파악하여 성이 작아서 스스로 요로를 지킬 수 없다고 생각되면 노

약자, 곡식, 축산을 모두 보호해야 한다. 파견한 경계병은 50명이 넘어서는 안 되며 적이 성첩에 도달하면 그곳에서 떠나서 조심하면서 지체해서는 안 된다. 경계병의 총수는 300명을 넘어서는 안 되며, 날이 저물면 성밖에 나갈 때는 휘장을 달아야 한다. 광야와 요새 가운데 사람이 왕래한 흔적이 있으면 추적하도록 명령하는데, 추적자는 1리에 3명 이상으로 하고 날이 밝을 때 추적하고 각각 표지를 세워서 성 위에서 호응할 수 있게 한다. 경계병은 전표를 넘어가지만, 척후병은 곽문의 안팎에 앉아 있는데 표지를 세워서 병졸의 절반은 문 안에 있게 하여 적이 많고 적음을 알 수 없게 해야 한다. 돌발 상황이 벌어져 적이 전표를 넘어오게 되면 성 위에서는 깃발로 지휘하고 척후병은 앉아서 북을 치고 깃발을 세워서 전투 태세를 갖추고 깃발이 지시하는 바를 따른다. 적을 발견하면 한 곳에 봉화를 올리고, 경계선에 들어오면 두 곳에 봉화를 올리며, 외성에 가까워지면 세 곳에 봉화를 올리고, 외성에 들어오면 네 곳에 봉화를 올리며, 성에 가까워지면 다섯 곳에 봉화를 올린다. 밤에는 횃불로 하는데 모두 이와 같다. 외성과의 거리가 100보 이내의 담장과 수목은 크고 작은 것을 막론하고 모두 제거한다. 성 밖의 빈 우물은 모두 메워서 물을 길을 수 없도록 한다. 성 밖의 빈집은 모두 허물고 나무는 모두 베어버린다. 성을 공격할 수 있는 모든 것은 성내로 들이고 그 주인이 각각 기록한 것을 갖게 하고, 전쟁이 끝나면 각각 기록한 것으로 취할 수 있게 한다. 관리는 증서를 만들어 그 매수를 기록한다. 도로의 재목 가운데 들여오지 못한 것은 즉시 태워서 적이 쓸 수 없게 한다.

出候[1]無過十里, 居高便所樹表, 表三人守之. 比至城者三表, 與城上烽燧相望, 晝則擧烽, 夜則擧火. 聞寇所從來, 審知寇形必攻, 論小城不自守通者, 盡葆[2]其老弱粟米畜産. 遣卒候者無過五十人, 客至堞去之. 愼無厭建.³ 候者曹無過三百人, 日暮出之, 爲微職. 空隊要塞之人所往來者, 令可□迹者,⁴ 無下里三人, 平而迹, 各立其表, 城上應之. 候出越陳表,⁵ 遮⁶坐郭門之外內, 立其表, 令卒之半居門內, 令其少多無可知也. 卽有驚, 見寇越陳去, 城上以麾指之, 迹⁷坐擊正期以戰備, 從麾所指. 望見寇, 舉一垂. 入竟,⁸ 舉二垂. 狎郭, 舉三逢. 入郭, 舉四垂. 狎城, 舉五垂. 夜以火, 皆如此. 去郭百步, 牆垣樹木小大盡伐除之. 外空井盡窒之, 無令可得汲也. 外空窒⁹盡發¹⁰之, 木盡伐之. 諸可以攻城者盡內¹¹城中, 令其人各有以記之, 事以,¹² 各以其記取之. 事¹³爲之券, 書其枚數. 當遂材木, 不能盡內, 卽燒之, 無令客得而用之.

- 1 候: 여기서는 경계병을 가리킨다.
- 2 葆: 보(保)와 같다.
- 3 建: 체(逮)로 고쳐야 한다(손이양).
- 4 이 부분은 '人所往來者, 令可以迹, 迹者, 無下里三人, 平而迹'으로 고쳐야 한다(왕인지).
- 5 陳表: 전표(田表). 성곽 밖 전야의 표지.
- 6 遮: 척후병.
- 7 迹: 차(遮)로 고쳐야 한다(소시학).
- 8 竟: 경(境)과 같다.
- 9 窒: 실(室)로 고쳐야 한다(왕인지).
- 10 發: 폐(廢)와 같다.
- 11 內: 납(納)과 같다.
- 12 以: 이(已)와 통함.
- 13 事: 리(吏)로 고쳐야 한다(소시학).

20

　사람들은 자신의 이름을 판자에 써서 관서에 부착해둔다. 유사가 담당하는 곳을 벗어나면 방종한 법에 따르는데 그 귀를 뚫는 벌을 준다. 오만한 낯빛으로 바른 사람을 기만하거나 지나치게 소란을 피우고 조용하지 않거나 길에 대중을 저지하거나 관사의 일에 늦게 나오거나 때가 지났는데 휴가를 신청하지 않는 경우는 그 귀를 뚫는 벌을 준다. 소란을 피워서 대중을 놀라게 하면 사형에 처한다. 상관을 비방하면서 간언하지 않거나 방자하게 흉언을 내면 사형에 처한다. 감히 군중에 악기, 바둑, 장기를 두지 못하게 하며 어긴 자는 귀를 뚫는다. 유사의 명이 아니면 감히 수레를 달리거나 사람이 달리지 못하게 하며 어긴 자는 귀를 뚫는다. 감히 군중에 우마를 풀어놓지 못하게 하며 어기면 귀를 뚫는다. 때가 아닌데 음식을 먹으면 귀를 뚫는다. 감히 군중에서 노래를 부르거나 곡을 하지 못하게 하며 어기면 귀를 뚫는다. 각각 법을 집행하고 죽일 자를 죽이며 유사가 죄가 있는 것을 보고서 주벌하지 않으면 같은 벌에 처한다. 만일 혹시라도 도망치면 또한 사형에 처한다. 만일 장수가 대중을 인솔하여 전투하는데 법을 위반하면 사형에 처한다. 만일 유사가 사졸과 이민으로 하여금 금령을 알리지 않았다면 대신 처벌한다. 보통 저잣거리에서 사람을 처형하고 주검을 사흘 동안 대중에게 보인다.

> 人自大書版, 著之其署忠.[1] 有司出其所治, 則從[2]淫之法, 其罪射.[3]
> 務[4]色謾正, 淫嚻不靜, 當路尼[5]衆, 舍事後就, 逾時不寧, 其罪射.
> 讙嚻駴[6]衆, 其罪殺. 非上不諫, 次主[7]凶言, 其罪殺. 無敢有樂器樊
> 騏[8]軍中, 有則其罪射. 非有司之令, 無敢有車馳人趨, 有則其罪射.
> 無敢散牛馬軍中, 有則其罪射. 飲食不時, 其罪射. 無敢歌哭於軍中,

有則其罪射. 令各執罰盡殺, 有司見有罪而不誅, 同罰. 若或逃之,
亦殺. 凡將率斗其衆失法, 殺, 凡有司不使去[9]卒吏民聞誓令, 代之服
罪, 凡戮人於市, 死上目行.[10]

- **1** 忠: 중(中)과 같다.
- **2** 從: 종(縱)과 통함.
- **3** 射: 고대 형벌의 하나. 화살로 귀를 뚫는 형벌.
- **4** 務: 긍(矜)으로 고쳐야 한다(소시학).
- **5** 尼: 지(止)로 고쳐야 한다(필원).
- **6** 騋: 해(駭)와 같다.
- **7** 次主: 자출(恣出)로 고쳐야 한다.
- **8** 檠騏: 혁기(奕棋). 바둑과 장기.
- **9** 去: 사(士)로 고쳐야 한다.
- **10** 上目行: 삼일순(三日循)으로 고쳐야 한다(손이양).

21

시위는 영문의 밖에서 대기하고 두 내열로 만들어 문 양쪽에 앉으며,
식사는 교대로 하여 사람이 없어서는 안 된다. 문밖의 시위 가운데 한 명
의 우두머리를 두고 수비 대장은 자주 안으로 들어오게 하여 도망자를 살
핌으로써 시위와 우두머리를 독려하고, 도망자가 있을 경우 안에서 보고
하게 한다. 네 명은 영문의 양쪽 안에 앉고 두 명은 산문의 양쪽 바깥에
앉는다. 손님이 오면 무기를 들고 앞에 서며, 식사는 교대로 하며 시위의
이름을 보고한다. 수비 대장의 집 부근에는 높은 누대를 세우고 경계병
이 먼 길에서 오는 수레와 기병이나 성내의 수상한 것을 발견하면 곧 수

비 대장에게 말한다. 수비 대장은 성 위에서 성문을 척후한 것과 읍리가 와서 보고한 일을 가지고 확인해야 하며 누대 아래에 있는 사람은 경계병의 말을 받아서 수비 대장에게 보고한다. 중연 두 명이 산문의 양쪽 안에 앉고 문은 항상 닫아두며 식사는 교대로 하고 중연 가운데 한 명이 우두머리가 된다. 수비 대장의 집 주변의 도로에는 협도를 설치하고 그 양쪽에 각각 담을 쌓는데 높이는 1장이며 비예를 만들어 사졸이 양쪽에서 보궁을 살피게 한다. 문건은 반드시 신중하게 참험해서 규정에 맞지 않으면 바로잡게 한다. 협도 밖의 길에 모두 누대를 세워서 높은 곳에서 마을을 내려다볼 수 있게 하고, 누대에는 북 하나와 화로를 둔다. 상황이 발생하면 북을 치는데 관리가 도착하면 그친다. 밤에는 불로 북이 있는 곳을 밝혀둔다. 성 아래 50보마다 측간을 두는데 측간은 성 위에 있는 오물과 통하게 한다. 죄과가 있지만 단죄를 하지 않은 자로 하여금 측간을 청소하게 한다.

謁者[1]侍令門[2]外, 爲二曹, 夾門坐, 鋪[3]食更, 無空. 門下謁者一長, 守數令入中, 視其亡者, 以督門尉與其官長, 及亡者入中報. 四人夾令門內坐, 二人夾散門[4]外坐. 客見, 持兵立前, 鋪食更, 上侍者名. 守室[5]下高樓, 候者望見乘車若騎卒道外來者, 及城中非常者, 輒言之守. 守以須城上候城門及邑吏來告其事者以驗之, 樓下人受候者言以報守. 中涓[6]二人, 夾散門內坐, 門常閉, 鋪食更, 中涓一長者. 環守宮之術衢, 置屯道,[7] 各垣其兩旁, 高丈, 爲坲倪,[8] 立初雞足置,[9] 夾挾視葆食.[10] 而札書得必謹案視參食[11]者, 節[12]不法, 正請[13]之. 屯陳垣外術衢街皆樓, 高臨里中, 樓一鼓聾竈. 卽有物故, 鼓. 吏至而止. 夜以火指鼓所. 城下五十步一廁, 廁與上同圂. 請[14]有罪過而可無斷者, 令杼[15]廁利之.

- 1 謁者: 시위(侍衛).
- 2 令門: 관서의 문을 가리킨다.
- 3 鋪: 포(舗)와 통함.
- 4 散門: 정문을 제외한 다른 문을 가리킨다.
- 5 室: 당(堂)으로 고쳐야 한다(손이양).
- 6 中涓: 문서의 보관 및 전달을 담당하는 시종.
- 7 屯道: 협도(夾道).
- 8 埠睨: 비예(俾倪). 밖을 살피기 위한 담장에 뚫은 구멍.
- 9 立初難足置: 미상.
- 10 夾挾視葆食: '卒夾視葆舍'로 고쳐야 한다(손이양).
- 11 食: 험(驗)으로 고쳐야 한다(왕염손).
- 12 節: 즉(卽)으로 고쳐야 한다(손이양).
- 13 正請: 지힐(止詰)로 고쳐야 한다.
- 14 請: 제(諸)로 고쳐야 한다(손이양).
- 15 杼: 서(抒)와 통함.

71. 잡수(雜守)

이 편은 성의 방위에 대한 사항을 서술하였지만 대부분의 내용이 앞
편들과 중첩되며 따라서 '잡수'라고 명명하였다. 다만 어떻게 양식을
징발하여 절약하고 축적해서 성을 견고하게 지키는 것이 이로운지,
어떻게 해자에 화살을 매장하여 적을 공격할 수 있는지 등의 내용은
앞 편의 보충이라고 할 수 있다. 무엇보다 묵자의 군사학 자료집에서
공통적으로 강조되는 것은 적의 침공을 앞두고 우선 민심을 통일하
여 고양하여야 한다는 것이다. 끝으로 묵자는 아무리 수비에 만전을
기하더라도 지키지 못하는 다섯 가지 경우를 나열하고, 만 가구를 거
느리는 성은 사방 3리는 되어야 한다는 조건을 제시하였다.

1

금자가 물었다.

"적들이 많고 용감하고 교만하게 위세를 보이며 아군을 두렵게 합니
다. 장작과 흙을 갖추어 기지를 만들고 흙을 쌓아 높게 만들어 백성을 내
려다보면서 큰 방패로 앞을 가리고 마침내는 성에 붙어서 무기와 쇠뇌를
갖추고 있다면 어떻게 해야 합니까?"

묵자가 말하였다.

"그대는 양검을 막는 방법을 묻는 것인가? 양검은 공격 가운데 졸렬한
방법으로 병졸을 피곤하게 할 수 있지만 성을 해칠 수 없다. 양검으로 공

격할 때 멀리서 공격하면 멀리서 막고, 가까이서 공격하면 가까이서 막으면 성에 이를 수 없다. 화살과 돌이 그치지 않도록 좌우에서 활을 쏘고 뇌석으로 뒤를 이으면 견고하게 보일 수 있다. 아군의 정예병을 독려하고 절대 뒤돌아보지 않도록 하며 수비병이 거듭해서 아래를 공격하면 공격자들이 쉽게 떠날 것이다. 용사를 배양하고 사기를 높이면 민심이 백배가될 것이고 적을 많이 잡은 자에게 후한 상을 내리면 병졸들이 나태해지지않는다."

禽子問曰, 客衆而勇, 輕意見威, 以駭主人. 薪土俱上, 以爲羊坽,[1] 積土爲高以臨民, 蒙櫓俱前, 遂屬之城, 兵弩俱上, 爲之奈何. 子墨子曰, 子問羊坽之守邪. 羊坽者, 攻之拙者也, 足以勞卒, 不足以害城. 羊坽之政,[2] 遠攻則遠害,[3] 近城[4]則近害, 不至城. 矢石無休, 左右趣射, 蘭[5]爲柱後, 望以[6]固, 厲吾銳卒, 愼無使顧, 守者重下, 攻者輕去. 養勇高奮, 民心百倍, 多執數少,[7] 卒乃不怠.

- 1 羊坽: 「비고림」편에 보이는 양검(羊黔)과 같다. 흙을 쌓아 만든 기지.
- 2 政: 공(攻)으로 고쳐야 한다.
- 3 害: 어(圉)로 고쳐야 한다(손이양). 어(圉)는 어(禦)와 같다.
- 4 城: 공(攻)으로 고쳐야 한다.
- 5 蘭: 린(蘭). 뇌석.
- 6 以: 이(已)와 같다.
- 7 少: 상(賞)으로 고쳐야 한다(왕염손).

2

흙을 쌓는 것을 그치지 않아서 막을 수 없게 되고 마침내는 성에 접근하였다면 운제를 막는 방법으로써 대응한다. 무릇 적의 메우기, 충거, 운제, 높은 곳에 대응하는 방법은 반드시 행성에서 방어하는 것인데 부족하다면 목곽으로써 하며 범위는 왼쪽으로 백 보, 오른쪽으로 백 보로 한다. 화살, 돌, 모래, 숯을 빗발치듯이 투하하고 장작불과 끓는 물로 돕는다. 정예병을 선발하여 절대 돌아보지 못하게 하고 신상필벌하며, 침착하게 일을 처리하고 신속하게 대응하여 다른 생각이 들지 않게 한다. 용사를 배양하고 사기를 높이면 민심이 백배가 될 것이고 적을 많이 잡은 자에게 후한 상을 내리면 병졸들이 나태해지지 않는다. 충거, 높은 곳, 운제는 모두 충거로써 막는다.

作士[1]不休, 不能禁禦, 遂屬之城, 以禦雲梯之法應之. 凡待煙[2]衝[3]
雲梯臨之法, 必應城以禦之, 曰不足, 則以木椁之, 左百步, 右百步,
繁下矢石沙炭以雨之, 薪火水湯以濟之. 選厲銳卒, 愼無使顧, 審賞
行罰, 以靜爲故, 從之以急, 無使生慮. 恚痛高憤,[4] 民心百倍, 多執
數賞, 卒乃不怠. 衝臨梯皆以衝衝之.

- 1 士: 토(土)로 고쳐야 한다.
- 2 煙: 인(堙)과 같다.
- 3 衝: 충거(衝車).
- 4 恚痛高憤: 1조의 '養勇高奮'과 같다.

3

거의 길이는 1장 5척인데 땅에 묻는 부분은 3척이고 노출된 부분은 1장 2척이다. 제거의 너비는 1장 6척이고 그 사다리는 1장 2척이며 그 추는 4척이다. 거를 세울 때 성첩과의 거리가 5촌을 넘지 않도록 하고 제거는 10장마다 한 개의 사다리를 둔다. 거와 차단 막은 대략 1리 258보이며 거와 차단 막은 총 129개이다.

성 밖 도로에는 요새를 만들어 적을 어렵게 하며 특히 요해처에는 세 개의 정자를 만드는데 정자는 삼각형인 직녀성과 같이 해서 서로 도울 수 있어야 한다. 각종 토산, 산림, 하구, 구릉, 전야, 성문이나 마을의 문 등 요새가 될 수 있는 곳에는 표지를 만들어서 왕래하는 자의 다소 및 매복처를 추적할 수 있도록 한다.

백성을 보호할 때는 먼저 성의 관부, 백성의 집, 각종 관서를 선정하여 크고 작음에 따라 조정하고, 보호하는 자가 형제나 알고 있는 사람을 함께 보호하길 원할 때는 허락한다. 성 밖 민가의 곡식, 축산, 재물 가운데 성에 도움이 될 수 있는 것은 성내로 옮기고, 일이 급하면 성문 내에 쌓아 둔다. 백성이 올린 곡식, 포백, 금전, 우마, 축산은 모두 공정한 가격으로 평가하여 증빙서를 써 준다.

渠[1]長丈五尺, 其埋者三尺, 矢[2]長丈二尺. 渠[3]廣丈六尺, 其弟[4]丈二尺, 渠之垂者四尺. 樹渠無傳葉[5]五寸, 梯渠十丈一梯. 渠苔大數, 里二百五十八,[6] 渠苔百二十九.
諸外道可要塞以難寇, 其甚害者爲築三亭, 亭三隅, 織女之, 令能相救. 諸距阜山林溝瀆丘陵阡陌郭門若閭術,[7] 可要塞及爲微職,[8] 可以迹知往來者少多及所伏藏之處.

葆⁹民，先擧城中官府民宅室署，大小調處，葆者，或欲從兄弟知職者，許之．外宅粟米畜産財物，諸可以佐城者，送入城中，事卽急，則使積門內．民獻粟米布帛 金錢牛馬畜産，皆爲置¹⁰平賈，¹¹ 與主券書之．

- 1 渠: 방어 병기의 하나. 「비성문」 편에 보인다.
- 2 矢: 부(夫)로 고쳐야 한다. 부(夫)는 부(膚)와 통함.
- 3 渠: 제거(梯渠)를 가리킨다(손이양).
- 4 弟: 제(梯)와 같다.
- 5 葉: 첩(堞)과 통함.
- 6 八: 팔보(八步)로 고쳐야 한다.
- 7 閭術: 이문(里門).
- 8 微職: 휘치(徽識)와 같다. 표지.
- 9 葆: 보(保)와 같다.
- 10 置: 치(値)와 통함.
- 11 賈: 가(價)와 같다.

4

　사람을 부릴 때는 각각의 장점을 얻어야만 천하의 일이 합당해지고, 직분을 나눔이 공평해야만 천하의 일이 제대로 진행되며, 모든 사람이 기뻐해야만 천하의 일이 갖추어지고 강자와 약자에 분수가 있어야만 천하의 일이 갖추어진다.

　봉화대를 관리하는 정자는 둥글게 만드는데 높이는 3장 이상으로 하고 경사지게 한다. 손잡이가 있는 사다리를 만드는데 사다리 양쪽 손잡이의 길이는 3척이고 발판도 3척이며 밧줄로 감아서 연결한다. 참호 양쪽을 연결하는 다리를 만든다. 이동식 화로를 두고 정자마다 한 개의 북을 둔다. 적의 침입을 알리는 봉화, 놀랄 만한 일을 알리는 봉화, 소란을 알리는 봉화 등이 전해지면 차례로 호응하여 국도에 전해지면 그치고, 일이 급한 경우에는 손으로 올렸다 내렸다 한다. 봉화가 들리면 다섯 차례 북을 치고 이어서 불을 피워서 침입한 적의 다소를 전하는데 지체해서는 안 되며, 오고 가는 것이 여러 번 바뀌더라도 봉화는 그만두어서는 안 된다. 멀리서 적을 발견하면 한 곳에서 봉화를 올리고, 경계선에 들어오면 두 곳에서 봉화를 올리며, 적이 요새를 공격하면 세 곳에서 봉화를 올리면서 세 번 북을 치고, 적이 외성에 모이면 네 곳에서 봉화를 올리면서 네 번 북을 치며, 적이 본성에 모이면 다섯 곳에서 봉화를 올리면서 다섯 번 북을 친다. 야간에는 횃불로써 하며 이와 같은 횟수로 한다. 봉화를 지키는 일은 중요하다.

使人各得其所長, 天下事當, 鈞其分職, 天下事得, 皆其所喜, 天下事備, 强弱有數, 天下事具矣.

築郵亭[1]者圜之, 高三丈以上, 令侍[2]殺. 爲辟[3]梯, 梯兩臂長三尺, 連門[4]三尺, 報以繩連之, 棨再雜[5]爲縣梁. 龔竈, 亭一鼓. 寇烽驚烽亂烽, 傳火以次應之, 至主國止, 其事急者, 引而上下之. 烽火以[6]擧, 輒五鼓傳, 又以火屬之, 言寇所從來者少多, 旦弇還,[7] 去來屬次烽勿罷. 望見寇, 擧一烽. 入境, 擧二烽. 射妻,[8] 擧三烽一藍.[9] 郭會, 擧四烽二[10]藍. 城會, 擧五烽五藍. 夜以火, 如此數. 守烽者事急.

- 1   郵亭: 봉화대를 관리하는 정자.
- 2   侍: 의(倚)로 고쳐야 한다(손이양).

- 3 臂: 비(臂)와 통함.
- 4 門: 판(版)으로 고쳐야 한다.
- 5 雜: 잡(匝)과 통함.
- 6 以: 이(己)와 통함.
- 7 旦枲還: 무엄건(毋枲建)으로 고쳐야 한다(손이양).
- 8 妻: 요(要)로 고쳐야 한다(손이양).
- 9 一藍: 삼고(三鼓)로 고쳐야 한다(왕인지).
- 10 二: 사(四)로 고쳐야 한다.

5

정찰병은 50명을 넘어서는 안 되며, 적이 성첩에 이르면 즉시 그곳을 떠나며 지체해서는 안 된다. 날이 저문 뒤 정찰을 나갈 때는 모두 표시를 달아야 한다. 고지와 산림은 모두 추적할 수 있는 곳인데 날이 밝으면 추적한다. 흔적이 없으면 각각 표지를 세우고 성 위에서는 호응한다. 정찰병은 나가서 전표를 설치하고, 척후병은 외성의 내외에 앉아서 기치를 세우는데 병졸의 절반은 안에 두어 적으로 하여금 많고 적음을 알 수 없도록 한다. 급한 일이 있으면 성 밖의 첫 번째 전표를 들고, 적을 발견하면 두 번째 전표를 든다. 성 위에서는 깃발로 지휘하고 척후병은 북을 치고 깃발을 들며, 전투 준비는 깃발의 지휘를 따른다. 농사일을 하던 남자들은 척후병을 따라서 전투 준비를 하고 여자들은 급히 성내로 들어온다. 적을 발견하고 북소리가 성에 전해지면 그친다. 표지를 지키는 자는 세 명이며 교대로 봉화대를 지키면서 적의 동정을 살핀다. 수비 대장은 기병이나 관리를 시켜 주변을 살피게 하여 그들의 행동을 알아낸다. 그들에게 북 하나를 두고 적이 멀리 보이면 북을 치고 소식이 성에 전해지면 그친다.

候無過五十, 寇至葉,¹ 隨去之, 唯²弆逮. 日暮出之, 令皆爲微職. 距阜山林, 皆令可以迹, 平明而迹. 無迹, 各立其表, 下城³之應. 候出置田表, 斥坐郭內外, 立旗幟, 卒半在內, 令多少無可知. 卽有驚, 擧孔⁴表, 見寇, 擧牧表. 城上以麾指之, 斥步鼓整旗, 旗⁵以備戰從麾所指. 田者男子以備備⁶從斥, 女子亟走入. 卽見放,⁷ 到傳⁸到城止. 守表者三人, 更立捶表⁹而望. 守數令騎若吏行旁視, 有以知爲¹⁰所爲. 其曹一鼓. 望見寇, 鼓傳到城止.

- **1** 葉: 첩(堞)과 통함.
- **2** 唯: 무(毋)로 고쳐야 한다.
- **3** 下城: 성상(城上)으로 고쳐야 한다.
- **4** 孔: 외(外)로 고쳐야 한다(손이양).
- **5** 旗: 연문.
- **6** 備: 전비(戰備)로 고쳐야 한다.
- **7** 放: 구(寇)로 고쳐야 한다(손이양).
- **8** 到傳: 고전(鼓傳)으로 고쳐야 한다(왕인지).
- **9** 捶表: 우표(郵表). 봉화대를 가리킨다.
- **10** 知爲: 지기(知其)로 고쳐야 한다.

6

매일 한 말의 양식을 먹으면 일 년이면 36석이다. 한 말의 3분의 2를 먹으면 일 년이면 24석이고, 4분의 2를 먹으면 일 년이면 18석이며, 5분의 2를 먹으면 14석 4말이고 6분의 2를 먹으면 일 년이면 12석이다. 매일 한 말의 양식을 먹는 사람은 한 끼에 5되를 먹는 것이고, 한 말의 3분의 2를 먹는 사람은 한 끼에 3되를 조금 더 먹는 것이며, 한 말의 4분의 2를 먹는 사람은 한 끼에 2되 반을 먹는 것이고, 5분의 2를 먹는 사람은 한 끼에 2되를 먹는 것이며, 6분의 2를 먹는 사람은 한 끼에 1되보다 더 먹는 것이다. 긴급할 때를 위해서 하루에 2되를 절약하면 20일을 버틸 수 있고, 하루에 3되를 절약하면 30일을 버틸 수 있으며, 하루에 4되를 절약 하면 40일을 버틸 수 있으니, 이와 같이 하면 백성은 90일의 절약 때문에 기아에서 벗어날 수 있다.

적이 접근하면 급히 변경의 쇠로 된 기구나 동철 및 기타 수비에 도움 이 될 만한 것을 거두어들인다. 먼저 관리의 집이나 관부에서 급하지 않 은 것이나 재목의 대소와 장단 및 전체 수량을 기록하여 긴급할 때 우선 징발한다. 적이 아주 가까워지면 집을 철거하고 벌목하며 비록 면담을 신 청하더라도 듣지 않는다. 장작을 들일 때는 물고기 비늘처럼 들쭉날쭉하 게 쌓아서는 안 되며 길 한복판에 두어 쉽게 취할 수 있게 한다. 재목을 모두 들일 수 없는 경우에는 태워서 적이 쓸 수 없도록 한다. 나무를 쌓을 때는 각각 장단과 대소, 좋은 것과 나쁜 것을 분류한다. 성 밖의 사방에서 가져온 것은 각각 성안에 쌓는데 큰 나무는 모두 구멍을 뚫어서 모아서 쌓는다.

斗食,[1] 終歲三十六石. 參食,[2] 終歲二十四石. 四食, 終歲十八石. 五食, 終歲十四石四斗. 六食, 終歲十二石. 斗食食五升, 參食食參 升小半, 四食食二升半, 五食食二升, 六食食一升, 大半, 日再食. 救死之時, 日二升者二十日, 日三升者三十日, 日四升者四十日, 如 是, 而民免於九十日之約矣.

寇近, 亟收諸雜[3]鄉金器, 若銅鐵, 及他可以左[4]守事者. 先擧縣官室 居, 官府不急者, 材之大小長短, 及凡數, 卽急先發. 寇薄,[5] 發[6]屋,伐木, 雖有請謁, 勿聽. 入柴, 勿積魚鱗簪,[7] 當隊,[8] 令易取也. 材木不能盡入者, 燔之, 無令寇得用之. 積木, 各以長短大小惡美形相從, 城四面外各積其內諸木, 大者皆以爲關鼻,[9] 乃積聚之.

- 1　斗食: 매일 한 말의 양식을 먹음. 고대의 도량형은 현재와 비교하여 작다.
- 2　參食: 한 말을 셋으로 나누어 두 번 먹음. 아래도 이와 같다(유월). 비상시에 대비하기 위하여 절약하기 때문이다.
- 3　雜: 리(離)로 고쳐야 한다(손이양).
- 4　左: 좌(佐)와 같다.
- 5　薄: 박(迫)과 통함.
- 6　發: 철거.
- 7　簪: 참(參)과 같다. 들쑥날쑥한 모양.
- 8　當隊: 당로(當路). 길 한복판.
- 9　關鼻: 구멍.

성을 수비할 때는 사마 이상 관리의 부모, 형제, 처자를 인질로 보궁에 두어야만 견고하게 지킬 수 있다. 도사공과 대성 4명을 두고 후 2명은 현후로서 사방에 1명을 두며 정위와 차사공은 정마다 1명을 둔다. 수비 대장을 모시는 관리는 재능이 있고 청렴, 신뢰가 있어야 하며 부모, 형제, 처자가 보궁에 있는 자만이 관리가 될 수 있다. 모든 관리는 반드시 인질이 있어야만 일을 감당할 수 있다. 관서의 대문을 지키는 자는 2명인데 문 양쪽에 서서 행인들로 하여금 빨리 지나가도록 한다. 각각 4개의 창을 문 양쪽에 세워두고 위사는 그 아래에 앉는다. 관리는 하루에 다섯 차례

점검하여 도망자의 이름을 보고한다.

해자 외변의 요해처에는 반드시 의심스러운 사람이 있을 것이니 밤에 오가는 순찰자로 하여금 활을 쏘게 하고 소홀히 하는 자는 주벌한다. 성 밖의 수중에 대나무 화살을 꽂아두는데 화살을 꽂아두는 너비는 2보이고, 화살은 물보다 5촌이 낮게 하고 장단을 뒤섞는다. 앞쪽의 외변은 세 줄로 하는데 바깥쪽의 화살은 바깥쪽으로 향하게 하고 안쪽의 화살도 안쪽으로 향하게 한다. 30보마다 쇠뇌를 보관하는 집을 두는데 집의 너비는 10척이고 길이는 1장 2척이다.

城守, 司馬以上父母昆弟妻子有質在主所, 乃可以堅守. 署[1]都司空,[2] 大城四人, 候二人. 縣候面一, 亭尉次司空, 亭一人. 吏侍守所者財[3] 足, 廉信, 父母昆弟妻子, 有在葆宮中者, 乃得爲侍吏. 諸吏必有質, 乃得任事. 守大門者二人, 夾門而立, 令行者趣[4]其外. 各四戟夾門立, 而其人坐其下. 吏日五閱之, 上逋[5]者名.

池外廉[6]有要有害, 必爲疑人, 令往來行夜者射之, 謀[7]其疏者. 牆外水中, 爲竹箭, 箭尺[8]廣[9]二步, 箭下於水五寸, 雜長短. 前外廉三行, 外外鄕,[10] 內亦內鄕. 三十步一弩廬, 廬廣十尺, 袤丈二尺.

- 1 署都司空: 서(署)는 치(置)의 뜻.
- 2 都司空: 「호령」편에 보이는 오관의 하나.
- 3 財: 재(材)와 통함.
- 4 趣: 촉(促)과 같다.
- 5 逋: 도(逃)와 같다.
- 6 廉: 변(邊)의 뜻.
- 7 謀: 주(誅)로 고쳐야 한다(유월).

- **8** 尺: 연문.
- **9** 廣: 화살을 꽂아두는 너비.
- **10** 鄕: 향(向)과 같다.

8

부대에 긴급한 일이 있으면 급히 부근의 부대를 보내서 돕고 다음으로 그곳을 보충해야 한다.

수비 대장의 부절로 사신을 출입시킬 때 부절을 관리하는 자는 반드시 그것을 기록하는데 기록한 정황이 그 일과 부합하도록 하고 사신이 돌아오기를 기다려 점검해야 한다. 부절이 나갈 때 성문을 나가게 하는 자는 곧 부절이 나갈 때의 소지자 이름을 보고해야 한다.

방문은 수비 대장의 숙소와 통하게 하고 서로 교차시켜 뚫는다. 복도를 만들고 담장을 쌓으며 그 위를 잘 처리해야 한다.

채소를 모으며, 민가에서는 삼 년 동안 먹을 수 있는 채소와 식량을 비축하게 하여 장마와 가뭄 및 흉년에 대비한다. 항상 변경의 현에는 미리 여러 가지 독초를 파종하여 비축하고, 성 밖 집의 수로와 우물을 메울 수 있도록 하며 메울 수 없는 경우에는 이것들을 그 가운데에 넣는다. 안전할 때는 위험함을 보여주고 위험할 때는 안전함을 보여주어야 한다.

隊有急, 極¹發其近者往佐, 其次襲其處.
守節出入使, 主節必疏書, 署其情, 令若其事, 而須其還報以劍²驗之. 節出, 使所出門者, 輒言節出時摻³者名.
百步一隊.⁴
閤通守舍, 相錯穿室. 治復道, 爲築墉,⁵ 墉善其上.⁶

取疏,⁷ 令民家有三年畜蔬食, 以備湛⁸旱歲不爲. 常令邊縣, 豫種畜
芫芸烏喙袾葉,⁹ 外宅溝井寘¹⁰可, 塞不可, 置此其中. 安則示以危,
危示以安.

- **1** 極: 극(亟)과 통함.
- **2** 劍: 검(檢)과 통함.
- **3** 摻: 조(操)와 같다.
- **4** 百步一隊: 미상.
- **5** 墉: 장(墙).
- **6** 墉善其上: '善蓋其上' 혹은 '善塗其上'으로 고쳐야 한다(손이양).
- **7** 疏: 소(蔬)와 같다.
- **8** 湛: 장맛비.
- **9** 芫芸烏喙袾葉: 원(芫)은 망(芒)으로 고쳐야 한다(손이양). 주(袾)는 초(椒)와 같
다. 여기서 원(芫), 망(芒), 오훼(烏喙), 초(椒)는 모두 독초의 일종.
- **10** 寘: 전(塡)과 같다.

9

적이 이르면 여러 문호에는 모두 구멍을 뚫고 구멍을 가려야 하며 각
각 두 종류가 있다. 하나는 구멍을 뚫고 밧줄을 연결하는데 밧줄의 길이
는 4척이고 크기는 손가락만 하다. 적이 이르면 먼저 소, 양, 돼지, 닭, 개,
오리, 거위를 잡아서 모두 껍질을 벗겨서 그 가죽, 힘줄, 뿔, 기름, 뇌, 깃
털을 모은다. 가래나무, 오동나무, 밤나무로 도끼를 만들 때 두꺼운 것을
골라서 자루로 삼는다. 사태가 급한데 갑자기 먼 곳에서 가져올 수 없을
때는 성 밖의 집에서 뽑아 쓴다. 재목의 다소를 헤아려 성 위에 누대를 짓

는데 삼각형으로 한다. 무게 5근 이상의 재목들은 물속에 담가두는데 겹치게 해서는 안 된다. 초가집이나 장작을 쌓고 진흙을 바를 때는 두께가 5촌 이상이어야 한다. 관리는 각각 자기 구역 안의 재물을 거두어 수비하는 데 도울 수 있도록 진상한다.

寇至, 諸門戶令皆鑿而類[1]竅之, 各爲二類. 一鑿而屬繩, 繩長四尺, 大如指. 寇至, 先殺牛羊雞狗烏[2]雁,[3] 收其皮革筋角䐉[4]羽, 髳皆剝之.[5] 吏樿[6]桐貞[7]爲鐵鉾, 厚簡爲衡枉.[8] 事急, 卒[9]不可遠, 令掘外宅林, 謀多少, 若治城□[10]爲擊,[11] 三隅之. 重五斤已[12]上諸林木, 渥水中, 無過一茷.[13] 塗茅屋, 若積薪者, 厚五寸已上. 吏各擧其步界中財物, 可以左守備者上.

- **1** 類: 멱(幎)으로 고쳐야 한다(손이양).
- **2** 烏: 부(鳧)로 고쳐야 한다(왕염손).
- **3** 雁: 아(鵝)의 뜻.
- **4** 䐉: 뇌(腦)로 고쳐야 한다(손이양).
- **5** 髳皆剝之: 앞의 구절과 순서를 바꾸어야 한다.
- **6** 吏樿: 사가(使檟)로 고쳐야 한다.
- **7** 貞: 율(栗)로 고쳐야 한다.
- **8** 枉: 주(柱)로 고쳐야 한다.
- **9** 卒: 졸(猝)과 통함.
- **10** □: 상(上)을 보충해야 한다(손이양).
- **11** 擊: 루(樓)로 고쳐야 한다(소시학).
- **12** 已: 이(以)와 통함.
- **13** 茷: 뗏목을 세는 단위.

10

참인·이인·악인·선인·장인이 있고, 모사·용사·교사·신사가 있으며, 남을 포용하는 사람이 있고 남을 배척하는 사람이 있으며, 남을 잘 대하는 사람이 있고 남과 잘 싸우는 사람이 있다. 수비 대장은 반드시 그렇게 된 이유를 살피고 명실상부한 사람을 받아들여야 한다. 백성이 서로 미워하여 만일 관리에게 이의를 제기하면, 관리는 해명한 바를 모두 글로 써서 보관하고 고발이 오는 것을 기다려서 검증한다. 5척 미만의 아동은 병졸이 될 수 없으며 관리의 안배에 의해서 관부나 혹은 관사의 일을 담당하게 한다. 뇌석과 날카로운 화살 등의 기자재는 모두 신중하게 배치하고 각각 일정한 수량을 보관해야 한다. 가래나무로 초거를 만들고 초거에 화살을 싣는데, 바퀴가 연결되는 부분 너비는 10척이고 끌채의 길이는 1장이며 바퀴는 네 개이며 너비는 6척이다. 수레의 본체를 만드는데 길이는 끌채와 같게 하고 높이는 4척으로 하며 위에 지붕을 잘 덮고 가운데를 정리하여 화살을 실을 수 있도록 한다.

有讒人,[1] 有利人, 有惡人, 有善人, 有長人,[2] 有謀士, 有勇士, 有巧士,[3] 有使[4]士, 有內人者, 外人者, 有善人者, 有善門[5]人者. 守必察其所以然者, 應名[6]乃內之. 民相惡, 若議吏, 吏所解, 皆札書藏之. 以須告之至, 以參驗之. 睍者[7]小五尺, 不可卒者, 爲署吏, 令給事官府若舍. 繭石, 厲矢諸材, 器用皆謹部, 各有積分數. 爲解[8]車以枑,[9] 城矢[10]以軺車, 輪軶[11]廣十尺, 轅長丈, 爲三輻,[12] 廣六尺. 爲板箱, 長與轅等, 高四尺, 善蓋上治, 令可載矢.

• 1 讒人: 근거 없이 남을 비방하는 사람.

- **2** 長人: 전문적인 능력을 지닌 사람.

- **3** 巧士: 재주가 있는 병사.

- **4** 使: 신(信)으로 고쳐야 한다.

- **5** 門: 투(鬪)로 고쳐야 한다(소시학).

- **6** 應名: 명실상부(名實相符)의 뜻.

- **7** 睨者: 아동(兒童)을 가리킨다(소시학).

- **8** 解: 초(軺)로 고쳐야 한다(소시학).

- **9** 柏: 재(梓)로 고쳐야 한다(손이양).

- **10** 城矣: 재시(載矢)로 고쳐야 한다(소시학).

- **11** 軺: 곡(轂)과 같다(필원).

- **12** 三輻: 사륜(四輪)으로 고쳐야 한다(손이양).

11

묵자가 말하였다.

"무릇 지키지 못하는 경우가 다섯 가지이다. 성은 크지만 사람이 적은 경우가 첫째 지키지 못하는 것이고, 성은 작은데 사람이 많은 경우가 둘째 지키지 못하는 것이며, 사람은 많은데 먹을 것이 적은 경우가 셋째 지키지 못하는 것이고, 시장과 성의 거리가 먼 경우가 넷째 지키지 못하는 것이며, 축적물이 성 밖에 있고 부자가 성읍에 없는 경우가 다섯째 지키지 못하는 것이다. 만 가구를 거느릴 때는 성은 사방 3리는 되어야 한다."

子墨子曰, 凡不守者有五. 城大人少, 一不守也, 城小人衆, 二不守也, 人衆食寡, 三不守也, 市去城遠, 四不守也. 畜積在外, 富人在虛, 五不守也. 率萬家而城方三里.

| 옮긴이의 말 |

이 책이 앞서 간행된 『묵자 I』에 이어진 작업임에도 불구하고 상당 기간 늦어진 데 대해 개인적 변명은 하고 싶지 않다. 다만 부끄러운 마음으로 이 작업을 시작하게 된 계기를 밝히고자 한다.

『묵자 I』을 국역하신 고촌(古村) 이운구(李雲九) 선생님은 우리나라에서 묵가를 비롯한 제자백가 연구 분야의 초석을 닦은 분이다. 선생님은 성균관대 동양철학과 교수이자 중국묵자학회의 이사로서 정년 뒤에도 매년 중국에서 개최되는 묵학국제학술회의에 참여하여 여러 편의 논문을 발표하였다. 지금도 그렇지만 1980년대까지만 하더라도 우리나라에서 유학은 성리학(性理學) 일색이고, 제자백가 분야에서는 도가(道家)의 노자(老子)와 장자(莊子)에 대한 연구는 있었지만 순자(荀子)나 묵자에 대한 연구는 희귀한 편이었다.

내가 대학원에서 선생님을 만나게 된 것은 결코 우연이 아닌 듯하다. 비록 어려서 서당에 다닌 적은 있지만 학부에서 서양 철학을 전공한 입장에서 가장 먼저 관심을 갖게 된 사상가가 순자와 묵자였기 때문이다. 순자와 묵자의 공통점은 동양의 대표적 비판철학자이자 이른바 '순자의 논리학', '묵자의 논리학', '묵경(묵변) 논리학'이라는 용어가 있듯이 문장 서술이 지극히 논리적이라는 것이다.

선생님은 평소 강의하실 때 제자백가의 원문을 직접 수기한 독서 카드를 사용하셨는데 지금도 유려한 필체가 눈에 선하다. 그래서인지 정년 뒤에는 제자백가를 차례로 국역하셨는데 맨 먼저 『한비자』를 택하고 나에게는 『순자』 번역을 권유하셨다. 석사학위 논문 주제가 순자였기 때문이다. 그런데 선생님의 『한비자』(한길사, 2002년 9월)가 출간될 때까지 머뭇거리는 것을 보시고는 직접 『순자』를 번역하시면서 이번에는 『묵자』 번역을 권유하셨다. 박사학위 논문 주제가 묵자였기 때문이다. 그렇지만 이번에도 선생님의 『순자』(한길사, 2006년 8월)가 마무리될 때까지 나는 작업을 시작조차 하지 못하였다. 이에 선생님은 『묵자』의 전반부를 맡고 후반부 번역을 나에게 권유하셨다.

선생님의 제자백가에 대한 열정은 정말 놀라울 정도였다. 부끄러운 마음으로 후반부 가운데 묵경 부분의 번역에 착수하였지만 박사학위 논문 주제로 쓸 때 취사선택한 자료와는 달리 번역은 실로 지극히 어려운 작업이었다. 예상대로 선생님의 전반부 번역이 이미 끝났지만 동시 출간은 어려운 상황이었다. 그러던 중 선생님이 세상을 떠나셨지만 나의 작업은 별로 진척이 없었다. 이에 선생님의 『묵자 I』(도서출판 길, 2012년 3월)을 먼저 출간하고 이제야 후반부를 마무리하게 되었다. 선생님의 연구 업적에서 확인할 수 있는 것처럼 가장 심혈을 기울인 연구 분야가 묵가였다. 1991년 당대 중국의 석학인 양향규(楊向奎), 임계유(任繼愈), 장지한(張知寒) 등의 교수들과 더불어 산둥 성 텅저우(滕州)의 묵자박물관을 돌아보면서 정겹게 필담하던 모습이 떠오른다.

선생님의 제자백가서에 대한 국역 작업이 지속되었더라면 묵경을 제외하고라도 『노자』와 『장자』도 번역되었을 것이다. 그만큼 선생님의 도가에 대한 시각이 독특하였던 것으로 기억되고 아쉬움으로 남는다. 선생님이 나에게 번역을 처음 권유한 시점에서 보면 벌써 10여 년의 시간이 흘렀다. 채침(蔡沈)이 『서집전』(書集傳)의 서문에서 주자(朱子)를 술회한 것처럼, 선생님이 명하신 것이므로 선생님의 독특한 관점은 별도로 표시하지 않았다. 혹시라도 이 책에서 의미 있는 관점이 있다면 모두 선생님의 가르침이다. 한없이 부끄럽고 죄송한 마음을 무어라 표현할 수 없다. 하지만 선생님은 멀리서 지켜보면서 웃으실 거라고 믿는다. 원래 그러하신 분이기 때문이다.

작업 과정에서 암호와 같은 문장을 앞에 두고 눈을 감고 한숨을 쉰 것이 한두 번이 아니다. 수많은 주석서를 앞에 쌓아두고도 나의 무능 탓이긴 하지만 하루에 한 문단을 번역하기 어려운 경우가 많았다. 묵경은 그렇다 치고 제3부 군사학 부분을 번역하다 보니 이에 대한 전문적 소양이 없는 나로서는 여러 가지 한계를 느낄 수밖에 없었다. 다만 고대와 현대의 전쟁 방식과 양상이 천양지차(天壤之差)이므로 세세한 고증보다는 당시 묵가의 치밀한 방어 전략 전술에 대한 개괄적 이해를 소개한다는 정도로 위안을 삼았음을 밝혀둔다. 선생님의 평소 말씀대로 또 하나의 공해를 만드는 것이 아닌가 하는 조바심이 드는 것이 사실이다.

그럼에도 불구하고 주변 동학들의 격려와 함께 본교 황수임 조교의 원문 대조와 교정을 통하여 마무리하는 시점에서 감개무량함과 함께 고마움을 느낀다. 아울러 2012년에 전반부를 출간하고도 묵묵히 기다려준 출판사 관계자 여러분께도 심심한 감사의 말씀을 드린다. 증자(曾子)가 임종 전에 제자들을 불러놓고 고백한 "나 이제야 모면함을 알겠구나!"(而今而後, 吾知免夫) 하는 말이 떠오른다. 가족에게는 미안함과 고마움이 교차하는 마음으로 이 책을 전하고 싶다.

2015년 8월
열선당에서

찾아보기